PHILOSOPHIE RELIGIEUSE

PARIS. — IMPRIMERIE D'E. DUVERGER
RUE DES GRÈS, N° 11

PHILOSOPHIE RELIGIEUSE

TERRE ET CIEL

PAR

M. JEAN REYNAUD

Transitoriis quære æterna.

PARIS

FURNE ÉDITEUR

L'Editeur se réserve le droit de traduction et de reproduction à l'étranger.

M DCCC LIV

PHILOSOPHIE RELIGIEUSE

TERRE ET CIEL

INTRODUCTION.

Les dispositions de la France conviennent-elles à un renouvellement des études théologiques? N'eût-on sous les yeux que le spectacle du retour offensif qu'opèrent en ce moment par tant de voies les idées du régime déchu, ce serait peut-être assez pour se sentir entraîné à répondre affirmativement. C'est en effet sur le terrain qu'il affectionne et avec les armes qui font sa force que l'esprit du moyen âge peut être combattu avec le plus de succès; et il importe que cet esprit soit réprimé, non-seulement dans l'intérêt de la philosophie et de la liberté, mais dans l'intérêt même de la religion qu'il tend à compromettre en amassant imprudemment contre elle les éléments d'une réaction qui serait plus funeste encore que l'éphémère triomphe dont il aurait joui.

Il est d'ailleurs sensible que les méthodes dont s'est servi, pour l'attaquer, le dix-huitième siècle ont maintenant vieilli; et il est d'autant plus urgent d'en chercher d'autres que les dangers résultant de leur emploi ne sont pas une des moindres raisons qui portent un si grand nombre d'intelligences à revenir se ranger, en désespoir de cause, sous la triste bannière du passé. Les théories sensualistes, en devenant pratiques, ont découvert des conséquences si redoutables qu'il n'est plus permis de les soutenir, et, ne fût-ce qu'en vue de les combattre de plus haut, il serait à souhaiter que l'autorité de la théologie pût renaître. Cette puissance est en effet la seule qui soit capable de prendre une position aussi élevée que le demandent les circonstances, entre le matérialisme et la superstition, et d'assurer la continuation de nos progrès en nous préservant de dévier soit vers le paganisme, soit vers le moyen âge.

La restauration des études théologiques, si manifestement opportune au point de vue des convenances de notre temps, paraît encore plus imminente quand on suit dans l'histoire le courant des idées, afin de reconnaître où il porte. Il se voit en effet, dès le premier regard, que, depuis la révolution de Descartes, les écoles philosophiques n'ont cessé de s'appliquer, pour ainsi dire exclusivement, à l'étude des facultés de l'âme. C'est sur ce chapitre initial de la psychologie qu'elles se sont toutes concentrées à l'envi, et l'on ne saurait nier que le résultat de tant d'efforts, secrètement enchaînés même dans leurs contradictions, n'ait été de répandre en définitive d'assez grandes clartés sur les difficiles problèmes que ce chapitre renferme. Sans doute, il s'en faut que l'on puisse considérer l'étude comme achevée, d'autant que, le sujet étant infini, on ne saurait même refuser d'avouer qu'il n'est pas de nature à s'épuiser jamais ; mais il semble du moins que la curiosité de l'esprit soit à peu près arrivée à son terme de ce côté, et qu'elle ait désormais besoin de se raviver en se tournant vers des régions moins épuisées ou plus fécondes. La légitimité d'une telle disposition est d'ailleurs suffisamment évidente; car, après tant de méditations consacrées à la théorie des forces de l'âme et de la formation des idées soit dans l'ordre de l'individu, soit dans celui des générations, il est d'une régularité logique d'en venir enfin à ce qui concerne l'histoire même de l'âme. En admettant que les précédentes recherches aient réussi à nous instruire sur ce que cette substance est en elle-même, il reste à déterminer plus à fond qu'on ne l'a fait jusqu'à présent ce qu'est en réalité le lieu où nous l'observons, ce que sont ses précédents et sa destination, quelles sont les raisons de sa condition présente et les lois de l'avenir auquel il lui est permis de prétendre; et ce n'est même qu'au moyen des progrès accomplis dans cette direction que l'on peut espérer de rentrer plus tard, d'une manière profitable, dans le cercle des premières études. En un mot, en consultant la philosophie elle-même, il semble patent que la théodicée, laissée jusqu'à présent sur le second plan, tend à se placer maintenant au premier; et dire la théodicée, c'est dire, sous un nom plus libre, la théologie elle-même.

Par une coïncidence remarquable, en même temps que la science de l'âme aspire à se soumettre les champs de l'univers afin d'y poursuivre, dans les phases variées de l'immortalité, l'objet qu'elle a en vue, la science de l'univers demande de son côté à se développer en attirant dans le domaine qu'elle cultive l'idée magique de la vie. Elle a commencé par étudier les corps célestes en eux-mêmes; elle a pesé leurs masses, calculé leurs dimensions et celles de leurs orbites; reconnu, autant qu'il était possible de le faire de si loin et avec de si imparfaits instruments, les lois de leur géographie. Mais le résultat de tant de brillantes découvertes ne pouvait être que d'entraîner l'esprit humain à se demander : Qu'est-ce donc en définitive que tous ces mondes? Comment sont-ils peuplés? Quels sont les rapports qui les unissent au nôtre? N'y a-t-il entre les uns et les autres que ces enchaînements de gravitation, de chaleur et de lumière dont les astronomes nous donnent témoignage? Ou bien, indépendamment de ces enchaînements matériels, n'existe-t-il pas entre les forces vivantes qui règnent à la superficie des astres d'invisibles liaisons qui unissent plus étroitement encore en un seul système toutes les parties de l'immense total? Bref, l'astronomie, après s'être renfermée si longtemps dans les abstractions de la géométrie et de la mécanique, se trouve logiquement conduite à déboucher à son tour dans la théodicée; car, si les astres sont manifestement faits, comme celui où nous nous rencontrons aujourd'hui, pour servir de support à des vivants, il est indubitable que la justice de Dieu doit former également partout le principe de leur histoire.

Cette coïncidence, qui porte les sciences morales et les sciences physiques à mettre fin à leur disjonction, pour ne pas dire à leur hostilité, et à s'allier désormais en vue d'un idéal commun, suggère en même temps des ressources nouvelles dont la psychologie serait coupable de ne point user. Au delà de ses précédentes recherches sur l'âme considérée en elle-même, elle se voit invitée en effet à l'étudier en outre dans les conditions extérieures qui lui sont naturellement faites; car les secrètes raisons de ces conditions sont justement les éléments de l'histoire de l'âme. A quel régime l'âme se trouve-t-elle actuellement soumise en vertu des lois astronomiques qui régissent la terre? Quel est dès lors, au point de vue des destinées qui s'y poursuivent, le caractère général de cet astre? Quelles sont les variations séculaires dont son économie est susceptible? De quelle manière les âmes y apparaissent-elles? De quelles facilités y jouissent-elles pour la construction de leurs organes? Quelles sont les causes des inégalités qui se découvrent dans les circonstances au milieu desquelles les âmes prennent place? Quelles sont celles des événements qu'elles subissent en dehors de toute provocation possible de leur part, tels que les souffrances du bas âge ou les morts prématurées? Enfin, puisque l'immortalité s'accomplit dans le sein de l'univers et que la constitution de l'univers nous est connue, quelles conclusions peut-on tirer, relativement aux habitudes communes de ces substances éternelles, de la connaissance des lieux qu'elles sont appelées à pratiquer? Voilà, pour ne pas insister sur cette matière plus qu'il n'en est ici besoin, une série de questions qui ne proviennent nullement de l'absolu de l'âme, mais qui, se rattachant cependant à son principe par d'intimes dépendances, sont excellemment propres à éclairer son histoire. C'est à peu près ainsi, pourrait-on dire, que le naturaliste se satisfait lorsqu'il couronne ses analyses anatomiques par la détermination méthodique des mœurs, déduite soit de certaines actions caractéristiques qui lui dévoilent tout un ensemble, soit des rapports qui existent nécessairement entre l'organisation de l'être qu'il a en vue et celle des divers quartiers de la région où cette vie s'écoule.

Il faut même remarquer combien il était difficile que la philosophie pût s'étendre avec sûreté sur le terrain dont il s'agit avant que l'astronomie ne lui en eût préparé les moyens. Réduite aux seules données de la métaphysique, il n'est pas à croire qu'elle eût jamais réussi à s'élever à la conception de la véritable architecture de l'univers, ni par conséquent à celle des lois de la circulation éternelle des vivants dans cette demeure infinie. Construisant le système du monde d'après les convenances de l'âme prises dans leur abstraction, elle se serait vraisemblablement toujours arrêtée à la manière la plus simple de donner satisfaction à ces convenances ; et c'est ce qui s'est effectivement produit d'une manière bien sensible dans l'antiquité et dans le moyen âge, quand les philosophes et les théologiens s'imaginaient tout uniment que l'univers devait se partager en trois régions fondamentales, conformément aux trois états fondamentaux de l'âme, l'état d'épreuve, l'état de punition, l'état de récompense.

Ce n'est que par une sage combinaison de tous les efforts que l'on peut espérer d'empêcher les imaginations de s'égarer sur ces questions importantes. De même que, livrée à ses seules ressources, l'astronomie ne sait en quelque sorte nous peupler l'espace que de pierres en mouvement; de même, dans un isolement du même genre, la psychologie, ne spéculant que sur la spiritualité de l'âme, traite l'étendue avec la même indifférence que si l'univers était vide, et la théodicée, ne visant qu'à assurer d'une part la rémunération et de l'autre la récompense, arrive de son côté, comme ne l'apprend que trop l'exemple des scolastiques, à immobiliser l'univers dans la dualité fantastique du paradis et de l'enfer. Mais, instruite à la fois par la théodicée qui lui enseigne que toute faute appelle réparation comme tout mérite appelle récompense, par la psychologie qui lui montre que l'activité est une propriété de l'âme aussi indéfectible que l'immortalité, par l'astronomie qui lui fait voir l'étendue divisée en une suite innombrable de mondes habitables, et s'élevant, à l'aide de tous ces précédents réunis, au-dessus de la physique des astronomes, du spiritualisme des psychologues, de l'immuabilité finale des scolastiques, la théologie philosophique se trouve enfin en mesure de poser avec certitude son principe capital : La vie dans l'univers.

Vu de haut, le mouvement de la philosophie ne paraît donc qu'une sorte de détour destiné à lui permettre de revenir se jeter avec plus de puissance et de liberté dans le plein courant de la théologie ; et même, à proprement dire, l'histoire de la pensée moderne ne doit-elle se prendre que pour un détail de l'histoire générale de la religion, car on la voit se placer justement à l'endroit où cette histoire générale lui fait signe de venir. C'est ce qui se témoigne d'une manière fort simple quand on dirige son attention sur la suite des questions qui ont été résolues tour à tour par les conciles. Il se découvre en effet que ces questions se déroulent de siècle en siècle suivant un ordre strictement conforme à la hiérarchie logique des idées, jusqu'au point où cette hiérarchie arrive à faire appel à ce qui concerne la constitution de l'univers ; et à ce point, les conciles s'arrêtent, la théologie demeure en suspens, et pour qu'elle aille plus loin, l'intervention de l'astronomie et de la psychologie devient évidemment nécessaire.

Il semble que d'aucun des points de vue sous lesquels l'histoire de l'Église peut être considérée, cette histoire n'apparaisse avec plus de grandeur et de simplicité que de celui-ci et ne fasse mieux découvrir les véritables caractères de la situation que nous occupons aujourdhui. Le principe de l'unité du créateur une fois établi par le judaïsme avec une telle fermeté qu'aucune hérésie ne peut désormais l'entamer, reste au christianisme la tâche de le développer. En première ligne, c'est donc le dogme de la trinité qui se présente : ce dogme forme le sujet des deux premiers conciles ; celui de Nicée fixe, contre Arius, la divinité de la seconde personne, celui de Constantinople, contre Macédonius, la divinité de la troisième. A la suite de la trinité, viennent les difficultés inhérentes au mystère du médiateur, c'est-à-dire de la deuxième personne conçue dans ses relations absolues avec l'humanité ; et ces difficultés, disposées aussi dans leur ordre logique, constituent de même l'objet des conciles subséquents : celui d'Éphèse décide, contre Nestorius, que le médiateur ne forme qu'une seule personne, le fils de l'homme s'unissant en lui au fils de Dieu par un mode essentiel ; celui de Chalcédoine décide, contre Eutychès, que dans le médiateur, les deux natures subsistent dans leur perfection ; celui de Constantinople, continuant à préciser le dogme par la condamnation simultanée de Nestorius et d'Eutychès, arrête ceux qui, arguant de l'anathème prononcé sur ce dernier, cherchaient à réveiller par réaction la dualité nestorienne ; et accessoirement, par la condamnation d'Origène, il maintient, à côté de l'humanité du médiateur, la dignité de la nature matérielle. Le troisième concile de Constantinople revient encore à ce sujet difficile, en insistant sur la condamnation d'Eutychès, comme le précédent sur celle de Nestorius, et pose, contre les monothélites, que les deux natures subsistent si parfaitement dans la personne du médiateur qu'il y règne les deux volontés. Enfin, le deuxième concile de Nicée met le sceau à la religion du médiateur, en consacrant, contre les iconoclastes, le droit des représentations matérielles du crucifié ; et le quatrième concile de Constantinople clôt cette première série par l'affirmation de la double origine de la troisième personne, en déterminant par là le divorce de l'Église grecque avec l'Église latine.

Le premier chapitre de la théologie est épuisé ; un nouveau chapitre lui succède, et pour ce nouveau chapitre s'ouvre une nouvelle période. Au lieu des fondements de la foi, il s'agit maintenant des fondements de la société qui s'y rapporte, et l'on ignorerait que le siége des conciles s'est déplacé qu'on le devinerait en quelque sorte à leur changement de caractère. Le premier de ces conciles, réuni à Rome dans la basilique de Latran, pose la question des investitures : la hiérarchie cléricale se trouve menacée par les pouvoirs politiques, et le concile, en consacrant l'indépendance de l'Église, sauve l'institution spirituelle de l'Occident de l'asservissement dans lequel va se perdre celle de l'Orient. Le second concile de Latran légifère contre les dangers qui menacent à l'intérieur cette même hiérarchie, en sévissant contre la simonie ; et, faisant les premiers pas dans une voie non moins essentielle, fixe, contre Pierre de Bruys, les premiers linéaments de la doctrine des sacrements. Le troisième concile de Latran détermine les règles de la nomination des papes et des évêques. Le quatrième continue le second sur les questions de la discipline et de l'eucharistie. Organisation de la république pontificale, maintien de son indépendance, lois des sacrements et de leur administration, tel est, comme on le voit dès ce début, le fonds le plus général des conciles latins. Provoqués non-seulement par les hérésies courantes, mais par les entreprises des princes et par les assauts de la puissance musulmane, ils se lient plus ou moins aux mouvements de l'ordre temporel et n'offrent pas ce cours paisible qui fait ressembler le système des conciles grecs à une conversation de philosophes. Mais au milieu de tant d'incidents qui se jettent à la traverse, leur fidélité à la tâche que la logique leur assigne n'est que plus digne de remarque. Sans parler des conciles de Lyon et de Vienne, occupés surtout des affaires d'Orient, l'œuvre de la théologie pratique reparaît, dès le concile de Constance, dans toute sa netteté, sur la question du partage de l'autorité entre les papes et les conciles et sur celle des sacrements à l'occasion de Wiclef et de Jean Huss. Bâle continue la question de l'autorité, et Florence, après avoir vaguement effleuré, en vue de l'Église grecque, la doctrine du Saint-Esprit, poursuit celle des sacrements. Le cinquième de Latran roule sur les relations avec les princes et sur la discipline, et, rappelé sur le terrain de la métaphysique par la renaissance de la philosophie, pose, contre le panthéisme et le matérialisme, les deux vérités fondamentales de la personnalité et de l'immortalité de l'âme. Enfin, le concile de Trente termine la période en même temps qu'il en résume exactement l'esprit et les travaux par ses décrets sur la réforme du clergé, sur les écritures canoniques, sur le péché originel et la justification, sur les sept sacrements, sur le sacrifice de la messe, sur le purgatoire.

Par ce dernier décret, le concile touche à un nouveau chapitre, différent à la fois de la théologie pure de la première période et de la théologie appliquée de la seconde. A la suite du dogme du purgatoire s'ébranle en effet tout l'ensemble du système de l'univers. Mais, comme pressentant ici une autre œuvre que celle de Rome, le concile s'arrête après avoir simplement énoncé ce qui est indispensable pour le gouvernement des indulgences, et recommande à son clergé de ne point s'ingérer d'ouvrir à l'esprit humain ces portes mystérieuses.

Les observations qui précèdent prennent encore plus de vivacité quand on les rapporte à la déclaration si connue sous le nom de symbole des apôtres. En effet, cette profession de foi que l'on peut regarder comme le résumé, et si l'on peut ainsi dire comme le programme primitif du christianisme, se partage visiblement, comme le veut l'ordre naturel des idées, en trois parties distinctes. La première implique les questions relatives à la Trinité et à la personne du médiateur : *Credo in Deum patrem,* etc.; la seconde, les questions relatives à l'institution de l'Église et des sacrements : *Sanctam ecclesiam catholicam, sanctorum communionem, remissionem peccatorum;* la troisième, les questions relatives à l'immortalité, et par suite au système général de l'univers : *Carnis resurrectionem, vitam æternam : Amen.* Les deux premières sections de ce mystique programme ont été discutées et expliquées conformément aux sentiments et aux connaissances des générations que l'ordonnance logique, favorisée par les circonstances, y a successivement appliquées ; la troisième demeure en suspens. Jamais aucun concile n'en a fait le sujet de ses délibérations et de ses décrets, et, placée comme une interrogation en face de l'avenir, elle lui désigne sa tâche. Comment l'âme reprend-elle la chair au delà du tombeau? Quelles sont les lois que suivent les créatures dans le cours de leur immortalité? et quelle est la vérité qui conclut le mieux tout le mystère, sinon la circulation de la vie dans l'immensité de l'univers, sous l'impulsion du Dieu trinaire et pour un progrès à l'infini?

Ainsi, le courant de la religion porte bien l'esprit humain vers les mêmes problèmes que celui de la philosophie, et il y a dans cette lente et méthodique succession quelque chose qui contraste si grandement avec le tumulte des siècles à travers lesquels elle se fait, qu'il est difficile d'y méconnaître une loi de Dieu. Donc il est à croire que la loi qui embrasse tout ce mouvement tend à son accomplissement. Il semblerait sans raison que de tels précédents demeurassent privés de leur complément naturel, et le principe du progrès serait contrarié si un revirement venait à se produire avant que ce merveilleux déroulement n'ait atteint sa conclusion logique. Tous ses termes sont en effet nécessaires l'un à l'autre, car ils s'illuminent mutuellement; et c'est par ces réflexions réciproques, non moins que par les déductions nouvelles, que s'opère le développement séculaire de la théologie. L'esprit humain, dans le divin entraînement de la foi, ne peut arriver à des termes qu'il ne possédait point encore, sans que les termes auxquels il adhérait déjà, éclairés dès lors par le reflet des autres, ne se présentent à lui sous un jour tout différent de celui auquel il était habitué; et c'est ainsi que, tout en demeurant fidèle au fond de sa tradition, il conserve cependant la plénitude de son initiative et de sa liberté, car non-seulement il perfectionne sa tradition en l'étendant continuellement, mais, par l'effet même de cet avancement, il devient capable d'en interpréter les anciennes leçons avec une force de vérité de plus en plus pénétrante, maître du passé par ses éclaircissements, comme il l'est de l'avenir par ses conquêtes.

Après avoir reconnu par ces observations que les études théologiques sont vraisemblablement sur le point de commencer un mouvement décisif vers les questions relatives au système de l'univers, on est assez naturellement conduit à se demander quel est, entre tous les génies des nations, celui auquel il est le plus probable que soit principalement destinée la tâche nouvelle. L'histoire nous montre en effet que le développement de la théologie s'est non-seulement divisé dans la suite des temps par périodes distinctes, mais que, dans chacune de ces périodes, la présidence de l'esprit humain s'est toujours trouvée dévolue à une nationalité spéciale. L'unité de Dieu appartient au foyer de la Judée; la métaphysique de la trinité et du médiateur, à celui de la Grèce; l'organisation de la hiérarchie et du culte, à celui de Rome : à qui appartiendra le dogme de l'immortalité? Ce ne saurait être à cette puissance romaine qui, à son dernier concile, a si manifestement scellé son œuvre : non-seulement une telle prorogation constituerait à l'égard de la loi de mutation qu'indique l'histoire, une anomalie que rien ne justifie, mais il est sensible que le génie latin ne jouit, dans l'ordre de questions dont il s'agit aujourd'hui, d'aucune prédisposition spéciale. Ainsi que l'attestent tous ses actes dans l'antiquité et dans le moyen âge, s'il excelle aux choses de la terre et de la discipline, il est absolument inhabile à celles de l'idéal et du ciel. De plus, malgré toute l'agitation qu'il se donne, qui ne comprend, en voyant la société des intelligences se déployer en dehors de son empire, que son apparente activité n'est plus qu'une fièvre, et que sa décadence est dès à présent en train de s'effectuer ? Pour la tâche nouvelle, il faut une âme nouvelle; et à la suite de l'âme de la Judée, de l'âme de la Grèce, de l'âme de Rome, successivement épuisées, n'est-ce pas l'âme de la Gaule qui semble enfin providentiellement appelée ?

Comme la Judée à l'adoration de l'absolu, comme la Grèce à la métaphysique, comme Rome à l'administration, la Gaule est instinctivement portée au goût de l'immortalité. C'est ce goût qui constitue, dès les temps anciens, aux yeux des autres nations, son caractère distinctif. Elle ne craint pas la mort, car grâce aux sublimes aspirations de son génie, elle voit l'individualité se continuer indéfectiblement dans l'univers, et nulle part le sentiment de la vie ne règne au cœur de l'homme avec une aussi prodigieuse énergie. Mais, de même que les questions relatives à l'ordonnance générale de l'univers ne se présentent dans la série logique que postérieurement à celles qui touchent à la nature de Dieu et à ses relations avec la nature de l'homme, de même faut-il que la Gaule, pour prendre sur la scène de l'histoire la place qui lui convient, attende son temps. Aussi, l'a-t-elle attendu; mais sans cesser de se préparer en secret à sa destinée en s'assimilant, par une merveilleuse capacité d'éducation, tout ce qui s'est successivement produit de salutaire autour d'elle. Et même, à voir la prépondérance dont elle jouit depuis plus de deux siècles dans les affaires spirituelles les plus considérables du monde, il n'est plus permis de douter que ce temps ne soit venu. Les rayonnements de son génie plus libre et plus ouvert remplacent, dès à présent, devant l'élite des esprits, ce vieux génie romain dont la tyrannie et le terre à terre ont fini par fatiguer les nations. Déjà, d'inspiration, sans parti pris, pour ainsi dire sans conscience de lui-même, ce génie nouveau est à l'œuvre que demande l'avenir : sa philosophie a réveillé, au dix-septième siècle, le principe sacré de l'individualité et de la raison, et au dix-huitième, elle est ouvertement entrée dans la guerre contre les systèmes surannés du monde et de l'histoire, dont, sur la foi de ses docteurs, s'était provisoirement payé le moyen âge. C'est là le mouvement qu'il s'agit actuellement de continuer, mais en pleine lumière. Il faut désormais que la France sente son droit, non-seulement dans son présent, mais dans ses origines. C'est ainsi que, se faisant jour à travers les sophismes et guidée par l'ange de sa race, elle marchera sans faillir dans les voies sublimes de sa destinée. Par là se vérifiera cette antique prédiction de ses druides, qui, animés, comme les prophètes d'Israël, par l'évidente supériorité de leur religion sur les religions d'alentour, annonçaient, même sous le glaive de César, que la Gaule était faite pour devenir à son tour la tête du monde. Comme le répète aujourd'hui encore, avec une indestructible espérance, le sang breton, Arthur n'est pas mort!

Telles sont, dans leur expression la plus simple, les considérations générales qui ont donné naissance à la composition de ce livre. Elles indiquent à la fois son esprit et sa mesure. Il se propose surtout d'entr'ouvrir devant la religion les horizons nouveaux vers lesquels l'histoire semble lui faire une loi de marcher; et, dans ce but, il s'applique instamment à montrer, contre l'opinion commune, que le moyen âge a réellement laissé en suspens tous les articles essentiels du système de l'univers, et que par conséquent les disciples de l'Église ne possèdent, pour ainsi dire, pas moins d'indépendance à cet égard que les philosophes eux-mêmes. Naturellement entraîné vers les horizons qu'il a en vue de signaler, il s'y attache de préférence aux questions qui sont du domaine propre de la période théologique actuelle, ne touchant qu'accidentellement à celles qui sont du ressort des périodes antérieures, et visant ainsi bien plutôt à gagner du terrain par les passages demeurés libres qu'à lutter sur les positions déjà officiellement occupées.

Le livre se divise en deux parties, l'une concernant la terre, l'autre le ciel. La première étude roule sur les lois astronomiques qui président au monde dans lequel nous vivons en ce moment et fait voir que, malgré les variations séculaires de ces lois, le régime de la terre est sensiblement constant relativement à l'homme;

autrement dit, que la terre est un lieu de souffrance dont on ne peut espérer l'amélioration que moyennant labeur, vérité de fait sur laquelle se rencontrent parfaitement la religion et la science. La seconde étude déduit des phénomènes de l'animalité et de l'histoire le grand principe du développement progressif de la vie, principe auquel l'esprit général de la religion chrétienne se prête également. La troisième étude recherche la cause des maux infligés par Dieu aux êtres qui occupent ce monde ; et amenée ainsi à la question de l'origine de l'âme, demeurée en suspens dans l'Église sous les voiles dont l'entoure le dogme du péché originel, elle commence à découvrir ce mystérieux univers sur lequel les portes de la terre donnent, d'un côté, par la naissance, comme, de l'autre, par la mort. Maîtresse par ces premières études des lois essentielles de l'un des quartiers de l'univers, c'est vers l'univers considéré dans son ensemble que s'élance dès lors la spéculation. A l'aide des révélations de l'astronomie moderne appuyées par le principe de l'infinité du Créateur, elle se porte d'abord à l'examen de ce magnifique appareil des astres sur l'ordonnance duquel le moyen âge s'était si profondément mépris, et, joignant à cette définition préalable le principe que l'homme est l'image du Créateur, elle s'élève à déterminer les lois que doivent suivre dans le cours de leur immortalité les âmes que la Providence fait circuler au sein de cette immensité. On en vient ainsi à prendre position contre les décisions arbitraires de la scolastique touchant l'existence des purs esprits, et l'on établit que les êtres supérieurs étant nécessairement engagés dans le monde des corps, il en résulte que les diverses propriétés dont l'École s'était ingéré de les revêtir sont tout aussi mal fondées que cette fantastique spiritualité. Le livre se termine par un coup d'œil sur les opinions du moyen âge touchant l'enfer ; et, dévoilant dans toute sa portée le principe de la limitation des peines, base naturelle du système pénal de l'univers, il conclut à la suppression du terme imaginaire de l'enfer, puisqu'il ne saurait exister dans l'ordre de la Providence que des purgatoires, et que la terre en est un ; par où l'ancienne trilogie Terre, Ciel et Enfer se trouve donc finalement réduite à la dualité druidique Terre et Ciel.

En vue de donner aux controverses plus d'animation et de clarté, il a paru avantageux de partager la matière entre deux interlocuteurs. L'un représente les opinions accréditées par la scolastique et particulièrement celles de saint Thomas et de Bossuet, que l'on peut regarder à bon droit comme les deux théologiens les plus autorisés et qui font foi le plus communément. L'autre, désigné sous le nom de philosophe, profitant des libertés et des ressources de l'esprit moderne, pose les problèmes et met en avant les solutions qui semblent à la fois le plus raisonnables et le plus conformes au sens général de la religion.

I

LA TERRE

LE PHILOSOPHE.

Avant de nous occuper des autres mondes, n'est-il pas à propos de nous appliquer préalablement à voir d'une manière aussi exacte que possible quel est celui où nous sommes? Il me semble que la connaissance de la terre n'est guère moins essentielle pour la détermination du système de l'univers que la connaissance même de l'homme. Si l'homme est l'ébauche de l'immortel, la terre est au même degré l'ébauche du ciel. Que la sévérité de cette étude préliminaire ne nous soit donc pas un motif de nous en dispenser. Il en résultera, si je ne me trompe, une impression de vérité qui ne sera pas sans influence sur les dispositions ultérieures de nos esprits. Mais, pour bien juger de la terre, n'est-il pas nécessaire d'en sortir, à peu près comme on s'écarte d'un tableau dont on désire examiner l'ensemble? Éloignons-nous donc en pensée de notre planète, autant qu'il le faut pour qu'elle prenne place à nos yeux, parmi les autres astres, sur le fond étoilé du firmament. Nous l'aurons ainsi en vue dans sa position naturelle; et, si vous le voulez, nous pourrons même supposer que nous écoutons à son sujet quelque astronome de l'un des mondes qui nous entourent, prenons Saturne. Voici, à ce qu'il est raisonnablement permis d'imaginer, d'après les sciences modernes qui ont si profondément changé tous les points de vue d'autrefois, comment cet astronome, en lui donnant seulement un peu plus d'ancienneté et de force visuelle que nous n'en avons, exposerait à ses concitoyens notre histoire :

« La terre, dirait-il, est un astre d'une lumière bleuâtre et d'un diamètre angulaire d'environ 2″, qui se voit toujours dans les environs du soleil. Par sa grandeur apparente et son éclat, cet astre est presque semblable à Vénus. Comme cette planète et les autres planètes supérieures, il est tantôt étoile du matin et tantôt étoile du soir. Arrivé à son plus grand écartement du soleil, il demeure un instant immobile dans le ciel, puis, reprenant sa marche en sens contraire, il se rapproche du soleil et le dépasse à l'occident à peu près de la même quantité dont il l'avait dépassé à l'orient. Cette oscillation périodique de la terre est le résultat de sa révolution continuelle autour du soleil, et la preuve en est dans les phases qu'elle présente. Selon qu'elle est en opposition ou en conjonction, son disque nous paraît plein ou s'éclipse totalement, et, dans l'intervalle, il ne se montre éclairé qu'en partie. Ainsi l'éclat de la terre n'est pas constant; et il l'est même d'autant moins que la distance de cet astre à notre égard, par l'effet de sa révolution et de la nôtre, n'est pas constante non plus.

« On doit regarder la terre, dans les proportions générales de notre système, comme très voisine du soleil, car elle n'en est guère éloignée que de cent fois le diamètre de celui-ci. C'est ce rapprochement qui lui fait accomplir si promptement, en comparaison de nous, sa révolution, tant parce que son orbite a moins de développement que le nôtre, que parce qu'elle s'y meut avec plus de vitesse. Ses années n'ont pas même la durée de la moitié de l'un de nos mois, et la chronologie terrestre est tout près de compter un siècle quand la nôtre compte trois ans. Tandis que l'année est si courte sur la terre, les jours y sont, au contraire, deux fois et demi plus longs que chez nous. De sorte que, bien différente de notre année, qui est de plus de vingt-quatre mille jours, cette année-là n'en renferme qu'environ trois cent soixante-cinq. Ainsi, le même nombre de jours qui, chez nous, ne forme que la sixième partie du mois, forme, pour les habitants de la terre, la totalité de l'année.

« Il semble que la nature se soit plu à régler toutes les conditions de cet astre d'après un idéal d'exiguïté. Il est si petit que, sans l'analogie, il serait à peine permis de le ranger dans la même classe que les grandes planètes. Son volume n'est que la millième partie du nôtre, qui n'est lui-même que la millième partie de celui du soleil. La terre, en regard de la masse centrale, ne paraît donc qu'un simple globule, mis en circulation dans l'espace.

« Mais la grandeur est sans valeur absolue ; les mouvements de la terre, n'importe la petitesse relative de ses proportions, sont régis par les mêmes lois que ceux des astres les plus considérables. Soumise aux influences continuellement changeantes des masses circonvoisines, ce n'est qu'après un nombre immense de siècles qu'elle pourrait se retrouver à leur égard dans une situation identique, et de nouvelles circonstances qui se développent durant ce laps de temps font éternellement manquer le rétablissement de l'identité. C'est par là que l'histoire de la terre prend des traits de grandeur qui, à la vérité, ne sont point dans la terre elle-même, mais qui lui viennent des rapports par lesquels elle se lie au monde environnant. Ce monde, et spécialement le groupe dont nous faisons partie, l'oblige continuellement à réfléchir par certaines variations toutes les variations qu'il éprouve lui-même, et introduit ainsi la suite indéfinie de ses propres vicissitudes dans l'astronomie de cette simple résidence.

« Si l'on se bornait à observer le mouvement de la terre pendant un seul instant, ou si, l'observant pendant une révolution tout entière, on ne l'analysait pas avec une finesse suffisante, on serait porté à conclure qu'elle décrit tout uniment autour du soleil une ellipse dont un des foyers est occupé par lui ; que l'excentricité de cette ellipse est d'environ trois centièmes du grand axe ; que non-seulement les proportions de la courbe sont constantes, mais que sa direction et le plan dans lequel elle est située le sont aussi. Il paraîtrait que la terre, tout en parcourant son orbite, tourne sur elle-même dans un plan qui tombe sous un angle de 23° sur celui de l'orbite, et le coupe suivant une ligne inclinée de 99° sur le grand axe de l'ellipse ; que la direction non plus que l'inclinaison de ce plan de révolution ne changent point, quelle que soit la position de la terre; enfin, que la durée des révolutions de la terre sur elle-même et autour du soleil est également d'une invariabilité absolue. Mais une telle uniformité ne s'accorde pas avec les habitudes générales de la nature. L'ordre que nous venons d'indiquer ne pourrait en effet se produire que si, tous les autres astres s'anéantissant, la terre se trouvait tout à coup, au sein de l'immensité devenue vide, seule à seule avec le soleil. La présence du système planétaire suffit pour s'opposer à ce que son mouvement jouisse jamais de la simplicité en question, et la courbe qu'elle décrit sous l'influence de tant de masses diverses qui la sollicitent dans des directions et à des distances continuellement différentes, se trouve d'un degré bien supérieur à celle qui correspondait à l'hypothèse précédente. La partie de cette courbe qui appartient à un instant infiniment petit peut bien être considérée comme l'arc infiniment petit d'une ellipse; mais celle qui appartient à l'instant infiniment petit qui succède à celui-là, au lieu de se rapporter à la même ellipse, se rapporte à une ellipse qui diffère de la première et par sa forme et par sa position dans l'espace. Cette variation est sans fin, et c'est dans la relation fondamentale des deux ellipses consécutives que réside le principe du mouvement de la terre. Nous n'avons à en donner ici qu'un aperçu; mais encore n'y pourrions-nous réussir à moins de recourir au langage transcendant de l'algèbre, s'il n'y avait moyen de décomposer ce mouvement général en mouvements plus simples, de manière à n'en faire imaginer que graduellement toute la complexité.

« Concevons donc d'abord une ellipse qui, demeurant dans la même direction et dans le même plan, se dilate continuellement dans le sens de son petit axe jusqu'à devenir enfin circulaire, et qui, à ce terme, changeant son mouvement de dilatation en un mouvement de contraction, revient progressivement au même degré d'aplatissement qu'elle avait eu d'abord, pour de là recommencer à se dilater dans le même ordre qu'auparavant, et ainsi de suite; il est évident que le mobile assujetti à parcourir une telle courbe viendra, dans chacune de ses révolutions, couper le petit axe en des points tantôt de plus en plus éloignés, tantôt de plus en plus rapprochés du centre, sa trace dessinant une espèce de spirale douée d'autant d'enroulements qu'il s'accomplit de révolutions durant le temps nécessaire pour passer de la plus grande excentricité à la plus petite. Si le centre de l'ellipse était fixe, toutes ces spires seraient tangentes entre elles aux sommets du grand axe dont la longueur demeure sensiblement constante. Mais comme c'est au foyer occupé par le soleil, et non pas au centre, que la fixité de position appartient, il faut se représenter que le grand axe a sur lui-même un mouvement de va-et-vient réglé sur la même période que la variation du petit. Les spires, aux points où elles viennent couper le grand axe, au lieu d'être tangentes entre elles, sont donc soit en retrait, soit en progression les unes à l'égard des autres, et se coupent réciproquement tantôt d'un côté du soleil et tantôt de l'autre. Telle est la courbe qui résulte de la considération de cette première inégalité du mouvement de la terre. Bien que la différence entre le minimum et le maximum de la valeur du petit axe de l'orbite ne dépasse jamais des limites assez bornées, le nombre des spires qui, séparées les unes des autres par des distances différentes, mais régulières, se succèdent dans la suite de cette variation, est de plus de cent mille ; c'est-à-dire que la terre emploie plus de mille siècles de son calendrier à l'accomplissement de cette révolution importante.

« Cette variation de l'aplatissement de l'orbite se lie, par les causes mêmes qui la produisent, à une autre variation non moins remarquable : c'est le déplacement du grand axe de l'orbite. Au lieu de demeurer dans le même alignement, ainsi que nous venons de le supposer, il se meut continuellement comme si l'ellipse pivotait sur son foyer. La complication de la courbe que nous avons à esquisser est donc encore plus grande que nous ne l'avons marqué, puisque les spires successives, au lieu de s'aligner dans une même direction, s'inclinent de plus en plus l'une sur l'autre, par l'effet du déplacement du grand axe, en formant par leurs entrelacements une sorte d'écheveau étoilé, doué d'autant de rayons qu'il se fait de révolutions de la terre autour de son foyer dans la durée de la variation. Et ce n'est pas tout, car les deux variations n'étant pas synchroniques, la courbe qui correspond à la période de contraction de l'ellipse ne peut plus être, comme dans le cas où le grand axe ne changeait pas de direction, en symétrie parfaite avec la courbe correspondant à la dilatation, attendu que les mêmes positions du grand axe ne se rapportent plus aux mêmes grandeurs du petit, de sorte que les enroulements en revenant à la même direction que les enroulements antérieurs, se trouvent ou plus aplatis ou plus gonflés. Enfin il reste à dire que le grand axe de l'ellipse, affranchi par une haute combinaison de mécanique des variations à longue période, n'est cependant pas dans une invariabilité absolue, que d'une révolution à l'autre sa grandeur change, et que ce changement, quoique n'ayant jamais de grandes valeurs et ne persistant jamais longtemps dans le même sens, introduit cependant dans la ligne décrite par la terre un nouveau principe de complication, d'autant plus important qu'il est le seul qui ait la vertu de causer de la variation dans la durée des révolutions annuelles.

« Telles sont les conséquences de ce que la terre, au lieu d'être simplement liée avec le soleil, est sollicitée, dans le plan de son orbite, par d'autres tendances résultant de ses relations avec les diverses masses planétaires, et qui, moins puissantes que sa tendance vers le soleil, mais continuées dans le même sens durant des périodes considérables, finissent à la longue par altérer complétement la ligne générale de son mouvement. Telle est aussi la ligne qu'elle se bornerait à décrire si toutes ces tendances secondaires demeuraient comprises dans le plan de son orbite. Mais comme les plans dans lesquels les autres planètes se meuvent ont tous une certaine inclinaison sur le sien, il s'ensuit qu'appelée par ces astres tantôt d'un côté de ce plan, tantôt de l'autre, elle a une propension continuelle à en sortir. Elle en sort en effet, passant à chaque instant d'un plan à un autre plan, comme, sous l'influence des forces que nous considérions tout à l'heure, elle passait à chaque instant d'une ellipse à une ellipse différente. Ainsi la ligne déjà si complexe de ses révolutions, au lieu d'être décrite dans un plan, est décrite sur une surface courbe et dessine autour du soleil un des tourbillons les plus difficiles à définir que l'imagination soit en état de concevoir.

« On peut cependant en donner une idée élémentaire en disant que le plan de l'orbite varie d'abord en s'abaissant et en se relevant alternativement, puis en tournant sur lui-même d'occident en orient par un mouvement connexe. Cette variation est le principe d'une nouvelle révolution séculaire qu'il faut combiner avec la précédente pour arriver à la détermination de la grande année astronomique de la terre. En effet, pour que l'identité renaisse, il ne suffit pas que la terre revienne à des conditions identiques en ce qui concerne l'excentricité de l'orbite et la position du grand axe ; car elle manque nécessairement la reprise de sa première trace, si elle se trouve à ce moment-là dans un plan différent de celui qui correspondait à l'accord dans la période précédente : l'orbite, après s'être déroulée, venant à s'enrouler de nouveau, s'enroule dès lors soit au-dessus, soit au-dessous, soit en arrière, soit en avant des points analogues appartenant aux enroulements précédents ; et dans la première spirale s'en entremêle de la sorte une nouvelle, suivie par d'autres différentes encore, jusqu'à ce qu'enfin, les deux variations reprenant le même rapport qu'elles avaient déjà eu à quelque époque antérieure, l'identité reparaisse.

« Ainsi, voilà des périodes, composées chacune de plusieurs milliers de siècles, qu'il faut multiplier les unes par les autres, si l'on veut trouver, par le calcul de leurs compensations, la valeur de l'année fondamentale de la terre. N'entrons pas plus avant dans ce dédale, et disons hardiment des millions de millénaires. La terre, qui suit incessamment sa route dans ce cycle immense, nous en fait connaître, par son mouvement actuel, les éléments ; de ces éléments d'un jour, la théorie déduit l'étendue et les caractères généraux de toute la période, et l'esprit contemple avec admiration et stupeur la régularité de ces grandes heures. Mais à quelle distance de nous est le point de départ du cycle au déroulement duquel nous assistons ? Avant que sa fin ne soit venue, quels changements la diminution de la force vive des astres de notre système, ou bien encore leur translation dans d'autres parties du ciel, auront-elles causés dans les orbites de la terre et des autres planètes ? N'est-il pas évident que le seul fait du déplacement sidéral du soleil suffit pour que la terre ne puisse en aucun temps revenir exactement sur ses pas ? Ainsi, tout est sans cesse nouveau dans l'univers. De même que rien n'y est pareil dans le même instant, rien non plus ne s'y recommence ; et même pour une masse bornée dans ses dimensions, comme la terre, il y a, en raison de ses connexions illimitées avec le reste de l'univers, une diversité indéfinie de phénomènes et tout l'honneur du temps.

« La petitesse du diamètre de la terre, comparativement à la distance qui la sépare des planètes, même les plus prochaines, fait que son mouvement de rotation sur elle-même peut être regardé comme sensiblement indépendant des relations par lesquelles elle se lie à ces autres corps. Il n'y a que le soleil, en vertu de sa masse, et la lune, en vertu de sa proximité, qui y aient une influence caractérisée par des effets appréciables. Celui qui frappe le plus l'observateur, est une sorte de balancement périodique du corps même de l'astre. L'axe de rotation, au lieu de demeurer parallèle à lui-même dans toutes les positions de la planète, change d'un moment à l'autre de direction. Pour se faire une idée simple de ce phénomène, il suffit d'arrêter un instant la terre, et de se figurer que son axe pivote autour de son centre, de manière à prendre successivement appui sur tous les points d'une circonférence tracée sur la voûte idéale du ciel. Si le mouvement de la lune s'opérait dans le même plan que celui de la terre, et si les orbites de ces deux astres étaient exactement circulaires, la circonférence en question serait celle d'un cercle parallèle au plan des orbites, et d'environ 23° d'amplitude. Mais comme les conditions sont différentes, le mouvement se complique, et la circonférence, au lieu d'être régulièrement circulaire, se charge d'ondulations de divers ordres : un premier système d'ondulations, correspondant aux variations du plan de l'orbite lunaire, en supporte un second qui correspond aux inégalités de la révolution de la terre, et qui lui-même en supporte un troisième correspondant aux inégalités de la révolution de la lune.

« Telle est l'image de la courbe triplement ondulée que les habitants de la terre doivent voir dessiner dans le ciel par la suite des étoiles sur lesquelles se dirige successivement le pôle de leur planète. Ce pôle parcourt dans l'espace d'un demi-mois lunaire chacune des ondulations du troisième ordre, dans l'espace d'une demi-année chacune de celles du second, dans l'espace de dix-neuf ans chacune de celles du premier, enfin dans vingt-cinq mille ans environ la circonférence entière. Et il faut encore remarquer que, comme les ondulations extrêmes ne s'ajustent pas exactement, l'axe, en recommençant une nouvelle révolution, ne repasse point par les mêmes points que dans la révolution précédente. De sorte que les circonférences successives, par suite de ce défaut de coïncidence, composent par leur ensemble un système indéfini d'ondulations entrelacées. Ainsi le cycle déterminé par les variations de l'axe de rotation n'a pas un caractère plus absolu que celui qui se rapporte aux variations de l'orbite. Les vingt-cinq mille ans de la période terminés, l'axe, en continuant à tournoyer, vient occuper des positions différentes de celles qu'il avait occupées auparavant, et ce n'est qu'après une longue série de révolutions que, toutes les différences se trouvant compensées, la courbe se refermerait, et que le pôle recommencerait à marcher sur la même suite d'étoiles. Cette variation introduit donc dans l'histoire de la terre un nouveau cycle, que la chronologie, pour arriver à un cycle complet, devrait encore combiner avec celui dont nous avons d'abord parlé ; et s'il y a, comme on doit le croire, incommensurabilité entre toutes ces grandeurs, voilà l'infini qui se témoigne.

« Il reste à se demander quels sont les effets de ces changements de position sur la planète considérée non plus à l'égard du reste du ciel, mais en elle-même. Supposé que ses habitants soient trop peu développés pour se rendre compte des mouvements qu'elle accomplit, ces mouvements donnent-ils lieu à des phénomènes que ces êtres puissent vraisemblablement ressentir, et ces êtres sont-ils ainsi liés au déplacement de l'astre sur lequel ils vivent, par une modification correspondante des conditions de leur existence? Sans entrer dans l'examen des influences qui peuvent découler des planètes, et même des étoiles, sur un astre particulier, selon sa situation devant elles, et tout en laissant ici la part de l'inconnu, on est du moins en droit d'assurer que de toutes les influences célestes, celle qui doit exercer habituellement le plus d'empire sur la terre, l'influence solaire, change à la vérité ses effets selon les époques, mais dans des limites de variation très resserrées. D'où résulte ce principe remarquable, que les années les plus différentes les unes des autres quant à leurs éléments astronomiques, le sont cependant très peu quant aux conditions les plus essentielles à l'existence, savoir la proportion de chaleur, d'électricité et de lumière.

« La variation d'excentricité est de toutes les variations de l'orbite celle qui est le plus capable d'affecter les habitants de la terre. La géométrie démontre que la quantité totale de chaleur reçue par une planète dans chacune de ses révolutions autour du soleil, est en raison inverse de la grandeur du petit axe de l'orbite. L'état thermologique de la terre serait donc soumis à des vicissitudes considérables si cette grandeur variait beaucoup. Et comme il ne serait pas probable qu'un système d'organisation approprié aux années à minimum de chaleur pût s'accommoder également des années à maximum, il faudrait penser que, sur cette planète, la succession des êtres est soumise à des lois périodiques, et ne se développe pas à travers les siècles suivant un plan simple et uniforme. Il est même sensible que si le petit axe était susceptible de diminuer au delà d'une certaine limite, la terre, à son périhélie, pourrait se trouver assez près du soleil pour éprouver un degré de chaleur incompatible avec la conservation d'aucun type vivant, ou du moins d'aucun type analogue à celui des habitants de la planète à l'époque de l'aphélie. La population devrait donc changer radicalement de caractère à chaque retour des inégalités extrêmes, non-seulement de la période séculaire, mais de la période annuelle.

« Le Créateur n'a pas voulu que l'histoire de la vie sur cette planète fût aussi composée. Les changements d'excentricité de l'orbite ont été contenus dans de justes termes, et, grâce au supplément de chaleur fourni par les étoiles, entre les années à maximum de chaleur et les années à minimum, il n'y a qu'une différence médiocre. L'excentricité, qui se trouve actuellement dans sa période de diminution, ne varie que de quarante millionièmes par siècle; tellement qu'il faudra environ soixante-quinze siècles pour que cette grandeur, qui est à présent de trois cent soixante-deux fois le rayon de la terre, s'amoindrisse d'une unité, c'est-à-dire pour que la terre, à son périhélie, soit plus éloignée du soleil qu'elle ne l'est maintenant au même point, d'à peu près un demi dix-millième. Cet intervalle de temps, même décuplé, n'apportera donc aucun changement considérable à l'état thermométrique de la terre, du moins en ce qui dépend du principe en question. Mais quelle que soit la lenteur de la variation, il n'en est pas moins certain, en thèse absolue, que la chaleur solaire décroît par là sur la terre depuis une haute antiquité, et qu'elle doit continuer à y décroître encore durant une longue suite de siècles.

« La variation d'inclinaison du plan de l'orbite porte, comme la précédente, sur la somme de chaleur annuellement perçue, et de plus sur sa répartition dans les divers lieux selon les divers temps de l'année. C'est l'inclinaison de ce plan sur celui dans lequel la rotation s'opère qui est cause des inégales durées du jour et de la nuit; ce sont ces inégalités de durée qui causent les inégalités de la chaleur diurne; enfin ce sont celles-ci qui sont la principale cause des inégalités des saisons. Ainsi les inégalités des saisons sont, à cet égard, proportionnelles à l'inclinaison du plan de l'orbite sur le plan de l'équateur. Une partie essentielle de la question des climats dépend donc de cette variation. Si l'on supposait le plan de l'orbite perpendiculaire à celui de l'équateur, le régime excessif des régions polaires deviendrait commun à toute la terre; le soleil, en été, serait à la hauteur du pôle, et cesserait par conséquent de se coucher pour tout l'hémisphère dans lequel règnerait cette saison, tandis qu'il cesserait de se lever pour tout l'hémisphère opposé, qui serait alors en hiver. Si l'on supposait le plan de l'orbite confondu avec celui de l'équateur, le régime tempéré prendrait au contraire naissance; les jours deviendraient égaux aux nuits, sur toute la terre, durant toute l'année; l'été cesserait d'exister comme l'hiver, et la température du printemps s'établirait à demeure en chaque lieu dans la mesure de la distance de ce lieu à l'équateur. La variation de l'inclinaison des deux plans suffirait donc, si elle se développait assez, pour produire dans la population de la terre d'assez grands changements.

« Mais de même que la variation d'excentricité, cette variation, outre qu'elle est très lente, est également très bornée, la plus grande valeur de l'inclinaison ne différant de la plus petite que de moins de 3°. Les régions polaires, qui, moyennement, occupent à peu près un douzième de la surface de la planète, et les régions tropicales, qui, moyennement aussi, en occupent à peu près deux cinquièmes, sont donc susceptibles, en vertu de ce changement, de varier, les premières d'environ un quart, et les secondes d'environ un dixième de leur étendue moyenne. En ce moment, et depuis une haute antiquité, l'écliptique tendant à se rapprocher de l'équateur, les inégalités du jour et de la nuit s'amoindrissent, les différences des saisons diminuent, les tropiques se rapprochent de l'équateur, et les cercles polaires remontent vers les pôles. Mais ce progrès est d'une excessive lenteur : on peut calculer que, dans un siècle, les régions tempérées n'auront vu diminuer leurs plus longs jours et leurs plus longues nuits que de quelques secondes seulement; et avant que la somme de ces diminutions n'ait eu le temps d'atteindre une valeur efficace, la variation, parvenue à son terme, reprendra son cours en sens contraire.

« Quant au changement dans la somme totale de la chaleur, déterminé par cette même variation, il n'est pas plus difficile de reconnaître qu'il est également d'une étendue très bornée. Il dépend uniquement de ce qu'en raison de l'aplatissement de la terre, la section équatoriale étant plus grande que la section méridienne, la quantité de chaleur annuellement reçue augmente à mesure que la section moyenne présentée par la terre au soleil se rapproche davantage de l'équateur. Donc, en ce moment, la chaleur annuelle tend à diminuer par l'effet de la variation de l'écliptique de même que par celui de la variation de l'excentricité. Mais comme l'ellipticité du sphéroïde est peu prononcée, et qu'en outre la variation totale de l'inclinaison n'est que peu de chose, on doit aisément juger que ce changement thermométrique est incapable d'avoir jamais une influence considérable.

« Le tournoiement de l'axe du globe a pour effet immédiat un tournoiement correspondant du plan de l'équateur, et il s'ensuit naturellement un mouvement de rotation de la ligne des équinoxes, qui est la parallèle à l'intersection de ce plan avec celui de l'orbite.

Ainsi les points qui répondent à l'établissement de l'équinoxe sur la terre, au lieu d'occuper sur l'orbite une position fixe, s'y déplacent continuellement de l'est à l'ouest par un mouvement lié à celui de l'axe du globe, et appartiennent ainsi d'une année à l'autre à des époques différentes ; de telle sorte que leur mouvement se combinant avec le mouvement contraire du grand axe, ils font le tour complet dans une période d'à peu près vingt mille ans. Tous les dix mille ans environ, les points sur lesquels a lieu l'équinoxe venant, par suite de cette variation, prendre place sur le rayon vecteur perpendiculaire au grand axe de l'orbite, la terre arrive à l'extrémité de ce grand axe, point où s'opère son plus grand rapprochement du soleil, au milieu de la saison chaude pour l'un des hémisphères, et au milieu de la froide pour l'hémisphère opposé. Donc l'été doit devenir plus ardent que dans les circonstances moyennes pour l'hémisphère dans lequel cette saison règne à l'instant de la plus grande proximité du soleil. Et comme réciproquement, cet hémisphère est alors pendant l'hiver au plus grand éloignement du soleil, cette saison doit naturellement posséder une température d'autant moins élevée que l'autre en a une qui l'est davantage. Le contraire a lieu dans l'hémisphère opposé, puisque l'inversion de ses rapports avec le soleil est cause que les jours d'hiver y sont plus chauds et ceux d'été plus froids. Ainsi, quand les points d'équinoxe sont dans la position en question, les saisons tendent au contraste dans un des hémisphères et à l'égalité dans l'autre ; de sorte que chaque hémisphère passe alternativement, tous les dix mille ans, de l'un à l'autre de ces régimes divers.

« Bien que la somme totale de chaleur reçue par la terre dans chaque saison ne dépende pas de cette variation, puisque, par l'effet de la différence des vitesses de la planète dans les différentes parties de son orbite, les saisons, lorsque le rayonnement du soleil y est plus intense, ont moins de durée que quand il l'est moins, et précisément dans la mesure convenable pour que la compensation soit exacte, cependant il est incontestable qu'il peut résulter de là de très grands changements dans les conditions auxquelles chaque hémisphère se trouve alternativement soumis. Présentement, les équinoxes sont très peu distants de la position dans laquelle la différence de régime des deux hémisphères est à son comble, et l'hémisphère boréal est celui qui est placé dans la période où le caractère des saisons se modère. Ainsi, d'année en année, le contraste de l'hiver et de l'été y diminue, et il résulte de la position actuelle des équinoxes que cette diminution doit s'y poursuivre encore pendant une certaine suite de siècles; après quoi, cet effet s'interrompant, les saisons commenceront à devenir de plus en plus distinctes jusqu'à la fin de la période de dix mille ans, où, parvenues à leur plus grande inégalité, elles reprendront de nouveau la variation inverse. Il ne paraît pas douteux que cette variation ne doive avoir une influence appréciable, surtout dans l'hémisphère boréal, où il y a plus de terre que dans l'autre et où la variation de l'inclinaison de l'écliptique, dans sa tendance actuelle, s'accorde précisément avec celle-ci pour tempérer les saisons. Ainsi, il est à croire que les étés, il y a six ou sept mille ans, y étaient sensiblement plus chauds qu'à présent, tandis que les hivers y étaient au contraire beaucoup plus froids.

« Enfin la variation de l'axe de rotation, outre son influence sur les rapports de la terre avec le soleil, en a une autre toute particulière sur les relations de la terre avec le système sidéral; car il en résulte que les diverses zones de la planète, suivant la direction que prend la ligne des pôles, se trouvent exposées au rayonnement tantôt d'une certaine région de l'espace, et tantôt d'une région différente : de telle sorte qu'à la rigueur le ciel est, en chaque point du globe, continuellement changeant. Mais quelle est l'influence des étoiles sur les êtres qui vivent sur la terre? Cette influence est-elle occulte, ou se témoigne-t-elle par des phénomènes saisissants? Offre-t-elle des diversités considérables d'une constellation à l'autre? C'est ce que ces êtres eux-mêmes ignorent peut-être encore.

« Ainsi, en supposant, ce qui n'est qu'approximativement exact, qu'il n'y ait aucune différence dans l'action du soleil à l'égard de la terre, en raison de la diversité des parties de la planète qui s'y trouvent exposées dans les mêmes circonstances astronomiques, on peut établir en principe que la variation de l'excentricité et la variation de l'inclinaison de l'écliptique affectent toutes deux la somme de chaleur que reçoit annuellement la terre; que la première, en se combinant avec la variation des équinoxes, influe sur la durée et le caractère thermologique des saisons; que la seconde, en se combinant avec cette même variation, influe à la fois et sur ces deux éléments et sur les inégalités du jour et de la nuit. En résumé, il ne paraît pas qu'aucune de ces variations soit capable de produire un effet considérable sur les habitants de la terre. La terre, comme tous les autres éléments de l'univers, change donc à chaque instant le système de ses relations; et cependant cette variabilité n'empêche pas qu'elle ne puisse offrir incessamment, du moins quant aux influences qui proviennent de l'extérieur, des conditions d'existence presque identiques d'un siècle à l'autre, aux êtres qui viennent y vivre. Il ne se découvre à cet égard de révolutions capitales que lorsqu'on se représente ces vastes périodes, durant lesquelles le système solaire, se transportant dans son ensemble d'un point à l'autre du ciel, arrive à des quartiers de l'espace inégalement échauffés en raison de la différente distance des étoiles. Mais en dehors de ce qui se rapporte à l'action de ces astres mystérieux, action nécessairement aussi lente que ses foyers sont lointains, le régime thermologique de la terre ne peut se trouver exposé qu'à des oscillations peu sensibles.

« Cette particularité est le principe fondamental de la simplicité de cette résidence et l'un des traits essentiels de sa création. Il doit y avoir dans les tourbillons du ciel bien des mondes dont le calendrier ne jouit pas d'autant d'uniformité, et dont les années, par suite de l'étendue donnée aux variations dont nous venons de considérer l'ensemble, se montrent profondément différentes les unes des autres par leurs caractères physiques comme par leur durée, selon les temps. Il est évident que la nature de leurs habitants ne peut manquer de se trouver en harmonie avec une telle complexité. Nous-mêmes, n'obéissons-nous pas aux lois d'un calendrier plus composé que celui de la terre? Il y a donc de la probabilité à ce que l'on vive sur la terre plus simplement que parmi nous. Les années, sur ce globe mesquin, ne durent qu'un instant, n'ont que des vicissitudes de peu de valeur et peu nombreuses, et n'éprouvent presque aucun changement d'une extrémité à l'autre des plus longues suites chronologiques. Cette uniformité, dérivant de la constitution même de l'ensemble du système solaire, est nécessairement commune dans une certaine mesure à toutes les planètes de ce système : s'il y avait une seule masse puissante dont l'orbite fût très excentrique, ou inclinée sur les autres d'un angle considérable, non-seulement il se manifesterait dans son mouvement des anomalies considérables, mais elle en occasionnerait d'analogues dans les mouvements de toutes ses associées. C'est donc à la petitesse de l'excentricité originaire des orbites et de leur inclinaison mutuelle, en même temps qu'aux rapports établis entre ces astres en ce qui concerne leurs distances, leurs masses, leurs dimensions, qu'il faut attribuer le peu d'étendue des variations que le tableau de leurs révolutions nous présente. En effet, pour que le règne du soleil pût s'établir sur leur ensemble avec assez de puissance pour maintenir une constance générale dans leurs relations avec lui, les conditions géométriquement nécessaires étaient la faiblesse des masses des planètes comparativement à celle du soleil, la faiblesse de leurs dimensions comparativement à leurs distances mutuelles, enfin une sorte d'égalité dans leurs établissements; comme dans une bonne république, où la permanence de l'ordre exige que les citoyens ne soient ni trop puissants à l'égard du chef du gouvernement, ni trop libres de nouer les uns avec les autres des sociétés particulières, ni placés dans des modes d'existence trop excentriques.

« Réciproquement aussi, c'est donc dans les conditions mécaniques du maintien de l'uniformité des années, et en même temps dans celles des variations séculaires qui affectent sans cesse un peu cette uniformité, et dont l'utilité se découvrirait sans doute si nous connaissions au juste l'histoire de la population de chaque planète, qu'il faudrait chercher à déterminer par le calcul, indépendamment de toute observation, la valeur des éléments constituants de notre système planétaire. Tel est l'ordre élevé de considérations dans lequel il faudrait pouvoir entrer pour conclure à priori la distance de la terre au soleil et aux diverses planètes, ses dimensions, son mouvement, sa rotation, sa densité. Mais contentons-nous ici, ne pouvant nous élever plus haut, de contempler la sagesse de la création, sinon dans le secret de ses résolutions, du moins dans la magnificence de ses résultats; et admirons ces astres qui semblaient d'abord condamnés à demeurer indifférents à l'égard de la terre, et qui, en définitive, par la combinaison de leurs influences soutenues dans la suite des siècles, lui font accomplir, à travers les espaces célestes, des évolutions si compliquées dans leurs enchaînements, si régulières dans leurs lois, si majestueuses dans leur immensité.

« Il en est de la figure de la terre comme de celle de la plupart des planètes : on remonte à l'origine même de l'astre en remontant aux circonstances desquelles cette figure a pu naître. On peut la considérer comme un symbole géométrique d'où l'on déduit, avec une suffisante apparence de certitude, que la masse planétaire n'est que le résultat de la condensation de quelque antique tourbillon de matière cosmique. Pour connaître que cette condensation a dû s'opérer graduellement, par une convergence régulière et tranquille, il n'est pas même besoin de mettre le pied sur la terre, afin d'étudier de plus près sa construction. En effet, l'observation des mouvements lunaires démontre que le corps de l'astre est formé de couches concentriques dont la densité augmente de la surface jusqu'au centre, soit que ces couches aient une nature différente, soit que l'augmentation de leur densité soit simplement l'effet de la pression qu'elles subissent. Cette disposition générale convient également à l'état définitif d'un tourbillon qui serait animé d'une force vive de rotation égale à celle de la terre, et dont les poussières se rapprocheraient peu à peu pour se consolider, et à l'équilibre d'une masse liquide tournant dans les mêmes conditions autour d'un axe. Il est donc difficile de décider, sur cette seule considération, si la terre, qui, dans l'acte de sa condensation, a dû, selon toute probabilité, acquérir une température très élevée, a jamais été tout entière liquide, ou si elle ne l'a été que dans quelques-unes de ses parties, soit moins réfractaires que les autres, soit soumises accidentellement, par l'effet des combinaisons chimiques, à une chaleur plus intense. Quoi qu'il en soit, il ne paraît pas douteux que la terre n'ait été primitivement en fusion, au moins à sa superficie, et jusqu'à une certaine profondeur. C'est là l'essentiel à notre égard, puisque, ne recevant aucune sensation de ses régions centrales, l'histoire de sa surface est la seule dont nous puissions entreprendre d'esquisser quelques traits. Cette histoire est aussi la plus intéressante; car il n'est pas probable que la masse de la terre soit un lieu d'habitation, tandis qu'il l'est au contraire extrêmement qu'elle n'est qu'une sorte de lest pour l'atmosphère, et que l'astre véritable, je veux dire le réceptacle des êtres dont la vie est attachée à la terre, est formé par la substance diaphane que le noyau solide retient autour de lui.

« Les plus anciennes observations dont il y ait mémoire témoignent que, dans les premiers temps, la terre n'offrait point comme à présent des phases périodiques. Son éclat était plus vif qu'il ne l'est devenu. Un jour brillant entretenu par la conflagration générale de la superficie y régnait continuellement. L'atmosphère elle-même était éblouissante, et ses feux rayonnaient au loin dans l'espace. De grands changements se sont donc produits depuis ces temps-là sur la terre, puisque nous voyons que sa masse solide aussi bien que son atmosphère ont perdu les propriétés lumineuses qu'elles possédaient autrefois, et qu'à l'exception de quelques rares étincelles qui s'y observent encore, l'astre se perd dans la nuit partout où le soleil n'y frappe pas. Il ne paraît pas douteux que ces changements ne soient dus à ce que, les phénomènes de combinaison qui s'effectuaient à la surface de l'astre s'étant achevés ou interrompus, la masse, cessant de se trouver dans le même état thermo-électrique qu'auparavant, s'est refroidie et obscurcie peu à peu. L'extérieur a donc pris corps, et les croûtes vacillantes dont il se recouvrait çà et là, s'étant à la fin rejointes et soudées, ont formé une enveloppe qui a couvert tout le feu. Ainsi, la terre s'éteignant, ou tout au moins se voilant, a eu le sort commun à tant d'autres astres où les annales astronomiques constatent un semblable changement.

« Plusieurs autres effets remarquables s'accordent avec l'idée de ce refroidissement de la terre. Un des plus frappants est le changement qui s'y est produit dans l'atmosphère. Non-seulement les phénomènes lumineux dont elle était primitivement le théâtre ont éprouvé une diminution correspondante à la diminution des mêmes phénomènes sur le noyau solide, mais elle s'est réduite et ne s'étend plus à la même distance qu'autrefois autour de la planète. En même temps que l'électricité a cessé d'y entretenir à demeure l'éclair, la chaleur a donc cessé d'y régner avec autant de puissance, et sa contraction est la marque de son refroidissement. Mais ce refroidissement se témoigne en outre par une décomposition tout à fait digne d'attention. Formée dans l'origine par des vapeurs de diverses natures, il s'est trouvé qu'une partie de ces vapeurs, plus sensible que l'autre à la variation thermométrique et se condensant par suite de l'abaissement de température, s'est métamorphosée en un liquide qui s'est distrait de l'atmosphère et déposé à la surface de la planète.

« Ce dépôt liquide, dont l'épaisseur moyenne n'est guère qu'un demi-millième du diamètre du globe qu'il mouille, et qui ne semble ainsi qu'un accident médiocre, est cependant un des éléments les plus importants de l'histoire de la terre. Ce qu'il y a de plus remarquable dans cette histoire, depuis la cessation du feu, consiste, en effet, dans la variation des rapports du dépôt liquide avec les protubérances solides qui s'élèvent au-dessus. Il est permis de conjecturer que cette variation, qui se témoigne au dehors par des traits superficiels si apparents, doit avoir également une grande influence sur la population de la terre, les conditions d'habitation étant nécessairement différentes dans les régions recouvertes par l'atmosphère océanique et dans celles qui le sont par l'atmosphère aérienne; et par conséquent l'économie générale de la terre se trouve essentiellement liée au système de ces deux sortes de régions. Il est constant que depuis un assez grand nombre de siècles le liquide a discontinué sa séparation graduelle d'avec l'atmosphère; non qu'il faille conclure que tout ce que l'atmosphère en contenait a fini de se précipiter, mais plutôt que l'atmosphère étant parvenue à un état dans lequel sa température n'est plus soumise qu'à des variations accidentelles, le phénomène, qui n'était que la conséquence de l'abaissement séculaire de cette température, a dû naturellement s'interrompre. Il n'y a donc plus sur ce point de variation continue, mais seulement quelques variations périodiques de peu d'étendue, l'atmosphère, dans les saisons où elle s'échauffe, reprenant une petite quantité de vapeur que, dans la saison suivante, elle abandonne de nouveau. En un mot, la constance générale de la température superficielle, que d'autres raisons encore doivent faire considérer comme définitivement établie sur la terre, entraîne par correspondance de cause à effet la constance générale de la masse liquide. Et il est d'ailleurs vraisemblable que ce qui reste de cette vapeur, parmi les autres vapeurs dont l'atmosphère se compose, n'est plus qu'une faible proportion de ce qui s'en est antérieurement séparé.

« Les régions qui entourent les pôles sont, à ce qu'il paraît, celles où le dépôt s'est d'abord effectué. C'était là en effet que le liquide devait se précipiter en premier lieu, puisque ces régions étant, de toute la terre, les plus exposées au refroidissement à cause de leur obliquité à l'égard du soleil, ont dû provoquer avant toutes les autres une chute de vapeur; et qu'en outre le sphéroïde, également par suite de la plus grande dissipation de chaleur en ces endroits, y étant proportionnellement plus resserré que vers l'équateur, la pesanteur aurait tendu, en tout cas, à conduire les flots dans ces dépressions. De là, par une crue continuelle, le liquide s'est répandu sur une étendue considérable, sans jamais abandonner ses deux stations primitives, les causes qui les lui avaient fait occuper dès le principe n'ayant fait depuis lors que se renforcer, puisque l'enveloppe du globe, se contractant vers les pôles plus que partout ailleurs, s'y est aplatie de plus en plus, et que, de plus en plus, le liquide a dû s'y accumuler pour compenser l'effet de cette déviation. Il est à remarquer aussi que la température du liquide dans les régions polaires a pu être primitivement beaucoup plus élevée qu'elle ne l'est aujourd'hui, même sous l'équateur, attendu que la pression exercée par la masse de l'atmosphère qui ne faisait que commencer à se réduire était alors plus considérable que maintenant, et que la condensation des vapeurs est déterminée non-seulement par le froid mais par la pression. Il n'y a même pas d'impossibilité à ce que, par l'effet de cette pression, la température des mers ait été originairement bien supérieure à la température sous l'influence de laquelle, avec la pression atmosphérique actuelle, l'espèce de liquide dont elles sont formées entrerait en ébullition. Ainsi, il n'y a pas de doute que ce dépôt, que l'on peut justement nommer l'atmosphère liquide de la terre, n'ait éprouvé, durant le temps de son accroissement, et précisément par la même cause qui le faisait croître, une variation thermométrique analogue à celle de l'enveloppe solide et à celle de l'atmosphère aérienne.

« De ce que le volume du liquide a sans cesse grandi, il ne s'ensuit pas que la superficie qu'il occupe se soit accrue pareillement. La variation de cette superficie, soumise à deux lois différentes qui la compliquent par leur désaccord, est loin de jouir de la même simplicité que la variation du volume. D'un côté en effet elle renferme un principe de croissance, car, toutes choses égales, si le volume augmente, la superficie doit augmenter aussi; et ainsi, dans le cas où le sphéroïde terrestre aurait une forme constante, le liquide s'y étalant graduellement à partir des deux pôles, à mesure qu'il se dépose, aurait fini, après un temps, par le couvrir entièrement. Mais la forme de la terre, également par suite du refroidissement, étant inconstante, il se trouve que d'autre part la variation de superficie est soumise à un principe de décroissance qui se combine avec le premier en le contrariant. Que l'on suppose pour un instant le sphéroïde à peu près régulier et revêtu dans toute son étendue d'une couche peu épaisse de liquide, ce qui se rapproche de sa condition géographique des premiers temps, il est évident que cette universalité de l'océan ne tardera pas à se réduire. En effet, comme la masse de la planète se refroidit toujours, son volume total ne cesse pas de se contracter et par conséquent de diminuer. Mais le refroidissement des parties extérieures, dont la température se rapproche de l'état définitif d'équilibre, étant moins considérable que celui des parties intérieures, l'enveloppe ne se contracte point dans la même proportion que le noyau; et comme elle continue à faire corps avec lui et que cependant elle ne change pas sensiblement de dimension, il en résulte nécessairement que pour ne pas se séparer de lui elle doit perdre sa régularité primitive et se bossuer. Certaines parties s'élèvent donc tandis que d'autres s'abaissent; et dès que l'épaisseur de la couche liquide se trouve dépassée par ces variations, il se découvre des reliefs qui restreignent d'autant mieux la mer qu'elle est appelée en même temps dans les dépressions. Plus la masse du globe se refroidit, plus sa déformation se prononce, plus ses protubérances se développent, plus ses enfoncements se creusent, plus enfin la superficie océanienne diminue.

« Les anciennes cartes du disque de la terre montreraient distinctement combien sa configuration s'est modifiée à cet égard depuis la haute antiquité. On y verrait que ce disque, à partir d'une certaine époque, est devenu de plus en plus blanc, la grandeur de ses taches, qui sont précisément ses régions liquides, n'ayant cessé d'aller depuis lors en s'amoindrissant; tandis que les parties brillantes qui, dans le commencement, ne formaient que quelques pointements, s'étant au contraire multipliées et augmentées, ont fini par se réunir les unes avec les autres et constituer, aux dépens de la partie obscure, des espaces comparativement considérables. Ainsi il résulte du calcul des effets naturels du refroidissement, aussi bien que de l'observation du disque de la terre, que la superficie de l'océan, après avoir suivi une première période d'accroissement, s'est trouvée soumise postérieurement à une loi inverse de variation, qui, maintenant que le volume de la masse liquide demeure constant, règne seule. Dès à présent l'océan, qui dans un temps recouvrait l'astre presque entièrement, n'en occupe plus guère que les trois quarts; et comme la contraction du noyau se poursuit, on verra l'océan se ramasser graduellement encore davantage, jusqu'à ce qu'enfin, le refroidissement de la terre ayant atteint son équilibre, tous les changements dont ce refroidissement est le principe, et particulièrement celui-ci, soient à néant.

« On pourrait croire à première vue que la détermination des formes successives de la planète dépend d'un calcul assez simple. Il semble en effet que tout se réduise à la résolution de ce problème de géométrie : Étant donné le sphéroïde terrestre, trouver parmi tous les solides ayant, sous la même superficie, un volume inférieur dans une certaine mesure, celui que l'on peut déduire de ce sphéroïde en imprimant la moindre somme de mouvement à ses particules élémentaires. Le grand et fondamental principe que la nature marche à ses fins en dépensant le moins de force possible, exige en effet que les transformations du globe terrestre soient assujetties à cette condition de minimum. Et d'ailleurs, elle est même nécessaire pour fixer une figure particulière dans le nombre indéfini de celles qui satisfont à la condition d'avoir la même étendue superficielle que le sphéroïde primitif avec le même volume que le sphéroïde contracté. Il serait donc possible, d'après cela, de calculer mathématiquement la figure relative à toute diminution de volume de la planète ; et par conséquent, en introduisant dans le calcul la diminution variable, telle qu'elle ressort des lois du refroidissement, de s'élever à la détermination des figures successives que la planète a prises et prendra dans chaque temps, c'est-à-dire à la formule générale de la géographie terrestre.

« Mais le défaut d'homogénéité des couches du sphéroïde, défaut manifesté par la différence qui existe entre la déformation effective de la terre et sa déformation théorique, rend le problème beaucoup plus compliqué. Il résulte en effet de cette anomalie que la déformation, bien que fondamentalement soumise à la loi du minimum, dépend en outre d'une multitude d'éléments que nous ne connaissons pas, et dont, lors même que nous les connaîtrions, notre analyse ne serait peut-être pas capable de tenir bon compte. Ce que nous savons certainement, puisque l'observation le constate, c'est que les protubérances augmentent sans cesse, en donnant naissance, par leur intersection avec la couche liquide, à des littoraux dont le développement varie selon les temps, et qui, par le degré de complexité de leur courbure, se dérobent à la mesure de nos compas. Mais, de ce que nous ne sommes pas en état de les définir mathématiquement, il ne s'ensuit pas que leur essence ne soit point exactement mathématique. Tout au contraire, il est incontestable qu'elle l'est ; car, provenant de mouvements régis par des lois physiques positives, ces courbes sont aussi précises pour une géométrie supérieure que le sont, pour la nôtre, les lignes élémentaires : seulement le principe de leur régularité, au lieu d'être fondé sur les lois de la contraction d'un sphéroïde homogène, l'étant sur celles d'un sphéroïde plus composé, il nous est impossible d'y atteindre. C'est par l'ordonnance inconnue des masses également inconnues qui ont concouru à la formation de cette planète au temps de son chaos, que le Créateur a préparé le système superficiel qui s'y est ensuite manifesté ; ce qui constitue un secret transcendant que, dans notre impuissance d'observer la composition intérieure de ce globe, nous ne pouvons percer. Mais, bien qu'arrêtés ainsi dans nos calculs, nous pouvons du moins, grâce au rapport qui existe entre ce qui est caché dans le sein de la terre et ce qui s'est produit au dehors, voir une conséquence directe, et pour ainsi dire une répercussion de l'ordre souterrain, dans l'ensemble des courbes que les protubérances continentales et insulaires dessinent à la surface de la mer.

« Ce n'est pas à dire cependant que l'influence de l'hétérogénéité soit tellement dominante que le système superficiel de la terre soit absolument différent de celui qui correspond à l'hypothèse de l'homogénéité. Si compliquées que soient les perturbations, elles ne sont pas assez étendues pour masquer le principe général de la déformation au point de le rendre tout à fait méconnaissable. En un mot, il n'est pas difficile d'apercevoir que les taches du disque terrestre, quelles que soient leurs inégalités, ont un certain rapport avec celles qui dérivent théoriquement de la contraction d'un sphéroïde homogène.

« Sans avoir besoin d'entrer au fond de cette analyse, il suffit de quelques considérations géométriques pour démontrer que le solide qui succède au sphéroïde, dans l'hypothèse de l'homogénéité, lorsque celui-ci diminue de volume en conservant la même étendue superficielle, n'est point, comme on pourrait le croire, un polyèdre, mais un solide continu, résultant de la révolution d'un méridien ondulé sur la circonférence équatoriale ondulée également. On découvre aussi, sans plus de difficulté, que ce n'est pas assez de la condition du minimum de dépense pour déterminer le mode d'ondulation du nouvel équateur et du nouveau méridien; qu'il faut, en outre, faire entrer dans le calcul, pour en éliminer l'indéfini, la raideur de la surface, c'est-à-dire son degré de résistance à l'inflexion; que le nombre, et par conséquent l'amplitude des ondulations, pour un refroidissement donné, sont par conséquent déterminés en partie par la flexibilité de l'enveloppe ; que la transmissibilité des forces dans l'intérieur du sphéroïde, la compensation du poids de l'enveloppe et la propension de la masse à conserver sa forme d'équilibre, quelques autres circonstances non moins ardues à fixer, sont également nécessaires ; en un mot, que le problème, même en le dégageant de la question d'hétérogénéité, est encore d'un ordre très élevé. Mais en supposant, pour prendre, entre les cas extrêmes, le cas qui paraît le plus simple, deux ondulations à l'équateur et deux au méridien, c'est-à-dire en modifiant simplement les deux courbes directrices du sphéroïde primitif par une sorte d'étranglement diamétral, il est sensible qu'en raison de l'excès d'aplatissement des deux pôles, le solide produit par cette combinaison serait une sorte de sphéroïde revêtu de quatre protubérances, symétriquement placées deux à deux, de part et d'autre de l'équateur, et déterminées dans leur relief et dans leur étendue par le relief et l'étendue des ondulations correspondantes. Leur forme générale serait donc allongée dans le sens de l'équateur, si les ondulations de l'équateur étaient moins développées que celles du méridien, et allongée, au contraire, dans le sens du méridien, si la supériorité appartenait aux ondulations de l'équateur. De sorte qu'à la limite, en annulant tout à fait les ondulations équatoriales, on trouverait dans chaque hémisphère, à la hauteur de la saillie du méridien, une protubérance annulaire parallèle à l'équateur ; c'est-à-dire, en tenant compte de l'océan, une bande de terre plus ou moins large faisant le tour complet du sphéroïde. Tandis qu'en annulant au contraire les ondulations méridiennes, il y aurait dans chaque hémisphère deux côtes saillantes dirigeant leur pointe vers le pôle ; ou, avec l'adjonction de l'océan, deux terres triangulaires appuyées sur l'équateur et s'élevant perpendiculairement jusqu'à une certaine distance du pôle où elles s'évanouiraient. De là, il est aisé d'apercevoir ce qui aurait lieu dans la condition moyenne : savoir, quatre continents disposés symétriquement deux à deux dans le même hémisphère, l'un au-dessus de l'autre dans les hémisphères opposés, et se rapprochant plus ou moins de la forme triangulaire ou de la forme annulaire, selon la prédominance de l'un ou de l'autre système d'ondulations dans l'un ou l'autre hémisphère.

« Or, il semble que le cas extrêmement simple que nous venons de considérer soit à peu près celui de la terre, avec cette singularité que les deux hémisphères, par suite de l'hétérogénéité de la masse planétaire, ne sont point tout à fait identiques ; de telle sorte que le système des ondulations méridiennes domine dans le boréal, et celui des ondulations équatoriales dans l'austral. Il est même frappant que si, de chaque pôle successivement, on promène ses regards autour de soi, on ne découvre, du pôle austral, que deux grandes pointes de terre qui descendent vers l'équateur en s'élargissant graduellement ; au lieu que du pôle boréal, on ne voit qu'une suite de terres disposées annulairement autour de lui avec une continuité presque parfaite. Il paraîtrait donc, si l'on s'en tenait à ces deux points de vue, que les deux ordres extrêmes que nous avons considérés tout à l'heure se sont partagé le sphéroïde terrestre, chacun y ayant un hémisphère où il est souverain. Mais à mesure que l'on s'éloigne des pôles, une plus grande complication, conséquence géométrique de la combinaison des deux modes d'inflexion, se manifeste, et parvient enfin à son plus haut degré dans les environs de l'équateur.

« Toutefois, les anomalies, malgré leur étendue, ne s'opposent point à ce que l'on puisse facilement saisir l'analogie qui existe partout entre le système réel et le système théorique, de manière à fixer, au moins en termes généraux, les lois capitales de la géographie. Il n'y a pas un trait fondamental dans le relief de la terre qui ne soit un trait de géométrie. Le plus remarquable est la division du terrain découvert en quatre continents. Deux sont situés dans l'hémisphère austral, deux dans l'hémisphère boréal, et comme ils sont justement au-dessus des deux autres, il en résulte deux couples symétriques perpendiculaires à l'équateur. Les deux protubérances australes ont la même figure, celle d'un triangle, à peu près les mêmes proportions, la même direction, la même grandeur. Les deux protubérances boréales diffèrent davantage. L'une est un triangle allongé, parallèle à l'équateur, et dont le sommet aigu placé à peu de distance au-dessus de la base de la protubérance australe conjointe, forme, par ses dentelures, la région la plus composée que l'on aperçoive sur la terre. L'autre est un triangle moins allongé, mais de même largeur, également parallèle à l'équateur, et dont le sommet, dentelé aussi et placé symétriquement en regard de l'autre, est situé de même à quelque distance au-dessus de la base de la protubérance australe correspondante. Ces ressemblances n'empêchent pas qu'il n'y ait entre ces deux régions, principalement à cause de l'inégalité de leurs dimensions en longueur, une différence incomparablement plus grande que celle qui existe entre les deux protubérances de l'hémisphère austral ; et le principe de cette différence ne peut être qu'une suite de quelque diversité de composition entre les deux moitiés de l'hémisphère boréal.

« Il est à remarquer aussi que la protubérance australe du premier couple s'élevant au nord plus que celle du second, la méditerranée placée entre les protubérances de même couple est, dans le premier couple, à la fois plus étroite et plus distante de l'équateur que dans le second. Les canaux maritimes parallèles à l'équateur ne se présentent donc point, sur le sphéroïde terrestre, dans des conditions parfaites de symétrie, l'un y étant beaucoup plus large que l'autre, et soumis en outre, par suite de sa position plus méridionale, au régime tropical, tandis que le canal opposé est sous le climat tempéré. Toutefois, l'anomalie a peut-être plus d'apparence que de fond ; car le sol, au midi de la première méditerranée, n'ayant que peu d'élévation, un léger abaissement suffirait pour y causer une inondation qui mettrait en évidence la parfaite analogie des deux bassins et des archipels qu'ils embrassent. Il y a même entre les deux bassins une autre analogie qui, pour être accidentelle, n'en est pas moins digne d'attention. Tous deux, en effet, se trouvent coupés par un barrage transversal, disposé symétriquement dans chacun d'eux, de sorte qu'ils demeurent ouverts face à face, et dans la direction suivant laquelle ils sont le plus rapprochés l'un de l'autre. Il semble que la nature ait voulu marquer plus clairement encore, par ce détail, le rapport profond qu'elle a institué entre ces méditerranées, occupant toutes deux les deux positions singulières que les lois de la contraction géométrique déterminent à la superficie du sphéroïde, constituant toutes deux le bassin central et comme le port naturel de chacun des deux couples de continents, toutes deux enfin les plus variées qu'il y ait sur la terre, tant par la différence des climats qui y distinguent le nord du midi, que par leur complication géographique. Si la terre sert de résidence à une population intelligente, il ne paraît pas douteux que ces deux régions remarquables n'en soient les deux capitales, et qu'il n'y ait, de l'une à l'autre, le commerce qui leur est en quelque sorte commandé par l'ordonnance même de la nature. Il est à observer toutefois que si cette population a pris possession de toute la terre, les fermetures qui existent aux extrémités des deux mers, et qui y font obstacle, dans l'une à la circulation maritime vers l'orient, dans l'autre à la circulation maritime vers l'occident, doivent être une circonstance plus défavorable qu'utile; de sorte que comme jusqu'à présent l'état naturel n'est pas changé, on pourrait en tirer la conclusion que cette population n'a pas encore toute sa puissance, puisqu'elle n'a pas encore remédié à cet inconvénient de son logis.

« Il est sensible que le principe de la déformation géométrique du sphéroïde doit rendre compte non-seulement de la configuration actuelle de la terre, mais de sa configuration antérieure, c'est-à-dire donner l'histoire de sa géographie. Il résulte en effet de ce principe que le système géographique dont nous avons aujourd'hui le spectacle, loin de n'être qu'un phénomène accidentel et sans racines, est, au contraire, l'effet d'une constitution primitive et permanente. Du jour où le sphéroïde a commencé à se refroidir, la nature, avec sa science ordinaire, a commencé à le pétrir pour le préparer à la forme qui convient à son état thermométrique définitif; et de même que, dans ce travail, elle ne dépense sa force que successivement et toujours en proportion de ce que la diminution de la température lui commande, elle ne la dépense non plus qu'avec ménagement, dirigeant à son projet final chacune des modifications intermédiaires qu'elle effectue; de manière à ce que tout ce qu'elle fait y concoure et que rien de ce qu'elle a fait ne soit jamais à défaire.

« Ainsi, tous les changements qui, à partir du premier acte de déformation, se sont produits dans le relief de la terre, ne sont que les phases diverses de l'opération générale calculée par la nature pour imprimer, aux moindres frais, à cette masse la dernière forme qu'elle doit prendre. Les inflexions qui donnent aujourd'hui à la surface les continents qui la caractérisent ne datent point d'hier et ne sont point destinées à s'effacer demain. Elles se sont marquées dès l'origine, et, depuis lors, ne variant que d'amplitude, elles ont continuellement augmenté, nonobstant les minuties contraires, les unes leur profondeur, les autres leur saillie, pour n'arriver à la fixité qu'à l'époque où s'interrompra le refroidissement qui les cause. La géographie, dans tous les changements qu'elle éprouve, roule donc sur le même fond. Pour creuser les canaux qui partagent la terre, pour dresser les protubérances qui les surmontent, il a fallu toute la force développée par le refroidissement de la planète, avec tout le temps écoulé depuis que ce refroidissement suit son cours. Il n'y a point à s'imaginer que la nature, par un passe-temps sans objet comme sans raison, élevant en pure perte ce qui était abaissé, ou abaissant de même ce qui était élevé, ait jamais pris plaisir à remplacer sans nécessité des mers par des continents, ou des continents par des mers. La place où sont actuellement les mers, comme celle où sont les continents, leur a été donnée du jour où il leur a été dit de montrer à l'univers leurs premières traces; et, comme nous l'avons indiqué, elle leur avait été préparée longtemps d'avance par la composition des masses qui ont constitué le corps de la planète. Ces accidents demeurent fidèles à leurs places, même dans leurs variations; et les mers en se ramassant, de même que les continents en se développant, toujours dans les environs de leurs positions primitives, manifestent, par la conservation du même ordre de rapports, la fermeté des liens qui les attachent souterrainement à des organes constants.

« Ce n'est pas à dire que les mers dans leur diminution, ou les continents dans leur accroissement, ne balancent jamais; que les unes ne reviennent pas sur ce qu'elles ont une fois cédé; que les autres ne se désemparent pas quand ils ont une fois acquis. Il est sensible que l'écorce de la terre, en se soulevant d'un côté, est exposée à basculer, par suite, à s'enfoncer du côté opposé, et qu'ainsi la mer, tout en reculant, peut se dédommager quelquefois en ressaisissant des lambeaux de ses anciens domaines. Mais ce ne sont là que des exceptions, et pour ainsi dire des épisodes imperceptibles dans les annales de la conquête séculaire du solide sur le liquide. Il n'y a jamais eu de grandes terres où nous voyons aujourd'hui de grands canaux ; les terres actuelles, résultat des accessions qui se sont faites d'âge en âge aux archipels primitifs, ne sont que le développement des terres qui ont toujours été ; et, sauf les anomalies, les rivages que la mer, dans son mouvement rétrograde, a tour à tour occupés, demeurent tous en vue sur les superficies qui sont maintenant à découvert. Pour retrouver les traits les plus essentiels des configurations passées du disque de la terre, sans qu'il soit nécessaire ni de remonter jusqu'à des observations contemporaines, ni d'entrer dans l'investigation des fonds sur lesquels repose aujourd'hui l'Océan, il suffit donc de dresser le tableau des traces que les anciens établissements de la mer ont laissées dans les régions émergées, rien d'important ne pouvant être en dehors de leur ensemble.

« Enfin, des lois dont nous venons d'exposer le principe, il résulte aussi que si la surface de la terre, soumise pour longtemps encore à des changements analogues à ceux qu'elle a déjà subis, n'est pas destinée à présenter aux êtres qui s'y succéderont une habitation absolument invariable, ces êtres n'y seront cependant jamais en danger de voir le système géographique auquel leur existence est liée, se transformer par une révolution de fond en comble, les continents ne pouvant pas plus s'enfoncer en entier dans la mer, que les canaux de la mer se dessécher en entier.

« Le même défaut d'homogénéité qui cause les anomalies que nous venons d'indiquer dans la disposition, la figure et le développement des déformations générales du sphéroïde, en détermine de bien plus nombreuses dans leurs caractères secondaires. Celles-ci ont même une telle étendue, que si, au lieu de comparer les déformations par leurs traits essentiels, on les comparait par des traits moins décisifs, les relations qui existent entre elles échapperaient vraisemblablement à l'analyse. En effet, à mesure que l'on entre dans le détail, la symétrie s'efface, et il n'est pas besoin d'y être entré bien avant pour que, l'influence des analogies fondamentales cessant de se faire sentir, tout paraisse absolument divers d'un lieu à l'autre. Même dans les lignes de montagnes, lignes qui constituent la modification la plus notable du relief des continents, la régularité est déjà tellement troublée par la variété des circonstances locales, qu'il est à peine possible d'en démêler la trace.

« Le principe de ces lignes réside dans l'inflexibilité de l'enveloppe de la terre. Si l'on suppose à cette enveloppe un degré suffisant de souplesse et de flexibilité, il n'y a plus de montagnes. Dès lors, en effet, quelque résistance qu'elle fasse, l'enveloppe finit par en venir à toutes les inflexions que la loi de déformation lui commande, et la planète, toujours unie, même après avoir perdu sa simplicité primitive, ne présente dans ses saillants, comme dans ses rentrants, qu'une courbure d'ensemble générale et continue. Mais que l'enveloppe ne soit qu'imparfaitement flexible, et qu'en obéissant aux forces qui la sollicitent à changer de forme, elle se rompe, de nouvelles conditions viennent compliquer la théorie. Les contractions du sphéroïde, au lieu de ne produire à la surface qu'un système de grandes ondulations, y produisent en outre un système d'arêtes de rebroussement. C'est par l'équation entre les forces par lesquelles l'enveloppe du sphéroïde est portée à se gonfler dans un sens et à se resserrer dans l'autre, et les forces par lesquelles cette enveloppe résiste à un brisement indéfini, que se trouve déterminé le nombre de ces arêtes qui sont précisément les lignes de fracture. De sorte qu'en poussant aux dernières limites la frangibilité, on retomberait sur le même résultat que dans le cas de la flexibilité absolue, la continuité se trouvant naturellement rétablie par le nombre infini des ruptures.

« Outre leur nombre, il faudrait pouvoir déterminer aussi la position particulière de chacune de ces lignes, et c'est un problème qui paraît bien plus inabordable encore. A la vérité, en décomposant la question de manière à étudier séparément ce qui a lieu dans le cas d'une simple inflexion des méridiens, comme dans celui d'une simple inflexion des parallèles à l'équateur, il n'est peut-être pas impossible d'atteindre aux premiers éléments d'une théorie. Mais les principes généraux qui, dans l'hypothèse de l'égalité de contractilité et de frangibilité de l'enveloppe, présideraient à la distribution des lignes de montagnes, souffrent nécessairement, en raison des anomalies locales, une multitude d'exceptions qui voilent presque entièrement leur manifestation régulière. Les fractures, au lieu de suivre rigoureusement les alignements qui correspondent, en théorie, à la déformation qui les cause, s'accordent de toutes les déviations qui, en leur permettant de satisfaire à peu près à leur objet, les amènent sur un terrain où elles peuvent s'effectuer avec plus d'économie; d'où il suit qu'elles sont non-seulement discontinues, mais en zigzag. Néanmoins, comme il ne peut manquer de se faire une certaine compensation entre toutes ces causes de déviations, l'influence de la règle se laisse sentir, à certains égards, dans les moyennes; et aussi voit-on que l'hémisphère austral, dans lequel les inflexions méridiennes ont le moins d'empire, est celui qui fournit en moyenne le plus de directions méridiennes, et à l'inverse pour l'hémisphère boréal.

« Il n'y a que les fractures décisives qui fassent naître des lignes de montagnes. Les fractures autour desquelles il ne se fait que peu de mouvement n'ont aussi que peu d'apparence. Mais lorsque deux segments de quelque étendue, après s'être rompus, viennent à s'incliner l'un sur l'autre, la compression réciproque qu'ils éprouvent par l'effet de leur poids et de leur différence de mouvement, produit un nouveau changement de relief dans la direction de leur arête de jonction. Les bords, refoulés et brisés dans la collision, ridés et crispés dans toute leur étendue, sous l'empire de la contraction imposée à la portion du méridien ou du parallèle qu'ils représentent, se relèvent de part et d'autre en se plissant, et déterminent ces crêtes compliquées qui diversifient d'une manière si frappante la courbure générale des continents. Quelquefois même la matière intérieure sur laquelle l'enveloppe repose, chargée par ces massifs qui cherchent un autre équilibre, et réagissant à son tour, se fait jour entre les parois de la fracture et donne lieu, sur toute la ligne, entre les bords froissés et soulevés, à une lèvre saillante et onduleuse. C'est, après le déplacement des littoraux maritimes, la conséquence la plus visible de la variation de courbure du sphéroïde terrestre. Comme la formation de ces crénelures, constamment sollicitée par le refroidissement, ne peut être décidée que par des puissances capables de vaincre la résistance de l'enveloppe, elle ne s'accomplit jamais qu'il ne se soit amassé une quantité de force suffisante. Par suite, bien que continue dans sa tendance virtuelle, cette formation ne se développe effectivement que par accès périodiques. Plus le refroidissement de la planète s'avance, plus ce refroidissement devient lent, plus l'enveloppe s'épaissit, plus il faut de force pour la rompre; et par conséquent, plus le temps marche, plus aussi les périodes de repos ont de durée, et plus les crises de contraction prennent à leur tour de vivacité et de puissance.

« Ce n'est pas cependant que tout changement de courbure soit nécessairement accompagné de la formation d'une nouvelle ligne de montagnes : une fracture faite, tout le mouvement auquel cette fracture est capable de servir ne va pas à fin d'un seul trait. Il se trouve des spasmes qui, n'étant qu'une reprise des spasmes précédents, s'accommodent, en l'allongeant et en la forçant sur quelques points, de l'ancienne charnière. De sorte que chaque ligne, bien qu'érigée par le choc des masses latérales avec de brusques violences, porte dans ses reliefs la trace des coups successifs qui l'ont façonnée et des ébranlements périodiques qui se sont produits autour d'elle.

« Le soulèvement des montagnes, loin d'être la cause du soulèvement des continents, n'en est donc au contraire qu'une conséquence. Ce doit être pour les régions environnantes un grand spectacle. Il n'est guère douteux que lorsque le soulèvement a quelque étendue, toute la masse de la planète, et surtout celle de l'océan, ne ressente le contre-coup, et que tous les habitants de la terre ne soient avertis, au moins par ce signal mécanique, que l'équilibre est troublé et qu'une partie de leur demeure vient de changer. La planète, par l'influence que la nature souterraine reconquiert alors à la superficie pour un instant, semble vouloir retourner à son état primitif : le sol s'agite, tout s'embrase, les minéraux lumineux reparaissent, l'électricité reproduit ses éblouissantes splendeurs, l'atmosphère rentre dans l'inquiétude, l'éclair et la tempête. Mais bientôt la crise finit, tout se calme, tout s'éteint, tout se remet, à nos yeux, dans l'ordre accoutumé, et sans doute que la population de la terre, s'appropriant aux nouvelles régions qui viennent de se placer en regard du ciel, ne tarde pas à s'y répandre et à recouvrir toutes les ruines.

« Ces divers changements, occasionnés par ceux de la chaleur planétaire, sont ou si lents, ou séparés les uns des autres par de si grands intervalles, que, communément, tout serait à peu près fixe sur la terre, s'il n'y régnait un autre principe de variation. Cet autre principe, plus instant, et qui ne se dissimule jamais, c'est la chaleur solaire. Les alternatives rapides de la température des saisons, celles plus rapides encore de la température du jour et de la nuit, et même des heures, sont la conséquence de ce que l'intensité de cette chaleur change à chaque instant en chaque point de la surface de la terre. Il résulte donc de cet empire inconstant du soleil un second système de variations, réglé, non point par une série continue comme le précédent, mais par une série périodique, calquée sur la révolution de l'année, et compliquée par les périodes particulières qui se déroulent dans cet intervalle, jointes aux périodes générales qui embrassent les années elles-mêmes. C'est entre ces deux systèmes de variations, celui que nous avons examiné tout à l'heure et celui-ci, que se partagent tous les phénomènes physiques de la terre. Ces deux systèmes sont analogues par leur principe, la chaleur; divers par leur spécialité, le premier comprenant les rapports de la surface de la planète avec le massif intérieur, le second les rapports de cette surface avec le soleil; distincts et même contraires par leurs résultats définitifs, l'un présidant à la formation de l'édifice géographique dont nous avons esquissé la théorie, l'autre aux mouvements journaliers qui entretiennent dans cet établissement l'économie nécessaire. Comme les effets dus à la chaleur planétaire se manifestent de préférence à la surface du sphéroïde, ceux qui sont dus à la chaleur solaire se manifestent, de préférence aussi, dans l'atmosphère. Dérivant également d'une condensation, de la condensation causée par le refroidissement dans la masse aérienne, ces derniers offrent la particularité de se diviser en deux classes essentiellement différentes, l'une qui consiste en décompositions et recompositions, et l'autre en déplacements.

« Le mécanisme de ces deux classes de changements, n'importe la complexité des résultats, est, au fond, d'une simplicité admirable. La proportion de substance liquide qui existe à l'état de vapeur dans l'atmosphère, dépendant du degré de la température, tend naturellement à varier en chaque lieu suivant les mêmes lois que la chaleur. Tout lieu dont la température s'élève reçoit donc, s'il y a du liquide à sa portée, une nouvelle quantité de vapeur; et, au contraire, dans tout lieu dont la température subit un abaissement suffisant, une certaine quantité de vapeur, qui se trouve dès lors en excès, se sépare de l'atmosphère et incline à se déposer à la superficie de la planète. Ce sont ces recompositions et décompositions continuelles de l'atmosphère qui forment le principe des taches lumineuses dont le disque de la terre, vu des hauteurs célestes, se montre si diversement et si abondamment parsemé. En effet, la vapeur qui, par la condensation, s'exprime de l'atmosphère ne s'en précipite pas immédiatement, et y reste encore, pendant quelque temps, en masses flottantes dont la configuration et la grandeur, déterminées par les circonstances du refroidissement et de la localité, varient naturellement à l'infini selon les époques et selon les lieux, mais dont la propriété constante est de réfléchir avec une vivacité spéciale la lumière solaire. On ne voit jamais ces taches se développer dans les altitudes supérieures, et elles demeurent toujours dans un voisinage plus ou moins prochain de la surface de la terre. Du reste, une fois produites, elles s'élèvent ou s'abaissent, s'accroissent, diminuent, se joignent, se divisent, changent de forme, s'évanouissent, renaissent, tout cela en un instant, par une suite de variations si nombreuses, si promptes, si compliquées, que rien n'est plus difficile à réduire en observations générales, et qu'il ne parait pas que la science en puisse jamais donner la formule précise.

« Tous les lieux ne conviennent pas également à ces nébulosités singulières, et leur géographie n'est pas un sujet moins transcendant que leur histoire. Il est cependant facile de déterminer approximativement leurs préférences, en comparant entre elles les diverses figures que présente le disque de la terre dans les diverses périodes de l'année. On aperçoit ainsi que leur formation est plus ou moins active dans chaque région de l'atmosphère, suivant l'éloignement de l'équateur et diverses autres circonstances, mais principalement, suivant les mouvements de l'atmosphère et la température de chaque saison, et même de chaque heure du jour. Rien n'est donc plus complexe que les principes généraux de cette géographie aérienne à la fois si composée et si changeante. Il y a des portions considérables du disque, surtout dans les zones tropicales, qui sont absolument dépourvues de nuées pendant la plus grande partie de l'année ; d'autres, spécialement dans les zones moyennes, où il est rare qu'on n'en observe pas ; enfin, en regardant l'ensemble, on les voit, suivant le degré d'opposition des saisons dans les deux hémisphères, prédominer dans l'un ou dans l'autre, ou se mettre à peu près en équilibre dans tous deux.

« Plus ces taches sont nombreuses, plus est intense l'éclat dont resplendit la terre dans le ciel étoilé de la nuit. Quelquefois elles se multiplient tellement, qu'elles nous dérobent, même pendant plusieurs jours de suite, tout un quartier du corps de la planète, voilé ainsi à nos yeux par une enveloppe que l'on peut comparer à un entassement continu de montagnes mouvantes. Inégalement éclairées selon la position que, dans la rotation de la terre, elles viennent prendre tour à tour à l'égard du soleil, ces masses projettent les unes sur les autres de grandes ombres, qui, par leurs mutations continuelles, leurs accidents, leur contraste avec la blancheur des saillies en pleine lumière, semblent se jouer sans fin. La magnificence du phénomène est encore rehaussée par la couronne irisée que les rayons solaires, en se réfractant dans l'atmosphère, dessinent tout autour de la planète, à la séparation de la moitié obscure et de la moitié éclairée, particulièrement vers les pôles, et dans laquelle toutes les taches, emportées par le mouvement diurne, viennent tour à tour se plonger, soit qu'elles fassent leur entrée dans l'hémisphère éclairé, soit qu'elles en sortent pour disparaître dans l'hémisphère obscur. Ce doit être un des plus beaux spectacles dont la nature ait donné la jouissance aux habitants de la terre, surtout lorsque ces taches, suffisamment écartées les unes des autres, et ne les privant pas entièrement du soleil, tantôt l'éclipsent, et tantôt le découvrent ; et que, par une métamorphose continuelle, roulant dans l'espace, avec un ordre toujours nouveau, leur lente et interminable procession, elles accompagnent à son lever ou à son coucher l'astre du jour pour s'y revêtir successivement dans les diverses zones de l'auréole, par une prompte et magnifique variation, de toutes les couleurs de la lumière. Bien que ces êtres, dominés par ces masses comme par une autre voûte céleste, ne puissent pas apercevoir, comme nous, dans sa totalité, le phénomène dont leur planète est le théâtre, il n'est cependant pas douteux que leur position, leur en amplifiant les détails et leur en développant les perspectives, ne doive le leur rendre encore plus pompeux et plus admirable.

« Ces amas de vapeurs ne demeurent point attachés aux régions dans lesquelles ils sont nés ; ils se transportent d'un point à l'autre du disque de la terre, en vertu de mouvements qui leur sont propres, et dont les lois composent un système non moins compliqué que celui qui se rapporte à leurs configurations ainsi qu'à leurs lieux et époques de naissance. Les courants qui règnent nécessairement dans l'atmosphère sont le principe de ce déplacement qui est pour nous une manifestation visible de leur force, de leur étendue, de leur direction. Il est en effet facile de comprendre que le soleil, en communiquant une température variable aux différentes parties de l'atmosphère, en trouble l'équilibre, et y cause par conséquent un système déterminé de mouvements. Que l'on imagine une colonne atmosphérique dans laquelle le fluide soit plus échauffé qu'aux alentours ; en raison de cette température supérieure, il s'y élèvera naturellement jusqu'à ce qu'ayant perdu son excès de chaleur par son refoidissement dans les hauteurs, et abandonné à l'action commune de la pesanteur, il retombe dans la région circonvoisine, dont le fluide, pressant sur la partie inférieure de la colonne, aura remplacé, à mesure de l'ascension, celui qui y était, et, s'échauffant à son tour, se sera mis en mouvement à sa suite de la même manière. Une circulation continuelle de bas en haut et de haut en bas est donc la conséquence immédiate de tout échauffement local analogue à celui que nous venons de dépeindre. Tel est le principe général des courants que les inégalités de la chaleur solaire produisent dans l'atmosphère terrestre.

« Toutefois ce n'est que par sa combinaison avec celui du décroissement de la vitesse de rotation de l'équateur jusqu'aux pôles, que ce principe développe tous les phénomènes qui dépendent de lui. Il faut, en effet, pour ne rien omettre d'essentiel, concevoir que la colonne échauffée est située en un lieu déterminé de la surface de la terre. Qu'elle soit donc d'abord à l'équateur, le fluide possédera, outre son mouvement d'ascension, le même mouvement d'occident en orient que l'équateur; de sorte que retombant, après s'être refroidi, à la surface de la terre, en dehors de la colonne, c'est-à-dire à une certaine distance de l'équateur, son mouvement primitif de rotation, que rien ne lui aura fait perdre, se trouvera supérieur d'une certaine quantité à celui des parties de la surface situées alors au-dessous de lui. Il se présentera donc à leur égard comme doué d'un mouvement d'occident en orient, qui, modifié par la vitesse avec laquelle le fluide se verse de lui-même de part et d'autre de l'équateur, inclinera au sud-ouest dans l'hémisphère boréal et au nord-ouest dans l'hémisphère austral. Au contraire, le fluide qui, durant ce temps-là, se précipitera de chaque côté de l'équateur vers la partie inférieure de la colonne, étant animé d'un mouvement de rotation moins rapide que celui de l'équateur, se trouvera en retard à l'égard des parties au-dessus desquelles il cheminera, et produira ainsi un courant de nord-est dans l'hémisphère boréal et de sud-est dans l'hémisphère austral. Il est clair que des mouvements analogues, dont il serait tout aussi facile de calculer la direction, se développent par les mêmes causes, en quelque lieu que l'on veuille supposer la colonne en question ; d'où il résulte, en principe général, que des courants doivent nécessairement se produire dans l'atmosphère toutes les fois qu'un point quelconque est soumis à une température supérieure à celle des régions d'alentour.

« Sans parler des mouvements locaux et périodiques dont ce mécanisme donne la clef, il met particulièrement en évidence celle du système général de circulation qui, sur la terre comme sur toutes les planètes analogues, règne avec régularité entre l'équateur et les latitudes moyennes. En effet, dans toute l'étendue de la zone équatoriale, le fluide, à cause de l'aplomb du soleil, étant plus échauffé que dans les zones latérales, s'élève continuellement, et parvenu aux limites de son ascension, se déverse de part et d'autre sur les régions tempérées. Le cercle de l'équateur, dans la partie supérieure de l'atmosphère, est donc la base d'une double nappe de fluide qui s'épanche tout autour de la terre sur chacun des deux hémisphères, venant du sud-ouest dans l'un, du nord-ouest dans l'autre, et qui, ne s'abaissant que graduellement, vient rencontrer la surface de la planète dans les latitudes moyennes ; tandis que ce même cercle, dans la partie inférieure de l'atmosphère, est le lieu d'appel de deux nappes qui, situées au-dessous de celles-ci et animées d'un mouvement directement contraire, se dirigent des latitudes moyennes vers l'équateur, où s'élevant à leur tour par l'effet de la chaleur, elles donnent suite à cette circulation sans fin.

« Mais des lois mêmes du mécanisme en vertu duquel les zones où se font les inversions de mouvement sont précisément celles où les forces directrices ont le moins de netteté, il résulte que la circulation, étant faiblement réglée dans ces zones, s'y trouve abandonnée aux influences secondaires, et soumise ainsi à des anomalies qui font de son ensemble une des choses les plus compliquées qu'il y ait sur la terre. En effet, ces anomalies dépendent, comme il est aisé de le reconnaître, de circonstances si nombreuses, si délicates, si difficiles à traduire, si connexes, qu'il paraît presque impossible, même avec les observations les plus étendues et la plus subtile géométrie, d'en déterminer exactement le système. Il y a donc dans chaque hémisphère, en laissant à part les régions polaires, deux zones, la zone équatoriale et la partie méridionale de la zone moyenne, dans lesquelles la prééminence appartient aux courants variables. C'est ce que le spectacle des taches de l'atmosphère met parfaitement en lumière. Si l'on considère celles qui se forment au-dessus de l'équateur et à une petite distance de part et d'autre, on s'aperçoit tout de suite qu'il n'y a rien de précis dans leurs allures : les unes sont immobiles, les autres, qui se transportent vivement dans un sens ou dans l'autre, tournent à l'instant et se dirigent ailleurs ; il y a contrariété de mouvement même parmi les plus voisines ; toutes sont dans un état d'agitation qui marque l'incertitude des courants qui les conduisent. Dès que l'on s'écarte de l'équateur, l'uniformité s'établit : les taches, à mesure qu'elles se développent, sont aspirées par la zone centrale, et vont à elle sous un angle presque constant, en convergeant ainsi les unes vers les autres dans les deux hémisphères. A quelque distance au delà des tropiques, on les trouve qui oscillent de nouveau. Mais l'uniformité ne tarde pas à reprendre le dessus, et, troublées, seulement çà et là, par quelques dérangements temporaires, elles marchent dans toute la zone tempérée suivant des directions moyennes entre l'ouest et le sud-ouest, pour l'hémisphère boréal, entre l'ouest et le nord-ouest, pour l'hémisphère austral. Enfin, la régularité s'altère encore, et, de là, jusque vers les pôles, les mouvements variables obtiennent de nouveau l'empire. C'est ainsi que se témoigne aux observateurs placés dans le ciel la circulation fondamentale de la terre ; car les taches, par suite de la constitution physique de cette planète, ne s'y produisant jamais qu'à peu de distance de la surface, leurs mouvements ne nous rendent guère raison que des courants des basses régions, à l'exclusion de ceux qui les croisent dans les altitudes supérieures.

« Sans sortir du domaine général de la géométrie, il y aurait encore à parler de l'influence exercée par la variation annuelle de la chaleur solaire sur les courants particuliers aux régions polaires et aux régions tropicales, du rapport entre les anomalies locales et les traits les plus caractéristiques de la géographie, des espèces de courbes décrites naturellement par les courants, de la proportion numérique qui doit exister entre les courants qui se produisent dans les différentes directions, du système de leurs intensités, enfin de l'action de l'électricité atmosphérique et de l'électricité terrestre qui vient encore augmenter la complexité de cet ensemble. Mais ce regard rapide sur une question qui, pour intéresser sans doute au plus haut point, dans ses moindres détails, les habitants de la terre, n'a cependant pour l'astronomie qu'une importance de second ordre, doit suffire à l'objet de ce discours. Nous l'achèverons donc en considérant seulement les principaux effets des forces que la nature, par ce mécanisme si simple dans son principe et si varié dans ses actions, a établies en permanence à la surface de la terre.

« L'effet le plus direct est l'action exercée par ces forces sur le système des températures superficielles. Il résulte du mouvement en vertu duquel les courants marchent du midi vers le pôle dans les régions tempérées, et du pôle vers le midi dans les régions chaudes, que la tendance la plus générale de la circulation, après le transport et le mélange des diverses parties de l'atmosphère, est de diminuer, par l'ordre même de l'opération, l'inégalité des climats. Mais cette tendance est accidentellement compliquée par une tendance différente, provenant de ce que les courants doivent prendre, chemin faisant, une quantité de chaleur plus ou moins grande, selon la nature des parties de la surface au-dessus desquelles ils se meuvent, n'y ayant point de doute que les parties solides doivent être, toutes choses égales, plus chaudes en été et plus froides en hiver que les parties liquides. La température de chaque point de la surface tend donc à s'élever, non-seulement si le courant auquel ce point est actuellement soumis arrive d'une latitude plus méridionale, mais si ce courant a passé au-dessus d'un espace de terre en été, et au-dessus d'un espace de mer en hiver; tandis qu'elle tend au contraire à s'abaisser dans les circonstances inverses. D'où cette autre loi, en connexion avec la précédente, qu'à latitudes égales, dans les régions tempérées, les vents y venant de l'ouest, le climat est plus doux sur le bord occidental des terres que sur leur bord oriental, et à l'opposé dans les régions qui touchent aux tropiques.

« Ainsi l'effet thermométrique des courants de même direction est différent dans les mêmes latitudes, selon les lieux et selon les temps. De plus, il est différent aussi suivant la hauteur à laquelle ces courants traversent l'atmosphère, puisqu'ils se refroidissent beaucoup plus rapidement dans les altitudes élevées que lorsqu'ils rasent de près la surface. Ces variations, jointes aux variations de direction, donnent une complexité indéfinissable à la distribution annuelle aussi bien qu'à la distribution géographique des températures à la superficie de la terre. A strictement parler, il n'y existe pas deux points, comme il n'y existe pas deux époques, qui soient à cet égard dans des conditions véritablement identiques. La loi de la température de chaque lieu, outre ses éléments constants, renferme donc des éléments composés qui paraissent indéfiniment variables, et dont le principe est dans les anomalies qui affectent des courants partiels. Voudrait-on supposer que chacune de ces anomalies prise en elle-même est périodique, il suffirait qu'il y eût, ainsi que cela est probable, incommensurabilité entre les diverses durées des périodes pour que, la compensation étant à jamais impossible, les conditions de la température fussent soumises à une variation indéfinie.

« Il est donc certain que les divers lieux de la terre, en proportion de ce qu'ils sont plus ou moins engagés dans la zone où le règne des anomalies a le plus de force, passent chaque année par une suite thermométrique plus ou moins différente de la suite annuelle précédente; et comme tous les autres phénomènes de l'atmosphère, particulièrement ceux qui se rapportent à la production et à la précipitation des nuages, sont dans la stricte dépendance de la température, il s'ensuit que l'histoire de la météorologie terrestre prise dans son ensemble, ne repose réellement sur aucune période. Ses lois sont donc d'autant plus difficiles à découvrir, que la variabilité de leurs effets n'a point de terme dans le temps. Pour établir leur théorie, il faudrait pouvoir joindre à des observations continuées pendant un cycle considérable, et dans toutes les parties de la terre, une analyse générale de toutes les particularités géographiques qui influencent les courants. Encore faut-il ajouter que les éléments constants qui dépendent de la surface de la terre, n'ont qu'une constance relative, puisque cette surface change avec les siècles ; et que les éléments périodiques, dépendant à leur tour des caractères astronomiques de l'année, n'ont pareillement qu'une simplicité relative, puisque ces caractères sont soumis, de leur côté, à des changements séculaires. De sorte que la météorologie terrestre, même en supposant le refroidissement superficiel terminé, reçoit des variations de tous côtés, soit dans ses rapports avec la gravitation, soit dans ses rapports avec la chaleur planétaire ou avec la chaleur solaire, et semble, en dernière analyse, former un système inattaquable par les armes de l'empirisme aussi bien que par celles de la géométrie.

« La circulation de l'atmosphère constitue, principalement par le transport des nébulosités, le mobile d'une circulation superficielle très remarquable. En effet, ces nébulosités, demeurant toujours pendant un certain temps, après leur formation, dans les courants où elles flottent, il arrive, lorsque par un dernier acte de refroidissement elles se condensent tout à fait et se précipitent, qu'en définitive une partie de la masse liquide se trouve transportée ainsi d'un lieu dans un autre. L'équilibre général du liquide est donc troublé, et la partie déplacée tend naturellement à se mouvoir jusqu'à ce qu'elle rentre dans les conditions géométriques du repos.

« Dans le cas où la précipitation se fait à la surface de la mer, le retour à l'équilibre, en raison de la petitesse relative de l'incident, se fait d'ordinaire par une diffusion insensible du liquide dans toutes les directions où il est appelé. Le plus souvent, l'existence des courants qui s'établissent ainsi à la surface de la mer ne se trahit donc par aucun effet appréciable. Mais dans le cas où la précipitation a lieu au-dessus de quelqu'une des terres, il en résulte un phénomène spécial et tout à fait manifeste. Le liquide, distinct, par sa nature, de la superficie sur laquelle il est tombé, s'y ramasse de tous côtés, y ruisselle, à moins d'empêchement, suivant les lignes de plus grande pente, et finissant, à force de ruisseler, par se creuser des canaux, descend des hauteurs vers la mer par des chemins permanents et réguliers. Les régions émergées ne sont donc pas entièrement sèches. Liées par une correspondance continuelle avec la mer, jusque dans leur intérieur, au moyen de l'atmosphère, elles sont sillonnées par une multitude de courants qui, s'abouchant successivement les uns avec les autres jusqu'à ce que leur tronc principal vienne donner dans les réservoirs maritimes, distribuent tout le long de leur trajet, soit par l'évaporation, soit sans doute aussi par une dissipation souterraine, une certaine somme de liquide, et dessinent à la superficie de la terre les ramifications vasculaires les plus complexes et les plus variées.

« L'observation fait voir que, comme les circonstances favorables à la formation des nuages et à leur précipitation sont plus ou moins fréquentes selon les temps et selon les lieux, les courants liquides sont également soumis à un développement plus ou moins considérable, selon les mêmes circonstances de temps et de lieu. Ainsi, ce mode de circulation n'est uniforme ni sur toute la terre, ni durant toute l'année; et ses lois, plus composées encore que toutes celles que nous avons jusqu'à présent rencontrées, puisqu'elles résultent de la triple combinaison de celles de la géographie des continents et des îles, de celles de la circulation aérienne, et de celles de la température de l'atmosphère et de la surface, sont trop au-dessus de la portée ordinaire de la géométrie pour qu'il soit possible de les définir astronomiquement. Il est d'ailleurs évident que, conformément à ce qui a lieu pour la circulation atmosphérique, cette circulation est exempte de toute période. Il se développe donc, dans son ensemble, des effets continuellement nouveaux; et, néanmoins, comme elle est liée par une dépendance de premier ordre aux lois permanentes de la géographie et des saisons, elle conserve, au milieu de toutes ses variations, l'empreinte fondamentale de ces lois.

« Il est même sensible que les courants qui sillonnent le disque de la terre grossissent ou diminuent assez régulièrement dans chaque période de l'année, de sorte qu'il se produit encore à cet égard, en correspondance des saisons, des moyennes à peu près uniformes. Ces moyennes sont toutefois sujettes à des écarts remarquables. On distingue de temps en temps des courants qui, accidentellement grossis au delà de toutes les proportions qu'on leur avait anciennement connues, et faisant irruption hors de leurs vaisseaux ordinaires, s'épanchent tout à coup sur des espaces considérables, et causent ainsi, transitoirement, de véritables déluges dans les régions qu'ils traversent. Ces accès sont aujourd'hui plus rares et plus restreints qu'ils ne l'étaient jadis ; car alors, la mer étant plus étendue et plus chaude qu'actuellement, les phénomènes de l'évaporation et de la précipitation s'opéraient avec un degré de puissance qu'ils ont dû perdre peu à peu par suite du rétrécissement ainsi que du refroidissement de l'espace liquide. Et comme ce même changement se rapporte non-seulement aux anomalies, mais aux moyennes elles-mêmes, il s'ensuit que la circulation vasculaire est soumise à un ralentissement graduel qui mérite d'être rangé parmi les traits les plus importants de l'histoire de la terre. Sur quoi, toutefois, il convient de noter que, dans l'ère actuelle, la température générale de la mer et de l'atmosphère paraissant avoir atteint sa fixité définitive, le ralentissement, très rapide pendant la période où la superficie subissait un refroidissement graduel, est devenu désormais presque insensible.

« La continuité dont jouit cette circulation, malgré les défauts contraires dont elle est affectée dans ses sources, selon les temps et les lieux, forme un de ses caractères les plus remarquables. Il y a des régions où il ne se précipite presque pas de liquide, et à la surface desquelles il en coule cependant toujours. C'est le résultat de la savante construction de l'appareil vasculaire. Constitué par un assemblage de ramifications largement épanouies, il s'y fait toujours en quelque point quelque précipitation de liquide ; et, par suite, il y a toujours affluence dans les branches principales qui, en raison de l'étendue de leurs connexions, ne tarissent jamais, même sur des points où règne la sécheresse. Voilà pour l'enchaînement des lieux. Celui des temps n'est ni moins digne d'attention, ni moins simple. Il repose principalement sur le peu d'inclinaison des canaux, d'où naît la lenteur avec laquelle le liquide s'y meut. Le liquide ne se réunit pas tout d'un coup, à peine tombé sur le sol; et une fois réuni, il ne retourne pas non plus immédiatement dans les réservoirs d'où l'atmosphère l'avait tiré. Son écoulement ne s'accomplit que peu à peu, et avant qu'il ne soit achevé, il survient un autre dépôt qui fait suite. Ainsi donc, si la terre, en se contractant, au lieu de produire un petit nombre de continents, avait mis à découvert des régions plus divisées; si ces régions, au lieu d'offrir des reliefs composés, s'étaient simplement disposées en sillons voisins et parallèles; enfin, si leur inclinaison, au lieu de la faible valeur qu'elle a prise, s'était fortement prononcée, la circulation liquide, au lieu d'avoir la continuité dont elle jouit communément, n'aurait pu éviter l'intermittence. C'est par conséquent un des effets les plus singuliers de la figure particulière développée par la terre dans son refroidissement, que le liquide, quoique transporté de la mer sur la terre ferme par des crises locales et discontinues, y circule cependant partout et continuellement. Nulle part peut-être la main de l'architecte ne se témoigne-t-elle par une combinaison plus admirable.

« La continuité est en outre quelquefois secondée par des bassins intérieurs qui, retenant le liquide, forment, par les réserves qui s'y rassemblent, de véritables régulateurs pour les vaisseaux auxquels ils donnent naissance. Elle l'est aussi, dans certaines régions, par un phénomène d'un autre ordre, et qui lui est à la fois favorable et contraire. Comme il suffit d'une légère variation de température pour que la substance des mers se solidifie complètement, il arrive qu'en toute région où la chaleur descend au-dessous d'une certaine limite, la circulation se paralyse et demeure interrompue jusqu'à ce qu'il se fasse un changement thermométrique convenable. Tant que dure le froid, les nébulosités aériennes, qui cependant se précipitent toujours, s'attachent donc en quelque sorte à la surface de la terre, et y accumulent leurs dépôts, qui, très apparents par la vivacité de leur blancheur, s'étendent alternativement sur chaque hémisphère, pendant les hivers, depuis le pôle jusque dans les latitudes moyennes. C'est un phénomène digne d'étude, et tout pareil à celui qui se produit aussi durant l'hiver sur le disque de Mars. Dès que le règne de la chaleur se rétablit, il tend à s'effacer. Les dépôts se fondent, les vaisseaux reprennent leurs fonctions, et le liquide, arrêté quelque temps dans sa marche vers la mer, y coule de nouveau de toutes parts. Mais cet écoulement n'est pas instantané ; la fusion ne s'opère que graduellement, et l'été rencontre encore sur les cimes les plus élevées, au point de départ des ramifications vasculaires extrêmes, des restes de l'hiver qui, se liquéfiant seulement alors, et d'autant plus vivement que la chaleur a plus de force, ravivent la circulation au moment même où, par la diminution des précipités de l'atmosphère, elle semblait vouloir cesser encore. C'est une harmonie dont les principaux avantages sont pour l'été. Aussi le phénomène convient-il d'autant mieux à la continuité de la circulation que l'intermittence qu'il nécessite n'est pas trop prolongée ; et c'est pourquoi les terres tempérées, particulièrement celles de l'hémisphère boréal, sont à cet égard les mieux partagées.

« Les courants qui, par suite de la liquéfaction des dépôts annuels, s'épanchent alternativement de chaque pôle, perceptibles à la surface de la mer par les débris qu'ils charrient, coulent, sous l'influence de la gravité qui veille toujours au maintien de la forme sphéroïdale, jusque dans les zones moyennes où ils s'épanouissent. Ils ne sont point les seuls qu'il y ait dans la mer. Il ne peut manquer d'en exister une multitude d'autres, causés non-seulement par les différences locales de la précipitation et de l'évaporation, mais par l'impulsion communiquée à la surface du liquide par l'atmosphère. Cette circulation-là, uniquement réglée par la circulation aérienne, est donc essentiellement variable, et d'autant plus complexe qu'il y a vraisemblablement dans la mer comme dans l'atmosphère, des courants superposés qui se combinent pour la conservation de l'équilibre. Ainsi elle a, au fond, plus de rapport avec la circulation aérienne, dont elle est une répercussion directe, qu'avec la circulation vasculaire. Exerçant moins d'influence sur les conditions qui régneraient sans eux dans les régions où ils passent, ces courants océaniens ont moins d'importance dans l'économie générale de la terre que ceux des deux autres systèmes. Cependant, si l'on considère que, dans la profondeur, ils doivent creuser l'enveloppe avec une énergie proportionnée à la charge qu'ils supportent, en y frottant pesamment, ou même en y pénétrant pour la miner plus efficacement; et qu'en outre ils changent sa température, en occasionnant un refroidissement plus considérable que celui qui s'opérerait au contact de l'atmosphère, on concevra qu'ils ont aussi leur rôle spécial, qui est de modifier le sphéroïde dans le sens de sa déformation fondamentale, soit en creusant les dépressions par des moyens chimiques et mécaniques, soit en augmentant, par l'abaissement de la température, leur tendance à la contraction. Ainsi la mer, après s'être déposée dans les fonds, tend à les approfondir encore, et à confirmer par conséquent la planète dans la variation séculaire de sa géographie.

« Mais cet effet se trouve activement combattu par un autre effet diamétralement opposé, auquel les courants de toute espèce conspirent, et qui paraît être leur fin commune : c'est la destruction des protubérances, leur transport et leur enfouissement dans les bassins de la mer; en définitive, le nivellement absolu de la surface de la planète, et par conséquent l'établissement de l'empire universel de l'océan. A cette conquête sont incessamment occupées toutes les portions du liquide qui sont en mouvement. En coulant ou dans l'intérieur des terres ou sur leur bord, elles y exercent soit un frottement qui les use, soit des chocs qui en détachent des parcelles, soit même, en quelques points, une action chimique qui les dissout; tellement qu'à la longue, par ce travail continuel, les aspérités s'adoucissent, les hauteurs s'abaissent, les rivages se rongent, et les continents démolis s'en vont en poudre dans la mer. Dispersée par les courants, cette poudre se dépose dans les bassins où ils se ralentissent, et reprenant corps, forme avec le temps ces couches de sédiment qui paraissent à la lumière quand une contraction de la planète, par une nouvelle saillie de l'enveloppe, vient détruire en un instant le résultat de tant de siècles, et préparer aux vagues et aux torrents des siècles à venir une nouvelle pâture.

« Ainsi la lutte entre les deux principes, le solide et le liquide, règne sans relâche à la surface de la terre. Chacun d'eux y dispute l'empire, le liquide au nom de la chaleur du soleil, cause principale de son mouvement, et dont, par son activité, il représente la puissance; le solide, au nom de la chaleur planétaire qu'il représente de même, puisqu'il lui doit sa forme. Mais l'expérience, qui nous montre les continents regagnant périodiquement sur la mer plus que la mer ne leur avait pris et déployant leurs conquêtes au soleil dans un ordre où l'histoire des défaites successives du liquide demeure visiblement écrite, nous montre aussi par cet enseignement combien est grande la virtualité de la terre. Reste à savoir si cette virtualité, jusqu'à présent victorieuse, est aussi durable que celle du soleil. Ne va-t-elle pas en s'affaiblissant suivant une loi plus rapide? N'y aura-t-il pas un temps où, la chaleur solaire prenant le dessus et conservant assez de force pour maintenir la mer en liquéfaction, tandis que le globe refroidi aura cessé d'être en état de lui répondre par de nouveaux soulèvements, les continents commenceront à décroître, jusqu'au moment où, entièrement détruits et incapables de se relever, ils laisseront le liquide occuper paisiblement toute la surface? Et si le soleil lui-même se refroidit, n'y aura-t-il pas un autre temps où, l'océan universel s'étant solidifié, la terre, arrivée à son équilibre final, et entrant dans le repos absolu, reprendra, comme dans son équilibre primitif, la figure d'un sphéroïde parfait? Mais a-t-il été dit au soleil de se refroidir? Et si cela lui a été dit, ne lui a-t-il pas été dit en même temps de se régénérer ainsi que tout le système planétaire, avant que les conséquences sévères de la géométrie n'aient eu les millions de siècles qu'il leur faut pour se réaliser?

« Tels sont les effets les plus apparents sur la terre des trois grands principes de variation auxquels ce monde est soumis : la gravitation, la chaleur planétaire et la chaleur solaire. Le premier porte surtout sur le mouvement de la planète dans le ciel, le second sur sa forme, le troisième sur les trois modes de circulation qui y règnent, le mode atmosphérique, le mode vasculaire et le mode maritime. Mais, en somme, ces trois principes sont liés, et il n'y a point entre leurs effets de séparation absolue : le refroidissement de la masse, et par conséquent sa forme et sa circulation superficielle, se trouve en connexion avec l'éloignement du soleil, tandis que, d'autre part, la circulation, qui dépend à certains égards de la forme, tient réciproquement la forme dans une certaine dépendance. Toutefois, en s'attachant au fond même des différences, n'importe la connexion des résultats, il est évident que la terre, dans les phénomènes dus au principe de la gravitation, est à la fois active et passive ; dans les phénomènes dus au principe de la chaleur propre, active ; dans les phénomènes dus au principe de la chaleur solaire, passive. Les phénomènes relatifs à chacun de ces trois principes, et dont quelques-uns, même considérables, nous échappent peut-être à cause de l'imperfection de nos sens, composent donc certainement toute l'histoire astronomique de la résidence sur laquelle nous venons de promener nos regards. Tout est là ; et par conséquent, à moins d'intervention étrangère, il n'y a point à attendre de changement dans les conditions qui gouvernent actuellement la terre, avant la fin des milliers de siècles nécessaires, soit pour le refroidissement complet de la masse et le retour de l'empire océanique, soit pour le transport de tout notre système planétaire dans d'autres parties du ciel où se présenteraient de nouvelles conditions d'existence.

« Il faudrait à présent pouvoir parler des êtres que leur destinée amène dans ce monde et y soumet à l'empire des circonstances et des variations que nous venons de chercher à définir. Avec une vue plus perçante que la nôtre, rien ne serait sans doute plus facile que de les apercevoir distinctement, et de tirer ainsi des observations astronomiques les plus intéressants sujets de discours sur les personnes ; mais nous nous bornerons à leur égard à quelques conjectures fondées sur l'état physique de leur planète. La première qui vienne à l'esprit est que la terre, du moins à sa surface, n'étant point divisée en régions physiques radicalement étrangères les unes aux autres, et dans lesquelles la vie soit assujettie à des conditions essentiellement différentes, tous les corps vivants qui s'y rencontrent, même dans la mer, qui n'est en quelque sorte qu'une variété humide de l'atmosphère, doivent être liés les uns avec les autres par les lois d'une analogie générale ; car ils ne sont, les uns comme les autres, que l'expression des divers degrés de développement, dans ses diverses adaptations à tous les modes terrestres d'existence, d'un type unique correspondant à l'unité physique du monde auquel il appartient.

« La probabilité de cette opinion s'augmente encore de ce que la terre, dans la suite des temps, et particulièrement depuis le dépôt du liquide, qui a vraisemblablement été la première matrice, n'a jamais été soumise à aucune révolution assez radicale pour mettre des conditions d'existence toutes nouvelles à la place de celles qui avaient cours auparavant. Le même ordre, varié seulement par des changements secondaires dans la géographie, dans la composition de l'atmosphère, dans la température moyenne ou périodique, s'y continue donc toujours depuis l'origine ; et, par conséquent, en aucun temps il n'a dû s'y produire un type d'organisation totalement étranger à ceux qui avaient été dans les convenances de la planète à une époque antérieure quelconque. De plus, on peut induire de ce qu'il ne s'est jamais fait dans ce monde-là de subversion fondamentale, que sa population n'a jamais péri toute à la fois, et, ne s'étant donc jamais renouvelée de toutes pièces, demeure maintenant encore en rapport avec les types primitifs par des lois de généalogie dans lesquelles doit nécessairement se conserver l'empreinte de l'unité d'origine.

« Mais quelle est au juste la nature des habitants de cette planète ? La série des développements organiques y a-t-elle atteint un point assez élevé pour que les espèces intelligentes et perfectibles aient commencé à y prendre pied ? Ne renferme-t-elle jusqu'à présent que des espèces embryonnaires ? La terre paraît propre à servir de lieu d'habitation depuis tant de siècles, qu'il n'est peut-être pas indiscret de supposer que l'enfantement des premiers termes de la race supérieure y est dès à présent accompli. Mais dans quelles conditions d'existence cette race s'y trouve-t-elle ? Où vit-elle ? Nage-t-elle, suspendue par sa légèreté spécifique, parmi les nuages ? Se meut-elle en liberté dans les profondeurs de l'espace liquide ? Chemine-t-elle, au contraire, gênée par la pesanteur, sur les surfaces solides? Ou encore, est-elle maîtresse d'habiter à volonté dans tous ces lieux, soit par une disposition de sa nature, soit par un effet de son industrie? Quelle est enfin son harmonie politique? Ne se compose-t-elle que de types semblables, ou consiste-t-elle dans la combinaison de types différents à la fois par leur organisation, par leur intelligence, par la sainteté de leur caractère, ou par quelqu'une de ces choses en particulier? En tous cas, avec quelle piété l'éducation des inférieurs s'y fait-elle par les supérieurs, et quelle est l'énergie du foyer de perfectionnement qui se trouve actuellement constitué en ce point de l'univers? Bref, quel est le rang de l'astre en question entre les mondes animaux et les mondes angéliques?

« Certains changements qui s'observent depuis quelques siècles à la surface de la terre, et qui ne paraissent explicables ni par les phénomènes physiques, ni par ceux de l'instinct, y indiquent la présence d'une race douée de facultés suffisantes pour concevoir des conditions plus convenables à son bien-être que les conditions naturelles, et pour les réaliser: Tout à fait moderne comparativement à l'ancienneté de la planète, et même des premières traces de la population embryonnaire qui est venue y germer dans les siècles reculés, il n'est pas vraisemblable qu'elle soit encore parvenue à sa maturité. Elle ne s'est multipliée et propagée que peu à peu. Du midi de la grande protubérance boréale, elle a gagné les environs de la méditerranée de cette région, et y a fondé les plus grands et les plus changeants établissements qui se soient encore vus sur la terre. Depuis longtemps ses traits les plus sensibles étaient concentrés dans cette étendue limitée, lorsque tout à coup on lui a vu faire apparition par des traits analogues sur les protubérances du second couple, où jusqu'alors elle s'était à peine laissé soupçonner; et par conséquent il est à croire que, continuant à s'accroître, elle ne tardera pas à occuper toute la superficie de l'astre.

« Ainsi, une race perfectible serait dès à présent en possession de cette résidence, y formant une société que divers détails permettent de considérer comme dans un état d'harmonie peu avancé. Mais, toute nouvelle, puisqu'il ne s'est pas même accompli une révolution des équinoxes depuis qu'elle a commencé à se témoigner par des signes certains, il n'y a point à s'étonner que ses groupes ne se soient point encore arrangés sur un plan définitif. D'ailleurs, outre les difficultés morales, quelles difficultés physiques les projets qu'elle peut concevoir ne sont-ils pas exposés à rencontrer? C'est ce que nous ne saurions seulement pressentir, puisque ces difficultés dépendent, non point de l'organisation astronomique de la planète, mais du rapport qui existe entre cette organisation et celle des habitants, et par-dessus tout de l'empire que l'intelligence de ceux-ci leur donne sur la nature. Ces diverses protubérances qui nous semblent aussi rapprochées que les quartiers d'une même cité, sont peut-être, pour ces êtres, et très vastes et très distantes l'une de l'autre, variant d'ailleurs progressivement d'étendue à leur égard, à mesure que la locomotion dont ils jouissent devient plus prompte et plus facile. Il en est de même de toutes les autres conditions que nous avons examinées : ce n'est que par l'étude des générations qui se succèdent sur la planète que l'on pourrait déterminer le caractère pratique de ces conditions, et savoir enfin si la population terrestre est tout à fait dans le bien, tout à fait dans le mal, ou entre les deux, et à quel point. »

LE THEOLOGIEN.

Voilà, en effet, le côté le plus vif de la question. Assurément je ne nie point l'intérêt des déterminations de la science; j'admire volontiers la simplicité avec laquelle le Tout-Puissant, à l'aide des trois instruments que vous avez surtout examinés, la gravitation, la chaleur solaire et la chaleur terrestre, arrive à des fins si diversifiées et si grandioses; j'ai vu avec plaisir votre théorie géographique donner à notre vieille Europe, par une sorte de droit géométrique confirmatif de celui de l'histoire, la position centrale et capitale du système de la terre; je me suis même complu à prendre avec vous, pour le corps essentiel de la planète, ces masses diaphanes où s'opèrent tant de circulations et de mouvements, et qui sont, en définitive, l'unique réceptacle de la vie de ce monde; et, oubliant un instant ce grossier boulet auquel nos pieds sont attachés, et qui n'est pour vous que le lest de l'astre aérien, je me suis senti plus à l'aise, et, pour ainsi dire, moins éloigné du ciel. Mais je n'en ai pas moins saisi, sous votre appareil scientifique, des tendances que je ne saurais partager ; j'ai aperçu dans votre exposé des variations une sorte de protestation implicite contre toute idée de fixité, et certes, vous ne pouviez mieux contredire la célèbre parole de l'Ecclésiaste, *nihil sub sole novum*, qu'en affectant de montrer que tout était chaque jour nouveau sous le soleil, même le globe de la terre, et que le soleil même changeait; j'ai deviné aussi vos insinuations préliminaires sur la pluralité des mondes dans votre analyse des principes qui déterminent le régime physique de la terre, et qui, moyennant de légères différences dans l'amplitude de leur action, suffisent en effet pour produire un assortiment immense de mondes profondément divers, quoique analogues au fond; enfin j'ai bien compris qu'en nous étalant avec tant de complaisance ces énormes périodes dans le torrent desquelles les siècles sont entraînés comme des grains de sable, et qui sont encore si loin de leur achèvement, vous aviez dessein de nous persuader que la terre a été donnée à ses habitants pour un long bail, et que rien ne s'élabore dans les entrailles de l'univers qui soit destiné à porter atteinte de sitôt au paisible développement de l'héritage que nous avons reçu de nos pères et que nous transmettrons demain à notre postérité. Mais je ne compte tout cela, permettez-moi de vous le dire, que pour de pures présomptions. Il suffit d'un miracle pour renverser en un clin d'œil tout votre échafaudage. La science, si hautaine que soit son ambition, non-seulement ne nous donnera jamais aucune lumière sur l'époque du dernier jour, mais n'est pas même en état d'assurer le moins du monde nos établissements d'ici-bas contre l'imminence quotidienne de leur chute finale qui sera comme une explosion. Réussiriez-vous à nous tranquilliser dans l'ordre de la nature, que vous auriez encore à nous tranquilliser dans celui de son créateur. Aussi, à mes yeux, l'importance des lois dont vous avez pris plaisir à nous découvrir les effets consiste-t-elle bien plutôt dans le rapport qu'elles ont avec notre condition présente que dans le rapport que vous leur attribuez avec l'histoire future de la terre. En quoi ces lois favorisent-elles l'existence de l'homme? En quoi l'incommodent-elles? Voilà ce qu'il vous reste à examiner pour compléter votre étude en raccourci de l'ordonnance de ce bas monde. Otez donc à présent, s'il vous plaît, la parole à votre prétendu astronome pour prendre pied vous-même sur notre pauvre planète et en palper les misères. C'est ici qu'il ne vous sera pas difficile de reconnaître à quels signes elle se distingue du ciel.

LE PHILOSOPHE.

Après avoir considéré la terre au point de vue astronomique, étudions-la donc maintenant au point de vue de son économie. Peu nous importe la manière dont y vivent tous ces embryons, plantes et animaux, que nous y apercevons parmi nous; nous ne visons qu'à ce qui vit sur la terre, non dans les enveloppes maternelles de la nature, mais face à face avec elle : c'est le genre humain. Ici encore, n'ayant à rapporter que des faits, je me trouverai, je l'espère, en suffisant accord avec vous; et afin de vous le marquer dès le principe, je ne veux pour texte de mon commentaire que cette grande parole qui vous appartient, et qui symbolise admirablement, selon moi, ce qu'il y a de constant dans le fond des rapports continuellement variables que nous entretenons avec notre planète : « La terre te fera germer des ronces et des épines, et tu mangeras son herbe; tu te nourriras de pain à la sueur de ton visage, jusqu'à ce que tu retournes à la terre de laquelle tu as été formé. »

En effet, il saute aux yeux que la terre n'a point été ordonnée par Dieu de manière à se trouver en tous temps et en tous lieux à la convenance de l'homme. Par un ordre singulier et auquel on ne peut trop faire attention, les choses y sont tellement ménagées, qu'il n'est pour ainsi dire aucun des effets naturels qui s'y produisent dont l'homme ne soit exposé à recevoir du mal; à la domination duquel il ne soit par conséquent porté à résister; qui cependant, à certains égards, ne lui soit utile, et dont, par son industrie, il ne soit maître de tirer continuellement de plus en plus de profit. De sorte qu'il n'y a pas une chose sur terre qui soit si mauvaise, qu'elle ne soit bonne en même temps par quelque endroit, ni qui soit si bonne, que, d'autre part, elle ne soit mauvaise aussi. Les impressions les plus opposées, quant au plaisir ou à la peine que nous en devons ressentir, procèdent donc, suivant les circonstances, des mêmes sources ; et pour vivre le moins gênés possible, nous n'avons d'autre moyen que de nous appliquer, autant que nous en sommes capables, à détourner ce qui nous fait mal, pour donner cours à ce dont notre organisation s'accommode. Mais ce résultat ne s'obtient jamais que par une lutte où notre force s'engage. Sur ce même sol qui produit de bonnes herbes, il en croît indifféremment de mauvaises ; et pour qu'il n'y en vienne que de bonnes, il faut toujours, selon la juste expression de l'hébreu, que la sueur coule sur le visage de l'homme.

Je veux supposer que le récit de la Genèse soit littéralement vrai ; qu'un homme, non point un sauvage, moins encore une demi-brute, que l'un de nous enfin, puisque l'on a généralement coutume de se représenter ainsi Adam, arraché d'une demeure où il avait toujours vécu satisfait et tranquille, soit mis brusquement dans les forêts, nu, sans armes, sans outils, sans toit, privé de toute intervention comme de tout legs de ses semblables, à la merci de toutes les influences d'une nature que rien ne lui a jusqu'alors fait connaître dans ce qu'elle recèle de nuisible, dénué de ces instincts de conduite qui, chez les animaux, suppléent, dès leur apparition dans le monde, à l'expérience qui leur manque, seul, en un mot, sur la terre déserte, avec une femme à protéger : il va paraître évident que ce séjour, pour ce malheureux solitaire, est un enfer, et l'on pourra douter qu'ainsi abandonné, il soit en état de s'y conserver et d'y établir sa race.

En effet, à peine y a-t-il mis le pied qu'il s'y voit entouré de piéges que son ignorance l'empêche d'apercevoir, affligé d'infirmités qu'elle l'empêche de guérir, frappé de coups qu'elle l'empêche de prévoir et de prévenir. Il n'y a pas une seule des conditions physiques qui y règnent, qui ne se tourne contre lui et ne lui devienne funeste. Est-ce la gravitation ? elle l'accable : par elle, son corps lui est un fardeau dont rien ne le soulage ; a-t-il marché

tout le jour, couru quelque temps, gravi une montagne, le voilà
haletant, fatigué, rendu et qui plie sous le faix. C'est bien pis, si,
habitué à vivre sur des pelouses toujours unies, et ne sachant pas
les lois de la chute, il se trouve amené sur les pentes de quelque
ravin ou de quelque autre enfoncement : le pied lui glisse, il tombe,
se relève meurtri, et, de faux pas en faux pas, sur cette terre inégale où il faut avoir appris à marcher, il va finir à quelque roche
contre laquelle la pesanteur le jette et l'écrase, ou dans quelque
eau profonde qu'il veut traverser, et dans laquelle elle l'enfonce et
le noie. Non-seulement elle l'incommode par l'insupportable
chaîne qu'elle lui scelle pour ainsi dire à chaque pied, elle lui
fait encore une autre guerre, soit en s'attachant à tout objet qu'il
veut prendre, jusqu'à lui en disputer quelques-uns avec une opiniâtreté qu'il ne peut vaincre, soit en précipitant sur lui des masses solides avec lesquelles elle le blesse ou le tue. Enfin, soit dans
les mouvements qu'il se donne, soit dans les mouvements qu'il veut
communiquer, soit dans ceux qu'il est exposé à recevoir, ce principe
fondamental de l'ordre astronomique lui cause des contrariétés
continuelles. La chaleur ne lui est pas plus favorable, car elle ne
lui convient que lorsqu'elle est juste à sa mesure. Est-elle trop forte,
il ne la peut supporter ; ne l'est-elle pas assez, le voilà dans le
transissement, il frissonne, il gémit, il souffre affreusement jusqu'à
mourir. Ah ! si chassé de cette demeure toujours tempérée, où il
ne connaissait, dites-vous, ni le froid ni le chaud, il s'est vu tout à
coup au milieu d'une campagne brûlée par les rayons de l'été, ou
couverte par la neige et les frimas, que son sort est à plaindre !
que ce nouveau séjour qui s'annonce si durement doit lui sembler
redoutable, et avec quels douloureux transports, quand il y fera
la dure expérience de la vicissitude des saisons, il devra regarder
en arrière vers les portes à jamais fermées du printemps éternel !

Compatissons à son supplice, car plus on y pense, plus on y
découvre de détails cruels. O terre ennemie, elle désole son corps
et ne le nourrit même pas ! de l'eau, de l'air, des minéraux, pas le
moindre aliment : pour se repaître, c'est aux cadavres des autres
êtres qu'il est réduit à recourir. Ses organes, au lieu d'aspirer insensiblement leur nourriture dans le milieu qui les baigne, n'y

trouvent seulement pas un atome substantiel; et s'il ne veut souffrir de leur dépérissement, c'est avec des objets recherchés çà et là qu'il doit les soutenir. Mais, quel travail pour mettre la main sur ces œufs et sur ces fruits, pour déterrer ces racines, pour surprendre et mettre à mort ces animaux! Il me semble voir les deux infortunés, agités par la faim, s'efforçant en vain de l'apaiser avec quelques baies sauvages péniblement glanées parmi ces ronces et ces épines dont tout sol inculte se hérisse, avec quelques bêtes rampantes ramassées avec dégoût et mangées avec aversion, plus encore, peut-être, contraints par une dernière nécessité à brouter en pleurant cette herbe de la terre que l'arrêt de malédiction leur donne pour suprême pâture. Je les vois, sur la fin de leur première journée dans ce monde inhospitalier, épuisés de fatigue et de besoin, les pieds blessés, les jambes déchirées, tout le corps meurtri, tombés sans force et sans espérance sur la terre, et priant Dieu amèrement de les y faire tous deux rentrer. Et pour compléter cette esquisse du mal inhérent à la terre, ne faudrait-il pas y ajouter l'horreur de la nuit, la disparition du soleil, le seul bien conservé de l'ancienne demeure, le triste météore de la pluie qui surprend nos deux exilés et bientôt les inonde de ses torrents glacés, la lueur effroyable des éclairs, et le bruit du tonnerre, semblable à celui du ciel fracassé et tombant en éclats sur leurs têtes? Ne faudrait-il pas faire comparaître aussi ces légions d'êtres mauvais qui, de tous côtés, dans les bois, dans l'air, dans les eaux, les attendent, les uns pour s'acharner sur eux par milliers et les couvrir de leurs cuisantes piqûres, les autres pour leur faire la chasse et leur remplir l'âme de terreur par des clameurs menaçantes, ceux-ci pour leur empoisonner de venin les plus riants gazons, ceux-là pour leur faire craindre le bord des eaux, tous conspirant avec une ardente férocité à augmenter une torture pour laquelle les forces générales de la nature ne suffisent que trop? Et tout cela n'est rien cependant, car je n'ai pas voulu combler la misère de ce couple malheureux en lui donnant des enfants!

Aussi, indépendamment de toute autre considération, doit-il sembler tout à fait improbable que Dieu ait installé la race humaine sur la terre d'une manière si précipitée et avec si peu de précaution. Apparemment que les hommes choisis par lui pour vivre les premiers au milieu de circonstances aussi contraires à la tranquillité de leur existence physique, et par conséquent de leur développement moral, privés, par leur position au sommet de la chaîne des générations, de toute ressource de société, de succession, d'expérience, ne jouissaient ni de ces besoins de l'esprit ni de cette délicatesse d'organisation qui ont caractérisé leurs descendants. Une dureté de corps analogue à celle des animaux leur rendait plus faciles à supporter des souffrances qu'ils n'avaient aucun moyen d'éviter, tandis que des forces instinctives, suppléant à l'insuffisance de leur raison, les guidaient dans leurs actions les plus importantes, et assuraient leurs pas à travers les embarras sans nombre de leur séjour. La vie humaine n'a donc pu prendre son essor que graduellement et à mesure qu'en apprenant à vivre ensemble et sur la terre, les hommes sont devenus capables, par leurs progrès dans l'association et dans l'industrie, de se soustraire aux conditions défavorables de la résidence qui leur est assignée. C'est alors seulement que, fondée sur leur travail, la quiétude de leur existence physique s'est établie, et que leurs qualités supérieures trouvant ouverture pour se développer, les préliminaires de la vie angélique ont commencé leur règne dans ce monde. . . .

Dès à présent, bien que les hommes n'aient pris possession de la terre que depuis si peu de temps, il est sensible que leurs rapports avec elle, tant en raison des modifications qu'ils lui ont fait subir, que de l'art avec lequel ils savent s'y conduire, ont considérablement changé. Comparé à l'état primitif, dont la triste indigence de quelques peuplades des forêts tropicales nous conserve un pâle reflet, l'état des peuples les plus avancés en diffère autant que s'il était d'un autre monde. Au lieu d'une existence troublée par des souffrances et des anxiétés continuelles, ces masses d'hommes commencent à se trouver en mesure de vivre en paix, même avec satisfaction, et par conséquent de se perfectionner en liberté. Non, sans doute, qu'il n'y ait malheureusement encore, par la faute de l'ordre social, même chez les peuples les plus favorisés, de cruelles et nombreuses déceptions. Mais en embrassant la race humaine dans sa généralité, on y voit une conspiration universelle, permanente et déjà en pleine prospérité sur plusieurs points, pour se délivrer successivement de toutes les contrariétés de la nature. On est en marche vers une limite, limite extrême, il est vrai, et purement idéale, où cessant d'être gênés par les circonstances physiques dans lesquelles ils sont nés, et prenant tout à fait le dessus, les hommes seraient en harmonie à tous égards avec leur planète et n'en éprouveraient que du bien. C'est un sujet dont les conséquences vont loin. Il est donc essentiel de l'examiner avec soin; et dans ce but, vous me permettrez de reprendre sommairement une seconde fois, mais d'un autre point de vue, la suite des lois astronomiques qui régissent la terre, afin de nous assurer, à l'endroit de chacune, des moyens par lesquels l'homme s'affranchit des obstacles qu'elles lui opposent, et des conditions auxquelles il parvient par cet affranchissement.

A commencer par la gravitation, il est certain qu'il n'y a point à dire que l'homme soit parvenu à se délivrer de son obéissance native à ses lois. Son corps est toujours attiré par la masse du globe avec la même force, sans que l'on puisse seulement entrevoir la possibilité de le soulager directement. Il lui faut une base solide, et il est hors d'état de se tenir ni dans l'air, ni sur l'eau. Aussi votre tradition nous donne-t-elle l'idée de la plus grande modification de l'ordre naturel qui se puisse concevoir, lorsqu'elle nous représente le Christ marchant librement à la surface de la mer. C'est ce que ne fera vraisemblablement jamais la chair de l'homme. La pesanteur paraît être une affection invariable de la substance organique, et sur laquelle on ne saurait avoir aucune prise, pas plus pour en augmenter, que pour en diminuer l'intensité; de sorte que l'atténuation de notre densité, jusqu'à devenir égale à celle de l'air, serait encore le moyen le plus simple que l'on pût imaginer pour que nous fussions jamais capables de flotter sans effort dans notre atmosphère. Mais il n'y aurait pas là une simple variation; ce serait une métamorphose qui, bien que n'ayant par elle-même, en vue de l'universalité des mondes, rien d'impossible, se trouve du moins, quant à la terre, en désaccord formel, tant avec la nature de tous les solides qu'avec le principe de l'analogie générale des races. Ainsi, lors même qu'un tel changement ne devrait entraîner aucun inconvénient, il ne nous serait pas même permis de l'espérer pour la race future.

Reste donc le développement du principe par lequel les êtres vivants reçoivent le don de résistance à cette force, comme à toutes les autres; c'est l'énergie musculaire. On a constaté en effet qu'elle augmente à mesure que le régime s'améliore, et que les peuples sauvages sont inférieurs, à son égard, aux peuples civilisés. Elle varie principalement sous la loi de l'exercice et de la nourriture du corps; par où l'on aperçoit la grande profondeur qu'il y avait dans l'attention avec laquelle les anciens s'appliquaient à perfectionner l'organisation de leurs enfants par la gymnastique et par l'hygiène. Ils accroissaient ainsi la seule légèreté qu'il soit permis à l'homme d'acquérir. Mais à quelques progrès que ce mode de résistance à la gravitation puisse arriver par la continuité de l'éducation dans la suite des siècles, il ne paraît pas y avoir de fondement suffisant pour refuser d'entrevoir à ces progrès une limite prochaine, déterminée par les principes mêmes de l'organisation de l'homme, et qui ne pourrait être franchie qu'à condition que ces principes, par une transformation de race, fussent eux-mêmes changés. Ce serait donc également une chimère que de se figurer les hommes débarrassés de leur chaîne la plus gênante par le développement de leur force musculaire, et prenant, comme les oiseaux, un essor naturel dans les régions de l'air.

Mais, comme il n'y avait rien de considérable à gagner sur le fond même de la gravité, on s'est attaché à ses effets, et c'est où le génie de l'homme triomphe. La terre, dans toutes les directions jugées convenables, a été égalisée, nettoyée, consolidée; elle s'est couverte d'un réseau de routes, de chemins, de sentiers, dont le nombre et le bon établissement sont un des plus frappants indices de la prédominance de la civilisation sur la nature. Grâce à cette précaution, la fatigue n'a pas été seulement adoucie; il s'est trouvé qu'elle était toute détruite, puisque, sans renoncer à se mouvoir, on a pu dès lors se dispenser de marcher. En se créant des demeures mobiles, l'homme a inventé le moyen de se transporter en tous lieux, sans mettre, pour ainsi dire, le pied hors de chez lui. Sa locomotion, primitivement si difficile, est devenue plus parfaite que celle d'aucun animal. Rien ne l'arrête, ni les rivières, ni les montagnes, ni les marécages, ni la mer. S'il est pressé et son but lointain, il va nuit et jour et sans repos. Le voilà même qui prend, pour la vitesse ordinaire de ses voyages, celle dont les plus rapides quadrupèdes ne jouissent que dans les instants de crise, et qui commence à glisser à la surface de la terre avec une impétuosité sans égale, comme si l'ouragan portait son char. La vaste étendue de l'océan lui est désormais si familière, qu'il l'habite en quelque sorte comme il habite la terre. Il y fait descendre et y entretient des villes flottantes qui se laissent conduire où il veut; et circulant à son aise malgré les vents, il se joue derrière ses remparts du vain tumulte des eaux, et oblige la tempête elle-même à le servir et à prêter main-forte à sa manœuvre. Il n'y a pas jusqu'à l'atmosphère, où, en dépit de la pesanteur, il n'ait déjà réussi à s'élever; et il est à croire que, son audace se joignant à son désir, on le verra bientôt fréquenter les nuages. Ainsi, par son génie, il s'est ouvert toutes les voies; et, soit qu'il prenne son vol comme les plus hardis oiseaux dans les hauteurs de l'air, soit qu'il s'avance à la surface des eaux en répandant l'effroi parmi leurs silencieux habitants par l'appareil et la vélocité de sa marche, soit qu'il roule en souverain sur ses domaines naturels, délivré de la chaîne qui l'alourdissait, il achève tous ces grands mouvements sans plus de fatigue que s'il était resté tranquillement assis dans sa maison. Certes, sur tous ces points, la force astronomique est bien vaincue.

Mais il est admirable que l'homme ne soit parvenu à la vaincre qu'en prenant appui sur elle. Ce sont les lois mêmes de la gravitation qui obligent ses aérostats à s'élever; ce sont elles qui donnent du lest à ses vaisseaux et les rendent capables de lutter contre les vents et de s'en faire obéir; ce sont elles qui l'assurent, même sur terre, où, sans elles, ses voitures, privées de stabilité, verseraient au moindre choc, s'emportant d'ailleurs, aussi bien que sa personne elle-même, à chaque souffle de l'air. En détruisant la pesanteur, il n'acquerrait donc la facilité de se déplacer qu'au détriment de celle de se conduire, puisque la condition de son indépendance à l'égard du plus capricieux de tous les règnes, celui des vents, est justement son obéissance à ce règne invariable; tandis qu'en demeurant soumis à la pesanteur, son industrie le rend à la fois capable et d'aller où il veut et d'y aller sans fatigue. On sent encore mieux combien cette force, si incommode dans l'institution primitive de la nature, rend de bons services dans l'ordre social, lorsqu'on réfléchit à la difficulté qu'éprouveraient les hommes, si la pesanteur n'existait pas, pour faire subir à la surface de la terre des modifications permanentes. Quel système coûteux de constructions ne leur faudrait-il pas inventer pour sceller au sol leurs édifices, qui, dans l'état actuel, y demeurent solidement assis par le seul effet de leur poids? Ces routes, ces ponts, ces lieux d'habitation, ces monuments dont chaque génération gratifie ses héritières, ces maçonneries de toute espèce qui disposent l'extérieur du globe à la convenance du genre humain, rien de tout cela ne serait sorti de la terre, car rien de tout cela n'aurait pu s'y maintenir. Le vent aurait fait continuellement trembler les villes jusque dans leurs fondements, et il aurait suffi d'une tempête pour les balayer à travers les champs comme un tourbillon de feuilles mortes.

Ainsi, pour peu que l'on considère les choses avec attention, on découvre que, tout en retardant l'homme, la pesanteur est cependant nécessaire à sa marche, et que, tout en aggravant les travaux de l'architecture, elle est une des conditions principales de leur réussite. Si bien que par cette contradiction singulière des choses terrestres, elle nous est un auxiliaire comme un obstacle, et une cause de liberté en même temps qu'une cause d'esclavage. Mais domptée successivement partout où elle est incommode, elle tend en définitive, par les progrès futurs du génie industriel de l'homme, à se changer en un bien pur. Du reste, l'universalité de ce caractère d'utilité semble confirmée par une observation astronomique fort simple. En effet, si l'objet essentiel de la pesanteur, dans son rapport avec les populations qui vivent à la surface des astres, est non-seulement de leur assurer des atmosphères suffisamment condensées, mais de leur donner une garantie contre les mouvements tyranniques de ces atmosphères, il ne peut manquer d'y avoir un principe de correspondance entre l'intensité de la pesanteur et l'intensité de ces mouvements. Or, précisément, tandis que d'une part la rapidité de la circulation atmosphérique s'accroît proportionnellement à la grandeur des astres, de l'autre le degré de la pesanteur s'accroît aussi dans la même mesure et forme la compensation.

Nous voici amenés à ce qui se rapporte à l'étendue et à la configuration de la terre.

Il est évident que si la donation de cette planète à la race des hommes n'est pas un vain mot, il faut que chaque homme la possède collectivement tout entière. Or, pendant des siècles, loin d'y jouir de la moindre possession à distance, nos prédécesseurs n'ont pas même eu l'idée de ce qui s'y rencontrait au delà des strictes limites de leur voisinage. Ce n'est que d'hier, par l'achèvement presque parfait de toutes les grandes découvertes, que nous sommes devenus capables de nous figurer le globe terrestre dans son entier. Et toutefois, le commerce y est dès à présent si bien institué, que nous tirons indifféremment de toutes les zones ce qui s'y trouve à notre goût. On peut donc dire, sans hyperbole, grâce à cette extension de notre domaine naturel, que la terre est aujourd'hui à chacun de nous. Nous sommes en relation familière avec toutes les contrées qu'elle embrasse, et nous ne pouvons remonter à la source de nos satisfactions domestiques les plus simples sans voir la géographie universelle se déployer devant nous. Nous pêchons autour des deux pôles pour avoir de l'huile; c'est la Chine qui, après nous avoir communiqué l'industrie de la soie et de la porcelaine, nous donne chaque jour notre thé; notre poivre vient de la Malaisie; notre sucre et notre café sont pris aux Antilles et jusque dans les champs asiatiques; l'Amérique du Sud nous fournit l'acajou; l'Amérique du Nord, le coton; l'ivoire nous reporte en Afrique, dans les presqu'îles de l'Inde et jusque dans les déserts de la Sibérie; les zones glaciales de l'ancien monde et du nouveau sont mises à contribution pour nos fourrures; enfin, il n'y a pour ainsi dire pas, à la surface de la terre, un pays si pauvre et si éloigné qui ne fasse quelque échange avec nous; et nous avons sous notre main, dans chacune de nos villes, des magasins dans lesquels les tributs de toutes les parties du monde sont réunis. Adam ne possédait pas mieux tous les fruits de son étroit paradis que nous ne possédons aujourd'hui tous ceux de notre vaste domaine.

Cette mise en commun de tous les biens ne serait pas encore une correction suffisante de la trop grande étendue de la terre, si nous n'étions en état, à la différence de nos ancêtres, de nous transporter aisément en tous lieux et d'entretenir des relations commodes les uns avec les autres tout autour du globe. C'est ce qui résulte de l'établissement du commerce international. Il y a un si vif mouvement de correspondance, soit dans l'intérieur des terres, soit de continent à continent, que les lettres et les voyageurs ne font que se croiser continuellement dans tous les sens. En même temps que les transports deviennent plus fréquents et de plus long cours, ils deviennent aussi plus prompts et plus commodes; de sorte que l'étendue de la terre par rapport à l'homme étant déterminée, non par la proportion entre la grandeur du corps humain et la grandeur de la terre, mais par la facilité avec laquelle l'homme, mesurant le globe avec ses mains, peut en toucher alternativement les quartiers opposés, on se trouve conduit à ce résultat remarquable, que cette étendue, au lieu de demeurer constante, diminue progressivement de jour en jour. Et qui ne voit, en effet, en se mettant au vrai jour de la géographie, que la terre est incomparablement plus petite pour nous qu'elle ne l'était pour nos pères; que chaque année, par le perfectionnement de nos moyens de communication, elle subit une réduction nouvelle, et qu'elle est destinée à devenir encore bien plus petite pour nos descendants que pour nous. En ce qui touche la transmission de la pensée, la distance n'existe même plus : par un miracle devant lequel nos devanciers seraient demeurés confondus, chacun sera bientôt maître de converser avec les antipodes, non moins facilement et non moins vite qu'avec le cercle de ses voisins. Aussi, tandis que les anciens pouvaient admirer la puissance infinie en se prosternant devant la grandeur de la terre, nous nous verrions exposés à prendre une bien médiocre idée de l'œuvre du Créateur si nous ne devions juger de sa magnificence que par une demeure où nous commençons à nous sentir à l'étroit, où les plus longs voyages sont désormais des promenades frayées, enfin dont l'exiguïté effraie déjà les statisticiens qui pensent à la postérité. Aussi, est-il heureux que cet air de majesté que la terre a nécessairement perdu en se laissant mieux connaître, ait été remplacé avec tant d'avantage par les perspectives nouvelles que les astronomes nous ont ouvertes dans le ciel; de sorte que tandis que la terre nous a paru de plus en plus bornée, le monde sidéral, par une tendance contraire, nous a de plus en plus étonnés par son immensité.

Pour trouver la signification essentielle de l'étendue de la terre relativement à l'homme, il faut donc voir ailleurs ; et en effet, dès qu'on rapporte cette étendue à la totalité du genre humain, et non plus à l'individu seulement, sa vraie valeur se découvre. Que l'on fasse le calcul de ce qu'il faut à chaque homme de place au soleil, tant pour son jardin et sa maison que pour les animaux et les végétaux nécessaires à son entretien, on en déduira immédiatement quel est, au maximum, le nombre de vivants qui peuvent exister simultanément sur la terre. Tel est le sens métaphysique de l'étendue superficielle de la planète sur laquelle nous sommes. Cette étendue est l'expression de la force numérique extrême, et, par suite, de l'un des éléments fondamentaux de la puissance possible de la société humaine; elle contient virtuellement la date du temps d'arrêt qui menace le cours des générations, et nous donne en conséquence le signe certain, bien qu'encore enveloppé, d'un changement à venir dans les conditions naturelles de la population terrestre, lorsque le genre humain sera au dernier terme que sa prospérité, sous le régime actuel, puisse atteindre.

Après la distance des lieux, les montagnes, les mers, les déserts sont ce qui nous gêne le plus dans la libre pratique de la terre. Leur caractère commun le plus essentiel est de rompre la continuité des voisinages. Il résulte de leur interposition que les hommes qui habitent d'un même côté de ces barrières sont induits à se lier entre eux plus étroitement qu'avec ceux qui habitent au delà; car, bien que les communications directes, en raison de la distance qui est également un obstacle, puissent être quelquefois plus difficiles d'un même côté que d'un côté à l'autre, cependant la contiguïté est cause que tous les habitants du même côté se trouvent en connexion mutuelle par des communications de proche en proche, qui s'évanouissent nécessairement devant tout intervalle désert. L'effet général de ces traits géographiques est donc d'obliger les hommes à se tourner de préférence vers certains centres, et il faut par conséquent les ranger en première ligne parmi les moyens naturels dont la Providence s'est servie pour déterminer, dès l'origine, des noyaux particuliers dans le chaos de l'humanité sauvage. Nous sommes, à la vérité, hors d'état d'évaluer avec précision leurs avantages, puisque nous ne connaissons ni le meilleur mode de société universelle que l'on puisse concevoir sur la terre, ni les meilleures divisions à instituer pour y parvenir. Mais cependant, comme il est dès à présent hors de doute que l'établissement des nations, à cause des influences et des réflexions réciproques qui en résultent, est un des principes les plus efficaces du perfectionnement de l'esprit humain, on ne peut refuser d'admettre que ce qui y a si puissamment contribué ne soit un bien. Il paraît même vraisemblable, lorsque l'on mesure attentivement les conditions du développement de l'ordre politique dans le passé, que le genre humain serait encore aujourd'hui dans sa confusion primitive, si la terre sur laquelle il a été répandu, au lieu de s'être trouvée naturellement coupée, avait constitué, avec la même étendue superficielle, une seule plaine. Ne voyons donc que ce qu'il y a de véritablement grand dans les barrières qui s'élèvent entre les diverses résidences de la race des hommes ; et, en regard de cette grandeur, méprisons les inconvénients secondaires dont le commerce peut se plaindre. Ces traits fondamentaux de la géographie terrestre, régulateurs souverains du système des peuples, viennent de Dieu : Dieu les avait marqués dès le principe dans la poussière de laquelle devait naître la terre, et dont les tourbillons lui récitaient déjà l'histoire future des nations ; et s'il lui a plu de mettre les hommes dans un édifice tout bâti et que toute leur puissance ne peut changer, c'est que cet édifice était bâti conformément à ses desseins sur eux. Sans parler des barrages secondaires qui ont tant servi et qui servent encore si efficacement à la netteté des nations, mais qui, n'étant pas aussi indestructibles que les séparations de premier ordre, ne jouissent pas d'un caractère aussi absolu, il n'y a point à douter que ces dernières ne soient en permanence dans la société générale des hommes jusqu'à la fin. Rien ne fera que les quatre quartiers de la cité humaine ne soient toujours isolés les uns des autres par les mers qui les divisent, ni que cette discontinuité ne soit toujours un principe de physionomie spéciale pour chacun d'eux. Seulement, puisqu'il doit persister jusque dans l'harmonie des temps futurs, ne sommes-nous pas autorisés à conclure que ce partage capital n'a rien de condamnable en soi?

D'ailleurs, qui sait tout le profit dont la masse des mers sera peut-être un jour la source? Je ne puis croire que cette immense partie du domaine de l'homme soit destinée à une stérilité perpétuelle, et à ne verser jamais d'autre richesse dans nos sociétés qu'un peu de sel et de poisson. Je me persuade que c'est la faiblesse de notre esprit, et non la parcimonie de la nature, qui fait la pauvreté de ce vaste territoire; et quand je considère le parti que le Créateur en a tiré pour l'économie de la planète, je ne puis m'empêcher de penser que le genre humain, devenu plus puissant, en tirera également parti, à l'exemple de Dieu, pour sa propre économie. Indépendamment de la force, aujourd'hui en pure perte, des vagues et des marées, de quels inappréciables trésors l'océan, décomposé en ses éléments primitifs, ne pourrait-il pas nous combler? Quels secrets n'est-il pas susceptible de nous cacher encore? Je ne me suis jamais vu dans ces étranges déserts, lorsque, la terre s'étant éclipsée, on n'aperçoit plus autour de soi que la multitude des flots, sans me sentir profondément convaincu que je me trouvais là en présence de quelque grand inconnu. En déterminant la ligne des rivages de l'océan, l'hydrographie n'a pas soulevé tous les voiles qui l'enveloppent, et après avoir découvert comment nous pouvons visiter, malgré lui, tous les cantons de la terre, il nous reste à découvrir par quel art nous pouvons nous servir de lui. Il y a bien d'autres mines que les hommes, dans leur ignorance, ont longtemps frappées du pied, sans se douter que ces substances dédaignées seraient, pour leurs descendants mieux instruits, les sources fondamentales de l'opulence! Plus notre clairvoyance se développe, plus il nous est manifeste qu'il n'y a rien autour de nous qui n'y soit pour nous, et dont notre industrie ne doive saisir enfin l'utilité. Outre les biens que nous recevons naturellement de la mer, les nuages, la pluie, l'humidité de l'air, les rivières, outre ceux que nous réussissons déjà à nous y procurer, ne craignons donc point de faire avec confiance, dans cette mystérieuse réserve, une part pour les inventions qu'il faut laisser à l'avenir, et n'ayons pas la témérité de condamner comme incommode et inutile un établissement dont nous ne sommes pas sûrs de savoir le fond.

Mais vous, déserts des montagnes, vous qui présidez aussi au partage des nations, vous qui avez aussi votre rôle dans la circulation continuelle des eaux, vous qui nous obligez aussi à nous humilier devant le spectacle imposant de vos grandeurs, combien votre majesté est moins terrible, et combien il est doux à l'homme fatigué de reposer sur vous ses regards! Vous pénétrez les âmes par les secrètes influences d'une terre splendide et qui se métamorphose à chaque pas; vous vivifiez et vous calmez; vous êtes les jardins de la terre. De quelles pures et bienfaisantes jouissances ne formez-vous pas le principe? Quelles marques vives et éloquentes ne donnez-vous pas de la petitesse de ces idoles que le luxe met en honneur parmi les hommes, lorsque vous étalez devant eux l'immensité de vos perspectives et les masses sévères de vos éternelles pyramides, et que l'on voit, du haut de vos sommets, les fumées des grandes villes s'élever çà et là du milieu des provinces qui rampent à vos pieds? Quel architecte imiterait jamais votre magnificence, et où existerait-il des trésors qui la pussent payer? Tous les peuples, se donnant rendez-vous au travail, ne bâtiraient seulement pas une tour à la hauteur de la plus humble de vos cimes. Les nations antiques, vous mettant à part du reste du monde, vous considéraient comme la seule demeure digne des dieux; et il semble en effet que vos pics, à demi perdus dans les nuages, soient autant de signaux qui sortent de la terre pour enseigner aux hommes le chemin des cieux. Il n'y avait que la nature qui fût capable de rompre la monotonie de notre globe par des édifices tels que vous, et sans nous demander aucun effort, elle nous a ouvert d'elle-même les portes de vos vallées, comme si elle avait plaisir à appeler les hommes dans ces temples qu'elle s'est bâtis, et où elle leur apparaît avec tant de puissance et de beauté. Ainsi, dans mon admiration, il ne m'importe plus que ces crêtes sublimes soient d'infranchissables murailles, et je les range hardiment parmi les plus précieux des biens dont le genre humain est redevable à la munificence du Créateur.

J'en viens aux conséquences de la figure et du mouvement de la terre jointes à celles du rayonnement de la chaleur solaire : ce sont les différences de climat, la vicissitude et les inégalités du jour et de la nuit. Rien n'est assurément plus aisé à concevoir qu'une planète sur laquelle la température, égale en tous lieux, serait aussi la même en tous temps, où il n'y aurait pas de nuit, enfin où le soleil, immobile au même point du ciel, ferait régner partout un éternel midi. Il suffirait que la rotation de cette planète lui eût donné la forme d'un disque ou d'un anneau tel que celui de Saturne; que, placée dans une orbite circulaire, elle fût en outre assujettie à tourner constamment son axe vers le soleil; enfin, qu'un soleil secondaire, situé en arrière, l'escortât dans sa marche. Dieu n'aurait qu'à faire jouer quelques astres pour mettre bientôt, s'il le voulait, la terre en cet état; et il n'est pas improbable que, dans l'infinie variété des mondes, il n'y en ait de soumis à ce régime. Mais la condition de ces mondes à régime fixe doit-elle être considérée comme supérieure à celle des mondes à régime variable? Pour ma part, je n'hésite point à tenir ces derniers pour préférables, dès que leurs habitants sont en mesure de se garantir sans peine des inconvénients de la nuit et des intempéries. A juger d'après nous-mêmes, il est certain que le changement des circonstances physiques au milieu desquelles coule la vie est un charme. Ce serait peu de chose, sans doute, et plutôt même un désagrément qu'un avantage, si le changement ne portait que sur la sensation de la température. Mais d'une saison à l'autre, la terre tout entière se transforme; il semble qu'un monde nouveau naisse à chaque fois autour de nous, ou qu'entraînés dans un voyage sans fin, nous ne fassions que circuler d'une sphère à une autre. L'année est une palingénésie perpétuelle. Le peuple des végétaux, cette enveloppe vivante de notre globe, à laquelle nous sommes si intimement liés par toutes nos habitudes et tous nos sens, est, par sa stricte obéissance à l'ordre périodique des saisons, dans un état incessant de variation. Avec elle varient nos intérêts, nos occupations, nos plaisirs. Tantôt le temps des fleurs, tantôt celui des puissantes verdures, tantôt celui des fruits; l'hiver même a sa grandeur, lorsque, la campagne sévèrement couverte de son linceul blanc, les fleuves silencieux et immobiles, les arbres élevant au-dessus de la neige leurs fines ramures, chargées quelquefois des plus éblouissantes broderies, le ciel lui-même devenu plus austère jusque dans ses splendeurs, on dirait que la terre s'est momentanément dépeuplée, et que la nature est dans une heure de sommeil ou de recueillement. Nos sentiments se ravivent par cette succession; la décoration de notre planète nous charme davantage, et enchaînés aux saisons par mille engagements, nous nous laissons aller à les accompagner sans résistance, saluant leur arrivée, acceptant leur fin, ne nous lassant pas de nous réjouir de la nouveauté comme d'un bien.

A prendre en lui-même le régime de variations imposé à la terre, nous n'aurions donc pas à nous en plaindre si les saisons ne s'écartaient en rien de ces types divins qu'aiment à représenter les peintres et les poëtes; si le printemps était toujours riant, l'été toujours modéré, l'automne toujours riche et serein, l'hiver toujours pur; enfin si, avec tant de diversités, il n'y avait jamais que de beaux jours. Mais combien il s'en faut que le système qui règne autour de nous soit conforme à cette régularité idéale! Une régularité de ce genre forme une perfection dont on ne jouit nulle part sur la terre, et dont notre consolation est de rêver l'existence pour des mondes meilleurs. Notre régime peut se traduire par ce seul fait, que nous avons été obligés de quitter le plein air de la campagne pour nous réfugier dans des lieux plus agréables. La nature terrestre nous donne, en effet, une mauvaise hospitalité : non-seulement elle ne nous étale guère de beautés qui ne soient quelque part gâtées par des laideurs; mais, sans attention pour nos besoins, après s'être capricieusement complu à nous caresser un instant, elle se pousse à des excès de climat que nous ne pouvons supporter sans douleur, et nous réduit à nous garder de ses injures, tout en utilisant ses bienfaits.

C'est à quoi nous parvenons à réussir, grâce à la puissance de notre industrie, dans l'intérieur des maisons bien établies. Nous nous y faisons un monde à part, soumis à nos lois, aussi indépendant du dehors que nos convenances le commandent, et dans lequel, bravant les intempéries, nous coulons à notre gré des jours paisibles. Si l'hiver sévit avec des rigueurs trop vives, nous contentant d'admirer à travers nos vitres les tableaux qu'il nous offre, nous faisons régner autour de nous la température du printemps. Nous nous égayons en reportant nos regards sur nos brillants foyers; et si la tristesse et la monotonie de la nature nous fatiguent, nous la laissons de côté, et nous vengeons de ses disgrâces, soit par l'éclat et la variété de nos ameublements et de nos fêtes, soit même au moyen de ses plus belles fleurs que nous lui enlevons, et auxquelles il nous suffit de donner asile dans nos appartements pour les y voir s'épanouir. Si c'est de l'été que nous avons à nous plaindre, nous avons des ressources analogues pour nous protéger contre lui. Les arbres nous servent à composer de charmantes demeures, toujours aérées, toujours ombragées, toujours rafraîchies par les eaux que nous y faisons jaillir en bouquets sous les charmilles ou ruisseler de tous côtés parmi les pelouses; prenant la douceur de la verdure, la lumière elle-même s'y tempère, et pour leur embellissement, ouvrant largement la porte à toutes les magnificences de l'été, nous la fermons à tout ce qu'il a d'incommode. Quand les ardeurs du soleil sont trop fortes, nous pouvons même les éviter plus sûrement encore dans le sein de nos maisons ordinaires, et nous y défendre contre la chaleur après nous y être défendus contre le froid. Rien ne serait plus facile que d'y avoir constamment à nos ordres la tiédeur légère du printemps, en prenant seulement la peine de tirer de la profondeur des souterrains l'air destiné à remplir nos salles. Bien plus, en imitant l'exemple de la nature dans les glaciers, où elle accumule pendant l'hiver pour les dépenses de l'été, nous pouvons, si le contraste nous plaît, goûter à notre aise du froid, et, comme nous nous étions procuré la température de l'été durant l'hiver, nous procurer, durant l'été, celle de l'hiver. Enfin, nous pouvons hardiment nous dire maîtres chez nous des saisons. Nous y sommes également les maîtres du jour et de la nuit. Peu nous importe à quelle heure le soleil, donnant à la nature le signal de se réveiller ou de s'endormir, se lève ou se couche : nous avons su nous faire un jour et une nuit réglés, non sur l'ordre des astres, mais sur celui de nos affaires et de nos divertissements. Tandis qu'à l'entour de nos maisons, le monde est dans l'obscurité, leur intérieur est inondé de lumière ; et par leur éclat, par leur symétrie, par leurs supports étincelants, les flammes qui la versent nous forment un ornement nocturne qui nous dédommage amplement par son faste de la disparition du soleil.

De plus, comme toutes nos affaires, hors de nos domiciles, ne nous appellent pas nécessairement dans la campagne ; comme les voies publiques sont, aussi bien que nos appartements, un terrain limité dont la fréquentation est continuelle ; comme il y a enfin une sorte d'intermédiaire entre nos possessions domestiques et celles où nous ne pouvons songer à dompter aussi absolument la nature, il nous reste, si je puis ainsi dire, la ressource de prolonger nos toits au-delà de nos maisons. C'est le principe de l'architecture des villes, et il est à croire que l'avenir ne manquera pas de donner à ce principe tout le développement dont il paraît susceptible. Incapables de régler le temps dans la vaste étendue des champs, nous devrions être en état de le régler du moins dans ces enceintes communes, et d'y vivre partout avec la même indépendance que nous avons chez nous. Le vent, la pluie, le soleil, ne devraient y donner que de l'aveu de nos architectes ; l'air, échauffé ou refroidi, selon les saisons, par son passage dans les régions souterraines, c'est-à-dire disputé à la chaleur variable du soleil par la chaleur moins inconstante de la planète, devrait circuler méthodiquement dans les rues, et en balayer tous les miasmes ; enfin, nous devrions y entretenir avec les mêmes soins que nous jugeons nécessaires dans nos intérieurs, la douceur de la température, la salubrité, la netteté. L'imperfection de nos villes montre combien nous sommes encore pauvres et mal policés, et la postérité s'étonnera qu'aussi recherchés dans nos constructions domestiques, nous ayons pu nous contenter de constructions civiles si grossières. Depuis quelques siècles, cependant, les nations d'élite ont fait à cet égard de grands progrès. Les voies publiques asséchées et raffermies, le régime des eaux savamment administré, les lieux de réunion mis à couvert ou agréablement plantés, la ventilation facilitée, sont des améliorations sensibles de notre vie extérieure. Dès à présent, il n'y a pas une ville digne de ce nom où l'on ne soit maître de la nuit. Cette seule conquête est immense. Elle en appelle bien d'autres dont elle est le prélude, que le développement simultané de l'esprit d'association et de la délicatesse du goût déterminera peu à peu, et qui ne contribueront guère moins à l'accroissement de notre liberté sur la terre.

Mais dès que nous mettons le pied hors de ces mondes artificiels que nous avons l'industrie de créer autour de nous, dès que nous affrontons le ciel, notre empire s'en va, et nous retombons sous la tyrannie de la nature. Il nous reste à la vérité quelques ressources, soit contre la nuit, soit contre l'insubordination des saisons. Nous avons nos enveloppes, dont les unes, toutes légères, nous abritent seulement contre les rayons du soleil, dont les autres, plus épaisses, nous garantissent du froid; nous pouvons marcher accompagnés de flambeaux qui, dissipant autour de nous l'obscurité, suffisent pour éclairer nos pas; nous pouvons même ne sortir qu'en voiture, conservant ainsi dans nos déplacements les avantages essentiels de nos intérieurs, et obligeant en quelque sorte nos maisons à aller elles-mêmes où il nous plaît. Enfin, à la rigueur, en utilisant la faculté des voyages, nous pourrions trouver moyen de nous affranchir tout à fait de la vicissitude des saisons, en leur opposant la différence des climats. N'est-ce pas ce que font sous nos yeux les oiseaux, qui, au lieu de vivre toute l'année au même lieu, passent périodiquement d'un lieu à l'autre, choisissant les pays froids pour leur demeure d'été, et les pays chauds pour leur demeure d'hiver? Ainsi pourrions-nous faire à leur exemple, grâce à notre puissance de locomotion devenue égale à la leur; comme eux, habitant vraiment la terre comme on habite son logis, et circulant régulièrement, selon les lois de l'année, de nos appartements d'hiver à nos appartements d'été. Ainsi agissent en effet les nomades et ceux que leur condition n'attache à aucune place. Mais ces voyageurs sont des exceptions. Les sociétés ont des liens qui les fixent à demeure sur le sol qu'elles occupent; et lors même qu'elles seraient matériellement en état d'exécuter de telles migrations, elles seraient obligées d'y renoncer et de se résigner aux inconvénients des saisons, car elles ne sont point comme les oiseaux, qui prennent sans peine leur volée, parce qu'ils sont sans patrie et portent avec eux tous leurs biens.

En définitive, toute notre industrie ne saurait donc empêcher que, si nous voulons jouir de toute l'étendue de territoire qui nous est attribuée, il ne faille nous résoudre à endurer, au gré de la nature, le froid et le chaud. C'est une des fatalités de notre séjour actuel, et il ne paraît pas que notre puissance soit jamais capable de s'agrandir assez pour la réprimer tout à fait. Malheur pour toujours à ces climats excessifs dans lesquels, à un hiver atroce, succède régulièrement tous les ans un été accablant! Qui pourrait imaginer, sinon en rêverie, leurs habitants, maîtres du soleil et des mouvements de l'air, détournant à volonté de leurs champs, tantôt les vents glacés, tantôt les vents brûlants, et renversant ainsi les lois astronomiques du globe pour lui en imposer d'autres? La constitution fondamentale de la terre ne nous laisse donc d'autre parti que de choisir entre deux esclavages: l'esclavage des saisons, ou l'esclavage du logis. C'est celui des saisons que, tout pesé, il faut prendre; et, pour l'alléger, le plus sûr est encore de nous y habituer, de nous faire une force d'insensibilité supérieure à toute intempérie, et, ne pouvant changer l'organisation de la terre à cet égard, de nous changer nous-mêmes.

Du reste, je crois que l'on peut poser en principe que les excès de la température nuisent encore moins à notre existence en plein air que la pluie. Rien n'est plus insupportable pour nous que ce météore, qui change subitement toutes les conditions, non seulement de l'atmosphère, mais du sol. Il faut l'avoir enduré durant de longues marches, en hiver, sur des terrains glissants, pour se faire une juste idée de son importunité. Il n'y a pas de vêtements qui en garantissent commodément, comme il y en a qui garantissent du froid et du soleil ; et encore ces vêtements ne répondent-ils qu'à une partie des inconvénients dont il est cause. Il voile la lumière du ciel, il change la terre en une sorte de marécage, il noie toute la nature dans la tristesse, il va même jusqu'à nous attaquer par la mélancolie en même temps que par la gêne et le malaise ; enfin son caractère fâcheux se marque assez en ce qu'en tous pays, c'est la pluie qui signifie le juste opposé du beau temps. Ainsi, quoique la pluie soit un bien pour l'atmosphère qu'elle humecte, pour le sol qu'elle empêche de se mettre en poussière, pour la circulation des eaux qu'elle alimente, pour la végétation qu'elle garantit de la sécheresse ; quoique l'homme en profite indirectement de toutes ces manières, elle lui est cependant, dans son engagement immédiat avec lui, un véritable mal. Et cependant, elle a dû être un des principaux moyens qui l'aient contraint à laisser la vie sauvage pour embrasser la vie domestique : c'est contre elle que se sont certainement élevés les premiers toits.

Si la destinée de la terre était d'être une demeure tout agréable, la pluie y tomberait sans doute suivant un autre ordre qu'il est facile de concevoir, et qui, sans nous priver d'aucun avantage, nous ôterait tous les ennuis que ce météore nous cause. Il suffirait que, se réglant sur la convenance des saisons, et toujours modérée dans son développement, la pluie fût liée de telle manière à la nuit qu'elle ne se produisît qu'aux heures où les habitants de la terre, retirés dans leurs maisons, jouissent du repos et ne s'inquiètent pas de ce qui se passe dehors. Mais tel n'est point l'ordre de ce monde-ci. La pluie y tombe le jour comme la nuit, trop abondante aux époques où elle n'est pas utile, et trop rare, au contraire, à celles où elle l'est ; en un mot, tout au rebours des lois que nous lui dicterions si nous étions ses maîtres. Il y a des pays dans lesquels elle se soutient sans interruption durant des mois entiers, leur donnant une mauvaise saison mille fois plus incommode, malgré la tiédeur de l'air, qu'un pur hiver. Il y en a d'autres dans lesquels, loin d'avoir à se plaindre de sa régularité, c'est au contraire par son dérèglement que l'on est le plus contrarié. On n'y peut compter d'avance sur le temps, pas même pour le lendemain, pas même, bien souvent, pour le seul intervalle de la journée. Le beau et le mauvais temps y sont à la merci du vent, et le vent y est si variable qu'il y est le symbole de l'inconstance. Enfin l'on y vit, touchant l'état prochain de l'atmosphère, dans une incertitude perpétuelle, et dans toutes les affaires du dehors on est obligé d'aller à l'aventure. Ce déréglement s'ajoute à toutes les autres vexations dont la pluie est le principe, et les aggrave à tel point, que, si le calendrier pouvait nous prédire le temps comme il nous prédit les événements planétaires, nous finirions vraisemblablement par composer sans trop de difficulté avec la pluie, même dans les climats qui y sont le plus sujets; tandis que, dans l'ignorance où nous sommes, nous ne saurions éviter d'être dérangés à chaque instant par les surprises de ce fatal ennemi. Il nous est impossible de prendre jour pour une promenade, pour une partie de campagne, pour une réunion quelconque en plein air, sans nous exposer à des mécomptes, si nous avons eu la hardiesse d'espérer des circonstances favorables. Quel obstacle n'en résulte-t-il pas pour l'institution des cérémonies et des réjouissances publiques? Il y a tant de mauvaises chances contre elles, même dans les plus agréables saisons, que l'on n'est jamais sûr que la pluie ne viendra pas jeter le trouble dans leur joie, rompre la convocation et nécessiter des ajournements. La religion des anniversaires est soumise ainsi à toutes sortes de difficultés; le ciel ne consent à lui sourire que par occasions, et il n'y a moyen de célébrer Dieu en commun, à jour fixe, que si l'on est en mesure de prendre abri sous un ciel fabriqué de main d'homme.

A la vérité, il est juste de reconnaître que l'architecture, sans ces disgrâces de la nature de notre monde, n'aurait jamais atteint les proportions sublimes qu'elle a prises, surtout dans les climats les plus exposés à la pluie. C'est presque toujours en vue des grands toits que les grands édifices se sont faits. A force de génie et de patience, les hommes ont su se créer, malgré les intempéries, la liberté de leurs rendez-vous politiques et religieux; et en s'assemblant ainsi à couvert, ils ont été conduits à se donner mutuellement une marque d'autant plus éloquente de leur communauté, qu'à la majesté des foules s'est trouvée jointe celle des voûtes érigées à leur intention. Mais cette magnificence n'est, au fond, qu'une protestation contre la terre ; les temples lui inscrivent au front sa condamnation ; et c'est en effet un signe bien considérable de sa méchanceté, que les hommes, quand ils veulent se mettre convenablement en communion devant Dieu, soient obligés de se séparer de la demeure dans laquelle il lui a plu de les faire vivre, pour se loger momentanément dans une résidence meilleure.

Pour perfectionner, à l'égard de la pluie, les conditions de notre existence, le parti le plus héroïque serait, à coup sûr, de nous emparer de la direction de ce capricieux météore. Mais il n'y a qu'à considérer la grandeur des principes qui le règlent, l'océan, la chaleur solaire, la figure et la rotation de la terre, pour entrevoir aussitôt toute l'ambition de l'entreprise. Les courants de l'atmosphère sont des forces astronomiques avec lesquelles il n'est pas vraisemblable que la nôtre devienne jamais capable de lutter, et l'on peut croire qu'il n'y aurait guère moins de chimère à vouloir maîtriser les vents qu'à vouloir maîtriser le flux et le reflux de la mer ou les librations de la lune. Cependant, si l'on réfléchit à l'action capitale de la chaleur et de l'électricité sur ce météore, et à ce que, dans l'état présent, il n'y a que les rayonnements du soleil qui y aient de l'influence, on devra sentir que les mouvements de l'atmosphère ne sont peut-être pas aussi essentiellement indépendants de notre industrie que ceux des astres. Il nous suffirait en effet de faire jouer de quelque manière les rayonnements du noyau central de la terre, pour susciter au soleil, au moins dans notre atmosphère, une puissance capable de le troubler dans sa domination absolue, et pour causer par conséquent une révolution dans l'ordre actuel des vents et des nuages. Mais on se convaincra aussi, par ce même enchaînement de réflexions, que c'est seulement à la condition de pouvoir manier à son gré une arme aussi prodigieuse que la chaleur planétaire, que l'homme pourra jamais espérer de se faire maître dans ce domaine.

Le parti le plus sage serait donc, sans refuser à l'imagination aucune des glorieuses perspectives par lesquelles elle peut chercher à se faire jour vers la terre future, de se résigner, dans l'expectative, à l'établissement actuel, en ne se proposant que d'en déterminer les lois. Mais cette détermination, qui, par la prescience des variations de l'atmosphère, assurerait un si précieux développement à notre liberté; qui, enrichissant la géographie physique d'une donnée capitale qui lui manque, lui permettrait de comparer rigoureusement, par rapport au climat, tous les lieux, et de servir ainsi de flambeau à la géographie politique; qui changerait cette terre où, météorologiquement, nous vivons au hasard et trop souvent à contre-sens, en une demeure dont nous aurions du moins la ressource de savoir la règle; cette détermination, qui mettrait d'un seul coup à néant tant d'incertitudes et de déceptions, paraît contrariée, de son côté, par des difficultés dignes par leur étendue d'être mises en parallèle avec ses avantages. Ici, toutefois, les travaux desquels résultera ce progrès, si jamais, pour le bonheur de notre postérité, il s'effectue, peuvent dès à présent commencer. Ce ne serait pas une médiocre avance, pour ce changement si désirable dans la condition du genre humain, que de posséder, quelque vulgarité qu'il semble y avoir dans cette étude, l'état journalier des girouettes sur toute la surface du globe; et sans doute cela ne suffirait pas, puisqu'il faudrait pouvoir y ajouter l'état et la vitesse des nuages, à toutes hauteurs, à tout instant, en tous lieux, sur mer comme sur terre. L'universalité des observations, à cause de la connexion météorologique qui existe entre tous les pays, est, aussi bien que leur continuation durant un intervalle de temps assez grand, une des conditions nécessaires du succès. A moins de ces longs efforts, la science n'a donc point à essayer de surprendre la nature dans son secret, ni de l'empêcher de nous causer à l'avenir tous les contre-temps par lesquels elle nous afflige aujourd'hui. Mais en attendant que l'esprit humain ait amélioré par cette difficile conquête l'existence terrestre, le meilleur remède, pour nous soustraire autant que possible aux troubles de cette espèce, est de poursuivre le perfectionnement de nos maisons, de nos lieux publics, de nos voitures, de nos vêtements. Et d'autant plus, que si nous devons jamais parvenir à la prescience des intempéries, ce ne sera que pour être mieux avertis de nous prévaloir contre elles de tous les moyens de garantie que nous aurons inventés.

Telles sont, en résumé, les ronces et les épines que fait germer la terre ; les ronces avec lesquelles elle embarrasse l'homme dans ses mouvements ; les épines avec lesquelles elle le menace, le tourmente, et empêche son esprit de demeurer en repos. L'homme les arrache ; mais il ne semble pas que son industrie puisse jamais se développer assez pour qu'il puisse tout arracher, surtout pour qu'il puisse rien extirper si profondément que cela ne revive et ne veuille être arraché encore. Au fond, la nature terrestre demeure constante ; ou du moins ses variations séculaires, qu'il faut tant de raisonnements pour découvrir, sont à peu près indifférentes à notre égard, et s'il se produit du changement dans les rapports de la terre avec l'homme, ce ne peut être que par le changement des qualités et des actions de l'homme.

C'est ce qui achève de se découvrir quand on examine quelles sont ces herbes de la terre dont notre race est condamnée à se nourrir. Il est impossible de ne pas se sentir tout de suite frappé de ce que de tant de milliers d'espèces d'animaux et de végétaux qui pullulent à profusion autour de l'homme, il n'y en ait qu'un si petit nombre qui lui serve, et qu'encore ces espèces d'élite soient, dans l'ordre naturel, si parcimonieusement répandues. Supposons que tout l'effet des travaux soutenus durant tant de siècles pour la culture du sol et la multiplication des animaux domestiques venant à disparaître, la surface de la terre retourne tout à coup dans toute son étendue, à sa virginité primitive, quelle effroyable calamité pour les peuples que cette restauration de la nature ! Je crois qu'il ne faudrait pas huit jours pour que le genre humain, surpris de la sorte au milieu des forêts ressuscitées, diminuât au moins des trois quarts ; et en imaginant même que la disette eût enfin achevé de mettre le nombre des vivants en équilibre avec la quantité de nourriture qui se produit spontanément sur la terre, quelles difficultés de tout genre pour ramasser à l'aventure, dans leur état de dispersion, ces rares et misérables objets de subsistance ! Si le genre humain trouve de quoi vivre dans la demeure qui lui est assignée, c'est donc par l'effet de l'ordre particulier qu'il a su y instituer, et non point en vertu des bonnes dispositions de la nature. Ce qu'il reçoit de la libéralité de la nature est peu de chose en comparaison de ce qu'il la contraint à lui donner, et l'on peut dire que, féconde à contre-cœur, tous ses bienfaits, sauf bien peu d'exceptions, sont forcés. Il a fallu que l'homme cherchât et déterminât lui-même les espèces qui convenaient le mieux à ses besoins; et si, au lieu de demeurer clairsemées et à demi perdues dans l'exubérance des espèces nuisibles et inutiles, comme sous le règne de l'institution naturelle, ces espèces ont pris le dessus sur toutes les autres, c'est lui seul qui en est cause. Il a même dû les modifier de manière à développer leur saveur et leur succulence; et en se chargeant lui-même du soin de leur propagation et de leur entretien, il leur a donné tant d'avantages sur les autres, qu'elles ont fini par remplir toute la campagne. Enfin, autour de lui, comme dans un paradis terrestre, il n'y a pour ainsi dire plus rien qui ne relève de lui. Là, des sillons à perte de vue, des prairies, des vignes, des vergers; là, des compagnies d'oiseaux, des ruches, des viviers; là, des troupeaux de toute sorte. Il semble, à voir les champs si bien fournis, que l'homme n'ait qu'à étendre la main devant lui pour avoir de quoi se nourrir; et même, s'il y a quelque objet de son goût hors de son voisinage, le commerce est aux aguets pour le lui présenter sitôt qu'il le demande.

Mais pour assurer la prédominance à ces bonnes espèces, il est rigoureusement nécessaire que l'homme les prenne sous sa tutelle et combatte en leur faveur, autant que possible, les lois de la nature. C'est lui-même qui doit nettoyer le sol et le disposer à se prêter mollement aux racines; c'est lui qui doit opérer le dépôt de la semence, et s'opposer aux végétaux ennemis qui voudraient faire invasion et opprimer ceux qu'il protège; c'est lui qui doit présider à l'irrigation et à la nourriture de ces derniers; qui doit même, s'ils sont délicats, les protéger par des abris convenables contre les vivacités du froid et du soleil. C'est pour eux, c'est pour les servir, c'est pour les récolter, c'est pour leur préparer des sillons, qu'il est obligé de passer une partie de sa vie en plein air, et de braver, hors de sa demeure, toutes les intempéries des saisons. Les animaux qu'il administre ne lui donnent pas moins de mal. Il y en a pour lesquels il est forcé d'avoir presque autant d'attention que pour lui-même ; il faut qu'il les mène et les surveille ; qu'il leur bâtisse des maisons ; qu'il leur cultive et leur emmagasine les plantes dont ils ont besoin ; enfin, que les retirant du règne dur et sévère de la nature, il les fasse vivre dans sa propre hospitalité. Heureux quand la nature, suivant un cours tranquille et acceptant avec docilité les réformes qu'il lui impose, ne se révolte pas contre cette usurpation par de soudaines violences, comme pour marquer, en éclatant ainsi, que sa soumission n'est qu'apparente et que sa force est toujours la vraie souveraine !

L'homme, en effet, n'a, devant elle, aucun moyen certain de garantie. Tantôt ce sont des pluies excessives contre lesquelles il est sans ressource, tantôt des débordements de rivières, tantôt des sécheresses, tantôt la grêle, tantôt la gelée, tantôt les épidémies, tantôt même l'incendie ; car l'ordre des éléments est si hasardeux sur la terre, qu'il n'y a presque aucune de nos créations qui n'y coure la chance de prendre feu, cette atmosphère, où nos poumons doivent puiser la vie, étant toujours prête à se tourner contre nous et à faire sa proie de ce que nous possédons. Adieu alors le fruit de tant d'industrie et de labeurs : les champs sont dévastés, les troupeaux sont enlevés, et l'homme, menacé des horreurs de la famine, erre avec désespoir dans ces campagnes sur lesquelles la nature vient de ressaisir momentanément son empire. Ainsi, pour obtenir ce que son organisation lui rend indispensable, l'homme est obligé d'être constamment en éveil, et malgré sa sollicitude, il n'a pas même l'assurance de réussir. Que de choses Dieu n'a-t-il pas gardées dans sa main ! L'ouragan, la foudre, les tremblements de terre sont à lui seul. Non-seulement donc tout ne nous est pas utile dans notre demeure présente, mais d'indomptables puissances y sont en action contre nos œuvres, contre nous-mêmes, et nous rappellent cruellement que si, à certains égards, il existe entre notre nature et la nature de la terre une harmonie calculée, notre destinée n'a cependant pas voulu que cette harmonie fût parfaite.

Ainsi, combien s'en faut-il que tout ce qui vit sur la terre y vive à l'intention de l'homme ! Loin que, dans cette étrange réunion, il y ait une convergence régulière de toutes les espèces inférieures vers l'espèce culminante, ce n'est que par une lutte assidue contre l'institution naturelle que cette espèce est parvenue à en attirer à elle quelques autres. Pour quel motif des millions de races diverses, et entre les destinées desquelles il ne se voit rien de commun, sont-ils ainsi rassemblés dans le même séjour? Mystère profond ; mais, quelle que soit, dans la pensée divine, la raison d'un rapprochement que notre intelligence ne peut comprendre, cette raison est apparemment tout autre que le service du genre humain. Non-seulement les espèces utiles à notre entretien ne sont qu'une fraction presque insensible de cette population immense, mais encore n'en tirons-nous ce qu'il nous faut qu'en modifiant nous-mêmes leur essence, et en leur créant des conditions nouvelles d'existence. A mesure que notre clairvoyance se développe, nous entrevoyons, il est vrai, des ressources imprévues dans des espèces que nous avions jusqu'alors jugées indifférentes. Mais, de quelques végétaux que l'homme parvienne à enrichir encore ses champs et ses jardins; de quelques animaux, transformés par sa discipline, qu'il imagine d'accroître ses basse-cours, ses haras, ses troupeaux ; enfin, sans les nommer, quelques acquisitions qu'il lui reste à faire dans le monde sauvage, on ne peut douter qu'il n'y ait une limite à laquelle il doive s'arrêter, et qu'il ne lui soit par conséquent interdit de tenir jamais sous sa main et pour le bien de sa personne, tout ce qui existe autour de lui sur la terre. Ne serait-ce que ces armées de mollusques et de zoophytes qui habitent dans les incultures de l'océan, une fraction considérable du peuple de la planète semble trop étrangère à l'homme pour ne pas conserver à perpétuité son indépendance native. Il est même presque évident que, pour achever de nous établir convenablement sur la terre, nous n'avons pas moins de races à en éliminer qu'à y soumettre; et d'ailleurs la paléontologie ne nous enseigne-t-elle pas que la dignité de créateur se témoigne aussi bien en faisant disparaître d'anciennes races qu'en en faisant paraître de nouvelles? Mais à quelque opinion que l'on s'arrête sur ce point particulier où l'on ne peut rien affirmer sans témérité, puisque notre ignorance est la seule chose que nous y connaissions avec certitude ; lors même que l'on voudrait que la fin commune de toutes les espèces qui sont sur la terre, même de celles qui y ont précédemment été, soit en définitive l'utilité future du genre humain, cela n'est rien, et l'essentiel est ceci : Que l'homme, quel que soit son développement intellectuel, sera toujours lié à certains êtres, principe fondamental de sa nourriture et de son entretien, et qu'une partie considérable de son temps devra toujours se passer dans les champs, en guerre contre la nature, afin d'assurer, malgré les influences contraires, à ces êtres nécessaires, la possession de la terre.

C'est là ce qui constitue le travail principal de l'homme. Si l'on pouvait embrasser d'un coup d'œil tout ce qui se fait à la surface du globe, on apercevrait que les mouvements que se donnent chaque jour, en tant de pays divers, ses habitants de toute espèce ont presque uniquement pour but la recherche des objets de subsistance, et que les hommes, considérés dans leur ensemble, ne diffèrent guère des animaux sur ce point-là. C'est la difficulté de nourrir leurs corps qui leur emporte le plus de temps, et tant de soins de tout genre qu'on leur voit prendre s'y rattachent. Non-seulement ils sont contraints par la faim et par la stérilité naturelle de leur planète à consacrer à cette occupation la majeure partie de leur vie, mais cette occupation, si pitoyable en elle-même, n'a rien d'agréable pour eux. Les choses, loin d'être ordonnées de manière à ce qu'elle soit une jouissance ou un divertissement, le sont de telle sorte qu'elle est une peine véritable, et qu'elle exige à elle seule plus de dépense de force musculaire que ne le font ensemble toutes les autres occupations que notre condition nous impose.

C'est elle qui fait couler sur le visage humain cette éternelle sueur dont il est question dans l'hébreu. Bon gré mal gré, sous peine de mort, il faut nous résoudre à la verser, car c'est de quoi nous vivons ; et si nous regardions bien à ce que nous mangeons, nous verrions que c'est tout imprégné de sueur d'homme. Combien il s'en répand, en combien de lieux, sur combien de fronts, dans combien d'opérations différentes, pour la création d'un seul morceau de pain, cela étonne quand on y pense en détail, et l'on y découvre bien vivement le triste état de l'homme sur la terre, qui ne peut se soustraire au tourment de la faim qu'en se tourmentant lui-même de tant de manières. Commençons par celui qui laboure le sol après l'avoir péniblement défriché ; voyons celui qui a arraché de la terre, pour le livrer à la forge, le fer de la charrue ; celui qui marche dans les sillons pour les ensemencer, celui qui fait la moisson, celui qui fait le battage ou la mouture, celui qui pétrit avec tant d'efforts et de doléances, celui qui veille pour entretenir le feu et diriger la cuisson. Que de multitudes en haleine pour cette bouchée ! En poussant l'analyse de toutes les sueurs qu'elle a causées, et dont elle représente en quelque sorte l'essence, nous y trouverions tous les métiers. Que serait-ce donc si, au lieu de me borner à un pauvre morceau de pain, le strict remède contre l'inanition, j'avais considéré ce qui nous est nécessaire pour un repas convenable ! Je ne voudrais pas, même à la table la plus frugale, éveiller l'idée des fatigues, des épuisements, des dangers de tout genre endurés sur terre et sur mer, même dans les profondeurs souterraines, pour produire ce peu d'aisance et de bonne chère qui s'y rencontre, de peur d'y étouffer la joie, d'y faire paraître abominable la délicatesse la moins recherchée, et par les saisissantes images des souffrances physiques et morales dont on y savourait étourdiment les fruits, d'y faire tomber des larmes de compassion et de découragement parmi les coupes. Ainsi, la misère de notre condition est partout. Nous réunissons-nous pour nous égayer un instant en respirant de compagnie, cette misère est là, au milieu de nous, qui se cache, d'autant plus grande qu'il y a plus de richesse dans le service, et si nous ne la voyons pas, c'est grâce à la légèreté de notre esprit, et parce que nos yeux ne veulent toucher que la superficie des objets. Mais partout où le luxe nous sourit, ôtons le masque, et nous verrons dessous des visages qui pleurent.

En effet, ce n'est pas seulement pour nourrir son corps que l'homme est obligé de pâtir ; il est obligé de pâtir de la même façon pour se préserver de tous les autres inconvénients du séjour terrestre. La nature n'y obéit nulle part à sa voix, et il n'en obtient rien qu'en lui faisant violence. Il est donc forcé, s'il veut lui imposer quelque changement, de s'y prendre de vive force, de soutenir une guerre, de se fatiguer, d'entrer de lui-même dans le mal-être. Ce n'est qu'avec cette peine volontaire qu'il se délivre des peines plus fortes auxquelles sa présence sur la terre l'expose, et s'il parvient à se procurer quelque aisance, c'est toujours avec son labeur qu'il la paie. Ainsi le travail est sa rançon, et il ne peut se racheter qu'à ce prix. S'il veut communiquer, malgré l'obstacle de la distance, avec les pays lointains, en évitant la perte de temps et la souffrance qu'une longue marche lui causerait, il faut qu'il se rachète en travaillant pour établir des routes, pour construire des voitures, pour nourrir et entretenir des chevaux ; s'il veut traverser la mer, il faut qu'il se rachète en bâtissant des vaisseaux ; s'il veut se préserver du froid, de la pluie, des incommodités de toute espèce qui font de l'atmosphère un lieu d'affliction, il faut encore qu'il se rachète en s'appliquant, soit à fabriquer des vêtements, soit à rassembler les matériaux avec lesquels la chaleur et la lumière se produisent, soit enfin, chose si coûteuse, à édifier des maisons. Combien son génie est donc au-dessus de sa puissance, puisqu'il y a une telle opposition entre la facilité avec laquelle il conçoit la manière de corriger la nature et la difficulté avec laquelle il la corrige effectivement !

Aussi, pour apercevoir la grandeur du genre humain, vaut-il bien mieux jeter les yeux, comme je le faisais tout à l'heure, sur les résultats généraux de ses inventions que sur son activité manuelle. Celle-ci, par la monotonie et la puérilité des opérations, par la médiocrité des effets, par le déplaisir et la lassitude dont elle est presque toujours accompagnée, n'est-elle pas digne de pitié ? On ne peut s'empêcher de prendre une bien pauvre idée de la vertu créatrice de l'homme, quand, au lieu de le contempler, la lutte achevée, jouissant en paix du fruit de sa patience et triomphant majestueusement de la nature partout où elle l'avait menacé, on le suit à la tâche, et qu'on le voit piochant, creusant, portant des fardeaux, tournant des manivelles, haletant, mal à l'aise, aspirant à l'heure où il se reposera, trempant la terre de ses sueurs pendant toute une journée pour y faire, en définitive, si peu de chose qu'il suffit de s'éloigner de quelques pas pour que cela ne paraisse déjà plus. Et c'est effectivement une suite et en même temps une marque bien manifeste de l'imperfection de son état présent, que cette difficulté qu'il éprouve à se rendre maître de la nature dans les moindres objets. Ce n'est qu'avec le temps, au moyen de toutes sortes de ruses et d'artifices, après s'être mis en ligue avec ses semblables, qu'il vient à bout de ce qu'il veut. Il ne manœuvre pas autrement qu'une fourmi, et sa persévérance jointe à son adresse vaut mieux que ses muscles. Quelle misérable chose que son corps si l'on y cherche un instrument de création ! Sa destinée est de transformer la surface du globe pour l'accommoder à ses besoins, d'y découper les montagnes, d'y asseoir les rochers dans un autre ordre, d'y tailler aux rivières de nouveaux lits, et il n'est pas même organisé de manière à creuser avec ses ongles dans la poussière. Il n'est en état par lui-même ni de trancher, ni de frapper de grands coups, ni de manier et de déplacer les lourdes masses, et cependant il faut qu'il exécute tout cela. Il faut que, sur tous les points par où la nature le touche, il s'engage contre elle, et il est sans armes, presque sans force. Qui ne conviendrait que la loi à laquelle il se trouve livré sur la terre est une loi sévère ? Et comment n'y serait-il pas soumis à une fatigue continuelle quand il a tant à faire avec un bras si faible ?

Cette dure obligation ne serait encore, j'ose le dire, qu'un demi-mal, si l'homme était certain de se procurer, en y satisfaisant, toute l'aisance dont il est possible de jouir sur la terre. Ceci est une autre question en effet. Il est constant, comme nous venons de le reconnaître, qu'il y a des moyens de remédier, au moins en partie, à chacun des inconvénients de la nature, et que les hommes, en combinant leurs efforts, sont en état d'assurer ces réformes ; mais il reste à savoir si ce qu'un homme peut verser de sueur suffit pour payer tout ce dont un homme a besoin. Que l'on consulte l'expérience, et l'on verra combien l'industrie est encore loin de compte là-dessus. Voilà qui est considérable assurément : l'immense majorité des hommes est à la peine ; sa corvée est de tous les jours, presque de tous les instants, rude, fatigante, souvent excessive ; la sueur coule de toutes parts, continuellement, en abondance ; et, avec tout cela, il n'y a qu'un petit nombre d'hommes qui obtienne les commodités de la vie, tandis que les autres, destitués des garanties nécessaires, demeurent exposés à presque toutes les duretés de la nature. La majorité habite dans de tristes et déplaisantes maisons, mal meublées, mal aérées, mal éclairées, mal chauffées; la majorité est incapable de passer à son gré d'un lieu à l'autre, sinon à pied, à la pluie, au soleil, dans la poussière, sans hospitalité; elle est imparfaitement vêtue, aussi dénuée d'élégance dans son costume que dans son logis, à peine chaussée, malpropre; elle est pauvrement nourrie, privée de vin, privée de viande, privée de tout agrément culinaire, souvent réduite à se ménager le pain, souvent même à avoir faim; bref, l'immense majorité travaille, et non-seulement elle ne jouit pas, mais son travail est si assidu et sa vie si épineuse, qu'elle manque absolument de la quiétude nécessaire au plein développement de l'existence intellectuelle et morale. Qu'est-ce donc au fond que cette misère? C'est le défaut de vertu créatrice. Le genre humain peut bien concevoir un autre ordre physique, mais il n'a pas le nerf qu'il faudrait pour le réaliser. La nature terrestre lui est à la fois trop hostile et trop supérieure, et, pour donner un autre cours aux lois de la planète, il est ou trop faible ou trop inintelligent. En rassemblant toute sa puissance, il ne réussit à produire que la somme d'actions nécessaire pour faire régner autour d'une minorité imperceptible les conditions qui devraient être celles de tout le monde. Les bras lui manquent. En un mot, dans sa lutte, il n'y a pas assez de force de son côté.

Mais cette infériorité appartient-elle à ce qu'il y a de constant dans les choses humaines, ou à ce qu'il y a de variable? Faut-il se résigner pour toujours à l'indigence actuelle, ou peut-on se donner toute licence d'embellir l'avenir? Le problème est capital, mais facile. Si le genre humain, dans sa guerre, n'avait pour lui que la force musculaire, comme cette force, liée à l'organisation même de l'espèce, n'augmente guère, il n'y aurait guère à espérer non plus que l'état de la guerre pût changer. Mais il est rare que l'homme engage directement sa force contre la force qu'il veut vaincre. Pour remonter les courants, il a des méthodes plus recherchées et plus impérieuses que de fatiguer ses bras sur les rames. Il a, en face de l'aveugle nature, une tactique et une diplomatie. D'où il suit que sa puissance n'est pas moins fondée sur son intelligence que sur ses muscles. Donc cette puissance, loin d'être stationnaire, se développe continuellement. Aidé par la connaissance des secrètes dispositions de la nature, l'homme parvient à tourner les unes contre les autres les forces adverses qu'elle entretient sur la terre, et à la réduire par le seul effet des circonstances qu'il lui prépare et dans lesquelles il la laisse. Il a pour lui non-seulement sa force personnelle, mais encore toutes les forces qu'il a su enrôler aux dépens de l'ennemi. Ainsi font tous les habiles conquérants. C'est de ce côté que l'augmentation paraît sans bornes. Plus la nature est au-dessus de l'homme, plus les auxiliaires qu'il en détache ont de vigueur. Il n'est rien qu'avec leur concours, il ne puisse projeter s'il lui suffit de porter les premiers coups pour que l'action qu'il a commandée, quelque énorme qu'elle soit, succède à ce signal. Et n'est-il pas en droit de songer, sans chimère, à une réforme universelle de l'existence terrestre, si cette réforme peut effectivement résulter, sans plus de labeur, de plus d'expérience et de génie ?

Puisque l'homme est capable, par les seules conséquences de son perfectionnement spirituel, de mettre de son côté autant de forces qu'il en peut souhaiter, il ne lui reste pour assurer son succès qu'à tourner son intelligence à deux choses : la première, de découvrir les moyens propres à neutraliser de mieux en mieux les influences pernicieuses de la nature, et à faire régner autour de lui l'élégance et le bien-être ; la seconde, de découvrir les moyens de réaliser ces inventions avec une quantité de bras de plus en plus petite, et d'étendre par conséquent leur bienfait à une multitude de vivants de plus en plus considérable. L'une, pour garder la comparaison avec la guerre, est la détermination des positions à enlever; l'autre, la détermination de la manière de soustraire à l'ennemi et de mettre en action contre lui, de la manière la plus héroïque, les forces dont il est possible de faire usage.

Voilà, en effet, qui importe non-seulement à l'intérêt matériel, mais à l'honneur. Qu'il fût dans la condition primitive de l'homme de se contenter des voies les plus simples, c'est ce que la bassesse de son point de départ explique assez; mais aujourd'hui, avec l'idée superbe que nous avons de notre espèce, quoi de plus répugnant que de voir l'homme, s'employant comme un agent mécanique, se ravalant au niveau d'un animal, d'une chute d'eau, de toute force grossière, oubliant, en un mot, dans son labeur, son intelligence? Ce n'est pas tant la sueur qu'il verse qui fait pitié, c'est le métier misérable dans lequel il est. Est-ce bien à jamais la destinée d'un si grand nombre de nos semblables de n'être sur la terre que des fournisseurs de mouvement? Ou plutôt, la fin de l'industrie n'est-elle pas, comme je le marquais tout à l'heure, non-seulement de nous donner des moyens de remédier à tous les inconvénients de notre séjour actuel, non-seulement de faire en sorte que cette aisance devienne commune à tout le monde, mais encore, ce qui n'est pas moins considérable, d'élever tous les travailleurs à la dignité soit d'artistes, soit de directeurs intelligents des forces de la nature? J'aime à me représenter les hommes comme les officiers de cette grande milice que nous tirons de la terre, et qui nous sert à soumettre la terre à notre discipline. Qu'ils se fatiguent maintenant, qu'ils fassent effort, qu'ils se trempent de sueur, leur grandeur ne m'échappe plus. Je puis les plaindre, mais je vois en eux des maîtres, et je les admire. En voici un qui médite de grandes choses, il entre dans la terre, il en rompt d'un coup de poudre quelques morceaux, qu'il jette, en les y enflammant, dans une construction qu'il a disposée d'avance, et dans laquelle ce feu trouve de l'eau : que la nature agisse maintenant, qu'elle suive ses lois, ces mêmes lois thermologiques desquelles, dans sa liberté, elle nous fait naître l'incendie, la sécheresse, la pluie, les inondations de toute espèce, il n'y a plus ici à la craindre, car on a su la mettre dans des circonstances où tous les phénomènes qu'elle peut produire sont désormais à la convenance de l'homme. Elle est réduite à travailler sous ses ordres ; et, pourvu qu'il lui prépare les matériaux et les instruments, et qu'il la mette aux prises avec eux, elle va lui fabriquer ses vêtements, lui forger le fer, lui scier le marbre, lui façonner toutes choses, lui creuser ses rivières, lui remorquer ses bateaux, le transporter lui et ses fardeaux partout où il lui plaira, et, pour peu qu'il le désire, lui labourer et lui ensemencer la terre. Il suffit qu'il soit présent, afin de veiller à l'imprévu, et de guider par la main, dans les champs et dans les ateliers, son aveugle et gigantesque esclave.

C'est un esclave en effet qui ne saurait travailler de lui-même et sans l'assistance de son maître; ou, pour prendre une expression plus juste, il n'y a là qu'un simple développement de la force musculaire de l'homme. Ainsi fortifié, un seul bras accomplit ce qu'autrement mille bras n'auraient pu faire. Mais encore est-il de première nécessité que ce bras d'homme soit à l'œuvre, puisqu'il est le principe de tout. C'est cette présence de l'homme au travail qui constitue, dans l'industrie, le point invariable. Du reste, tout est susceptible de changer, tout a changé, tout changera. On sait assez que les inventions propres à corriger la nature sont sans bornes, et que dès à présent même il n'y a plus guère de maux dont il n'existe quelque moyen de se défendre; mais il n'y a pas de bornes non plus à la quantité de force que l'homme peut attacher à son service. La terre lui en offre plus que, selon toute apparence, il ne lui en faudra jamais. Outre les sources de force artificiellement fondées sur les propriétés physiques et chimiques des éléments, de combien de sources naturelles et inépuisables ne sommes-nous pas les maîtres de prendre possession? Les vents, les fleuves, les cascades, les variations de la mer et de l'atmosphère, les foyers calorifiques souterrains, même les effets jusqu'à présent négligés de l'électricité planétaire, toutes ces puissances au milieu desquelles nous vivons, dont les moindres manifestations sont des prodiges en comparaison de nous-mêmes, et, rien qu'à nous toucher, nous écrasent, toutes ces puissances sont à nous, si nous le voulons, car notre génie les domine. Pour ne citer que la force qui donne les marées et les tempêtes, que celle qui donne les volcans, que celle qui donne la foudre et les éclairs, que n'en ferions-nous pas si nous les avions à nos ordres? Ne craignons donc pas de nourrir dans nos espérances une industrie ambitieuse, car il est certain que l'homme n'est pas fait pour recevoir toujours un aussi faible prix de son travail qu'aujourd'hui. S'il consent à verser sa sueur sur la terre, il faut du moins que cette sueur y devienne de plus en plus efficace. Sa destinée ne saurait être de demeurer éternellement l'inférieur de la nature, puisqu'il s'agrandit continuellement et que la nature ne change pas; puisqu'il y a en lui l'infini, et qu'il n'y a jamais rien que de fini dans cette nature telle qu'elle se témoigne à lui. Ainsi demeurons bien persuadés que l'anéantissement universel de la misère n'est qu'une simple question d'intelligence et de travail : qu'on laisse faire les sociétés humaines, elles sauront bien la résoudre.

C'est à quoi l'instinct de l'humanité les conduit. Même dans leurs plus mauvais jours, désolées par la discorde, par la famine, par les calamités de toute espèce, elles ont refusé de désespérer et de déserter la cause de l'industrie. En vain a-t-on voulu leur prêcher la malédiction de Dieu sur la terre comme absolue, elles n'ont pas cessé de s'ingénier à en adoucir la dureté. Elles ont résisté à l'idée que cette résidence fût nécessairement et à jamais un lieu de pauvreté. Elles ont condamné les ascètes, et laissé la superbe entreprise des ordres mendiants s'évanouir. Elles ont même fait implicitement violence à la croyance dominante du moyen-âge, et aspiré, à leur insu, par le travail, à la vraie fin du monde. O raison profonde des nations, d'où avez-vous donc déduit si fermement que les apôtres de l'indigence avaient tort, qu'il n'est pas nécessaire que le corps soit gêné pour que l'âme tende au ciel, et que la sérénité physique de la vie est une des conditions de la plénitude de l'essor spirituel du genre humain? Mais les moines sont morts; les jardins fleurissent sur leurs cimetières, et le bruit des machines qui, jour et nuit, vomissent la richesse sur la terre, remplit les antiques demeures où ils s'efforcèrent si longtemps de convier les hommes aux austérités fatales de ce monde. Chaque jour, de la même quantité de travail, naît une plus grande somme de biens. Comparez ce qui se produit aujourd'hui en Europe, et ce qui, il y a un siècle, avant que la technologie eût fait tant de progrès, s'y produisait avec la même sueur! Que de terrain gagné sur la nature dans un si court intervalle, et combien lui en enlèverons-nous donc encore avant cent ans! On peut, sans illusion, concevoir un temps où les sociétés comprenant plus nettement le sens religieux de l'industrie, concertant mieux leurs efforts et en distribuant les fruits avec plus de méthode, il n'y aura plus dans leur sein un seul homme qui, moyennant son travail, ne soit convenablement logé, vêtu, nourri, qui n'ait sa part non-seulement de confortable, mais d'élégance et de loisir, et qui, affranchi de tout ce que la terre a de fâcheux, ne soit enfin en position d'y bien vivre.

Le perfectionnement véritable, non pas celui des conditions qui entourent les hommes, celui des hommes eux-mêmes, loin d'être ralenti par cette politique, n'en sera que plus sûr. Il est faux que les privations et les douleurs corporelles soient un bon stimulant vers Dieu. Elles n'exaltent l'âme qu'en la faisant passer, si je puis ainsi dire, par-dessus la création, ce qui est un égarement, et, au fond, une impiété. Ce n'est pas un régime à proposer. Le monde est ordonné de telle sorte que le culte de l'intelligence et de la charité y est surtout facile dans les âmes tranquilles, qu'aucune préoccupation ne détourne et qu'une existence heureuse dispose à la bonté. Aussi, quand les amis du genre humain désirent que la pauvreté disparaisse, doivent-ils le faire moins encore en vue de la souffrance physique, que de l'abrutissement dont elle est souvent cause. C'est parce qu'elle est un obstacle au salut spirituel des hommes, qu'ils sont en droit de lui dire saintement anathème. Non, théologiens sévères du moyen-âge, la pauvreté n'est pas un bien ; non, elle n'est pas une épreuve efficace ; non, elle n'est pas une règle fondamentale de notre monde. L'universalité du bien-être y est d'une plus haute convenance. Elle y représente le chemin du ciel, devenu plus aisé et plus égal pour tous. Elle y est donc une des bases légitimes de l'institution morale et religieuse, comme elle y est une des grâces du créateur. Peut-être a-t-il été utile que, dans le commencement, elle ait manqué. Mais ce n'est pas dans les vaines satisfactions du bien-être que le genre humain, une fois sorti de son enfance, peut être en danger de s'embarrasser jusqu'à se laisser distraire de la recherche des jouissances divines. Il n'y a que les âmes puériles qui soient exposées à se perdre dans de tels amusements, parce que le goût de l'infini n'est point encore en elles.

Quels que soient les succès que j'ose prophétiser au genre humain dans l'amélioration de sa résidence, j'ai fait, ce me semble, de suffisantes restrictions à la plénitude de cette prospérité, en posant en principe que le travail en sera toujours la condition essentielle. Le travail est la conséquence du défaut d'harmonie qui existe, par ordonnance divine, entre l'organisation de l'homme et l'organisation de la terre, et, pour que ce défaut cessât, il faudrait que l'une ou l'autre de ces deux organisations vînt à changer. Mais les inconvénients de la terre, étant, comme je me suis appliqué à le mettre en évidence, une suite naturelle des lois astronomiques qui y règnent, ne peuvent changer qu'avec ces lois, et, comme d'autre part l'organisation de l'homme est intimement liée à ces mêmes lois, il s'ensuit qu'elles ne sauraient subir aucun changement que cette organisation ne dût varier en même temps. D'où il résulte que l'existence du travail est liée à jamais à l'existence du genre humain dans sa forme actuelle. Il ne faut donc pas rêver de s'y soustraire. Et, bien que l'on ne puisse rien conclure de là contre la terre prise en elle-même, puisque rien n'empêche d'y concevoir une race différente de la nôtre et conçue de manière à être indifférente aux phénomènes qui nous sont hostiles, ou même à y trouver du plaisir, on est du moins autorisé à établir que la terre, considérée dans ses rapports avec le genre humain, n'arrivera jamais à la perfection. Le travail, par les progrès de l'association et de l'industrie, pourra y devenir moins continuel, moins rude, moins déplaisant, mais il y aura toujours à s'y résigner. C'est une peine sans fin. La technologie, quoi qu'on fasse, appellera toujours la fatigue. Peut-on concevoir un seul art qui n'ait ses ennuis, une seule opération mécanique qui n'ait ses efforts de vigueur ou de patience opposés de quelque manière à la béatitude du corps ? Parviendrait-on à se délivrer de ce que le texte hébreu nomme la sueur, qu'on ne parviendrait cependant pas à se délivrer de ce que la philosophie nomme plus généralement le déplaisir. N'est-il pas impossible que l'homme ait jamais de l'attrait à prendre la mesure de sa faiblesse, et le travail mécanique n'est-il pas justement ce qui lui rend le plus sensible la distance qui sépare sa vertu de création de sa vertu de volonté et de pensée ? Ainsi, au fond, nul métier, lors même qu'on l'aurait dépouillé de toute âpreté, ne saurait être véritablement agréable. Il me semble voir sur le visage même de l'homme, au plus noble endroit, dans ces sourcils qui n'ont d'autre fin que d'empêcher la sueur qui tombe du front de ruisseler dans les yeux, un signe de la condition invariable de sa race, et, si j'ose le dire, comme une marque de sa condamnation à perpétuité au travail forcé. Que la rigueur de cet arrêt fondamental perde, avec le temps, de sa dureté, le genre humain n'en sera pas moins toujours visiblement solidaire dans ses organes, et en rendra jusqu'à la fin des temps témoignage.

Mais, en laissant de côté toute idée de pénalité, quelle peut être la nécessité philosophique de ce régime de travail? Pourquoi une partie si importante de la vie humaine se consume-t-elle dans des actes absolument étrangers à son salut éternel? Quelle convenance y a-t-il entre notre essence infinie et un genre d'occupation qui ne profite qu'à notre organisation périssable? Ne serait-ce pas que l'obligation du travail, qui est peut-être une suite de notre imperfection, se trouve en même temps d'accord avec toutes les autres conséquences de cette imperfection? Je me persuade qu'étant ce que nous sommes, il nous serait funeste de n'être pas condamnés au travail comme nous le sommes. Les hommes n'ont point en eux assez de force pour s'appliquer avec un effort incessant aux œuvres qui procèdent directement de l'amour de Dieu. Il leur faut à tous du relâche, et d'autant mieux que leur éducation spirituelle, qui ne peut s'effectuer que graduellement, réclame aussi des intermittences durant lesquelles les leçons s'absorbent, pour ainsi dire, se digèrent et s'identifient avec l'être. C'est donc une nécessité de la nature humaine que de se divertir par instants de la pensée de l'infini. Donc il lui faut une autre occupation qui la puisse fixer également, et sans la détourner assez pour l'égarer : cette occupation, c'est le travail. Moins l'être est élevé, plus il a besoin de s'aider et de se préserver par le travail. Travailler et prier : travailler, si l'on ne prie pas; prier, si l'on ne travaille pas. Voilà, en étendant le nom de prière à tout ce qui perfectionne les âmes, le système normal de la vie de la terre ; et même, en ce sens, le travail, comme acte de soumission et d'expiation volontaire, prend-il une vertu plus efficace encore qu'il n'y paraissait au commencement, et devient-il capable, par ce qu'y ajoute l'intention, de se sanctifier et de s'associer par conséquent à la prière. Qui travaille prie, a dit le plus profond des théologiens. Il ne faut donc pas nous plaindre que les lois qui régissent la terre nous fassent du travail une obligation générale. Il ne faut nous plaindre que de nous-mêmes, puisque dans l'état d'imperfection où nous sommes, c'est une grâce de Dieu que nous soyons tirés, malgré nous, du désœuvrement, et assujettis à dépenser sérieusement une partie de notre vie pour assurer notre aisance.

Aussi faut-il bien se garder d'imaginer que les parties de la terre où le climat, donnant les plus larges dispenses de travail, est en apparence le plus favorable, soient effectivement les meilleures. De ce que le sol y est plus fécond, l'atmosphère plus tempérée, les besoins de l'organisation moins actifs, il ne résulte pas que les hommes y soient dans une position plus prospère. L'oisiveté qui leur y est permise, loin de profiter à leur développement, sert plutôt, comme l'expérience ne le montre que trop, à les faire dévier et à les perdre; de sorte que les contrées dans lesquelles le genre humain, dans son état actuel, est en définitive le mieux placé sont celles où il n'est ni trop flatté ni trop incommodé par la nature. Il est bon que, dans nos sociétés, il y ait toujours quelque travail corporel à accomplir, les âmes supérieures étant les seules qui puissent sans péril s'abstenir d'y prendre part, parce qu'elles ont assez d'attachement à la pensée pour se garder elles-mêmes de l'engourdissement et des aberrations où mène le loisir.

Mais comme la condition du travail est liée à l'état de développement dans lequel se trouvent les âmes, il s'ensuit que, s'il y a quelque harmonie dans l'institution terrestre, le travail doit y être soumis à une variation correspondante à celle des âmes. L'ordre aurait également à souffrir, soit que le travail diminuât sans que les âmes s'élevassent, soit que les âmes s'élevassent sans que le travail diminuât. L'adoucissement graduel du travail, qui, ainsi que nous l'apercevions tout à l'heure, est une des conséquences de fait de la perfectibilité du genre humain, en résulte donc aussi en droit providentiel. Le genre humain se justifie à mesure qu'il s'éclaire, et se justifiant et s'éclairant, il devient de plus en plus capable et de s'appliquer à la jouissance de l'infini, et de se délivrer des occupations mécaniques.

Ainsi, tandis que la terre demeure constante, ses relations avec la population qui vient successivement y prendre place revêtent un caractère de moins en moins tyrannique. Le genre humain n'est pas enchaîné sur son globe comme un Prométhée sur son rocher où les mêmes fers l'étreignent toujours, où le même vautour lui ronge éternellement les entrailles. La grâce du ciel ne lui est point refusée, et chaque jour les duretés de sa demeure cèdent aux efforts qu'il fait. Il a donc tendance à élever l'astre qui lui est assigné parmi les paradis. Mais parviendra-t-il jamais à l'égaler à ces résidences bienheureuses? Déjà le principe de la perpétuité du travail nous a prouvé que non. Tant que l'homme sera obligé par une nécessité d'existence de corriger la nature, tant qu'elle lui résistera, tant qu'il sera empêché par cette lutte de se donner tout entier au Créateur et aux choses infinies de la création, tant que sa vie ne se passera pas dans un ravissement continuel, l'homme, quelle que soit la sublimité de son rang dans les zones moyennes, ne sera pas à la hauteur des zones supérieures du monde.

Mais je veux même que l'homme soit dispensé sur la terre de toute occupation grossière, que le sol y fleurisse partout sous ses pas, que sa locomotion devienne douce et rapide comme celle de l'hirondelle qui nage dans l'air, que le ciel lui soit toujours serein, que l'atmosphère le nourrisse comme elle lui donne à respirer, et s'il faut nécessairement qu'il s'entretienne aux dépens des êtres qui l'entourent, que les rameaux, en secouant dans les vents de succulents parfums, y suffisent, que sa puissance créatrice, uniquement consacrée aux beaux-arts, à tout ce qui unit les hommes entre eux pour les tourner ensemble vers Dieu, en un mot, à toute œuvre ouvrant sur l'infini, suive magnifiquement sa volonté, que le travail lui soit en tout plus facile qu'au musicien qui, en promenant légèrement ses doigts sur le clavier, soulève à son gré dans l'espace des sphères immenses d'harmonie; bref que la société humaine soit comme un chœur d'anges : ce rêve n'est pas encore assez beau pour faire descendre la pure béatitude sur la terre. La mort y reste pour crier sans cesse à l'oreille de l'homme que sa condition est imparfaite et que ses espérances doivent tendre vers un état meilleur.

Sans doute le principe de la perfectibilité est susceptible d'étendre à certains égards ses bienfaits jusque sur le domaine de la mort. Les maladies peuvent devenir plus rares et moins douloureuses, les angoisses de la dernière heure moins amères. Rien n'empêche même que l'aveugle terreur que le trépas inspire au vulgaire par un instinct animal, ne disparaisse entièrement devant la sérénité des croyances. Celui qui s'endort en Dieu, comme l'enfant dans les bras de sa mère, sûr de rouvrir le lendemain les yeux à la lumière, n'a rien à redouter, en effet, de ce rafraîchissement d'un instant. Et quant à ce corps qu'il nous faudra quitter, ne sais-je pas que la même force qui m'a servi à ramasser sur la terre la poussière qui le compose, ne me manquera pas pour en ramasser encore ce qu'il m'en faudra, partout où ma destinée m'appellera? Je sens même que, la mort dût-elle me dépouiller absolument des souvenirs de ma personne, je pourrais aller, s'il le fallait, jusqu'à les lui résigner volontiers. Mais ce sont mes amis, ô mort, que je ne te livrerai jamais sans douleur. Tu me les prends, et je ne les vois plus : je n'en possède plus que ce qui est demeuré dans mon cœur, et quand tu me prendras à mon tour, si tu éteins ma mémoire, ce peu que j'en avais ne sera même plus qu'un néant. Quelles amitiés pouvons-nous donc former sur la terre, si tu ne nous permets de les nouer que pour un jour? Je ne crains donc pas de réclamer contre toi devant la souveraine bonté, puisque c'est toi qui nous troubles l'amour infini des créatures, le plus grand des biens dont Dieu, après l'amour de lui-même, ait mis en nous le sentiment et le désir, et qui te joues par des ironies si terribles de nos affections les plus saintes, lorsque oubliant la misère de notre condition actuelle, nous avons l'imprudence de ne pas les arrêter dans leur essor. O mort, qui brises par le milieu les destinées les plus belles, et renverses les desseins les plus sagement combinés; qui fais régner partout autour de nous l'incertitude; qui empoisonnes, dès la naissance, tout ce que nous aimons et nous-mêmes, et ne nous laisses toucher dans l'éternelle création aucun bien avec lequel nous soyons sûrs de pouvoir contracter une alliance sans fin; ennemie de tout attachement véritable, toi qui feras verser des larmes sur la terre, lors même qu'on aura trouvé le secret de n'y plus verser de sueurs, ô mort! bien qu'au fond, comme le travail et comme la pauvreté, tu conviennes peut-être à notre imperfection présente, qui ne reconnaîtrait que tu es pour nous telle que tu te témoignes, un incurable fléau? Faites donc, ô mon Dieu, que nous devenions dignes de la jouissance de l'immortalité. Faites que l'effort de notre vie actuelle soit assez méritoire pour cette récompense. Faites qu'en l'attendant, et pour y parvenir, l'amour de vous et de votre création soit dans nos cœurs, et que nous n'ayons aucune pensée, en dehors de vous, qui ne soit pour le perfectionnement de la société dans laquelle il vous a plu de nous faire vivre. Confirmez-nous dans l'idée que, par l'effet des œuvres de chacun de nous, si médiocres qu'elles soient, la vie des hommes sera un jour plus facile, leur éducation meilleure, leur salut plus certain. Que nos successeurs sur cette terre soient plus heureux que nous, et que l'espérance d'être, malgré l'éloignement des âges, les bienfaiteurs secrets de nos semblables, nous soutienne au travail. Dévouons-nous au service de l'humanité future avec la même vertu qu'à celui de l'humanité présente, et fortifions-nous par la croyance que nous ne pouvons rien d'efficace pour notre perfectionnement personnel que par notre coopération au perfectionnement général de l'univers. Attachons-nous donc avec courage à la terre; et s'il n'est pas dans la destinée de cet astre que les créatures, sous forme humaine, y soient jamais bienheureuses, maintenons du moins dans son histoire une ouverture vers l'infini, en pensant que la forme humaine est peut-être aussi transitoire dans le cours des existences qui doivent se succéder sur la terre que dans celui des phases successives de notre existence éternelle.

LE THÉOLOGIEN.

Voilà, pour conclure votre commentaire, un retour bien hardi sur la pente des inductions scientifiques! Une race supérieure mise en possession de la terre, sous des conditions plus avantageuses, en remplacement de la race des hommes devenue à son tour une race perdue! Ce serait une fin du monde qui, toute conforme qu'elle pût être aux précédents naturels dont la géologie nous rend témoignage, ne serait pas moins merveilleuse. Non content de donner au genre humain une longue vie, vous en viendriez à lui attribuer, par un système de transfigurations successives, une sorte d'immortalité sur la terre. Heureusement, vous ne nous offrez vous-même cette perspective que pour une simple conjecture, car je n'imagine pas que vous vous flattiez de voir jamais interpréter en ce sens la fameuse parole : *Emitte spiritum tuum et creabuntur.*

II

LES AGES.

LE PHILOSOPHE.

Contemplez ces montagnes qui dessinent à l'horizon une si riche dentelure. Que de sujets variés d'admiration elles fournissent! L'artiste, le poëte, le savant, le penseur, y trouvent chacun leur part. Pour moi, rien ne me semble plus frappant que l'énormité du temps qu'a dû nécessairement demander la construction de ces colossales pyramides. Songez que depuis leur base enfoncée dans les alluvions de la vallée jusqu'à leur cime perdue dans les nuages, la plupart d'entre elles se composent uniquement de cailloux, de sable, de coquilles brisées; et calculez maintenant combien de centaines de siècles il a fallu pour triturer tant de roches dures, arrondir tant de galets, faire vivre et mourir tant de générations d'animaux, charrier et mettre en place tant de menus matériaux. L'imagination en est comme effrayée; d'autant que rien ne nous empêche de suivre par la pensée nos mineurs dans les puits qu'ils ont creusés dans la plaine, et qui, après avoir traversé des entassements du même genre, aboutissent à ces couches profondes où dorment, sous leurs magnifiques tumulus, les forêts gigantesques de l'ancien monde. Ce ne sont point des chimères : les faits sont sous nos yeux et nous parlent. Ces accumulations sont exactement la même chose que le monticule qui se dépose à l'orifice du sablier et représente par sa hauteur la mesure de l'heure. N'estimez-vous pas que la nature nous fait là une grande leçon? N'est-il pas impossible, sous le coup d'un tel sentiment de la durée, de persister davantage dans les idées étroites de nos pères relativement à l'étendue de l'histoire de la terre dans le passé comme dans l'avenir? L'échelle des temps est désormais absolument changée par la géologie, et avec cette échelle, bien des croyances du moyen âge doivent changer également.

LE THÉOLOGIEN.

Vous me paraissez disposé à donner trop d'importance à la valeur du temps. La chronologie de Dieu n'est pas la même que la nôtre. Il mesure les choses en elles-mêmes sans les rapporter à un phénomène aussi étranger à leur essence que le mouvement d'une planète autour de son soleil. C'est affaire à nous, qui sommes si intéressés à la durée, de la supputer partout si minutieusement, et de compter les événements pour ce qu'ils durent au moins autant que pour ce qu'ils valent; mais celui devant qui la suite des temps comparaît incessamment tout entière en chaque instant, y découvre les phénomènes dans leur ordre véritable, c'est-à-dire classés d'après leurs propres enchaînements, et non pas découpés à notre mode sur l'échelle artificielle de nos calendriers. En un mot, l'histoire est gravée en lui selon les âges; et s'il connaît les années, ce n'est que par l'usage que nous en faisons dans notre infirmité. Tâchons donc de l'imiter, si nous sommes jaloux de pénétrer dans les profondeurs de l'univers, et laissant aux géologues et aux astronomes leurs comptes d'arithmétique, n'ayons souci que de la chronologie réelle.

LE PHILOSOPHE.

Je me félicite de vous voir sortir, conformément à des exemples trop peu nombreux, de la voie battue par le commun des historiens ecclésiastiques, qui s'est adonné au contraire à dresser partout, d'après les textes de la Bible, des supputations chronologiques si détaillées; et j'espère que ce premier pas vous disposera peut-être à vous en permettre quelques autres. Au fond, je suis tout à fait de votre avis. Je crois, comme vous, que le premier soin de l'historien doit être de classer d'après leurs caractères intrinsèques les phénomènes qu'il a en vue d'étudier. Sa tâche lui est d'autant plus facile que le temps lui présente, si je puis ainsi dire, sa collection tout alignée, et qu'il ne lui reste plus qu'à y instituer les divisions convenables. Ces divisions, ce sont les âges. Les âges sont dans les classifications de l'histoire ce que sont les familles dans les classifications des sciences naturelles. Aussi ne ferais-je aucune difficulté de comparer l'empirique qui se borne à réunir les événements siècle par siècle, à l'ignorant qui, placé à la tête d'une galerie, s'aviserait d'en classer simplement les objets cent par cent, sans aucun égard à leurs rapports ou à leurs différences réelles, et prétendrait ensuite nous éclairer en nous offrant la description de toutes ces centuries.

Mais tout en acceptant de la sorte votre opinion, je ne saurais prendre un tour aussi exclusif que vous le demandez. Que la durée ne soit qu'un élément secondaire de l'histoire, ce n'est pas une raison de n'en faire nul état. Commençons par classer, mais ne renonçons pas à évaluer ensuite aussi exactement que possible l'étendue de chaque classe. Non-seulement notre perception de l'ensemble, en devenant plus précise, deviendra par là même plus claire, mais nous retirerons de ce savoir une satisfaction qui me semble parfaitement légitime. Nous avons beau y viser, nous ne nous élèverons jamais à ces compréhensions absolues qui sont le propre de Dieu. Notre nature est toujours devant nous, et, pour donner la vie à nos calculs, nous n'avons d'autre moyen que de leur donner comparaison avec nous-mêmes. Que saurions-nous en astronomie, si nous nous contentions de contempler, comme le Créateur, les rapports mutuels des astres, et si nous n'ajoutions à ces abstractions les arpentages qui nous permettent de traduire à la barre de nos personnes toutes ces grandeurs? Il nous est aussi naturel de prendre idée du temps en le référant à la mesure de notre vie que de l'espace en le référant à celle de notre taille. Ainsi que, dans le récit du livre de la Genèse, l'âge dans lequel les continents se sont mis à sec, et qui comprend en réalité des milliers de siècles, soit, au point de vue de l'Éternel, comme un jour, et que l'écrivain sacré lui applique ce nom, cela n'empêche pas mon esprit, dans son appétence à des idées plus complètes, d'être invinciblement porté à chercher la proportion qui existe entre la durée de cet âge et la durée que je parcours chaque année de ma vie et dont j'ai si bien conscience; et non-seulement la connaissance de cette proportion m'est nécessaire pour voir clair dans cette période considérée en elle-même, mais encore pour bien juger de sa relation avec la période suivante, durant laquelle les générations animales, en attendant l'homme, se sont paisiblement succédé sur les continents découverts.

D'ailleurs ne sentez-vous pas que cette mesure de la grandeur du temps dans le passé, en s'introduisant dans votre esprit, l'émeut et l'ébranle, en quelque sorte malgré vous, en ce qui concerne l'avenir? C'est par là surtout que j'estime cette connaissance. Lorsque nous voyons tant de milliers de siècles employés à préparer l'éclosion du genre humain, demeurons-nous maîtres de nous persuader que l'accomplissement de ce que le genre humain est destiné à opérer sur la terre sera l'œuvre de quelques centaines d'années? Notre sentiment est instinctivement entraîné bien au delà, et les perspectives de notre monde s'ouvrant avec la même immensité sur les temps futurs que sur les temps passés, nos ambitions et nos espérances s'élancent impétueusement dans l'avenir.

Voilà pourquoi je vous ai, dès l'abord, provoqué sur le problème de la durée. Nous nous appliquerons donc à chercher ensemble, si vous le voulez bien, les hautes leçons qu'il nous est permis de déduire de l'ordre de succession établi par la Providence d'un âge à l'autre, mais nous ne repousserons pas les enseignements subsidiaires qui émanent si naturellement des grandeurs que la science nous laisse aujourd'hui entrevoir dans les horizons lointains; et nous nous réjouirons, comme d'une conquête essentielle de l'esprit humain, de tout progrès obtenu dans le sens de la chronologie numérique.

LE THÉOLOGIEN.

Sans voir dans de tels progrès autant d'avantages que vous, je ne voudrais cependant pas être condamné à dire que j'y trouve de l'inconvénient. Mais il y a de ce côté des secrets trop bien cachés pour qu'il y ait jamais à éprouver beaucoup d'inquiétude au sujet des indiscrétions de la science. Quand l'homme se montre si vacillant dans la chronologie de ses propres annales, que faut-il attendre de ses entreprises sur la chronologie des âges dont il ne lui a pas été donné d'être témoin? Je ne sache pas de meilleure instruction à cet égard que celle qui ressort des textes vénérables dont vous parliez tout à l'heure. L'histoire de la création y est partagée en sept périodes, dont l'écrivain sacré se contente de nous indiquer la suite, sans nous rien dire ni de leur durée absolue, ni même de leur durée relative. La mesure du temps lui est si indifférente, qu'il attribue uniformément à toutes ces périodes le nom de jour; d'où il est résulté que l'on s'est longtemps persuadé, et qu'un grand nombre de théologiens continuent encore à s'imaginer, prenant les choses à la lettre, que ces périodes n'ont eu que l'étendue ordinaire d'une de nos journées : sur quoi je ne pense pas qu'il y ait raison de contredire, encore qu'il me semble préférable de s'en tenir à une idée générale de durée. Que les temps du créateur aient été précisément de vingt-quatre heures, qu'ils aient été moindres, qu'ils aient été plus grands, ce n'est point là que gît l'intérêt de la question : cet intérêt consiste dans l'ordre qu'il a plu à la divine sagesse de donner à l'ensemble de ses opérations. Dans la première période, Dieu fait la lumière; dans la seconde, le firmament; dans la troisième, il élève les continents au-dessus des eaux et produit les végétaux; dans la quatrième, il fait paraître le soleil, la lune et les étoiles; dans la cinquième, les animaux aquatiques et les oiseaux; dans la sixième, les reptiles, les quadrupèdes et l'homme; dans la septième, il rentre dans cet éternel repos où il se contente de régir les choses qu'il a faites, sans en créer d'absolument nouvelles. Voilà une notion nette, parfaitement suffisante, et dans laquelle cependant, à moins de se lier inutilement, comme on a pu le faire quelquefois, au sens littéral, rien n'engage la mesure du temps.

LE PHILOSOPHE.

Bien que je n'aie aucun doute que pour imprimer dans les imaginations une idée ferme, l'écrivain biblique n'ait entendu attacher au mot jour une signification plus formelle que vous n'inclinez à le faire aujourd'hui sous le coup des révélations de la science moderne, il vous est assurément d'autant plus permis de ne pas vous en tenir à la lettre que le texte lui-même trahit, comme malgré lui, des différences capitales dans la durée de ce qu'il nomme les jours. Supposez que la première journée soit de vingt-quatre heures, vous en détruisez toute la sublimité : « Dieu dit que la lumière soit, et la lumière fut ; et il fut soir, il fut matin : un jour. » Vous représentez-vous le Créateur employant toute une journée à préparer cette magnifique explosion ? Transportez-vous au contraire au sixième jour, durant lequel on voit apparaître tour à tour le bétail, les reptiles, les quadrupèdes sauvages, l'homme, formé d'abord organiquement, élevé ensuite à sa dignité spirituelle, puis conjoint à la femme par le mariage, enfin gratifié de la loi qui l'élève au-dessus des animaux et lui confère l'empire de la terre ; au lieu d'être frappé, comme dans le jour consacré à la production de la lumière, par l'idée d'instantanéité, vous le serez, au contraire, par l'idée d'une succession plus ou moins prolongée. Et l'on pourrait même dire que c'est ce qui se voit encore plus manifestement à l'occasion de votre septième jour, puisque ce septième jour n'a pas eu de fin, et n'en saurait avoir d'autre que celle du monde. Donc il s'agit de périodes inégales ; et si elles sont inégales, n'est-il pas évident, comme vous êtes disposé à le penser, que ce sont des périodes qui restent indéterminées ?

Mais en ajournant même la question de durée, pour ne nous attacher d'abord qu'à celle des âges considérés dans leurs caractères intrinsèques, il me semble que, pour nous élever à des idées claires, il serait nécessaire de poser avant tout quelques principes. Je n'en veux que de bien simples : c'est de ne point mêler ensemble des sujets de nature différente; et, les sujets de même nature une fois reconnus, de ne les diviser que d'après des caractères fondamentaux, c'est-à-dire tels que leur variation ait toujours pour conséquence la variation de tous les autres. Ce n'est qu'à cette condition que nous pouvons espérer de disposer les choses non-seulement dans l'ordre de leur succession, mais dans l'ordre de leur classification, ou, pour parler comme vous, d'après les lois de leur chronologie divine.

Ainsi, en regardant l'histoire générale de l'univers, j'y aperçois tout de suite trois sujets très distincts qui en sont comme le tronc, la branche et le rameau; je veux dire le système sidéral, la terre, le genre humain. L'histoire particulière de la terre est un chapitre du livre du ciel, comme l'histoire du genre humain est elle-même un paragraphe de ce chapitre. En conséquence, je vous demande d'abord de me témoigner dans votre classification que les notions relatives à la création de l'éther, du soleil, des astres en général, appartiennent à un ordre plus élevé que les notions relatives à la création des poissons ou des insectes. Et en même temps, je vous demande aussi d'énoncer plus régulièrement que vous ne le faites la suite des phénomènes. Ne reconnaissez-vous pas que la création des astres, que vous intercalez entre la création des végétaux et la création des animaux, prend place aussi naturellement à la suite immédiate de la voûte du firmament attribuée au second jour, que la création des animaux immédiatement après celle des végétaux, sans compter l'interversion qui résulte de l'apparition de ceux-ci antérieurement au soleil? Malgré mon admiration pour l'effet sublime de la méprise, je suis bien obligé d'en dire autant de la préséance donnée par l'écrivain sacré à la lumière, qui, au lieu de tout précéder, devrait, au contraire, tout couronner. Et, à ce sujet, vous ne me défendrez sans doute pas de plaisanter en passant ces gens d'expédient qui ont imaginé d'appeler ici Descartes à l'appui de Moïse, prétendant que si l'éther est le principe de la lumière, il est juste de placer sa création avant celle des astres et de toutes choses; ce à quoi je consens assurément, pourvu qu'ils veuillent bien entendre qu'à la suite de cette grande parole, « Et la lumière fut, » il s'est répandu dans le sein de l'univers tout autant de jour qu'il s'en voit en pleine nuit. Qui ne sait aujourd'hui que la lumière n'est pas un objet, mais une sensation? C'est l'effet produit sur notre âme par les ondulations de l'éther, causées par un corps pondérable et perçues par nos organes. Otez la vie, vous ôtez du même coup la lumière. Rectifions donc avant tout un désordre que rien ne justifie, et dont j'aimerais à voir faire justice, s'il était possible, par l'hypothèse de quelque transposition dans les manuscrits. Je respecte profondément le génie hébreu, mais pour la méthode et la simplicité du récit cosmogonique, vous me permettrez de préférer le génie mazdéen : « Des productions du monde pur, dit laconiquement le Boun-Dehesch, la première que fit Ormuzd fut le ciel; la seconde, l'eau; la troisième, la terre ; la quatrième, les arbres; la cinquième, les animaux ; la sixième, l'homme. »

C'est seulement après le partage primordial des phénomènes entre l'histoire générale de l'univers, l'histoire du globe terrestre et celle du genre humain, et leur disposition en série naturelle dans chacune de ces histoires, que l'on peut en venir, sans danger de confusion, à la question des âges, autrement dit à la question des divisions chronologiques propres à chacun des trois ordres distincts dont nous avons témoignage.

L'histoire générale de l'univers présente-t-elle des âges? Grande question, à laquelle l'imagination n'a sans doute aucune peine à répondre : elle peut distinguer l'âge du chaos, durant lequel la matière cosmique n'était encore que vapeurs et poussière ; l'âge astronomique, durant lequel les molécules se sont agglomérées pour former les masses solaires et planétaires; l'âge de la vie, durant lequel les êtres animés ont pris naissance et peuplé l'immensité du ciel; enfin l'âge final, alors que cet univers, ayant achevé son rôle, chancellera sur ses bases et se renouvellera. Mais ces images ne sont-elles pas des spéculations arbitraires? Est-il à croire que les évolutions de l'univers se fassent d'ensemble? Ne faut-il pas plutôt penser que de la compensation entre les vicissitudes diverses de tous les mondes qui le composent, résulte une sorte de constance moyenne dans sa condition? Des astres nouveaux peuvent se produire, d'autres se modifier, se peupler, se dépeupler ou se dissoudre, et cependant aucun changement n'atteindre des proportions suffisantes pour affecter à la fois toute l'immensité. Il me semble voir toujours dans la vaste capacité de l'étendue sidérale, un mouvement identique causé par les âmes, qui, sortant par myriades du néant, s'unissent à leurs devancières pour s'élever de concert vers Dieu, chacune à sa mode et à son gré, avec des variations correspondantes dans ses conditions de résidence, d'organisation, d'association. Il me répugne de me représenter une seule période durant laquelle le Créateur se serait trouvé face à face avec la matière brute, sans aucune créature capable de le connaître, de l'adorer et de participer à ses œuvres et à sa béatitude. Si le chaos a jamais régné, ce n'a pu être que çà et là.

LE THÉOLOGIEN.

Sur ce dernier point, si capital, je suis d'autant plus disposé à ne pas trop m'écarter de votre avis dans ce qu'il a d'essentiel, que la définition du concile de Latran semble destinée à rectifier les fausses impressions que l'on pourrait tirer du texte de Moïse, où l'on croirait voir, en effet, le Créateur placé d'abord tête à tête avec le chaos, dans les ténèbres, puis uniquement occupé pendant cinq jours de l'organisation de la matière et des animaux, et n'arrivant qu'au sixième jour à se donner enfin, dans l'homme, une réflexion de sa divine essence : *Simul, ab initio temporis,* dit le concile, *utramque de nihilo condidit creaturam, spiritualem et corporalem.* Ainsi, dès l'origine de la création, comme par une sublime explosion, auraient immédiatement comparu devant Dieu, à côté du monde matériel encore informe, d'immortelles sociétés d'êtres purs et intelligents ; si bien que je ne crains nullement de dire avec vous que les cieux n'ont jamais failli à glorifier Dieu et à faire retentir devant lui leurs hymnes d'amour et de reconnaissance. Mais d'entrer dans l'histoire du monde angélique, ce serait trop nous détourner ; et sans ouvrir les portes de la discussion sur ces horizons qui dominent de si haut ceux de la terre, je ferai seulement mes réserves quant à votre prétendu principe de la constance moyenne de l'univers, auquel les effets véritablement universels de la rébellion de Satan, du crucifiement du Verbe, et de l'appel de Josaphat, m'interdisent suffisamment de me prêter.

Pour en revenir donc à notre monde, je vous avouerai que je ne trouve aucune difficulté à la distinction que vous proposez d'instituer entre les ordonnances qui concernent simplement la terre, et celles qui concernent les astres. Il est sensible, en effet, que sur les six jours dont parle la Genèse, il y en a trois qui se rapportent à la terre et trois qui se rapportent au ciel ; et ce qui les enchaîne naturellement dans le récit, c'est que l'établissement de l'homme étant évidemment leur fin commune, rien n'était plus légitime que de placer immédiatement, les unes à la suite des autres, les conditions célestes et les conditions terrestres de cet établissement. C'est pourquoi je suis tout prêt, si vous le voulez, à commencer avec vous l'histoire de la Genèse, en ce qui touche spécialement la terre, au jour de la séparation du sec et de l'humide, car c'est ce que nous enseigne le texte même de l'Écriture.

LE PHILOSOPHE.

Je m'imagine que si la discussion de l'histoire générale de l'univers ne devait, comme vous le dites, nous entraîner trop loin de notre objet actuel, le différend qui existe entre nous arriverait peut-être à s'y amoindrir plus que vous ne le pensez. Quant à la terre, nous ne saurions sans doute nous trouver divisés par aucun désaccord essentiel sur l'ordre de succession des phénomènes, quand la plus simple réflexion suffit pour nous révéler la gradation des minéraux aux végétaux, de ceux-ci aux animaux, et, entre ces derniers, des poissons et des reptiles aux quadrupèdes, et des quadrupèdes à l'homme. Mais je crains cependant que vous ne me jugiez, à première vue, un peu trop exigeant dans les concessions que la rigueur de la méthode de classification d'après laquelle je me gouverne, va m'obliger à exiger de vous.

Ainsi, l'apparition de l'homme est, à mon sens, un fait si capital dans l'histoire de la terre, et qui exerce une telle influence sur le caractère revêtu dès lors par cette planète, qu'il me paraît devoir constituer naturellement le principe d'un âge à part ; et par conséquent, au lieu de placer, comme vous, ce grand événement dans la même période qui voit naître les reptiles et les mammifères, je le placerais au contraire à l'origine de la période qui succède à celle-ci, et que le développement du genre humain remplirait de la sorte tout entière. De même, je ne découvre pas de différence assez considérable entre les végétaux et les animaux aquatiques inférieurs, tels que les polypiers ou les infusoires, pour ouvrir, à votre exemple, un âge pour la création des uns et un autre âge pour celle des autres ; d'autant que la géologie est loin de nous donner l'assurance que tous ces êtres, si analogues au fond, ne soient pas à peu près contemporains. Enfin, au lieu de prendre pour sujet du premier âge la formation des continents, qui est un pas si décisif vers l'appropriation du globe aux destinées du genre humain, j'aimerais mieux remonter à la condition véritablement primitive, où, nul être vivant n'ayant encore pu y prendre pied, la planète roulait dans l'espace comme un roc désert et effervescent.....

En divisant l'histoire de la terre d'après les principaux changements de régime qui s'y sont manifestés, voici donc les quatre âges que je proposerais d'y établir, et que l'on pourrait caractériser d'un seul mot en les nommant âge du feu, âge de l'océan, âge des continents, âge de l'homme. Ce sont en quelque sorte, si vous me permettez ce langage mythologique, les règnes successifs de Pluton, de Neptune, de Pan et de Jupiter, père des humains.

En effet, la terre dans les plus anciens temps dont la géologie nous donne témoignage, semble appartenir à la classe des astres lumineux. Sa surface est incandescente et probablement en fusion. Son atmosphère brûlante, mêlée d'émanations délétères, s'étend dans l'espace bien au delà des limites qu'elle occupe aujourd'hui. Éclairée par les feux d'en bas, elle ne connaît pas encore les vicissitudes du jour et de la nuit : peut-être même l'activité électrique, excitée par l'ardeur des combinaisons minérales, y entretient-elle des splendeurs permanentes dont nos aurores boréales ne sont qu'une ombre et nos plus brillants éclairs qu'une étincelle. Des ouragans prodigieux agitent la masse des airs, et s'il se forme des orages, la pluie n'en demeure pas moins étrangère à la superficie, et se résorbe dans les zones supérieures bien avant d'avoir touché les bassins embrasés dans lesquels se précipitera un jour l'océan. Les seuls phénomènes de cette époque, dont les traces soient venues jusqu'à nous, consistent dans la formation de ces vastes glaçons de roches cristallines, brisés, redressés, confondus et soudés les uns avec les autres, que l'on rencontre partout où le noyau primitif de la planète est à nu et partout où l'on a percé jusqu'à lui. Nulle empreinte d'êtres vivants ne s'est conservée dans le sol, et rien n'autorise à penser qu'aucun animal ait pu se développer dans un monde aussi rempli de conflagrations et de bouleversements. Il n'existait rien sur la planète qui ne fît corps avec elle; et si des torrents y portaient déjà le ravage et la destruction, c'étaient des torrents de feu s'épandant ou roulant en cascades sur les brasiers et les liquéfiant ou s'y amalgamant tour à tour. Un seul principe dans tout l'éclat de ses formidables merveilles, le principe chimique ; une seule vitalité, la vitalité minérale ; un seul être, le globe : voilà le premier âge.

Et maintenant, pour en venir à la chronologie positive, à quelle distance, me direz-vous, faut-il que l'imagination remonte pour rencontrer ces temps? Loin de chercher à rivaliser avec ces chronologistes dont vous vous séparez avec raison, et qui, la Bible à la main, s'évertuent à déterminer l'année, le mois, le jour où le monde a pris naissance, je vous répondrai simplement qu'à la vérité, toute assignation rigoureuse est impossible, mais que notre esprit ne demandant aux nombres que des à peu près, toutes les fois qu'ils dépassent les portées qui lui sont familières, la géométrie nous donne sur ce point des aperçus généraux qui nous doivent suffire. Vous n'ignorez pas que le calcul établit qu'un boulet, de la même dimension que la terre, chauffé au rouge et abandonné ensuite au refroidissement dans des conditions du même genre, emploierait plusieurs millions d'années pour descendre au degré de température qui règne actuellement sur notre planète. Que le globe ait été originairement en proie à une chaleur aussi élevée jusque dans ses régions centrales, ou que l'ignition ne s'y soit étendue que jusqu'à une certaine profondeur, on n'entrevoit pas moins dans l'histoire de la terre, sous le coup d'un tel calcul, des chaînes de siècles véritablement démesurées, en comparaison des cinq ou six millénaires que nous étale complaisamment la prétendue chronologie de l'ère du monde; d'autant que le calcul ne porte que sur une conflagration terminée, et ne comprend ni la durée de la conflagration primitive, ni même le degré excessif de chaleur dont les combinaisons minérales ont pu être originairement la source, ce qui laisse encore en perspective bien du temps.

Quant à la création de la substance même de l'astre, qu'elle se dérobe à notre compas dans un éloignement inabordable, en définitive, peu nous importe. Il nous suffit de savoir que notre création a sa date dans les livres du ciel, et que bien d'autres créations du même genre, dont les titres nous échappent encore plus complètement, perdues comme elles le sont à nos yeux dans le tourbillon lointain des soleils, y ont pris place avant elle. Le moment solennel où se sont précipitées l'une dans l'autre les nuées cométaires qui, par leur réunion, ont engendré le roc sur lequel nous sommes, soit que ces nuées eussent déjà couru depuis longtemps dans l'univers, soit qu'elles ne fissent alors que d'y apparaître, ce moment constitue pour nous le commencement de l'histoire, mais ne l'est vraisemblablement pas pour tous les mondes. L'être en qui se concentrent tous les mystères a seul le secret des générations qui s'opèrent dans cet abîme des temps où les siècles s'ajoutent aux siècles innombrablement, et du sein duquel émerge chaque chose, soleil ou moucheron, à mesure que son heure sonne et que l'harmonie du monde demande sa venue.

Dans le second âge, l'effervescence chimique s'est ralentie. Le refroidissement devient sensible. La masse des eaux, suspendue jusque-là dans l'atmosphère, commence, par suite de cet abaissement de température, à se précipiter; et le globe n'ayant encore perdu que peu de chose de sa sphéricité primitive, cette précipitation détermine à sa surface une couche liquide qui le mouille presqu'en entier. A peine quelques éminences, premiers jalons des continents futurs, se dessinent-elles au-dessus des flots de ce grand océan, dont nos eaux thermales représentent encore la constitution et la chaleur. Les substances qu'il tient en dissolution ne cessent de se précipiter sur le noyau du globe, comme il s'y est précipité lui-même, et d'en recouvrir la surface d'une incrustation qui s'épaissit tous les jours. Il n'y a guère de calme, ni dans les eaux, ni dans les airs, ainsi que l'attestent les couches bouleversées et les amas de débris triturés et roulés qui appartiennent à cet âge. Les tremblements de terre, les vents, les pluies, les orages, y dépassent toutes les proportions sous lesquelles ces phénomènes nous sont connus aujourd'hui. Néanmoins, dès ces temps reculés, la vie organique est en possession de la planète. Il ne semble pas douteux que les premiers êtres n'y aient germé dans quelque repli abrité de la puissante matrice de l'océan. Doués de la structure la plus élémentaire dont les types se soient perpétués jusqu'à nous, ils flottent entre la végétation et l'animalité, et forment l'origine commune de ces deux branches. Ainsi que l'embryon dont les évolutions initiales se poursuivent avec rapidité, ce règne organique primitif se complique et se diversifie de jour en jour, en même temps qu'il pullule et se répand en tous lieux. L'air en a sa part comme les eaux. Les îles sont ensemencées, les végétaux les plus simples y prennent racine, et se nourrissent de la terre et de l'atmosphère, pour nourrir à leur tour de leur substance quelques pâles mollusques. De génération en génération, conformément aux lois transcendantes imposées au développement du règne animal, et parallèlement aux variations correspondantes de l'ordre physique, les espèces s'élèvent : au-dessus des lichens, des mousses, des fucoïdes et des autres végétaux des prairies de l'océan, s'étalent des équisétacées, des fougères et toutes les fastueuses arborescences de nos houillères. De même, au-dessus des zoophytes et des mollusques, paraissent des poissons ; au-dessus des poissons, ces familles variées d'ovipares, qui, dégagées de l'asile des eaux, vivent à découvert sous le ciel, et préludent à l'époque où l'éclat de la vie sera dans les régions aériennes. Les traces de ces populations successives sont ensevelies dans les sédiments siliceux et calcaires qui se sont effectués de leur temps ; et chaque strate de pierre est un feuillet de la Genèse, sur lequel la science s'exerce à déchiffrer l'histoire des organisations et des bouleversements qui caractérisent cette période lointaine.

Les éléments du troisième âge sont réunis; le théâtre des continents est préparé : la scène principale de la vie terrestre s'y transporte. Nos pays actuels, avec leurs reliefs essentiels, sont à peu près dès lors au-dessus des eaux : des golfes et des méditerranées les découpent; des caspiennes salées et des lacs d'eau douce sont disséminés dans leur intérieur, et de grands fleuves à crues périodiques, descendant des montagnes, portent la fertilité dans les plaines. Les années ont leurs saisons, les latitudes leurs climats, et les stations des diverses espèces d'animaux et de végétaux se particularisent de plus en plus. Le règne de la variété gagne chaque jour. Les mammifères ont paru et animent par leurs ébats les savanes et les immenses forêts des deux mondes. Les plus anciens de ces animaux diffèrent sensiblement des types actuels; mais à mesure que les générations se déroulent, les types primitifs s'épuisent, et d'autres types, plus rapprochés de ceux qui se perpétuent sous nos yeux, leur succèdent. Enfin, de métamorphose en métamorphose, la nature a revêtu une figure presque identique à celle qu'elle nous présente aujourd'hui. A côté des hippopotames, des rhinocéros, des éléphants, qui doivent se continuer jusque dans notre temps, comme pour y apporter l'image des traits les plus puissants de cette époque sauvage, se découvrent les bœufs, les chevaux, les moutons, tout ce bétail sans maître, les singes même, avant-coureurs de l'homme. Aucun être libre et intelligent n'a pris pied jusque là sur la planète; mais par l'incubation séculaire de cette suite d'embryons, l'architecture des organes de l'homme s'y est élaborée jusqu'aux formes les plus voisines de celles qui lui sont destinées, et quand l'homme daignera descendre, il ne lui restera plus, pour ainsi dire, qu'à donner les dernières touches à cette ébauche encore inclinée vers le sol et à la mettre debout en face du ciel.

Comment estimer la durée de cette vaste évolution? S'il n'y a aucun moyen d'évaluer mathématiquement l'étendue de chacun de ses termes, il est toutefois permis à l'imagination de se représenter l'étendue de leur ensemble, soit d'après le temps qui a dû s'écouler pour qu'en raison du refroidissement séculaire, le climat des zones moyennes soit descendu, de la température équatoriale qu'il possédait dans le principe, à la température actuelle, soit d'après le nombre de générations qui ont dû se succéder pour former ces énormes dépôts de coquilles brisées, paisiblement entassés les uns au-dessus des autres, sur des milliers de mètres de hauteur. Prononçons donc sans hésiter des centaines de mille ans. Tressaillez-vous devant cette chronologie? Mais que sont de telles suites à l'égard de celui qui gouverne les choses dans l'éternité et leur dispense la durée sans la ressentir? et que valent-elles en effet au delà d'un instant quand l'homme n'est pas là pour mesurer leur longueur à la longueur de ses jours et s'étonner pour des accumulations d'années qui ne sont rien?

Le quatrième âge appartient au genre humain. Son caractère astronomique le plus essentiel consiste en ce que dès lors la chaleur envoyée par le globe aux espaces célestes étant équilibrée par celle qu'il en reçoit, la température de la superficie de la terre cesse de décroître. Les générations, en se succédant sur les mêmes points, y trouvent donc toujours à peu près le même régime. Le relief du globe continue, comme dans les âges précédents, à se modifier sous l'empire des agents naturels, mais avec une vivacité décroissante et qui disparaît en quelque sorte devant celle de la puissance nouvelle établie à demeure à la surface de la planète. Cette puissance semble s'adjoindre à la puissance du Créateur et prendre plaisir à remanier à sa convenance l'œuvre divine. Elle détourne les fleuves dans d'autres voies et les police, dessèche les lacs et les marécages, aplanit le sol pour l'approprier à une circulation plus facile, fouille dans les profondeurs pour amener au jour les richesses minérales qui y étaient enfouies ou en faire surgir des fontaines nouvelles, commande à l'océan lui-même et le retient de force devant les rivages que ses violences menacent, bâtit sur ses vagues et ordonne à la chaleur ou aux vents de transporter où elle veut ces bâtisses flottantes. Cette puissance règne aussi sur la nature animale, chasse ou extermine les espèces qui contrarient ses desseins, exploite les autres, soit en les laissant en liberté, soit en les asservissant et les retenant en troupeaux; et, poussant encore plus loin la domination, elle transforme leurs conditions naturelles, change leurs habitations, diversifie leurs qualités, et dirige même à son gré leurs instincts. La végétation n'est pas moins exactement soumise à ses lois. Les parties du globe sur lesquelles cet imitateur de Dieu a mis la main se reconnaissent de loin : la campagne y est revêtue de la livrée qu'il lui impose ; elle n'a droit de porter que les plantes qu'il adopte, et ces plantes s'alignent, croissent, tombent et se renouvellent, en alternant selon ses ordonnances. Leurs espèces se métamorphosent, deviennent plus éclatantes, plus opulentes, plus savoureuses, et les semences de la nature sont exilées vers les lieux dont le maître ne se soucie point encore. La matière brute connaît sa voix : elle se détache des rochers dont elle faisait partie, et s'organise de toutes parts sous des formes dont aucun modèle n'avait encore paru sur le globe. Ce sont les villes avec leurs dômes, leurs clochers, leurs toits innombrables, leurs bastions ; les temples, qui tantôt s'écroulent et toujours se relèvent ornés de symboles nouveaux ; les statues, les trophées, les monuments de tous genres : mobilier éphémère dans un remaniement continuel. La nuit même porte témoignage des changements qui signalent cette période : elle s'illumine de milliers de feux et de flambeaux ; et s'il y a sur les astres qui nous entourent des regards assez perçants pour nous voir, on doit s'étonner et demander quelle est la cause qui réveille ainsi sur quelques points choisis, comme à dessein d'y combattre les inconvénients du froid et des ténèbres, les conflagrations du premier âge. Jusqu'ici les continents ne sont pas encore soumis dans toute leur étendue à cet ordre nouveau. Ses effets se condensent quelquefois avec une intensité spéciale sur un lieu déterminé, puis ils s'y amoindrissent jusqu'à s'effacer presque entièrement, tandis qu'ils éclatent et se propagent énergiquement dans des contrées antérieurement négligées. Mais quels que soient les ralentissements, les turbulences, les abattements, toujours ces prodigieux effets gagnent et grandissent, et l'on peut prévoir l'époque à laquelle le globe offrira partout leur empreinte.

Me questionnerez-vous sur la durée de ce quatrième âge ? Ce ne serait pas seulement demander la date de l'apparition du premier homme, ce serait vouloir en même temps celle du grand événement que le moyen âge a nommé la fin du monde, et qui échappe encore bien davantage, je le reconnais volontiers, au compas de la science. Quant à la première, le peu de progrès du genre humain dans le peuplement et le perfectionnement du globe ne laisse aucun doute que, comparativement aux longues perspectives des âges précédents, elle ne soit encore assez voisine de nous; et l'on sent qu'au delà du terme peu reculé où naissent les plus anciens monuments, et où les générations commencent à conserver mémoire de leurs devancières, le genre humain devait être dans les années de son enfance. On peut disputer sur le chiffre, mais on ne peut raisonnablement éloigner de beaucoup plus d'une douzaine de millénaires le point de départ de la chronologie humaine; et, mesurée même à l'échelle de notre vie, cette grandeur, que l'on peut se figurer par une centaine de vieillards se tenant l'un l'autre par la main, semblerait encore bien minime.

Mais pour la limite future, comment n'avouerais-je pas que la difficulté est d'un ordre encore supérieur? Ce n'est plus de l'histoire, c'est de la prophétie qu'il faudrait. Et d'ailleurs, savons-nous seulement quel est le genre de révolution dont la date se trouve ainsi en question? La nécessité d'une modification quelconque dans le cours naturel des générations est manifeste, car autrement la population se développant sans cesse sur un espace qui demeure fixe, il viendrait un temps, que, sans les anomalies qui se jettent à la traverse, l'on pourrait même déterminer géométriquement, où la terre cesserait de demeurer proportionnée à ses habitants ; ce qui serait en contradiction avec la sagesse de la nature. Donc il y a certainement en réserve dans les desseins de Dieu sur notre monde un remède contre une telle extrémité. Il ne m'en faut pas davantage, et je m'endors volontiers à cet égard dans ma foi à la Providence. Que la terre, après avoir nourri le genre humain jusqu'à la consommation de ce qu'il doit y accomplir, soit envahie par une vitalité plus parfaite que la nôtre, héritière de notre sang, de nos traditions et de nos vertus, dans cet avenir inconnu vers lequel elle court déjà, la terre obéira, comme dans le passé dont elle sort, aux divines prédispositions de sa destinée. Née à la parole de Dieu, et toujours sous sa main, les molécules qui composent la masse planétaire, dussent-elles même aller se retremper un jour à des foyers nouveaux, ne se perdront pas plus dans l'abîme que ne se seront perdues dans le néant, les âmes qui auront successivement passé dans cette résidence.

Telle est, en résumé, la classification qui me paraît ressortir des découvertes accomplies par les modernes dans les antiquités du monde. Vous voyez que je ne conclus nullement à des périodes tranchées, à la manière de ces géologues qui, pour expliquer sans doute les jours et les nuits du texte sacré, mais plus voisins à coup sûr de la théologie de Brahma que de celle du Christ, nous divisent le passé en périodes alternatives de création et de destruction, peuplant la terre le matin, la dépeuplant le soir, et suscitant le lendemain d'autres populations pour la même tragédie que celles de la veille. Je crois la chaîne des temps continue : l'histoire de la terre m'apparaît comme un immense poëme dont toutes les parties sont solidement enchaînées au même dessein ; et pour des yeux plus pénétrants que les nôtres, l'unité n'y éclaterait pas moins que la variété.

Aussi, tout en essayant d'éclairer cette histoire par une classification méthodique, faut-il se garder d'imaginer que des divisions absolues y soient possibles. Les phénomènes qui ont caractérisé un âge ne disparaissent pas totalement dans l'âge qui suit : ils s'amoindrissent, tandis que des phénomènes qui n'existaient pas auparavant prennent carrière et deviennent le caractère des temps nouveaux, jusqu'à l'heure où ils perdent à leur tour la primauté. Ainsi, aujourd'hui même, la vitalité minérale, qui s'est témoignée jadis par tant d'effets magnifiques, est toujours active : Encélade n'est point mort. La force souterraine continue à se faire sentir par les explosions volcaniques, les tremblements de terre, les sources thermales ; l'enveloppe du globe se contracte et se disloque ; des plages s'élèvent ou s'abaissent ; il se forme des îles et des montagnes, et les fleuves, gonflés par les orages ou la fonte des neiges, causent dans les plaines des inondations qui s'estiment déluges chez les riverains. Au sein des mers, se stratifient les matériaux arrachés aux continents par les eaux ; et pour l'instruction des observateurs futurs, les dépouilles de nos animaux s'ensevelissent dans ces dépôts. Les coraux et les madrépores bâtissent sans relâche sur les récifs de l'Océan et préparent les fondements d'archipels nouveaux. En un mot, la géographie varie tous les jours, non-seulement par le travail de l'homme, mais par le jeu des forces centrales et atmosphériques, et les influences sous l'empire desquelles nous vivons sont au fond les mêmes qui, de tout temps, ont animé la terre.

C'est pourquoi, au lieu des imparfaites peintures par lesquelles j'ai essayé tout à l'heure de vous définir les anciens âges, j'aurais pu m'en tenir à vous adresser tout uniment à la nature actuelle. Transportez-vous sur la cime de quelque volcan désolé, au milieu des ébullitions et des laves, dans des tourbillons embrasés, corrompus par toutes sortes d'émanations méphitiques, pleins de fracas et d'éclairs, sur un sol ébranlé par les détonations souterraines et tout palpitant ; pas un être vivant, pas une mousse, la chimie toute seule : c'est une idée adoucie du premier âge. Vous rencontrerez le second dans les déserts de l'Océan, durant ces terribles ouragans des tropiques, qui portent la dévastation sur leur passage et ne laissent rien debout sur le sol, tandis que, dans la profondeur des eaux, les zoophytes s'occupent paisiblement à sécréter ces calcaires qui seront un jour la substance d'une nouvelle terre ferme. Les jungles de l'Inde ou de l'Afrique avec leur végétation luxuriante, leurs lianes, leurs grands arbres enchevêtrés, leurs marécages peuplés d'alligators et de hideux reptiles, les troupeaux d'éléphants ou les rhinocéros paissant bruyamment les branchages ou les écrasant sous leurs lourdes masses, les tigres et les lions en embuscade, les singes, en compagnie des oiseaux, voltigeant dans le feuillage ; ni vestige de l'homme dans les sentiers, ni voix humaine dans le lointain, ni bruit de haches, ni fumée, la bestialité dans la plénitude de ses épanchements : voilà le tableau de ce qui nous a précédés ; et en nous représentant les hommes qui réussissent à vivre dans ces forêts sauvages, nous avons un aperçu de la manière dont notre époque a pu s'enter sur celle-là.

LE THÉOLOGIEN.

Rien ne m'oblige à vous contester vos âges : sans entrer dans leur détail, je ne demande pas mieux que de les croire conformes à la vérité de la nature. Mais permettez-moi de constater que vous vous bornez à grouper les faits autrement que nous, sans rien changer de considérable à ce que nous enseignons de leur succession ; car encore qu'il vous plaise de faire de l'idée du développement graduel de la vie une simple inspiration du bon sens, que les observations scientifiques sont venues plus tard justifier, vous n'êtes pas moins obligé de nous accorder la priorité quant à ce principe fondamental, et de soumettre ainsi votre science à notre tradition. De plus, je ne pense pas que vous puissiez nier que notre histoire a plus de grandeur que la vôtre : tandis que chez vous ce sont tout simplement les choses de la terre qui se concertent pour la préparation de l'homme, chez nous on voit le soleil, les étoiles, la lumière, entrer dans cette conspiration sublime, et sortir à tour de rôle du néant en vue de ce roi de la création et pour le servir. Je conviens qu'en donnant pour fin au système physique de l'univers l'utilité de la population que vous répandez si libéralement dans tous ses quartiers, vous le rattachez en quelque sorte à l'homme, qui, soit dans sa forme actuelle, soit dans ses formes passées et futures, fait, selon vous, partie intégrante de ce grand peuple. Mais il n'en est pas moins vrai que pour vous élever à la même hauteur que nous, il faudrait que vous fussiez en état de donner pour préface à votre histoire de la terre une histoire du ciel, dont vous chercheriez le principe, non dans les vaines lois de la gravitation et de l'optique, mais dans les lois qui gouvernent ces tourbillons d'âmes dont vous parlez, et auxquels les mouvements de la matière sont sans doute partout subordonnés dans le ciel comme sur la terre.

Et pour en revenir maintenant au point de l'histoire où vous en êtes resté, quelles sections instituerez-vous dans votre quatrième âge ? Nous n'y sommes plus sous le règne de la nature, nous sommes arrivés à celui de l'humanité. Vos sciences physiques vont donc vous manquer. Où trouverez-vous en dehors de nous un principe de classification suffisamment général ? Encore que nos théologiens ne soient pas exactement d'accord, il ne saurait pourtant y avoir aucun doute que la division septénaire ne doive prévaloir. C'est vous le savez, la thèse de Bossuet dans son Histoire universelle, et l'autorité de ce grand homme donne sans contredit une valeur considérable à l'opinion qui distingue sept âges depuis la création jusqu'à la fin du monde. D'Adam au déluge, premier âge; du déluge à la vocation d'Abraham, deuxième âge; d'Abraham à la loi du Sinaï, troisième âge; de celle-ci au temple de Salomon, quatrième âge; de Salomon à la captivité, cinquième âge; de la captivité à la naissance de Jésus-Christ, sixième âge; de la naissance de Jésus-Christ à la fin du monde, septième et dernier âge. Vous saisissez déjà le défaut que l'on peut reprocher à cette grande semaine : c'est sa dissemblance d'avec la semaine de la création. *Septimâ die quievit,* dit la Genèse; et nous, génération du septième âge, combien il s'en faut que nous soyons en position d'imiter à cet égard le Seigneur ! En attendant le jour désiré du repos dans la béatitude, nous combattons, nous souffrons, nous agissons, nous sommes toujours l'Église militante. Aussi, malgré l'exemple de Bossuet, l'idée qui a pris généralement faveur parmi les théologiens de ne compter que six âges jusqu'à la fin du monde, et de réserver le septième à l'Église triomphante me paraît-il mériter la préférence.

Ce système ne diffère d'ailleurs de celui de l'auteur de l'Histoire universelle qu'en ce que la suite des événements depuis Abraham jusqu'à David, au lieu de se partager en deux âges, n'en forme qu'un seul. Peut-être est-il un peu dur de réunir dans la même période des temps aussi diversement doués que ceux qui ont précédé la révélation de Moïse et ceux qui l'ont suivie; mais indépendamment des nécessités de la symétrie, ce mode de division nous est en quelque sorte imposé par le témoignage même du texte sacré. En effet, de la naissance du genre humain à son renouvellement par le déluge, puis de cette révolution fondamentale à la vocation du peuple d'Israël dans Abraham, voilà d'abord deux âges parfaitement définis dans le livre de la Genèse, dont ils constituent l'objet essentiel; les trois suivants ressortent plus manifestement encore de la récapitulation faite dans saint Matthieu des temps écoulés depuis Abraham : « Toutes les générations d'Abraham jusqu'à David, quatorze générations; et de David jusqu'à la captivité de Babylone, quatorze générations; et de la captivité de Babylone jusqu'à Jésus-Christ, quatorze générations.» La loi de symétrie, vous le voyez, se poursuit dans le sein même de ces âges, puisque le double septénaire les détermine uniformément tous les trois.

Quant au sixième âge, qui, à première vue, semble, à la vérité, d'autant plus disproportionné en importance comme en étendue, qu'il serait séduisant de regarder l'histoire du monde comme divisée en deux parties égales par Jésus-Christ, il faut observer que le même esprit, qui nous a fait connaître le partage des temps qui précèdent notre ère, a voulu nous donner aussi les éléments du partage de ceux qui doivent la suivre; c'est-à-dire qu'au lieu de se borner à nous définir *in globo* le grand âge dont il s'agit, il nous en a montré par avance les diverses périodes. Vous entendez que m'élevant ici au-dessus des méthodes naturelles, je veux profiter de mon avantage, et fais appel à cette parole qui, dans la prophétie de saint Jean, nous ouvre le secret des siècles qui ne sont point encore, comme elle nous ouvre, dans celle de Moïse, le secret des siècles antérieurs à l'homme et dans la profondeur desquels nulle mémoire ne peut plonger. Bossuet, dans son savant ouvrage sur l'Apocalypse, en a tiré avec raison le complément de son Histoire universelle, car ces mystérieux documents en présentent à la fois la suite et la conclusion. Aussi, depuis le signal donné à cet égard par son génie, les commentateurs les plus recommandables se sont-ils accordés à suivre la même voie. A la vérité, ce grand homme, dans l'histoire scellée sous les sept sceaux et accomplie au son des sept trompettes, n'a pas reconnu distinctement les sept périodes; il n'en a vu que quatre : le règne de la persécution, le règne de l'Église militante, le règne de l'Antechrist, le règne de l'Église céleste. Mais vous n'ignorez pas que les idées de son savant contemporain, l'abbé de la Chetardie, ont plu généralement davantage en ce qu'elles se rapportent plus exactement aux figures employées par l'historien sacré : la rupture du premier sceau correspond à la persécution de l'Église sous les empereurs; la rupture du second, à la persécution non moins cruelle de l'arianisme; du troisième, à l'invasion des barbares; du quatrième, au fléau du mahométisme ; du cinquième, à celui du protestantisme, sous le coup duquel nous sommes encore ; du sixième, à une guerre terrible suspendue sur les siècles futurs, guerre dans laquelle doit périr un tiers du genre humain, et que suivront les trois événements qui marquent l'approche du dernier jour : la persécution de l'Antechrist, le retour d'Élie et la conversion des Juifs. Enfin, au septième sceau ou à la septième trompette, le ciel s'ouvre, et de grandes voix, selon la déclaration de saint Jean, s'écrient dans le ciel : « Les royaumes de ce monde sont passés à Notre Seigneur Jésus-Christ, et il régnera dans les siècles des siècles. » Je ne nie pas qu'il ne puisse y avoir de la témérité à s'attacher trop obstinément à la désignation de tel ou tel âge, puisqu'au fond nos assimilations ne sont que vraisemblables ; mais le caractère historique de cette prophétie, embrassant dans son large dessein toute notre ère, n'a rien de douteux. Et quelle différence pour l'homme, convenez-en, au lieu de se sentir comme perdu sur un radeau qui flotte au hasard sur l'abîme, de se voir enveloppé avec tous ses semblables dans un drame parfaitement défini, dont tous les actes sont comptés et dont le dénouement est au grand jour !

On peut dire que la connaissance de la durée est ici le seul élément qui nous manque ; mais c'est un défaut qui règne dans tout notre savoir, et qui, à mon sens, ainsi que je vous l'ai déclaré dès le principe, l'affecte peu. Nous ne sommes guère plus éclairés sur ce détail dans les temps qui sont derrière nous que dans ceux que nous entrevoyons en avant. Il semble même que Dieu ait daigné nous enseigner par une frappante leçon combien est vaine cette curiosité qui s'évertue à évaluer toutes choses à l'échelle des solstices : les trois textes par lesquels il a voulu que sa parole vînt jusqu'à nous, l'hébreu, le samaritain et le grec, merveilleusement d'accord sur tout ce qui est de fond, se brouillent tout à fait dès que l'on y cherche des dates. Notre premier âge, selon l'hébreu, est de 1656 ans, de 2242 suivant le grec, et de 1307 suivant le samaritain. Le second âge offre encore plus d'incertitude, puisqu'il est de 367 ans selon l'un, de 1147 selon l'autre, et de 1017 selon le dernier. Bref, vous le savez, on a relevé chez les chronologistes quatre-vingt-dix opinions différentes sur la durée des temps qui séparent Adam de Jésus-Christ : c'est la confusion des langues.

Bien plus, puisque les trois textes se démentent mutuellement, il n'y a pas de raison de croire, au point de vue de la critique historique, qu'aucun de ces textes soit, à l'exclusion des deux autres, l'expression exacte de la vérité, ni même que celle-ci soit comprise comme une moyenne entre les limites de leurs évaluations ; d'où il faut conclure que, sur ce point, comme sur tant d'autres de même sorte, il a plu au divin auteur de toute lumière de nous laisser dans l'indécision la plus complète. Il n'y a pas jusqu'à la distance qui nous sépare de Jésus-Christ, cette distance d'hier, si je puis ainsi parler, que nous ne soyons incapables de déterminer rigoureusement. « On ne convient pas de l'année précise où Jésus-Christ vint au monde, dit avec une belle simplicité Bossuet dans son Histoire universelle, et on convient que sa vraie naissance devance de quelques années notre ère vulgaire ; il suffit que nous sachions qu'elle est arrivée environ l'an 4000 du monde..., diversité qui provient autant de l'incertitude des années du monde que de celle de la naissance de Jésus-Christ. » Si nous ne connaissons et ne pouvons connaître que par à peu près la position des deux pivots de l'histoire, la naissance du premier homme et celle du Rédempteur, il faut nous résigner à ne pas en savoir davantage sur les autres époques, et comprendre qu'il s'établit même par là un certain équilibre entre notre manière de posséder l'avenir et notre manière de posséder le passé.

LE PHILOSOPHE.

Je vous prie de remarquer que notre savoir est soumis ici à une loi fort simple. Il en est de la distance des objets dans le temps comme de leur distance dans l'espace : plus les objets sont voisins de nous, plus nous jugeons facilement leur position ; plus ils s'éloignent, plus ils se confondent. C'est au rebours de ce principe élémentaire que vos chronologistes sont allés choisir pour point de départ l'ère de la création, qui de toutes les époques était naturellement la plus incertaine, étant la plus reculée ; et de là tout s'est brouillé. Et de même pour la naissance de Jésus-Christ, qui, n'ayant marqué qu'après coup, n'a pas su graver sa date dans les annales contemporaines. Mais en mesurant le temps à partir du point que nous occupons, ou, ce qui revient au même, à partir d'un point authentiquement lié à celui-ci, l'infirmité de la chronologie n'a plus une apparence aussi absolue, puisque l'indétermination ne se produit que suivant une loi progressive et pour ainsi dire mathématique, à proportion que l'on vise à des antiquités plus lointaines.

Quant à l'avenir, je ne fais aucune difficulté de reconnaître notre ignorance, tant à l'égard de la distance des événements qu'à l'égard de ces événements eux-mêmes : nous cheminons sur la route des âges à la manière d'un voyageur qui, enfermé dans une voiture dont l'ouverture est par derrière, voit le chemin parcouru se perdre graduellement dans la brume ou la poussière, et ne découvre les choses situées devant lui qu'à mesure de son arrivée à leur hauteur. Mais j'avoue que je me suis senti piqué de ce que vous disiez que de ne pas connaître l'histoire future de la terre, c'est flotter au hasard sur l'abîme. Le drame dans lequel nous sommes directement intéressés n'est pas celui de la terre, c'est celui de notre propre vie; et si nous en ignorons les péripéties et la durée, nous savons du moins le dénouement que, grâce à Dieu, nous sommes maîtres de lui donner. Puissions-nous tous, parvenus à ce dernier moment et jouissant alors de la vue complète de la série de nos jours, trouver les mêmes motifs de nous y complaire que l'artiste contemplant l'œuvre que ses soins viennent d'achever ! Dans ce cas, nous n'aurons pas à nous tourmenter beaucoup de ne pas sentir notre curiosité plus satisfaite sur le détail des aventures à venir des habitants de la terre : il nous suffira d'avoir conscience qu'à ce foyer de perfectionnement destiné à devenir, de siècle en siècle, plus efficace pour les âmes qui le traversent, nous avons apporté notre part d'amélioration; et que, si faible et si secrète qu'elle soit, cette action se propagera de conséquence en conséquence, jusque dans la postérité, et en y produisant même des effets infinis par son influence sur les immortalités qu'elle impressionnera. Dès lors, abandonnant la société du genre humain à Dieu qui veille sur elle et qui saura bien tirer de ses progrès un parti digne de lui, nous pourrons, en toute confiance, repousser du pied le globe terrestre pour prendre joyeusement notre essor dans l'inconnu de l'univers. Ainsi, croyez-moi, laissons les âges futurs, puisque nous n'avons rien à en tirer ; et tâchons seulement, en nous inspirant autant que possible des enseignements du passé, de bien comprendre quel est le caractère de la résidence où nous vivons aujourd'hui, afin d'y préparer pour l'avenir les conditions les plus avantageuses que l'application de notre vie puisse produire.

C'est par là que je reviens à la classification des phénomènes de l'histoire. Vos âges ne me satisfont pas. Je n'accepte qu'une de vos divisions, celle qui est caractérisée par la pleine possession de l'idée du Médiateur. Sans entrer dans le débat de votre déluge, qui, supposé même qu'il eût été universel, serait encore moins propre à constituer un âge que votre Babel, symbole de la cessation de l'unité de société et de langage, je reconnais volontiers que vos trois autres âges sont excellents quant à l'histoire du peuple juif : âge de la confusion et de l'enfance de la nationalité d'Israël, âge de sa plénitude sous l'empire du temple et de la royauté, âge de l'assujettissement successif aux quatre monarchies ; mais il est évident que ces âges sont trop étrangers aux révolutions du reste du monde pour convenir à l'histoire universelle. Peu importe que la petite nation de la Judée fût secrètement destinée par la Providence à couvrir plus tard de son nom et de ses écritures le monde entier : on ne s'est jamais avisé d'ériger en événements fondamentaux les traits du bas âge d'un conquérant, bien qu'ils soient au fond le prélude de ses actes futurs. Autant vaudrait mettre tout de suite hors la loi tous les autres peuples de l'antiquité, comme des excroissances parasites d'un genre humain qui, vous l'avouerez, aurait du moins fait alors bien peu de figure.

On ne peut assurément adresser à votre sixième âge un reproche du même genre : il n'y a pas un point du globe que l'Évangile n'ait touché, et d'autant mieux que le Coran ne laisse pas d'en porter malgré lui quelque chose. Mais les changements que nous réserve l'avenir, d'ici à la transformation de notre humanité, seront-ils tellement limités que nous ne devions nous attendre à leur voir dépasser tout ce qu'a vu le moyen âge ? Mesurons la vitesse croissante avec laquelle change le monde depuis deux ou trois siècles, et transportons-nous en imagination à quatre ou cinq mille ans d'ici, nous ne pouvons nous empêcher de pressentir des variations prodigieuses. Où s'arrêteront-elles? Je vois tant de siècles accumulés à l'horizon que ma vue se perd avant d'en trouver le fond. Prenons donc plus de liberté, et renonçons de commun accord à ces computations étroites auxquelles je constate volontiers que votre créance ne vous engage nullement. Pourquoi ne pas permettre à l'histoire de la terre d'étaler à nos yeux, dans l'avenir aussi bien que dans le passé, toutes les grandeurs dont nous apercevons en elle le principe? Pour ma part, au lieu d'aller chercher dans vos prophéties des inductions plus ou moins ingénieuses, j'aime bien mieux regarder tout simplement quelles sont les idées populaires, en prenant ce mot dans sa haute acception, qui ont eu cours successivement sur les âges. Permettez-moi de vous en remettre le tableau sommaire sous les yeux.

Nous ne possédons aucune théorie du genre humain plus ancienne que la fable des quatre âges. Elle domine l'antiquité, et s'y montre dès ses commencements. On dirait que l'homme possède un si profond et si invincible sentiment de la perfection dont sa nature est capable qu'il ne peut s'empêcher de lui donner réalité quelque part; et que, désolé dans le présent, désespéré dans l'avenir, trop humble pour prétendre au ciel, il ne lui reste alors d'autre ressource que d'imaginer cet état idéal dans un passé sans retour. Sans doute, il y a là une erreur, mais non pas tant sur le fond de la croyance, puisqu'il est évident que Dieu a dû créer l'homme dans l'innocence, et par conséquent dans un bonheur relatif, que sur la forme que la croyance a prise par l'exagération des peintures du premier âge et la supposition d'une dégénérescence continue. C'est dans les monuments de l'Inde que l'on découvre, à ce qu'il semble, les apparences les plus lointaines de cette théorie, et s'il n'est pas permis de les regarder comme constituant la source primordiale, on peut estimer du moins qu'elles en sont une des dérivations les plus prochaines que nous ayons. Selon la déclaration attribuée par Manou à Brahma lui-même, le genre humain tourne éternellement dans un même cercle partagé en quatre âges.

« Les périodes des Manous, dit la loi, sont innombrables, ainsi que les créations et les destructions du monde, et l'Etre suprême les renouvelle comme en se jouant. Dans le Crita-Youga, la justice, sous la forme d'un taureau, se maintient ferme sur ses quatre pieds ; la vérité règne, et aucun bien obtenu par les hommes ne dérive de l'iniquité. Mais dans les autres âges, par l'acquisition illicite des richesses et de la science, la justice perd successivement un pied ; et, remplacés par le vol, la fausseté et la fraude, les avantages honnêtes diminuent graduellement d'un quart. Les hommes, exempts de maladies, obtiennent l'accomplissement de tous leurs désirs et vivent quatre cents ans pendant le premier âge ; dans le Tréta-Youga et les âges suivants, leur existence perd par degrés un quart de sa durée. Certaines vertus sont particulières à l'âge Crita, d'autres à l'âge Tréta, d'autres à l'âge Dwâpara, d'autres à l'âge Cali, proportionnellement à la décroissance de ces âges. »

Sauf la forme, cette fable indienne est presque identique avec celle que nous rencontrons chez les Grecs. Relisons ensemble ce vieil Hésiode, qui a dominé les siècles presqu'à l'égal d'Homère.

« Dès que furent nés les dieux ainsi que les mortels, les dieux, habitants de la demeure céleste, créèrent la race d'or chez les hommes aux langages divers. Ces hommes étaient soumis à Saturne, qui régnait alors dans le ciel. Doués d'une âme tranquille et affranchis du travail et de la peine, ils vivaient semblables aux dieux ; la triste vieillesse n'existait pas ; les pieds et les mains toujours également fermes, comblés des fruits de la terre, amis des dieux, ils passaient leur vie dans d'heureux festins sans connaître le mal ; ils s'endormaient pour mourir... Les habitants de la demeure céleste firent ensuite la race d'argent, inférieure de beaucoup à la première, différente à la fois par les habitudes du corps et par l'esprit. L'enfant demeurait cent ans auprès de sa mère prévoyante, faible et nourri dans le sein du foyer domestique. Une fois arrivés à la jeunesse, et sortis de la puberté, les hommes, accablés de maux, à cause de leur folie, se trouvaient déjà voisins de la mort. Ils ne savaient pas s'abstenir de l'injustice les uns à l'égard des autres, et ne voulaient ni adorer les dieux, ni sacrifier sur les autels des bienheureux, suivant la loi des coutumes antiques. Jupiter les fit disparaître... Jupiter créa alors une troisième race parmi les hommes aux langages divers, la race d'airain, entièrement différente de la race d'argent, tirée du frêne, véhémente, robuste. Leur passion fut pour les jeux de la guerre et les violences; ils ne mangeaient d'aucune nourriture; mais durs et grossiers, ils avaient une âme de diamant... Égorgés les uns par les autres, ils descendirent sans honneur dans la sombre demeure de l'horrible Pluton. Après que la terre eut couvert leur race, sur cette terre, nourrice d'un grand nombre, Jupiter fit une quatrième race plus forte et meilleure, race divine de héros, appelés demi-dieux du premier âge sur la terre immense. Ceux-ci eurent aussi les guerres funestes et les dures batailles : ils périrent, les uns devant Thèbes aux sept portes, la ville de Cadmus, les autres, devant Troie, où ils trouvèrent la mort après avoir traversé sur leurs vaisseaux la vaste étendue des mers à cause d'Hélène à la belle chevelure... Oh! pourquoi ai-je été mêlé à la cinquième race! Que ne suis-je mort avant elle, ou que ne suis-je né plus tard! Maintenant, en effet, c'est l'âge de fer : durant le jour, le labeur et la misère; durant la nuit, la corruption. Cette race donnera aux dieux de grandes peines. »

Si la version indienne est trop peu naïve pour être jugée primitive, à l'inverse, il y a, dans la naïveté même de celle-ci, un signe qui indique assez clairement qu'elle n'est pas primitive non plus. Ne remarquez-vous pas de quelle manière la loi de décroissance perd brusquement sa simplicité, pour faire place, entre le troisième et le cinquième âge, à une anomalie qui n'a d'autre raison que de ménager la susceptibilité de la Grèce à l'égard des temps héroïques de sa nationalité? Mais la moralité de la fable n'en est point altérée, car elle est tout entière dans le contraste du premier et du dernier âge : les hommes actuels ne sont toujours qu'une race déchue !

La même tradition respirait dans le Latium. Elle est le fond de l'intéressant discours sur les antiquités de cette contrée, mis par Virgile dans la bouche d'Évandre. Comme Hésiode, c'est au règne antique de Saturne qu'il rapporte l'âge d'or. « A ce roi appartiennent les siècles qu'on appelle les siècles d'or... Mais peu à peu, un âge décoloré et dépravé, la rage de la guerre, l'amour de posséder leur succédèrent. » Dans le poëme des Géorgiques, à propos des conditions de l'agriculture, bien qu'on y respire comme un vague sentiment des progrès accomplis par le genre humain dans cette période malheureuse, c'est encore la même thèse. Ovide, dans ses Métamorphoses, n'a garde d'en omettre une si radicale, et, sans marquer les mêmes égards qu'Hésiode pour la mémoire des héros, il chante la transformation régulière de l'âge d'or en âge d'argent, de l'âge d'argent en âge d'airain, et de celui-ci en âge de fer qui est le nôtre. Horace, avec une cruelle acrimonie, généralise la même idée et fait de la dégénérescence une loi continue : « L'âge de nos pères, plus mauvais que celui de nos aïeux, nous a enfantés, nous plus dépravés encore, et qui donnerons naissance à une race pire que la nôtre. » Il n'y a pas jusqu'à Tibulle qui ne joigne sa voix à ce concert de malédictions contre l'âge présent, et ne regrette l'âge heureux et barbare où n'existaient pas encore les grandes routes ouvertes d'un peuple à l'autre par le glaive de Rome.

> « Quam benè Saturno vivebant rege, priusquam
> Tellus in longas est patefacta vias ! »

Enfin cette doctrine décourageante enveloppe le paganisme tout entier : elle naît avec lui, le couvre dans toute son étendue, et se maintient tant qu'il dure. C'est la croyance courante, que tout le monde accepte avec la vie, dont nul ne songe à se défaire, qui résonne sur toutes les lyres et se reflète sur toutes choses ; les plus éminents philosophes se courbent devant elle, et Platon lui-même, ce maître suprême de l'antiquité occidentale, s'en nourrit, sans avoir l'audace et la vertu de protester contre elle au nom du genre humain.

Transportez-vous au foyer du mazdéisme : les mêmes idées y ont cours, et avec un caractère théologique bien supérieur. Dans la première période, le principe du bien règne seul : c'est l'âge de l'Éden. Dans la seconde, le principe du mal se mêle à celui du bien : c'est notre âge. Dans la troisième, le principe du mal l'emporte, et la terre appartient tout entière à Ahriman : c'est le règne futur de l'Antechrist. Enfin, comme vous le savez, dans la quatrième période, la sanctification universelle se produit. « Ormuzd, dit le Boun-Dehesch, savait, par sa science souveraine, que, dans le cours des neuf mille ans, lui Ormuzd, pendant trois mille ans, devait toujours marcher seul; que pendant trois mille ans, les opérations d'Ormuzd seraient mêlées; que les trois derniers mille ans seraient à Ahriman; et qu'à la fin Ahriman serait sans force, et l'auteur du mal éloigné des créatures. » Ainsi, à l'origine le mal était sans action sur les hommes. « Maintenant, dit Ormuzd à Ahriman, tu ne peux rien faire à mon peuple, parce que je ne m'éloigne pas de lui; de plus, je sais, par ma souveraine science, que je ne ferai pas la guerre avec toi durant ce temps, et que si tu la fais, tu n'affligeras pas mon peuple; mais tu pourras agir toi-même, lorsque les hommes, en s'unissant, se multiplieront et feront beaucoup de mal. »

Les traditions relatives à l'antique patriarche Djemchid, dont les Naçkas nous ont conservé tant de traces, sont très frappantes aussi au même point de vue. Moins favorisé que Zoroastre quant à l'étendue de la révélation, dont il reçoit le dépôt, Djemchid l'est incomparablement davantage quant à la prospérité matérielle qui existe de son temps sur la terre. « Je lui dis, moi qui suis Ormuzd : Si Djemchid ne peut pratiquer ma loi, la méditer, la porter aux hommes, du moins qu'il rende heureux le monde qui m'appartient... Le pur Djemchid me répondit : O! Zoroastre, je rendrai heureux le monde qui vous appartient; je rendrai votre monde fertile et abondant; j'en aurai soin : je le nourrirai, j'en serai le chef, je le gouvernerai, pourvu que pendant mon règne il n'y ait ni vent froid, ni vent chaud, ni pourriture, ni mort, que les Dévas disparaissent lorsque je prononcerai votre parole. Le saint Ferouer de Djemchid, fils de Vivengham, fut grand devant moi. Ensuite il régna. L'effet suivait promptement ce qu'ordonnait sa langue sublime. Je lui donnai, à lui et à son peuple, la nourriture, l'intelligence, la vie longue, moi qui suis Ormuzd. » (Vend. Farg., II.) Jusque dans le Deçatir, qui est évidemment un des derniers souffles de cette grande religion, le même esprit se soutient encore. « O! Djemchid, fils de Tehmourets, je t'ai appris tous les arts qui font l'ornement et les délices du monde; ma lumière se reflète sur ta personne; ma parole est dans ta bouche... Maintenant les hommes ne font que du mal : ils suivent la route des crimes et des rapines, ils méconnaissent, ô Djemchid, la mission dont je t'ai investi; mais je te retirerai du milieu de ces malfaiteurs; je te rapprocherai de moi, tu demeureras à jamais avec moi, et ils supporteront la domination des tyrans étrangers! »

Enfin le peuple juif lui-même, malgré la profonde originalité qui le distingue, entre ici, peut-être par suite de ses communications avec le foyer chaldéen, dans des sentiments analogues à ceux de ses contemporains. Non-seulement le principe de la déchéance fait également le fond de sa théorie du genre humain, mais on découvre une sorte de correspondance avec les autres peuples de l'antiquité dans les formes dont ce principe est revêtu. A la vérité, les âges ne sont pas aussi catégoriquement séparés les uns des autres dans la tradition juive que dans celles qui viennent de passer sous nos yeux; et c'est un point qui mérite d'être compté parmi les adoucissements apportés par le génie hébreu à la croyance primitive, car il en résulte que l'unité du genre humain demeure d'autant mieux en évidence. Mais sous la trame continue des tableaux, des divisions parfaitement semblables à celles des âges ne se laissent pas moins sentir. D'abord, sous la figure de l'Éden, on voit paraître l'âge d'or, le règne d'Ormuzd : la terre est fertile et produit spontanément tous les fruits; l'homme vit en paix, exempt de toute souillure, ami de Dieu, immortel. A la suite de cet âge d'innocence et de bonheur, la dégénérescence commence; et ici, nouvelle particularité qui atteste admirablement la supériorité de l'hébreu : c'est par un pur effet de la liberté de l'homme, et non par l'action d'une puissance méchante ou par un décret aveugle du destin, que le changement s'opère. C'est bien toujours, comme dans le mythe de l'Arie, l'affreux serpent qui est la cause du mal; mais il ne le produit pas d'autorité, et ne réussit à s'introduire dans le monde que parce que l'homme se fait volontairement son complice. Pendant l'âge qui succède à l'invasion du péché, la justice et le culte de l'Éternel se soutiennent dans la descendance de Seth, les saints prospèrent, la civilisation développe ses bienfaits, la vie humaine jouit, comme dans Hésiode et Manou, d'une durée incomparablement plus grande que dans les temps postérieurs. A la fin de cet âge, une troisième race fait tout à coup irruption dans l'histoire. Qui ne serait frappé des rapports de cette race de géants, violente, impie, avec la race d'airain si vivement caractérisée par Hésiode, et des forfaits de laquelle, au dire d'Ovide, Jupiter se résout enfin à faire justice par le déluge? « En ce temps-là, les fils de Dieu s'étant unis aux filles des hommes, et celles-ci ayant engendré, il y eut sur la terre les géants : ceux-ci furent les robustes, les hommes de renom. Mais Dieu, voyant que la méchanceté des hommes était grande, et que toutes les pensées de leur cœur étaient constamment dirigées vers le mal, se repentit d'avoir fait l'homme sur la terre. » Déjà, en malédiction de cette race, une nouvelle diminution de la vie humaine avait été prononcée. « Mon esprit ne demeurera pas toujours dans l'homme, parce qu'il est chair, et ses jours seront de cent vingt ans seulement. » L'anathème est prononcé, le déluge engloutit les géants et la terre les recouvre!

La quatrième race, au lieu d'avoir, comme chez les Grecs, une origine à part, provient simplement de la lignée des justes préservée de la destruction universelle par une faveur spéciale. C'est bien la race de fer. A l'exception de la période occupée par les patriarches, et qui, sous d'autres couleurs, rappelle à certains égards la période héroïque d'Hésiode, le crime et le malheur se disputent les hommes de cet âge. Du veau d'or à Moloch, de la captivité d'Égypte à celles de Ninive et de Babylone, les plaintes et les accusations des prophètes ne cessent de retentir. « J'ai cherché parmi les hommes, dit Jéhovah dans Ézéchiel, j'ai cherché un homme qui pût servir de barrière, et qui s'interposât devant moi en faveur de la terre, afin que je ne la dissipe point, et je ne l'ai pas trouvé, et j'ai répandu sur eux mon indignation. » Les philosophes sont animés du même sentiment que les prophètes. Ils le confirment en y adaptant leurs théories. Philon enseigne que le premier homme a été fait effectivement à l'image de Dieu, comme le rapporte la Genèse, mais qu'à la suite du premier homme, les copies faites les unes sur les autres, et non plus d'après l'original divin, se sont éloignées de plus en plus de l'ineffable ressemblance. Il compare le souffle du Créateur, renfermé dans Adam, à la force de l'aiman qui s'affaiblit en se communiquant de proche en proche. « Celui des anneaux d'une chaîne de fer qui touche à l'aimant, dit-il dans le traité sur la Création du monde, y adhère fortement; celui qui vient ensuite adhère déjà moins; et cependant le troisième demeure suspendu au second, le quatrième au troisième, le cinquième au quatrième, et ainsi de suite pendant une longue série, en raison d'une même force qui attire et retient tous les anneaux, mais non pas tous de la même manière ; car, plus ils sont éloignés de la source, plus ils se relâchent, la force attractive diminuant et ne pouvant les retenir tous également. Quelque chose de semblable paraît être arrivé au genre humain, les générations successives étant, de siècle en siècle, plus faibles quant aux forces et aux qualités du corps et de l'âme. » Le spectacle des souffrances et des opprobres de la nation sainte sous le second temple ne justifie que trop ces théories désolantes. « J'ai loué ceux qui sont morts plus que les vivants, dit l'Ecclésiaste, et plus encore celui qui n'est point né et n'a pas vu tous les maux qui sont sous le soleil. » Isaïe, Ézéchiel, Jérémie, tous les poëtes de Jéhovah, et à la suite des poëtes, les commentateurs et les philosophes, les rabbins, les pharisiens, toutes les sectes, unissent du fond de l'abîme leur voix gémissante à celle du monde païen, et le beau vers d'Hésiode est dans tous les cœurs et toutes les langues. « Hélas! pourquoi ai-je été mêlé à la cinquième race ! Que ne suis-je mort avant elle, ou que ne suis-je né plus tard? »

Que ne suis-je né plus tard ! Voilà le principe d'une conception des âges toute différente. L'homme ose soupçonner que la terre n'est peut-être pas condamnée à une infortune croissante. L'affliction que lui cause la vue de ce monde engendre en lui l'espérance, cette fille du ciel, bénissable inspiratrice des prophètes, consolatrice indéfectible de tous les malheureux. Dans la fable des Grecs, elle se trouve associée au fait même de l'invasion du mal : Jupiter confie à la discrétion de la femme le vase fatal qu'une curiosité téméraire doit ouvrir, et duquel tous les maux s'épancheront ; mais l'espérance y est enfermée avec les maux, et moins prompte à s'enfuir, elle y demeure. De même, Jéhovah, après que la femme, en portant la main sur le fruit défendu, a donné l'essor à tous les maux, livre les générations humaines à leur déplorable sort, mais en leur laissant l'espérance : l'espérance repose au fond même de sa menace, et il prédit à Satan que la postérité de la femme l'écrasera un jour. Cette foi dans la destruction future du principe du mal n'est pas moins à découvert dans la mythologie mazdéenne. Le sentiment de l'espérance, résultat infaillible de toute élévation vers Dieu, devait en effet respirer dans la prière de tous les justes, bien que nulle part sans doute il ne l'illuminât plus profondément que chez les adorateurs du Dieu unique. On le trouve dans toutes les traditions des Juifs, dans toutes leurs écritures, jusque dans les chants les plus sinistres de leurs prophètes. C'est à lui seul que remonte cette prédiction du règne du Messie, qui va grossissant de siècle en siècle, et qui, sous des formes diverses, retentissant simultanément chez les Sibylles et chez les Mages, remplit de ses éclats le monde entier, et nous permet de dire, tant sa naissance et sa propagation sont naturelles, que la partie la plus manifestement inspirée des livres saints en est aussi la moins miraculeuse.

C'est de l'explosion de ce sentiment universel, trop ému par le spectacle des afflictions croissantes de la terre pour se contenir davantage, que provient la conception d'un nouveau système sur les âges. Si je ne craignais de donner à ma pensée une forme paradoxale, j'oserais dire que tout le changement apporté par le christianisme se réduit à l'affirmation d'un cinquième âge. Les hommes ne se considèrent plus comme faisant partie de l'âge de fer. Ils se croient, et entrent par là même dans l'âge de la rédemption et du salut. La nature humaine avilie et maudite dans l'âge précédent est réconciliée avec Dieu dans celui-ci ; et pourvu que la volonté y consente, toutes les grâces spirituelles sont prêtes à affluer dans l'âme. La conscience du Médiateur lui est donnée, et par l'intercession du Médiateur, le commerce avec Dieu est aussi assuré dans ce bas monde qu'il peut l'être dans le ciel. Le caractère de cet âge nouveau est vivement résumé dans ces belles paroles mises dans la bouche de Jésus par saint Jean : « Comme

Moïse éleva le serpent dans le désert, ainsi faut-il que le fils de l'homme soit élevé, afin que quiconque croit en lui ne périsse point, mais qu'il ait la vie éternelle. » De même que durant son séjour au désert, Israël, en proie aux morsures venimeuses, demeurait prosterné sur la terre ou mourait dans le désespoir et l'horreur, de même le genre humain dans l'âge de fer et de malédiction ; mais de même qu'en attachant leurs regards sur le symbole érigé par Moïse, les tribus se relèvent, de même en s'unissant au type idéal de l'Homme-Dieu jusqu'à faire corps avec lui, les hommes doivent se guérir des maux qui, depuis tant de siècles, les obsèdent et les supplicient. La raison théologique de cet âge et sa connexion avec les âges antérieurs sont également définies avec une grande simplicité dans ces paroles célèbres de saint Paul : « C'est pourquoi, comme le péché est entré dans le monde par un seul homme, et la mort par le péché, et qu'ainsi la mort s'est transmise à tous les hommes par un seul en qui tous ont péché ; comme donc c'est par le péché d'un seul que tous les hommes sont tombés dans la condamnation, ainsi c'est par la justice d'un seul que tous les hommes reçoivent la justification qui donne la vie. » Les âges de déchéance sont la conséquence d'Adam : l'âge nouveau est la conséquence de Jésus ; et comme Adam était l'auteur de la rupture de l'alliance, Jésus est l'auteur de la réparation. C'est saint Paul qui a eu la gloire d'entendre le premier qu'il ne s'agissait pas ici d'une révolution particulière au peuple juif, mais d'un âge véritable destiné à envelopper dans ses bienfaits le genre humain tout entier. Il comprit que l'antiquité tout entière, sans distinction de temps ni de nation, s'étant jugée dans un état commun d'abaissement et de disgrâce, avait des droits égaux à reprendre vie dans l'Évangile. Le monde, longtemps accablé, releva donc la tête et crut à la divinité du Christ qui lui ouvrait par cette croyance même un âge nouveau, parce qu'il avait cru à la déchéance universelle dans Adam, et qu'empreint cependant de l'idée impérissable de la miséricorde infinie, il n'avait jamais pu abandonner l'espérance d'un avenir meilleur.

Convenez toutefois que l'âge nouveau n'avait jamais été imaginé par ses précurseurs sous les formes dont il s'est revêtu. Si les prophètes ont quelquefois entrevu les persécutions et les misères chez le Messie expiateur, ils se sont toujours représenté, immédiatement à la suite de l'épreuve, la glorification et le triomphe. Ils n'ont pas soupçonné, et, il faut bien le reconnaître, on ne soupçonnait pas davantage parmi les apôtres, l'existence de cette longue période qui a déjà pris à peu près autant de temps qu'il s'en est écoulé depuis Abraham jusqu'à l'Evangile, et dans laquelle, tandis que la réconciliation de la nature humaine est déjà opérée en principe, les antiques promesses sur le rétablissement du monde demeurent cependant en suspens. Comment, du jour où la bouche du Tout-Puissant a prononcé le pardon, cette parole, comme un rayon chassant la nuit, n'a-t-elle pas fait disparaître de la terre tous les effets de vengeance que la malédiction de l'Éden y avait fait surgir? « De même, dit Isaïe, que la pluie et la neige descendent du ciel et n'y remontent pas, mais enivrent la terre et s'y confondent et la font germer, en donnant la semence à celui qui sème et le pain à celui qui a faim, de même sera ma parole quand elle sortira de ma bouche : elle ne me reviendra pas vide ; mais tout ce que j'ai voulu elle le fera et elle prospérera dans ceux à qui je l'ai envoyée. » Aussi les Juifs n'ont-ils jamais voulu reconnaître l'accomplissement de leurs prophéties dans ce triste moyen âge, prosterné de jour et de nuit dans la cendre et la poussière, flagellé, foulé aux pieds, supplicié par la tyrannie, la crainte et la misère, sublime au dedans, mais déplorable par tous ses dehors, et toujours sous le coup de l'anathème primitif, retenu loin de l'Éden pendant dix-huit siècles par le chérubin impitoyable. Le spiritualisme le plus exalté pouvait seul se contenter d'une réparation si peu sensible, et, malgré les réclamations de la nature, se concentrant dans les essences mystiques, se faire un néant des joies de la terre, en vue des cieux ouverts et inondés. Tel est en effet le caractère le plus profond de cet âge de douleur et d'espérance, que le christianisme a inventé, et qui se pose lui-même, comme un intermédiaire, entre les âges de la déchéance et celui de la réhabilitation définitive.

Le dix-huitième siècle a vu poindre, vous le savez, une théorie des âges bien différente de toutes celles-là : c'est la théorie de la perfectibilité. La prétendue dégénérescence de l'homme qui a tant occupé les siècles précédents ne paraît plus à celui-ci qu'une fable puérile. Qu'importent, dit-on, les croyances dont s'est payé le passé ? le sage ne doit désormais ajouter foi qu'aux déterminations de la raison ! C'est d'après l'observation des conditions réelles de l'espèce, et non d'après les préjugés et les rêveries de son enfance, que l'on aura désormais à écrire l'histoire ! Le mal est une loi naturelle et de tous les temps, mais dont les effets, grâce au développement de l'esprit humain, vont sans cesse en s'amoindrissant. A peine jeté sur le globe, l'homme, par suite des obstacles que les besoins de son organisation y rencontrent, se trouve exposé à toutes sortes de souffrances : il est obligé de lutter pour soutenir sa vie ; mais à mesure qu'il lutte, son intelligence se dégage, ses instincts sociaux se développent, sa puissance sur le monde physique se fortifie, son perfectionnement se réalise. De même que l'antiquité était supérieure à la sauvagerie primitive, de même le moyen âge est supérieur à l'antiquité ; et nous, élevés dès à présent par la liberté de la pensée à une telle hauteur au-dessus des superstitions de nos pères, nous ne sommes que des enfants en comparaison de notre postérité, dont nous avons du moins la vertu de pressentir de loin la grandeur. A moins d'une explosion de la planète ou d'un choc fortuit contre les astres, il est impossible d'assigner aucune limite aux progrès futurs du genre humain, et maîtres de nos destinées, dont nous possédons enfin le secret, nous marchons fièrement à notre apothéose.

Aussi, voyez quelle manière nouvelle d'écrire l'histoire ! Il ne s'est pas écoulé un siècle depuis que Bossuet esquissait, pour l'enseignement des rois, ce tableau des sept âges que vous rappeliez tout à l'heure, et dans lequel, à côté d'un Dieu si absolu, vous ne trouvez qu'un genre humain si misérable et si humilié, transportez-vous en pleine Sorbonne, en séance solennelle, et écoutez ce discours : c'est le Prieur de la Sorbonne, s'expliquant devant un auditoire d'élite sur les lois fondamentales de l'histoire. « Tous les âges, dit-il, sont enchaînés par une suite de causes et d'effets qui lient l'état du monde à tous ceux qui l'ont précédé. Les signes multipliés du langage et de l'écriture, en donnant aux hommes le moyen de s'assurer la possession de leurs idées et de les communiquer aux autres, ont formé de toutes les connaissances particulières un trésor commun qu'une génération transmet à l'autre ainsi qu'un héritage toujours augmenté des découvertes de chaque siècle, et le genre humain, considéré depuis son origine, paraît aux yeux d'un philosophe un tout immense, qui lui-même a, comme chaque individu, son enfance et ses progrès... L'histoire universelle, ajoutait-il ailleurs, embrasse la considération des progrès successifs du genre humain et le détail des causes qui y ont contribué : le genre humain, toujours le même dans ses bouleversements, comme l'eau de la mer dans les tempêtes, et marchant toujours à sa perfection. » Qu'eût dit Bossuet à ce discours de Turgot? Rien qu'à ce mot de perfection du genre humain, n'eût-il pas soupçonné que l'âge dont il avait fait partie s'était conclu en sa personne et qu'un âge nouveau s'annonçait! Toute la philosophie de ce temps était imbue des mêmes pensées. Buffon, en terminant son discours sur les Époques de la nature, si différent, de son côté, de la thèse du moyen âge sur la même question, jetait sur l'homme ce coup d'œil empreint du sentiment de la merveilleuse puissance de cette espèce suprême. « Eh! que ne pourrait pas l'homme sur lui-même, je veux dire sur sa propre espèce, si la volonté était toujours dirigée par l'intelligence? Qui sait jusqu'à quel point l'homme pourrait perfectionner sa nature, soit au moral, soit au physique? Y a-t-il une seule nation qui puisse se vanter d'être arrivée au meilleur gouvernement possible? » Voilà, jusque du sein de la zoologie, le cri de la perfectibilité, l'appel à la révolution, l'attente des améliorations indéfinies dont est susceptible la nature terrestre!

Personne n'a été, à cet égard, plus logique et plus affirmatif que Condorcet. Élève des encyclopédistes, il a donné une preuve vivante du progrès en s'élançant dans la carrière bien au-delà de ses maîtres. Son Tableau des progrès de l'esprit humain est, à mon avis, un des legs les plus estimables de la révolution française; et aussi, faut-il reconnaître qu'en fait d'histoire universelle, notre génération y a pris plus d'inspirations que dans les mythes d'Hésiode et de Moïse. Malgré ses imperfections et ses erreurs, permettez-moi d'admirer cet ouvrage dans sa tendance générale, et plus encore dans la vertu de son auteur : qu'est-ce qu'Archimède poursuivant un problème de géométrie au milieu du sac de Syracuse, auprès de Condorcet poursuivant celui de la destinée du genre humain au milieu de l'épouvantable bouleversement dont il n'était que trop averti, puisqu'il s'en voyait la victime ? Son livre est, comme le discours de Socrate, le testament d'un philosophe mourant, et de nombreux héritiers l'ont reçu qui en seront les exécuteurs. C'est avec la méthode d'observation à laquelle il avait été attaché toute sa vie, que Condorcet ose aborder l'histoire, et c'est en calculateur qu'il prétend déterminer les caractères naturels non-seulement des âges passés, mais des âges futurs. « Les observations sur ce que l'homme a été, sur ce qu'il est aujourd'hui, dit-il, conduisent aux moyens d'assurer et d'accélérer les nouveaux progrès que sa nature lui permet d'espérer encore. Tel est le but de l'ouvrage que j'ai entrepris, et dont le résultat sera de montrer par le raisonnement et par les faits qu'il n'a été marqué aucun terme au perfectionnement des facultés humaines; que la perfectibilité de l'homme est réellement indéfinie; que les progrès de cette perfectibilité, désormais indépendants de toute puissance qui voudrait les arrêter, n'ont d'autre terme que la durée du globe où la nature nous a jetés. » La réhabilitation de la nature féminine, demeurée accablée depuis tant de siècles sous l'anathème que fait peser sur elle le récit de l'Éden, lui apparaît comme un des traits essentiels de l'âge nouveau, et la condition même de ses progrès. « Parmi les progrès de l'esprit humain les plus importants pour le bonheur général, dit-il, nous devons compter l'entière destruction des préjugés qui ont établi entre les deux sexes une inégalité de droits funeste à celui même qu'elle favorise. Cette inégalité n'a eu d'autre origine que l'abus de la force, et c'est vainement qu'on a essayé depuis de l'excuser par des sophismes. » Enfin, dans son rapport à la Convention sur l'instruction publique, il se résume dans une formule de charité, devenue justement célèbre et qui peut être considérée comme le programme des législations républicaines : « Toutes les institutions sociales doivent avoir pour but l'amélioration, sous le rapport physique, intellectuel et moral, de la classe la plus nombreuse et la plus pauvre. »

Mais ce n'est pas assez pour consacrer, comme elle doit l'être, la force de cette opinion, d'invoquer ici le témoignage des philosophes : il se pourrait que la voix de ces précurseurs, comme celle de Jean, se fût perdue dans le désert. J'atteste la nation elle-même. Emportée dans ce mouvement tumultueux de la révolution française, que l'on peut à tant d'égards considérer comme un mouvement prophétique, elle a si bien senti l'approche d'un âge nouveau que, rejetant du pied le moyen âge dans l'abîme du passé, elle s'est empressée d'ouvrir au développement de cet âge nouveau la liberté d'une ère nouvelle : c'est ainsi que Colomb, encore en proie aux agitations de l'Océan, reconnut, dit-on, au changement de l'atmosphère, la proximité du monde nouveau. Vous voyez que je fais appel au fameux décret de frimaire. — « Art. 1er. L'ère des Français compte de la fondation de la république, qui a eu lieu le 22 septembre 1792 de l'ère vulgaire. » Puisque nous faisons de l'histoire, il ne saurait vous déplaire d'en voir citer les monuments, et vous me permettrez donc d'insister. « L'ère vulgaire dont la France s'est servie jusqu'à présent, ajoute la Convention nationale dans l'Instruction jointe au décret, pendant dix-huit siècles n'a presque servi qu'à fixer dans la durée les progrès du fanatisme, l'avilissement des nations, le triomphe scandaleux de l'orgueil, du vice, de la sottise, et les persécutions, les dégoûts qu'essuyèrent la vertu, le talent, la philosophie, sous des despotes cruels ou qui souffrirent qu'on le fût en leur nom... L'ère vulgaire fut l'ère de la cruauté, du mensonge, de la perfidie et de l'esclavage. Elle a fini avec la royauté, source de tous nos maux. Le temps ouvre un nouveau livre à l'histoire, et dans sa marche nouvelle, majestueuse et simple comme l'égalité, il doit graver d'un burin neuf et pur les annales de la France régénérée. La révolution française, féconde, énergique dans ses moyens, vaste, sublime dans ses résultats, formera pour l'historien, pour le philosophe, une de ces grandes époques qui sont placées comme autant de fanaux sur la route éternelle des siècles. »

LE THÉOLOGIEN.

Je vous écoute patiemment! Nous nous proposons de chercher un mode légitime de division pour les événements généraux de l'histoire, et au lieu de vous y appliquer, vous vous amusez à nous récapituler un ramas d'opinions divergentes. En résumé, que concluez-vous de tout ce discours?

LE PHILOSOPHE.

Je conclus que nous sommes au but. La série d'opinions divergentes que je viens de vous rappeler constitue précisément la division que nous cherchons. S'il est incontestable que la conduite de l'homme est principalement déterminée par l'idée qu'il se forme de sa personne, comme cette idée n'est elle-même qu'une conséquence du système qu'il se forme sur la condition de l'humanité dans sa résidence terrestre, il suit que la conduite générale des hommes varie de la même manière que ce système, et que, par conséquent, les changements qu'il éprouve correspondent aux changements les plus profonds de l'histoire. La suite des âges n'est donc au fond que la suite des opinions qui ont successivement régné touchant les âges.

Laissons de côté les siècles d'or, l'Éden, l'âge d'innocence, et venons tout de suite à l'ère du travail : j'aperçois un premier âge qui se caractérise justement par l'absence de toute opinion sur les âges. Occupés avant tout, et tous également, des expédients nécessaires à l'entretien de leur vie, les hommes ont trop à faire avec la nature pour prendre souci de théoriser sur les rapports qui existent entre leur condition et celle de leurs pères. Ils ne s'appliquent pas plus à dresser devant eux l'histoire du passé qu'à résumer la leur pour la transmettre à leur postérité. Chacun ne voit que son temps, comme chacun ne voit que son canton. C'est l'âge anté-historique. Il n'y a pas alors d'autre civilisation sur la terre que celle dont nous rencontrons peut-être quelques traits lointains et altérés dans les royaumes africains et les tribus sauvages. Déjà, cependant, malgré les difficultés qui s'élèvent de toutes parts, le progrès du genre humain est en activité. De même qu'à aucun âge les développements organiques ne sont plus vifs que dans l'enfance, de même, à aucune époque, il n'y a plus de mouvement que dans celle-là. La mythologie est excusable de s'y représenter les dieux, car jamais il ne s'est produit dans le monde tant d'heureuses inspirations et d'inventions étonnantes. Pas à pas, et gagnant chaque jour du terrain, la population se dissémine silencieusement et occupe enfin toute la terre ; la variété des races se confirme par la variété des résidences ; les langues se forment ; les animaux utiles s'apprivoisent ; les végétaux propres à l'agriculture se découvrent ; les arts s'inventent ; les rites et les symboles prennent naissance ; la propriété, les lois, les gouvernements s'instituent ; et quand nous découvrons à l'horizon des monuments et des annales, nous avons déjà devant nous des empires.

Dans le second âge règne l'idée de la déchéance. Cette croyance, toute fautive qu'elle soit, est un progrès, car elle implique la solidarité du genre humain, et procède d'un sentiment formel de la justice de Dieu. Elle sert, en effet, à résoudre l'antinomie qui semble exister à première vue entre les souffrances de ce monde et la droiture du Maître suprême de l'univers. Si, dès notre enfance, nous sommes malheureux, se disent les hommes, ce doit être en expiation des crimes de nos pères ; et si les maux de la terre ne cessent de croître, c'est que la dépravation de ses habitants ne cesse d'augmenter. La religion vit de terreur et ne sait imaginer pour plaire à la divinité irritée que l'offrande du sang, même du sang humain. Dépourvue de formules solides, elle se perd de plus en plus dans les superstitions et les cérémonies, et n'a pas la vertu de retenir les masses sur la pente de la folie et de l'immoralité. Les justes eux-mêmes sont arrêtés. Ils peuvent bien espérer confusément qu'un jour il leur sera donné d'apaiser la vengeance céleste, mais ils ne possèdent pas le moyen de se relever dès à présent. S'ils aspirent à se rapprocher de Dieu, ils n'aperçoivent entre leur être et le sien que l'abîme effroyable de l'infini, et il ne se découvre à leurs yeux, au sortir de cette vie, d'autre alternative que de renoncer à l'immortalité, ou de se perpétuer tristement dans une existence semblable à l'existence présente, ou de courir à leur propre dissolution en cherchant à se résorber en Dieu. Telle est, en effet, la condition des Israélites primitifs, des pharisiens, des alexandrins, des philosophes grecs, des théologiens orientaux. Aussi la plupart des nations finissent-elles par renoncer à cette inaccessible et impraticable divinité, pour se jeter à l'envi dans le culte des dieux familiers, c'est-à-dire des anges imaginaires de la tradition et de la poésie. Les religions deviennent dès lors innombrables comme les civilisations qu'elles conduisent. Faute d'une liaison convenable avec Dieu, l'humanité, tout en commençant à éprouver une perception vague de son unité, n'est cependant pas capable d'unir spirituellement ses éléments dispersés, car elle conçoit tout au plus son unité dans l'enchaînement fatal des générations, sans la sentir immanente dans la conspiration unanime de tous les hommes en leur commun auteur et vivificateur. La communauté intrinsèque faisant ainsi défaut, les individus demeurent donc étrangers l'un à l'autre ; les races s'entretiennent dans une antipathie réciproque; chaque peuple n'entend que soi, ne vise qu'à soi, et, sous l'autorité de ses symboles nationaux, poursuit isolément la spécialité qui lui est attribuée dans l'œuvre universelle de progrès. Les vieux empires de l'Inde et de la Chine nous conservent aujourd'hui encore, comme des fantômes du passé, les traits fondamentaux de cet âge reculé que tout le monde reconnaît sous le nom d'Antiquité.

Ce que vous me permettrez de comprendre d'une manière générale sous le nom de moyen âge compose ma troisième période. Elle se caractérise en ce que les hommes, tout en continuant à croire à la déchéance du genre humain, croient en même temps à sa réhabilitation par l'efficacité du sang expiatoire offert à la justice de Dieu par Jésus-Christ. Ainsi les vagues espérances nées dans la période précédente commencent à se réaliser. On prend universellement possession de Dieu. Dans les contrées les plus reculées, comme dans les classes les plus abandonnées, les âmes entrant en relation familière avec l'auteur de toutes bénédictions, agissent à volonté par ce divin commerce sur le fond même de leur nature, et par suite, sur le cours à venir de leur immortalité. C'est à l'introduction de la croyance au Médiateur que l'humanité doit ce bienfait. Renonçant aux tentatives impuissantes de l'antiquité sur le Dieu abstrait et absolu, la religion conçoit, à la limite de la perfection, une personne humaine revêtue d'un caractère assez élevé pour convenir à Dieu, et c'est à cette sublime personne que les créatures adressent désormais leurs prières, afin que, par son intermédiaire, ces prières puissent se communiquer à Dieu. Le problème de la sanctification se trouve donc rejeté sur la manière dont s'opère l'union de ce type idéal avec l'Être suprême ; et l'enthousiasme de la foi, en triomphant de ce mystère, assure à tous la possibilité du salut. En effet, grâce à la présence de ce Médiateur, qui d'un côté touche à l'humanité et de l'autre à Dieu, la liaison avec le souverain principe de la béatitude se trouve fondée ; et, en même temps, par l'imitation des caractères humains de ce même Médiateur, la justification s'accomplit fondamentalement, et d'une manière d'autant plus efficace, que les créatures sont dès lors animées de la pleine conscience de leur travail sur elles-mêmes. Voilà ce que l'antiquité n'a jamais soupçonné. Les Juifs, qui ont tant exalté Moïse, se sont bornés à faire de ce prophète un émissaire de Jéhovah, sans avoir jamais eu l'idée de l'ériger en intercesseur et de s'appliquer à lui. Et aussi le mahométisme, et plus encore le bouddhisme, méritent-ils d'être regardés comme dominant à cet égard le judaïsme ; car, bien qu'ayant manqué le vrai type du Médiateur, en le confondant, l'une dans la nature humaine et l'autre dans la nature divine, ces deux religions ont eu du moins tendance à chercher un intermédiaire, et se sont ainsi tournées vers le chemin de la perfection. Le christianisme seul y est entré. C'est lui qui a eu la sainte audace de placer sur l'autel l'Homme-Dieu, ni homme, ni dieu, mais homme et Dieu tout ensemble, réconciliateur, rédempteur, sauveur ; et sous l'empire de cet impérissable idéal, le ravissement de l'humanité dans la carrière céleste est décidément commencé.

Enfin, je crois vous avoir tout à l'heure indiqué des avant-coureurs évidents d'un autre âge. Ce quatrième âge consiste dans une phase nouvelle de la grande religion qui domine le moyen âge, et qui vivait déjà en expectative dans les demi-lueurs de l'antiquité juive et païenne, et même de la période antérieure à l'histoire. Combien il est différent de l'âge qui le précède ! Il se fonde sur la réhabilitation complète de la nature humaine dans sa résidence terrestre, par la conception d'un progrès continu, qui se poursuit depuis l'origine des choses jusque dans les merveilleux lointains des temps futurs; et le moyen âge ne peut compter que pour une simple introduction à cette ère majestueuse. Au moyen âge, la nature humaine est à la vérité considérée comme réconciliée avec Dieu, mais dans son abstraction seulement, et non dans les conditions réelles de son existence mondaine. La terre est toujours sous le coup de l'anathème de l'Éden. Elle n'engendre à ses habitants que des ronces et des épines; l'affreux génie du mal y domine en liberté; et l'homme, assujetti aux privations, aux labeurs, aux tyrannies sanglantes de l'épée, y vit dans la terreur de la mort avec gémissement. C'est le fumier de Job. *Homo natus muliere, brevi vivens tempore, repletur multis miseriis.* Aussi la religion n'a-t-elle alors de meilleur conseil à donner aux justes que de renoncer à ce monde d'un jour, d'y passer comme n'y étant pas, de ne chercher que le règne mystique du paradis et de n'aimer rien autre. *Rejice transitoria,* dit le génie sévère qui trace à cette époque les règles de l'Imitation de Jésus-Christ, *et quære æterna.*

Mais si les hommes sont réellement en grâce devant Dieu, peuvent-ils sans inconséquence considérer comme un fruit de la colère céleste les conditions qui règnent dans la demeure qui leur est attribuée ? Si, par l'expansion de toutes les facultés dont le Créateur les a doués, ils s'appliquent à faire graduellement disparaître tout ce qui gêne ici-bas leur essor, n'entrent-ils pas ainsi plus profondément qu'ils ne l'ont jamais fait dans la vérité des desseins de la Providence sur ce monde ? Que la réalisation de tous les biens que l'imagination peut se proposer sur la terre soit donc désormais le but des nations. Que le globe, dépouillé de son indépendance primitive, soumette toutes ses puissances à nos lois; que moyennant un travail de moins en moins onéreux, il nous fournisse, comme un serviteur fidèle, tout ce qui est nécessaire à l'aisance de notre vie; que par les progrès de la politique, la pauvreté, la guerre, les tyrannies, s'anéantissent; par les progrès de l'éducation, l'ignorance, le vice et la méchanceté; par ceux de la morale et de la science, les maladies; par ceux de la croyance à l'immortalité, les terreurs désolantes de la mort; que les relations de l'âme avec la matière convenablement appropriée à ses appétits légitimes, loin de l'entraver, ne soient pour elle que des motifs d'admiration, d'enthousiasme et de reconnaissance envers l'auteur de la nature; enfin, qu'au lieu de rejeter comme des causes d'égarement et de perdition, les liens passagers qu'il est dans les conditions de notre vie de nouer durant notre séjour ici-bas, la religion, laissant tomber sur eux un reflet du ciel, pour les sanctifier, et les tournant à notre profit éternel, puisse dire à l'inverse du moyen âge : *Transitoriis quære æterna.* « Par les choses transitoires, cherche les éternelles. » Telle est, en effet, la parole qui formule le plus justement nos rapports avec la terre, comme avec le reste de l'univers. Nous ne rencontrons rien dans l'univers qui ne puisse servir à nous élever, et nous ne pouvons nous élever réellement qu'en nous aidant de ce que nous offre l'univers. Les astres eux-mêmes, dans leur sublime hiérarchie, ne sont que les degrés superposés par lesquels nous montons progressivement vers l'infini; et les anges du ciel, tout comme nous citoyens de la terre, ne vont à ce qui est éternel que par ce qui est transitoire. C'est dans cet esprit seulement que l'on peut donner à l'Imitation de Jésus-Christ toute la valeur morale que cette doctrine renferme; car toutes nos démarches, dans cette vie comme dans la suite de notre immortalité, n'ont dès lors pour objet que de nous faire glisser à travers des états successifs de plus en plus rapprochés de l'idéal suprême.

En même temps que, sous l'influence de ces idées, le genre humain prend une conscience de plus en plus assurée de son élévation graduelle dans l'avenir, il entre de plus en plus nettement dans le secret de son élévation graduelle dans le passé. Le souverain principe de la perfectibilité illumine à ses yeux tous les temps. Ses âges antérieurs lui apparaissent comme les termes réguliers de son progrès. Il les voit tous au même titre sous la m~i~ de Dieu. Il justifie les afflictions qui les ont inégalement désolés, car elles se présentent à lui comme les épreuves consacrées par la Providence à la correction des êtres qui ont mérité de traverser la terre durant ces siècles tourmentés ; mais il veut que désormais, par le perfectionnement des générations et leur coalition en faveur de la purification de la société terrestre, ces épreuves aillent en diminuant et se tempérant de plus en plus. Il se rend compte avec la même clarté des opinions diverses qui ont dominé successivement les âges. Il conçoit, comme l'antiquité, que l'homme n'a pu naître que dans un état de paix et d'innocence ; mais il entend que vu l'imperfection de toute vie naissante, cet état n'a pu être qu'un régime précaire et relatif. Il comprend, comme le moyen âge, que la vraie béatitude ne doit être cherchée que dans l'union de l'âme avec Dieu ; mais il entend que cette union ne se trouve qu'à l'extrémité d'une chaîne infinie dont la terre constitue un des anneaux, et dont les autres doivent sans doute offrir à notre vie, dans un degré supérieur, des conditions analogues à sa condition actuelle. Conformément aux aspirations prophétiques qui agitent si puissamment les temps modernes, il sent qu'à la considération des progrès de l'individu dans l'immortalité, il est désormais obligatoire d'ajouter la considération des progrès généraux attachés à la terre ; mais il n'entend pas que l'amour de la terre soit destiné à faire perdre l'amour du ciel. Il tend à ce que ces deux amours s'identifient à l'avenir, et ne fassent plus qu'un. « Nous cherchons la Cité future : *Futuram civitatem quærimus*, » disaient les premiers chrétiens à leurs bourreaux, en leur montrant le ciel ; nous cherchons la cité future, doivent dire de même à leurs persécuteurs les apôtres de l'âge nouveau, mais en leur montrant à la fois le ciel et la terre.

Tels sont, en résumé, les caractères de cet âge, tels qu'il me semble permis de les soupçonner à travers les principes généraux qui se sont posés en contradiction de ceux du moyen âge, et dont l'empire s'étend ouvertement de jour en jour. C'est à la France qu'appartiendra principalement la gloire d'avoir inauguré cette grande époque. Sans me dissimuler ni les erreurs de la philosophie du dix-huitième siècle, ni les emportements de la révolution qui le couronne, je m'incline avec respect devant l'annonciation faite par cette philosophie et cette révolution : pour être à demi voilée par les nuages, l'aurore du jour nouveau ne mérite pas moins d'être saluée par ses contemplateurs. C'est aux rayons de cette lumière que le monde s'ébranle en vue de l'avenir qui l'attend. Il ne peut y avoir d'autre terme à ce mouvement que celui qui est assigné, dans les plans de la Providence, au genre humain lui-même : tout progrès possible y est compris ; et quand le genre humain ne verra plus devant lui aucun progrès à accomplir, le signal de sa palingénésie ne se fera sans doute pas longtemps attendre. Une période nouvelle succédera à la période actuelle, mais elle sera le premier âge d'un genre humain nouveau. En attendant ces événements, que l'observation du monde nous fait dès à présent juger inévitables, appliquons-nous avec ferveur au service de l'âge dans lequel nous sommes nés. Ne sentez-vous pas qu'il nous entraîne à l'amour de Dieu et du prochain avec plus d'énergie qu'il n'y en a jamais eu dans aucun des âges qui nous précèdent ? Entraînement invincible puisqu'il est juste ! Que la réhabilitation, conçue d'abord pour la nature abstraite, s'étende donc par nos efforts jusqu'à la nature humaine développée en nations, et que l'humanité, sortant de ses limbes, puisse prendre enfin place au soleil dans tout l'éclat de la gloire dont elle porte en elle le principe ! C'est le salut du monde comme de nous-mêmes ; et, pour vous exprimer ma pensée d'un seul mot, déroulant dans toute la profondeur de sa substance la parole de saint Jean, j'oserai vous dire : « Comme Moïse éleva le serpent dans le désert, ainsi faut-il que le genre humain soit maintenant élevé, afin que quiconque croit en lui ne périsse point. »

LE THÉOLOGIEN.

Si vous ne jugez pas, comme nous, le dix-huitième siècle digne d'être à jamais rayé de la liste des siècles, du moins n'en rayez-vous pas, comme lui, le moyen âge. Quelques idées différentes des nôtres que vous vous fassiez, à ce qu'il me semble, de la mission du Crucifié, vous ne croyez pourtant pas, grâce à Dieu, que la philosophie soit fondée à nous enseigner l'immortalité, à la manière des païens, sans tenir le moindre compte du type ineffable qui vit sur nos autels. Si grandes que soient vos espérances, relativement à l'avenir réservé au genre humain, ces espérances, en admettant même qu'elles dussent se réaliser, ne seraient jamais, selon vous, qu'une suite normale de la parole qui a relevé de son abaissement héréditaire notre race déchue; et d'ailleurs, vous ne faites sans doute pas difficulté d'en convenir, tous vos problèmes de science, d'industrie, de politique, si féconds pour le bonheur des hommes que vous les supposiez, paraîtront toujours bien secondaires à côté du problème fondamental de la justification, dont s'est tant préoccupé le moyen âge et qui ne pourra manquer de dominer jusqu'à la fin tous les siècles. Aussi, pourrais-je ne pas vous faire une guerre trop vive sur ce nom d'Introduction qu'il vous plaît de donner aux dix-huit siècles qui nous précèdent, si vous vouliez confesser ouvertement que, dans cette Introduction, sont renfermés les principes essentiels de toutes les améliorations qui pourront venir au jour avec le temps. Le moyen âge, lui-même, malgré la fixité que vous lui reprochez, nous a montré dans l'ordre temporel assez de nouveautés de toutes sortes pour que, sans contrarier absolument sa tradition, notre imagination, en se représentant les siècles à venir, puisse prendre toute carrière à cet égard. Puissent les riantes perspectives que vous entrevoyez n'être pas illusoires! car si la charité nous fait un devoir de désirer avant tout que le nombre des bons s'accroisse sur la terre, nous ne devons pourtant pas faillir à souhaiter que le nombre des âmes qui accomplissent ici-bas leur épreuve dans les tourments et la misère aille, s'il se peut, en diminuant; et c'est même à combattre, autant que j'en suis capable, ce mal physique, contre lequel vous semblez prêt à invoquer une croisade, que je m'applique chaque jour dans la mesure de mes aumônes.

Aussi n'est-ce pas tant la question des changements de l'économie temporelle du moyen âge qui me paraît élever de la difficulté entre nous, que votre tendance à transformer la suite historique des hommes en une sorte de personne morale sous le nom d'humanité. Si les hommes peuvent être considérés comme faisant corps, c'est dans l'unité de la religion et non pas dans la succession de leurs générations, qui n'est au fond qu'un phénomène purement accidentel. Il y a d'ailleurs une conséquence frappante de votre manière de voir que je veux vous montrer, et qui vous met singulièrement en contradiction avec vous-même. Si l'humanité constitue, comme vous le prétendez, une personne véritable, ce que vous avez appelé l'âge anté-historique nous représente son enfance, l'antiquité son adolescence, le moyen âge sa jeunesse, et l'âge dans lequel vous nous faites entrer actuellement serait son âge mûr. Mais l'échelle des âges, vous le savez, est une échelle double. Pensez seulement à cette image, devenue si populaire parce qu'elle est si juste, où d'un côté l'homme gravit à partir du berceau les degrés ascendants jusqu'à l'âge mûr, après lequel, les degrés s'abaissant en sens inverse, il redescend par la vieillesse et la décrépitude jusqu'au tombeau. La personne de l'humanité, si l'on suivait exactement vos principes, aurait donc à parcourir ces mêmes âges, de sorte qu'après l'âge culminant dans lequel vous la placez aujourd'hui, il lui resterait à entrer dans une ère de décadence pour se précipiter graduellement vers sa fin. Voilà, sans contredit, un mouvement naturel! Sans nous piquer d'attribuer aux lois de la nature un empire aussi absolu que vous le faites, remarquez que nous leur sommes pourtant ici plus fidèles que vous. En comptant sept âges dans l'histoire, nous ne faisons en définitive que nous conformer à l'exemple de l'homme, dont la vie nous présente également une série de sept âges; et en prophétisant ce dernier âge que vous repoussez comme contraire à votre progrès continu, nous nous ajustons encore sur le type de l'homme. Que sont en effet les terribles fléaux que saint Jean nous décrit figurément au sixième âge, la conjuration du dragon, la tribulation des justes, la persécution de l'Antechrist, sinon les analogues de ces symptômes d'affaissement qui se développent toujours avant la mort et la préparent? « Le jour du Seigneur ne viendra point, dit saint Paul aux Thessaloniciens, que l'apostasie ne soit arrivée auparavant. »

LE PHILOSOPHE.

Certes, je ne me rendrai pas à votre argument. S'il était fondé, la doctrine du progrès serait, je l'avoue, bouleversée. Mais j'ai d'abord à vous répondre que je ne veux nullement personnifier l'humanité au point qu'il vous plaît de supposer. Si l'humanité, prise dans l'unité de son histoire, peut être considérée comme une personne morale, ce n'est pas à dire qu'elle suive exactement les lois d'une personne réelle. Elle n'est pas dans la condition de l'homme qui, vivant dans un corps dont il n'est pas le maître, finit nécessairement par se ressentir des altérations qui ne tardent pas à en affecter le mécanisme. Le tourbillon planétaire auquel l'humanité est liée, bien que comparable à certains égards au tourbillon du corps humain, en est pourtant essentiellement différent : loin de s'user à vue d'œil comme celui-ci, il ne connaît que les variations séculaires que nous avons considérées dans notre précédent entretien ; et bien avant que par l'effet de ces variations, son activité vitale ait pu subir aucune diminution sensible, l'humanité aura gagné l'époque où ayant rempli le globe et n'ayant plus aucun progrès à accomplir, ses générations devront se transformer pour une phase nouvelle. Donc aucune dégénérescence physiologique ne la menace. Quel que soit son âge, elle ne cesse pas de s'élever au-dessus d'elle-même, non-seulement parce qu'elle est semblable à un individu qui apprend et s'instruit continuellement, comme le dit Pascal, mais parce que son mouvement est guidé par Dieu même, qui fait naître, quand il lui plaît, où il lui plaît, tels qu'il lui plaît, les hommes de génie au commandement desquels elle obéit.

De plus, j'ai à vous déclarer que je rejette absolument votre échelle des âges. Qu'elle soit vraie pour les animaux, elle ne l'est pas pour l'homme. Notre vie est bien au-dessus de ce grossier symbole. S'il y a des degrés dans les âges qui la divisent, ces degrés, comme sur l'échelle de Jacob, montent tous vers Dieu. La mort n'est que le point où l'ascension de l'âme commence à se dérober à nos yeux, et à défaut de nos sens, il est du moins permis à notre espérance de poursuivre à travers les inconnus du ciel cette marche divine. Serait-il concevable que la Providence eût ordonné notre existence de manière à ce que les forces ou les circonstances propres à notre avancement moral pussent jamais nous faire défaut? Ne m'objectez pas la décrépitude : ce n'est qu'une agonie prématurée. Partons du berceau, et voyons s'il n'y a pas à redresser votre échelle. Sur le premier degré, voici l'âme, à peine attachée d'hier à ce séjour, et qui, s'épanouissant déjà au sourire maternel, apprend pour ainsi dire à aimer en même temps qu'elle apprend à respirer. Au second âge, devenue maîtresse de ses organes, elle s'initie aux trésors amassés par les générations antérieures et se rend capable de prendre utilement place à son tour dans le concert de la société. Un nouvel échelon se présente, et, s'élevant au-dessus de l'idée de la famille, elle entre dans la grande et substantielle idée de la patrie, soit que pour y pénétrer par une pratique généreuse, il faille se sacrifier sur les champs de bataille, soit que tout autre service désintéressé doive l'habituer au dévouement et compléter son éducation par un exercice formel de la vertu. Le quatrième âge est venu : l'homme est prêt; il cherche sa compagne et achève de s'enraciner dans le genre humain en y devenant la tige d'une famille nouvelle. C'est alors qu'il faut, tout en contribuant au bien-être commun, songer plus directement à soi-même et fonder par le labeur l'avenir et l'indépendance de ses enfants. Dans l'âge suivant, fortifié par l'expérience, entouré de l'estime publique, déjà plus riche de loisirs, le citoyen peut rendre de rechef à sa patrie une partie de sa vie dans les magistratures et les fonctions de confiance auxquelles il est appelé. Bientôt l'heure de la vieillesse va sonner : c'est le moment du repos, le dimanche de la vie; loin d'être une période de dessèchement et d'envie, c'en est une de bienveillance, de piété plus sérieuse, de recueillement. L'échelle est à sa dernière marche : les sept degrés sont franchis ; il faut se mettre en mesure d'en franchir bientôt de plus sublimes et d'un pas plus ferme et plus heureux. Tel est le secret de la mort, et il n'y a pas de quoi mener d'avance son propre deuil : l'homme n'a graduellement monté, à travers la vie, vers cette transfiguration finale que pour y gagner une résidence meilleure, une forme plus parfaite et des vertus plus solides.

Je m'en tiendrais à ce redressement, s'il ne vous avait plu d'arguer aussi de l'exemple de l'homme en faveur de votre classification de l'histoire en sept périodes; mais j'ajoute que votre emploi du nombre sept ne me semble pas moins artificiel dans l'histoire de l'homme que dans celle du genre humain. Si je l'ai accepté un instant, ce n'a été que pour vous combattre sur votre terrain même. Vous alléguez l'autorité du sentiment vulgaire, mais je vous oppose celle du sentiment poétique qui a consacré le tableau des quatre âges bien plus universellement et plus anciennement que la triste peinture à laquelle vous faites allusion. Et quel sujet plus digne de l'art, en effet, que cet emblème des variations de la vie, composé simplement de quatre belles figures s'embrassant et se soutenant mutuellement! C'est d'ailleurs la seule division générale que la science connaisse : enfance, jeunesse, âge mûr, vieillesse. Le droit public lui-même y consent : un premier âge où l'enfant est entièrement abandonné au gouvernement paternel; un second âge où les pouvoirs publics lui ouvrent les écoles et veillent à l'esprit de son éducation; un troisième où l'homme devient majeur; un quatrième où il est exempté de tout service public et rendu à lui-même. Quel sentiment profondément humain dans ce mot de retraite! Combien il s'éloigne de toutes ces idées matérialistes de décadence et de prostration! L'activité extérieure diminue, mais afin de permettre à l'activité intérieure de redoubler; et si l'âme se trouve alors moins portée à s'épancher, c'est pour qu'elle le soit davantage à se recueillir.

Mais que l'incident ne nous fasse pas oublier la thèse principale de notre entretien. Cette thèse, c'est la continuité des progrès du genre humain. Revenons-y donc, et concluons. J'invoquerai ici contre vous, pour en finir, un auxiliaire que vous ne récuserez pas, car cet auxiliaire, c'est vous-même. C'est vous, en effet, qui nous avez mis sur la voie d'ériger le principe du développement graduel de la vie en loi fondamentale de l'univers. C'est vous, comme je vous l'ai déjà rappelé, qui avez commencé par y soumettre les actes de la Genèse; et si le principe est implanté à ce point dans le sein de la création, comment pourrait-il ne pas s'y maintenir toujours? Comment, après avoir présidé à l'institution des animaux, ne gouvernerait-il pas aussi celle de l'homme? Remarquez même que le progrès dans l'animalité n'existe en réalité que par rapport à l'homme; car, ôté l'homme, en quoi le mammifère a-t-il plus de perfection que l'insecte? Mais en regard de l'homme, au contraire, le progrès des animaux prend immédiatement figure, car on voit leurs organisations s'élever d'âge en âge vers cette organisation culminante qui forme le dernier terme, et pour ainsi dire le but de ce long enfantement. C'est vous même encore qui, après nous avoir enseigné ce premier mouvement, nous en montrez la continuation dans l'établissement primordial des sociétés. Le chapitre de la Bible qui vient après le récit de l'Eden n'a pas d'autre objet. Nous y voyons les premiers hommes arriver nus et ignorants sur la terre, et leur postérité inventer successivement l'éducation des troupeaux, l'agriculture, l'usage des édifices, la musique, l'airain, le fer, le culte même de Dieu. « Et il naquit à Seth un fils qu'il nomma Énos, et c'est celui-ci qui commença à invoquer le nom du Seigneur. » Ce serait peu de chose, en effet, que le développement de l'industrie, des sciences, des beaux-arts, si la religion ne s'y joignait. Mais de Noé à Abraham, d'Abraham à Moïse, de Moïse aux prophètes, des prophètes à l'Évangile, les ouvertures de la révélation ne s'agrandissent-elles pas continuellement? « Je suis le Seigneur, dit Jehovah dans l'Exode, qui suis apparu à Abraham, à Isaac, à Jacob, mais je ne leur ai point révélé mon nom d'Adonaï. » Ainsi, de l'aveu même de votre tradition, l'humanité ne cesse pas, durant toute l'antiquité, de s'élever, d'âge en âge, à des dogmes de plus en plus lumineux ; et si, pour le fond même de la révélation, il répugne à votre théologie d'admettre aucun progrès depuis la prédication de Jésus-Christ, ne convenez-vous pas du moins que les conciles qui ont suivi l'époque apostolique se sont admirablement succédé de siècle en siècle, en dissipant graduellement les obscurités de la foi, tandis que, par un perfectionnement concordant, la propagation du christianisme s'étendait de plus en plus aux dépens des derniers résidus de l'ordre antique? Voilà vos prémisses! Et c'est sur l'autorité de je ne sais quels fantômes de l'Apocalypse que vous consentiriez à les démentir! Laissez-moi espérer que cela ne sera point. Vous aimerez mieux céder que de vous briser, vous conclurez avec nous, car ce ne sera que conclure avec vos précédents, et vous avouerez que l'humanité, progressive depuis son origine jusqu'à nous, doit demeurer perpétuellement progressive. Que le temps se déroule devant elle : semblable aux immortels, elle ne sera pas moins toujours jeune. Et je termine, en effet, par une considération bien simple et qui me paraît décisive : c'est que le genre humain étant constamment composé, et dans la même proportion, de jeunes hommes, qui sont les représentants par excellence de sa vitalité, il est dans sa condition naturelle de conserver indéfectiblement, jusqu'à sa fin, le caractère et l'activité de la jeunesse.

LE THÉOLOGIEN.

Du moins ne nous séparerons-nous pas que vous ne m'ayez accordé satisfaction sur un point : c'est sur la majesté de notre division septénaire. Si je m'attache à ce mode de division, ce n'est point par un goût arbitraire, mais parce qu'il me semble entrer dans l'essence même de l'univers. Le septénaire régit pour nous, vous le savez, le ciel et la terre, et ce n'est pas sans raison que saint Thomas le nomme le nombre universel. Armé de votre méthode expérimentale, qui ne donne place aux nombres qu'à la suite des choses, vous venez de l'éliminer tour à tour du domaine de la Genèse, du domaine de l'histoire, du domaine de la vie : c'est vous-même que cet exil accuse. Sans parler de l'excellence de ce nombre sacré, de sa génération, de ses propriétés, de sa transcendance arithmétique, dont l'antiquité même témoigne, je vais vous montrer dans l'ordre humain un monument inébranlable qui le porte, et d'où il rayonne sur nous en souverain. C'est l'institution, si capitale, qui règle le système de nos labeurs et de nos repos sur la terre, la période hebdomadaire, en un mot, qui n'est elle-même, selon nous, qu'un reflet lointain de la grande semaine du Créateur. Voilà, sans contredit, une entité fondamentale, qui est digne par son importance de servir de modèle à toutes nos divisions, et dans laquelle, si je ne me trompe, vous serez bien obligé de respecter enfin ce nombre qui vous condamne.

LE PHILOSOPHE.

J'admire assurément la belle parole : *Mundum regunt numeri*, mais je ne pense pas que le gouvernement du monde physique, si justement attribué par Pythagore à la métaphysique des nombres, éternel principe de toute harmonie, soit affecté par aucun privilége au nombre sept. Le jour où l'astronomie est venue attaquer ce nombre dans son fabuleux empire des sept planètes, ce nombre s'est vu frappé dans la source même de son autorité. Si donc j'ai adopté de préférence le nombre quatre, c'est qu'il est aussi valable que l'autre et par son exactitude et par sa simplicité, et je n'ignore pas que je le verrais bien vite démenti, si je m'avisais de l'ériger, à votre exemple, en nombre universel. Avouez d'ailleurs que si nous mettions ici l'arithmétique en cause, il ne me serait pas difficile de vous obliger à concéder que ni par sa généalogie, ni par ses propriétés, le quaternaire n'a moins de dignité rhythmique que celui qu'il vous plaît de préférer.

Quant au septénaire de la semaine, je me borne à un mot, c'est que je ne lui reconnais aucun droit en dehors du service auquel notre économie l'applique. Je l'admire volontiers comme une des pièces les plus étonnantes de haute antiquité qui se soient conservées jusqu'à nous; et, tout étranger qu'il ait été à la civilisation exemplaire des Grecs et des Romains, je le respecte même comme un des monuments les mieux consacrés par le consentement général des hommes. Mais à quelque haute ancienneté qu'il remontât chez les Hébreux, remarquez bien qu'il n'y était venu que de seconde main, car le type primitif de la semaine, qu'ils avaient dû connaître en Égypte, et qui nous a été si merveilleusement rapporté du nord par les barbares, ne se trouve chez eux que déjà effacé à demi. C'est donc bien l'homme qui a créé cette institution, et, qui plus est, c'est avec les inspirations les plus erronées de son enfance qu'il l'a créée. Son acte de naissance est écrit dans les noms que les jours portent encore. Ne vous croyez donc pas moins libre à l'égard de la période hebdomadaire que vous ne l'êtes à l'égard de tant d'autres institutions du droit mosaïque, dont le christianisme n'a reçu non plus l'héritage que sous bénéfice d'inventaire ; et craignez, au contraire, par une vénération trop superstitieuse, de vous rapprocher de ces idolâtres qui se prosternent aveuglément devant les ouvrages de l'homme. Je me résume en vous remettant sous les yeux la belle sentence de Jésus dans saint Marc : « Le sabbat a été fait pour l'homme, et non pas l'homme pour le sabbat. » Que par le perfectionnement des rapports entre le globe et le genre humain, la quantité de travail nécessaire à notre existence vienne à subir une diminution suffisante, je n'aurais, je vous l'avoue, aucune répugnance à voir la longueur de la semaine s'abréger dans la même mesure ; et si jamais ce quaternaire, que vous me reprochez, pouvait étendre à ce point son empire qu'après trois journées consacrées aux labeurs de la terre, il en vînt une consacrée aux choses du ciel, ce serait un progrès social et religieux dont les amis de Dieu et des hommes ne pourraient refuser de se réjouir.

III

LE PREMIER HOMME

LE THÉOLOGIEN.

Vous avez cherché, en vous appuyant sur les données les plus générales des sciences naturelles et de l'histoire, à nous définir les conditions extérieures de la vie terrestre; mais, de quelque espérance que vous vous soyez flatté relativement à l'amélioration de cette vie, vous n'avez pu faire que la terre ne doive toujours demeurer un lieu d'affliction : il vous a fallu reconnaître que l'homme y est, en définitive, aux travaux forcés, et qu'il n'y a de choix pour lui qu'entre la prison et la mort. Comment donc expliquer tant de dureté, puisque l'on ne peut mettre en doute ni la toute-puissance, ni la bonté de l'auteur du monde? Pourquoi ces ronces qui nous embarrassent et ces épines qui nous poignardent? Pourquoi cette sueur, non-seulement du visage, mais du cerveau? Pourquoi enfin cette préoccupation de la dernière heure, pour ceux que nous aimons plus encore que pour nous, et qui suffirait pour remplir d'angoisses toute notre existence? Vous ne savez rien, tant que vous n'êtes pas en état de rendre raison de cette question à laquelle viennent évidemment aboutir toutes les autres. Mais c'est ici qu'il faut quitter les surfaces, et je ne crains pas de nommer ainsi les tableaux de la nature et de l'histoire, pour entrer dans les profondeurs de l'univers. Garantis contre toute distraction du dehors entre les murailles austères du lieu de retraite et de travail où nous sommes aujourd'hui réunis, essayons donc de nous enfoncer ensemble dans la région des mystères. Qu'il n'y ait plus d'autres problèmes devant nos yeux que ceux de la naissance et de la chute d'Adam. C'est sur vos prémisses mêmes que je vous fais sommation de me suivre. Trouvez, en effet, si vous le pouvez, ailleurs que dans le péché originel, la clef des conditions de la terre.

LE PHILOSOPHE.

J'avoue, en substance, tout ce que vous venez de dire. Sans la doctrine du péché originel, il est impossible à un esprit logique, en présence de tant de maux qui entourent l'homme dès le berceau, de ne pas glisser dans le manichéisme. Je suis donc tout prêt à vous suivre sur le terrain où vous me conviez; seulement permettez-moi de faire mes réserves sur la précipitation avec laquelle vous courez tout d'abord à la biographie d'Adam. Il y a une recherche préalable. Pour comprendre la manière dont les âmes se conduisent ou se sont conduites autrefois sur la terre, et quel est le genre d'accueil qu'elles y méritent à leur arrivée, il faut, s'il est possible, tâcher premièrement de découvrir d'où elles viennent. Autrement, leur histoire demeure forcément dans cette région extérieure au-dessous de laquelle vous voulez maintenant que nous creusions : elle se réduit à des faits auxquels on peut subordonner d'autres faits; mais les premiers ne s'expliquant pas, il s'ensuit qu'ils n'expliquent non plus réellement rien. Ainsi, afin de discourir avec méthode, commençons, s'il ne vous déplaît pas, par quelques explorations du côté de l'origine de l'âme.

LE THÉOLOGIEN.

Il me semble que ces explorations seront bientôt achevées. On découvre à la vérité plusieurs voies; mais à l'exception d'une seule, il est aisé de reconnaître que toutes ces voies sont barrées. Jetons-y seulement les yeux, de l'entrée.

A commencer par la plus folle, c'est assurément celle qu'a ouverte le stoïcisme quand il a imaginé de faire de l'âme une particule de la substance de Dieu. Nous y trouvons les gnostiques, les manichéens, les priscillianistes, les panthéistes de tout temps, courant se précipiter les uns sur les autres dans un commun abîme où Dieu même leur échappe ; car sa substance étant supposée identique avec la nôtre, comme la nôtre est susceptible de souillure, il en va donc de même de la sienne. Au fond, le principe de cette folie consiste dans l'idée d'une certaine matière incorporelle qui remplirait le monde en s'y fractionnant d'elle-même à l'infini, ce qui est la plus extravagante image de Dieu que l'on puisse forger.

Tout à côté, j'aperçois la voie qu'a indiquée Platon et dont Origène a développé si passionnément les chimères grandioses. Toutes les âmes auraient été primitivement des substances spirituelles, pures, lumineuses, bienheureuses ; mais, déchues par leur faute de cette béatitude céleste, elles se seraient vues condamnées, soit par l'arrêt de Dieu, soit par l'effet même de leurs penchants insensés, à entrer dans la condition corporelle de ce bas monde, créé pour leur supplice. Les anathèmes de l'Église ont fait justice de ces rêveries qui déshonoraient la vie de la terre, tout en ébranlant la sublime fixité de celle du ciel.

Venons à Tertullien, dont l'opinion, par son apparente concordance avec le dogme du péché originel, a préoccupé si longtemps l'Occident. Selon lui, la transmission de l'âme s'opère de père en fils par le sang ; et ainsi, en remontant de proche en proche, toutes les âmes se trouveraient implicitement comprises dans le premier homme et auraient péché en lui et avec lui. De quelque manière qu'on l'entende, cette thèse est insoutenable. Comme le sentiment des panthéistes détruit Dieu, celui-ci détruit l'homme. En effet, est-ce le sang qui, par une secrète vertu, produirait l'âme ? L'âme ne serait donc qu'un effet de la matière, et par conséquent matière elle-même. Ou bien, est-ce une semence incorporelle qui, parallèlement au sang, se détacherait invisiblement de l'âme du père ? Dès lors, dans l'unité de l'âme du père, il existerait donc quelque chose de susceptible de se détacher, autrement dit l'âme serait divisible, et, perdant sa simplicité, elle perd du même coup son immortalité et tout son être. Aussi, bien que cette idée ait eu, dans les premiers siècles, tant de prestige que saint Jérôme a pu dire qu'elle était acceptée de son temps par la majeure partie des Occidentaux, la discussion en a si bien découvert toutes les conséquences que la scolastique n'a pas balancé à la rejeter complétement. Nos théologiens sont unanimes à cet égard, et saint Thomas va jusqu'à la déclarer hérétique : *Hæreticum est dicere quod anima intellectiva traducetur cum semine.* Bref, elle est si bien balayée que l'on ne pourrait essayer de la relever sans se faire moquer par tout le monde ; et cependant je crois qu'il ne serait pas malaisé de contraindre nos modernes humanitaires à se retrancher dans cette extrémité ridicule.

Comme la vertu créatrice n'est pas plus susceptible d'être déléguée par Dieu que les autres attributs de son infinité, il ne reste donc plus d'autre parti que de croire toutes les âmes créées directement par Dieu lui-même aussi bien que celle du premier homme. C'est ce que dit excellemment saint Ambroise dans le traité *de Noë et arcâ* : *Modum quo anima in primo homine fuit communem esse omnibus hominibus.* Mais les âmes ont-elles été créées toutes à la fois au sixième jour, et sont-elles simplement détachées, à mesure que la génération les appelle, du réservoir commun où elles sommeillent en attendant le signal de vivre ? Ou sont-elles créées successivement en vue de chaque naissance ? Voilà maintenant l'alternative sur laquelle il reste à se décider. C'est une décision qui n'est pas embarrassante. Comme il est dans l'essence de l'âme d'être unie à un corps, les âmes séparées doivent être regardées comme dans un état d'imperfection ; d'où il suit que si toutes les âmes dataient du commencement, ces œuvres de Dieu seraient d'abord imparfaites et demanderaient, pour leur achèvement, qu'il plût à un générateur de leur donner le complément nécessaire à la perfection de leur existence. On serait donc amené ou à contredire l'omnipotence divine, ou à se jeter dans le spiritualisme absolu qui ne fait de l'union de l'âme et du corps qu'un accident. Ainsi, en résumé, il n'y a plus devant nous qu'une seule voie : c'est celle où, depuis le treizième siècle, vous trouverez pour ainsi dire tous les théologiens. Elle est toute coulante, et la formule au moyen de laquelle nos écoles la définissent est bien simple : « Dieu crée les âmes quotidiennement et les infuse dans les corps, au sein des mères, lorsque les corps sont prêts à l'animation. »

LE PHILOSOPHE.

J'acquiesce à toutes vos condamnations : elles sont justes, et nul esprit réfléchi ne réclamera contre elles. Mais permettez-moi de vous faire observer que votre énumération des opinions qui ont eu cours dans le sein de l'Église, depuis l'ère chrétienne, au sujet de l'origine des âmes, n'est pas complète. Il y en a une de très grande conséquence, qui me semble même beaucoup plus considérable que toutes les autres, et de laquelle vous n'avez rien dit. Cette opinion, c'est que l'Église n'enseigne rien de certain sur l'origine de l'âme. Voilà qui est assurément capital. Loin de se fermer, comme vous vous en flattez, avec votre dernière formule, la carrière se rouvre. La pensée, de l'aveu même de vos plus illustres docteurs, reprend dans cette direction sa liberté et tous ses droits, et, maîtresse de spéculer à son gré sur la vie antérieure des âmes, rien n'empêche qu'elle ne parvienne à projeter par là sur le système de l'univers les reflets les plus inattendus. Cette confession d'ignorance de la part de l'Église n'est en effet qu'un appel implicite à l'esprit humain, qui, par de nouvelles études et des combinaisons d'idées plus savantes, deviendra peut-être un jour capable, comme je l'espère, de résoudre nos incertitudes actuelles et d'opérer dans les croyances nébuleuses du moyen âge toutes les transformations que le service de l'avenir semble dès à présent commander. Aussi, ai-je à cœur de vous remettre sommairement sous les yeux les titres de cette grande opinion qui, au fond, tout en paraissant refuser de rien affirmer, affirme tant par là même. Vous ne contesterez pas qu'elle me donne une excellente position devant vous, car, de là, pourvu qu'il n'y ait pas offense contre vos autres dogmes, je suis en droit de vous obliger à m'entendre, et, qui plus est, à me suivre.

Remarquez d'abord que le doute surgit de l'état de la question, tel que vous l'avez vous-même fixé. Vous avez successivement considéré toutes les opinions qui se sont fait jour jusqu'à présent sur l'origine de l'âme, et vous avez montré que toutes ces opinions étaient fausses, à l'exception d'une seule, dans laquelle vous avez à la fin trouvé à vous réfugier. Assurément je ne nie pas que cette dernière opinion ne soit, comme vous le dites, toute coulante, mais c'est à la surface : dès que l'esprit y descend, il y trouve de tels obstacles qu'il est bien vite forcé d'en revenir; et c'est ce qui explique comment elle peut entraîner si facilement le vulgaire après avoir opposé aux intelligences les plus profondes des empêchements invincibles. Il s'en faut que les scolastiques, tout en l'acceptant, aient jamais eu la prétention de l'ériger en dogme. Comme vous le faites vous-même, ils ne sont jamais arrivés à leur conclusion que par voie d'élimination. N'avouez-vous donc pas qu'une opinion fondée sur un mode de démonstration si peu ferme ne possède qu'une valeur d'hypothèse, et qu'indépendamment des difficultés qui peuvent la rendre plus ou moins chancelante, elle laisse toujours subsister la possibilité de quelque autre ouverture inaperçue et plus plausible?

Je veux donc commencer par faire éclater contre vous toutes les difficultés que renferme l'opinion à laquelle vous vous croyez permis de vous arrêter; et peut-être, en vous attaquant ainsi, pourrais-je craindre que mes critiques, toutes valables qu'elles fussent, ne vous parussent à la fois trop hardies et trop dépourvues de l'autorité que je souhaite, si je ne trouvais heureusement pour auxiliaire contre vous et vos catéchistes actuels le théologien même que l'Église latine considère unanimement comme sa tête principale : c'est assez nommer saint Augustin. C'est saint Augustin, en effet, qui va vous montrer lui-même, par les arguments que je lui emprunterai, combien est faiblement assurée cette opinion qui s'est peu à peu accréditée par la lâcheté de l'usage, et sur laquelle vous vous flattez d'avoir assis à jamais l'édifice de l'univers.

Que les âmes nous apparaissent douées dès leur naissance d'aptitudes diverses, que les unes soient prédisposées pour les arts, les autres pour les sciences, que celles-ci aient inclination à la douceur, et celles-là au commandement et à la fermeté, pourvu que, chez aucune, il n'y ait privation des qualités qui sont essentielles à l'homme, je conviens qu'une telle diversité peut être regardée comme un pur effet de l'art infini avec lequel le Créateur varie toutes ses œuvres : chaque note est juste en elle-même, et de leurs différences, qui se combinent, résulte la perfection de l'harmonie. Mais que dirons-nous de tant d'âmes dont le mauvais naturel se fait jour dès le berceau? Les unes sont hébétées, les autres grossières et brutales : avant même qu'aucun acte d'intelligence se soit produit, les traits du visage attestent déjà que les plus méchants instincts sont présents et n'attendent que le réveil pour se donner carrière. Ces âmes ont à peine achevé de prendre possession de la vie, et les voilà déjà corrompues! M'obligerez-vous à penser qu'elles sont sorties, dans un état si vicieux, des mains de Dieu, dont toute œuvre, avant de s'être elle-même gâtée, ne peut être que parfaitement bonne? « Que dirai-je, demande à ce sujet saint Augustin à saint Jérôme, de la diversité, bien plus de l'absurdité des naturels? Cette diversité est voilée dans les petits enfants, mais issue de leurs commencements naturels, elle se manifeste clairement chez les adultes, dont les uns sont si paresseux et si oublieux qu'ils ne sont pas même capables d'apprendre les premiers éléments des lettres; dont les autres sont d'une telle imbécillité qu'ils ne diffèrent pas beaucoup des animaux, ce qui fait qu'on les nomme communément idiots. On répondra peut-être que les corps en sont cause. Mais est-ce que d'après l'opinion dont je souhaiterais que la défense fût possible, l'âme se serait choisi elle-même son corps et aurait erré en faisant un mauvais choix? Ou bien, est-ce qu'étant forcée d'entrer dans un corps par la nécessité de naître, et le tourbillon des âmes s'étant déjà emparé des autres corps, elle n'en aurait plus trouvé d'autre que celui-là, et de même que pour les places de spectacle, aurait pris, non pas la chair qu'elle voulait, mais celle qu'elle aurait rencontrée? Pouvons-nous dire ou penser de telles choses? Dites-moi donc alors, ce que je puis penser et dire afin de donner raison de l'opinion qui fait les âmes nouvelles, et créées particulièrement en vue de chaque corps. »

« Si les âmes sont envoyées par Dieu dans les corps, dit-il ailleurs, il faut croire sans aucun doute qu'elles coulent comme des dérivations d'une même source et qu'elles sont toutes de même nature, et non pas d'un côté bonnes et encore meilleures, et de l'autre non bonnes ou moins bonnes. Car de quelle manière pourrait-il arriver que les unes fussent bonnes ou meilleures et les autres non bonnes ou moins bonnes, sinon, ou par l'effet de leurs propres mœurs conformément à l'usage de leur libre arbitre, ou par la différence des tempéraments de leurs corps, étant, les unes ou les autres, plus ou moins alourdies par ce corps qui se corrompt et appesantit l'âme? Mais avant que les âmes ne fussent venues dans les corps, il n'y avait eu aucune action qui eût pu introduire de la différence entre leurs mœurs; et ce n'est pas non plus en raison d'un corps moins alourdissant que le personnage de l'Ecclésiaste a pu dire son âme bonne, puisqu'il dit : « J'ai eu en partage une bonne âme, et comme j'étais bon, je suis venu à un corps non souillé. » Il dit, en effet, qu'il a obtenu d'abord la bonté par laquelle il était bon, ayant eu en partage une bonne âme, de telle sorte qu'il est ensuite venu à un corps non souillé. Il était donc bon d'autre part, avant d'arriver à ce corps. »

Raisonnement solide, quelle que soit la validité du texte qu'il invoque, car il ne peut y avoir aucun doute pour quiconque a étudié l'enfance, que tandis que les uns ont en partage une bonne âme dans un corps pur, modéré, sans emportements charnels d'aucun genre, les autres ont, au contraire, en partage une âme dépravée dès le berceau dans un corps irritable et sensuel. Ainsi les hommes ne sont même pas hors du sein maternel que leur caractère est déjà virtuellement formé, les uns pour la douceur, les autres pour la colère, et Dieu, qui les connaît dans le secret de leur enfantement, sait que dans la vie qui va s'ouvrir, les uns trouveront la grâce et les autres le châtiment. Aussi n'ai-je pas d'hésitation à venir moi-même au-devant de vous avec ce terrible passage de saint Paul : « Lorsqu'ils n'étaient pas encore nés, et qu'ils n'avaient encore rien fait ni de bien ni de mal, il leur a été dit, non d'après leurs œuvres, mais d'après celui qui les appelait : L'aîné servira le plus jeune, comme il est écrit : J'ai aimé Jacob et j'ai eu Ésaü en aversion. » Et je dis : si, dès le sein de leur mère où elles vivaient ensemble, n'ayant encore fait ni bien ni mal, l'une de ces âmes a provoqué l'amour, et l'autre l'aversion, il faut conclure que ces âmes ne venaient pas d'être créées à l'instant, car Dieu ne crée que ce qu'il aime et non ce qu'il déteste. N'enseignez-vous pas que Satan lui-même a été créé dans l'amour, et que s'il a obtenu la haine, c'est d'après ses propres œuvres et non d'après la volonté de celui qui l'appelait?

Voici une difficulté plus frappante encore : tout le monde convient que Dieu ne se résout à créer que par bonté; et cependant avant que l'âme qu'il vient, selon vous, de créer ait donné signe de vie, le voilà qui décide de sa pleine autorité de la joindre à un corps où elle ne trouvera que douleur et déchirements, c'est-à-dire, en d'autres termes, qu'à peine tirée par lui du néant et tout innocente, il l'envoie, sans autre procès, au supplice. Cela peut aller à la toute-puissance d'un Moloch, mais pour nous, permettez-moi de le dire, une telle idée sent le blasphème. Aussi, voyez comme saint Augustin, dès qu'elle se présente à son esprit, en est ému. « Lorsqu'on en vient aux souffrances des enfants, croyez-moi, dit-il, je suis dans de grandes angoisses, et je ne sais absolument que répondre : je ne parle pas seulement des peines qui sont causées aux enfants, après cette vie, par la damnation dans laquelle ils sont nécessairement entraînés s'ils sont sortis de leurs corps sans le sacrement du Christ, mais des peines que, dans cette vie même, au milieu de nos lamentations, ils subissent sous nos yeux; et si je voulais énumérer ces peines, le temps me manquerait plutôt que les exemples. Ils languissent dans les maladies, ils sont déchirés par les douleurs, tourmentés par la soif et la faim, affaiblis dans leurs organes, privés de leurs sens, agités par les esprits immondes. Il faudrait donc démontrer comment ils peuvent souffrir justement de telles choses, sans qu'il y ait aucune cause mauvaise de leur part; car on ne peut dire ni que ces choses ont lieu sans que Dieu le sache, ni que Dieu ne peut résister à ceux qui les font, ni que Dieu peut les faire ou les permettre sans qu'elles soient justes. Lorsque les hommes faits en souffrent autant, nous avons coutume de dire que leurs mérites sont examinés, comme chez Job, ou que leurs crimes sont punis, comme chez Hérode : d'un petit nombre d'exemples qu'il a plu à Dieu de nous rendre manifestes, nous concluons par conjecture à ceux qui demeurent obscurs. Mais ceci ne se rapporte qu'aux hommes faits. Pour les enfants, puisqu'il n'existe en eux aucun péché qui mérite d'être puni par de si grandes souffrances, expliquez-moi donc ce que l'on peut répondre. » Il y a des questions dont on juge bien sûrement quand le cœur y vient à l'aide de la raison : pour moi, je le confesse, les cris d'un enfant torturé, qui va mourir, ont une éloquence tout autrement vive que les arguments de l'école ; je ne saurais les entendre sans m'élever à Dieu, et en rapporter cette conviction invincible que ce n'est pas Dieu qui a mis, gratuitement, cette pauvre âme dans une condition dont le moins miséricordieux d'entre nous se ferait une félicité de la sauver.

En même temps que les maladies des enfants paraissent impossibles, dans l'opinion que vous défendez, puisqu'elles seraient en contradiction avec la justice de Dieu, leurs morts le paraissent aussi, parce qu'elles accuseraient sa providence. Que diriez-vous si nous apercevions d'ici-bas Dieu donnant naissance chaque matin à de nouveaux soleils, et tout de suite après, ces soleils, faute d'avoir reçu une organisation convenable, tombant en poudre, et, sans avoir servi à quoi que ce soit, se dissipant pour aller courir d'autres aventures dans l'espace? N'est-ce pas alors que les athées auraient beau jeu à nous persuader que la création n'est qu'un mouvement fortuit, dont quelques phénomènes peuvent réussir, mais où la préméditation de l'architecte n'entre pour rien? Et je vous le demande, à vous qui affectionnez le fond des choses et ne vous laissez point éblouir par la grandeur matérielle des objets, qu'est-ce que la création d'un soleil en comparaison de la création d'un homme? Une pauvre âme d'enfant, sous les chétifs organes qui l'enveloppent, ne vaut-elle pas plus à elle seule que toutes les étoiles que nos yeux découvrent au firmament? Qu'importent les dimensions et la multitude de ces astres! ce n'est jamais qu'une poignée de pierres couvertes d'étincelles, tandis qu'une âme raisonnable, toute faible qu'elle soit, c'est l'image de Dieu et le germe de l'infini. Vous me répondrez que si brève que soit son existence terrestre, l'âme de l'enfant a été créée par son auteur en vue du ciel et qu'elle y va? Mais c'est là justement qu'est le défaut. Si cette âme est créée en vue du ciel, que vient-elle sur la terre, puisque n'ayant rien à y faire, rien ne l'y appelle? Elle y perd son temps, et sa présence, y étant sans raison, est par là même une injure à la sagesse de l'ordonnateur suprême.

Ce qui achève de donner à cette difficulté toute sa force, c'est qu'il ne s'agit point ici d'un phénomène accidentel, mais d'une loi véritablement régulière, tant elle est générale. Le nombre des hommes qui abandonnent la vie avant d'avoir franchi les limites de l'enfance, avant même d'être venus au jour, est au moins égal au nombre de ceux qui parviennent à la plénitude de la vie. Notre race se divise en deux parts, l'une qui tient à la terre et y poursuit sa destinée, l'autre flottante et qui, n'ayant pas des attaches bien décidées à cette résidence, cède promptement à d'autres sollicitations et se rend ailleurs. De ce que nous n'avons de relations essentielles qu'avec la première moitié, il n'y a pas moins à s'occuper des mystères de la seconde. Nous ne pouvons nous flatter de comprendre le genre humain qu'à la condition de savoir le secret, non-seulement de ceux qui persévèrent dans la vie, mais de ceux qui n'y persévèrent pas. Ainsi, supposé que la terre soit la seule station entre le néant et le ciel, la clef de la terre nous fait défaut: il nous est impossible de rien entendre à ce qui se passe autour de nous; il est absurde qu'il nous arrive, chaque jour, des milliers d'âmes qui viennent parmi nous pour manquer le but de leur incarnation; il ne reste d'autre ressource à leur égard que de se prosterner, comme saint Paul chez les Athéniens, devant le dieu inconnu. C'est à peu près le parti que prend saint Augustin : il soulève la difficulté et, après avoir reconnu qu'elle n'a de solution que dans la théorie de la préexistence, il se hâte de la replonger dans les obscurités de l'univers. « Il ne nous est point enseigné, dit-il, dans le *de Genesi ad literam,* et il est tout à fait éloigné de l'intelligence de l'homme, ou tout au moins de la mienne, pour quelle raison naît l'enfant qui est destiné à mourir tout de suite ou avant peu. »

A la question : que vient faire ici l'âme qui s'en va sans s'être réveillée? s'ajoute naturellement la question ; que fera cette âme autre part? Saint Augustin, dans le traité du libre arbitre, l'effleure aussi en passant, mais la rejette de même dans l'infini, reconnaissant ainsi, comme malgré lui, qu'elle forme également une barrière infranchissable. « On demande, dit-il, quelle utilité y avait-il à ce qu'il naquît, celui qui a quitté la vie avant d'y avoir contracté aucun mérite, et quel compte en fera-t-on dans le jugement futur, de lui qui ne saurait avoir place ni parmi les justes, puisqu'il n'a rien opéré de bon, ni parmi les méchants, puisqu'il n'a commis aucun péché ? On répondra qu'en vue de la composition de l'univers et de l'enchaînement harmonique de toutes les créatures dans les lieux et dans les temps, aucun homme ne peut être créé en superflu, quand il n'y a pas un brin d'herbe qui le soit; mais qu'il est superflu de s'inquiéter des mérites de celui qui n'a pas mérité, car il n'y a pas à craindre qu'il n'y ait pas quelque vie moyenne entre la vie juste et la vie coupable, et que la sentence du juge ne puisse trouver le milieu entre la récompense et la peine. » Or, qui ne voit qu'entre la vie juste et la vie coupable, il n'y a qu'une moyenne, qui est précisément la vie innocente des animaux? Admettriez-vous donc que ce soit pour continuer indéfiniment le mode d'existence qu'elles ont mené durant leur court passage sur la terre, que Dieu a mis au monde tant de millions d'âmes, douées en vain des sublimes facultés qui sont le plus bel ouvrage de sa fécondité? Ce serait admettre une inconséquence du Créateur. Et si vous entendez que ces facultés, demeurées ensevelies parmi nous, se développeront ailleurs et produiront alors le mérite ou le démérite des âmes qui les ont reçues, vous supposez donc que ces âmes jouiront après la mort d'une vie analogue à celle-ci ; ce qui entraîne au renversement de tout votre système, car, dès lors, il n'y a plus de motif de vouloir que cette vie ne soit pas simplement, de son côté, une vie renouvelée.

Mais n'aurais-je point à vous objecter tant de difficultés que soulève la plus légère observation de la condition naturelle des enfants, je vous barrerais la voie avec un argument qui saisit, pour ainsi dire, les sens, et duquel mon esprit ressent, je l'avoue, une impression plus profonde que d'aucun autre : c'est celui qui est tiré de l'occasion de créer. Hé quoi! voici que s'apprête la plus grande manifestation du Créateur, la production d'une âme, c'est-à-dire d'une puissance destinée à son service, à son amour et à sa gloire, préméditée dans sa sagesse pour les actions infinies de l'immortalité, image de lui-même, en un mot, et sa fille céleste ; et qui enseignera à sa volonté le moment de tirer enfin du néant ce magnifique ouvrage, auquel il n'a pas encore jugé à propos d'ouvrir carrière hors des augustes retraites de son éternelle pensée ? Prendra-t-il même conseil d'un autre que de lui-même, où rien ne dépend encore que de lui-même ? Chose inouïe ! bassesse de l'âme, et si j'ose le dire, même en le rejetant, bassesse du Créateur ! C'est lorsqu'un libertin, dans un accès lubrique, outrageant par le viol ou l'adultère toutes les lois du ciel et de la terre, fera un infâme signal à celui dont l'œil connaît tout, que la Toute-puissance, se décidant à créer, donnera l'être à l'âme infortunée qui doit accompagner le fruit de la débauche. Telles sont les instances à l'aide desquelles on oblige le Créateur à sortir de son sublime repos ! La passion la plus déshonnête ou la plus scélérate trouve en lui, dès qu'elle le veut, un coopérateur fidèle qui se hâte de venir couronner, par un complément infini, ce qu'elle lui a si misérablement préparé ! Non, je ne vous accorderai jamais que le miracle de l'apparition d'une âme nouvelle au sein de l'univers puisse avoir lieu sur une sommation de cette espèce ; et si telle était la vérité, j'aimerais encore mieux revenir à faire de l'âme, comme les matérialistes, un produit de la génération de l'homme, que d'en faire une création de Dieu, car l'impiété me répugne encore plus que l'absurdité.

Voilà, je le répète, un obstacle que vous ne franchirez pas, car tous les théologiens y échouent. C'est un roc. En vain essaie-t-on de le tourner par des subtilités ; ces subtilités même sont une reconnaissance implicite de sa hauteur et de sa fermeté. Après l'argument de saint Jérôme, qui consiste à dire que ce n'est pas celui qui fait lever dans son champ du blé volé qui est coupable, mais bien celui qui a volé le blé, saint Augustin ne trouve rien de mieux que de voir, dans cette association de Dieu et du malfaiteur, une preuve de plus de la manière dont Dieu réussit à faire sortir le bien du mal ; oubliant que s'il plaît quelquefois à la

Providence de faire fructifier le mal, ce n'est pas du moins en mariant son acte à celui de Satan, mais en préparant de longue main, dans l'ordre des créatures, des circonstances cachées au milieu desquelles tombe le mal, et qui en détournent le cours. Ne reconnaissez-vous pas, d'ailleurs, que si Dieu a jamais daigné attacher des grâces au sang versé, c'est à celui des martyrs et non pas à celui de Néron? Y a-t-il une seule des arguties de vos docteurs à ce sujet, qui ne s'évanouisse d'elle-même aux rayons de la pure majesté du Créateur? N'est-il pas manifeste que tout ce qui entre dans l'essence de l'œuvre doit être nécessairement à la hauteur de l'ouvrier lui-même? Considérez de quelle manière ce génie hébraïque, si admirablement pénétré de la conscience de la nature divine, et devant lequel vous faites profession d'incliner votre foi, s'est représenté la création de l'homme! Le soleil, les astres, la lumière, les continents, la longue procession des animaux, en composent l'illustre préliminaire, à la suite duquel Dieu lui-même relève de sa main un peu de terre, qu'il ne dédaigne pas de pétrir jusqu'à ce qu'elle ait atteint la forme désirée; et alors seulement, après de si nobles préparatifs, la grâce rayonne dans cette ébauche, née de l'unique volonté du Créateur, et à son heure, un éclat plus grand que n'avait été celui de la lumière se répercute dans l'univers; l'homme paraît. Pourquoi, demanderai-je maintenant à vos docteurs, tant d'ignominie sur la création de tant d'âmes que nous voyons naître journellement, quand il y a eu tant d'honneur à la création de la première qu'il ait plu à Dieu d'installer sur la terre? Dès que l'on refuse que l'âme se transmette du père au fils avec le sang, la création de l'âme humaine n'est-elle pas toujours un phénomène identique, et qui ne ressort que de Dieu seul? Comment donc celui qui est la constance même changerait-il si profondément de méthode, en passant, dans la série de ses œuvres, d'un terme à l'autre?

Ne me permettrez-vous pas de conclure qu'une opinion, dont tant de conséquences se montrent en contradiction directe avec les propriétés essentielles de la nature divine, et qui n'est d'ailleurs soutenue par aucune démonstration intrinsèque, ne peut être donnée pour certaine, et que, par conséquent, nous sommes parfaite ment fondés à la considérer comme tout aussi insuffisante que celle des platoniciens ou des panthéistes?

LE THÉOLOGIEN.

Nullement. Votre argumentation, eût-elle des côtés séduisants pour ceux qui ne reconnaissent que l'autorité de la raison, ne saurait toucher de la même manière ceux qui obéissent au gouvernement de la foi. On attaquerait de la même manière tous les mystères. Aucun n'est exempt de difficultés logiques, et aucun n'est assuré non plus que par des démonstrations extrinsèques. Aussi, me permettrez-vous, à mon tour, de n'attacher qu'une valeur philosophique à l'opinion d'après laquelle l'Église n'enseignerait rien de certain touchant l'origine de l'âme.

LE PHILOSOPHE.

Cette valeur philosophique doit vous suffire; et puisque vous refusez de vous rendre, je vais maintenant vous pousser dans ce dernier retranchement, ou pour mieux dire mériter votre reconnaissance en vous faisant apercevoir que vous êtes libre. En effet, l'opinion à laquelle il vous plaît de vous fixer est purement arbitraire aux yeux de la foi, car elle ne possède aucun des caractères dans lesquels la doctrine de l'Église fait consister la certitude extrinsèque. Ce n'est qu'un simple énoncé de l'École, qui s'est peu à peu insinué dans la coutume, mais qui, au fond, n'est pas plus fondé pour le dogme qu'il ne l'est pour la philosophie.

D'abord il faut reconnaître que cette opinion n'a pas la moindre base dans les monuments de l'Ancien ni du Nouveau Testament. S'il y a des passages que l'on peut essayer de tirer de son côté, il y en a d'autres qui se tirent en sens contraire, et même il n'y en a guère, comme l'a très bien remarqué saint Augustin, qui ne puissent s'expliquer à la fois pour et contre. L'âme vient de Dieu : mais est-ce directement ou indirectement, au moment de la naissance ou dans les temps antérieurs, rien ne l'indique. Sans entrer dans les minuties de la discussion, je me rangerai derrière ce certificat de saint Augustin : « Je n'ai encore rien découvert de certain, dans les auteurs canoniques, touchant l'origine de l'âme, écrit-il dans sa vieillesse à Optatus. *Aliquid ergo certum de animæ origine nondum in scripturis canonicis comperi.* » Aucun acte émané des conciles n'a jamais tranché non plus la question. Elle n'a été débattue qu'au seul concile de Constantinople, et sans rien définir de général, ce concile s'est borné à rejeter la solution d'Origène, laissant ainsi le champ libre. Enfin, il s'en faut qu'il y ait unanimité de la part des Pères. Si les uns ont pensé que l'âme était créée immédiatement, d'autres ont pris parti soit pour la négation, soit pour l'incertitude. Ce n'est pas seulement saint Augustin que nous trouvons du côté de cette dernière opinion ; et encore que son autorité fût assurément suffisante, les textes ne manquent pas pour attester que les Pères les plus considérables de l'Église latine, tels que saint Grégoire, saint Isidore et autres, ont partagé là-dessus son avis. Je n'ignore pas que si l'on s'en rapportait aveuglément au cardinal Bellarmin, on pourrait croire que l'accord unanime des Pères de l'Église décide réellement la question dans le sens que vous suivez. Mais on ne doit voir dans l'assertion de l'illustre jésuite qu'un effet du zèle avec lequel il s'est constamment appliqué à fermer autant que possible toutes les portes, afin de retenir à jamais tous les esprits, en paix et en silence, dans l'édifice pastoral préparé par la théologie de son ordre ; et certes la sagacité ne lui a pas fait défaut, quand il a pressenti tout le mouvement qui était susceptible de s'opérer par cette seule ouverture, si on la laissait libre. Mais après la réponse que lui a faite, au nom des augustiniens, le cardinal Noris, dans les *Vindiciæ*, je ne crois pas qu'il puisse rester le moindre doute sur ce point. C'est un point de fait ; et, comme dans tout procès de ce genre, la production des pièces a terminé le débat.

Ainsi, en résumé, votre système n'est soutenu ni par l'autorité biblique, ni par l'autorité ecclésiastique, ni par celle des Pères, ni par celle de la raison : qu'est-il donc, sinon une hypothèse de l'École ? Donc la philosophie est en droit de marcher et de vous commander, sans que vous puissiez vous prétendre en droit de la désavouer.

Je vous prierai de remarquer que si j'ai tant insisté sur le témoignage de saint Augustin, ce n'a pas été seulement à cause de la haute valeur de ce théologien, mais aussi parce que jamais la question de l'origine de l'âme ne s'est posée plus solennellement que de son temps, et que c'est, par conséquent, à ce moment de l'histoire qu'il convient de se reporter, si l'on veut saisir clairement l'état dans lequel se trouve, aujourd'hui encore, cette discussion capitale. Trois partis étaient alors en présence : les disciples de Tertullien, en majorité dans l'Occident, qui, partant de l'idée de la propagation de l'âme par le sang, rendaient exactement compte du péché originel, mais en compromettant la spiritualité et la liberté ; les partisans de la création quotidienne, qui sauvaient à la vérité la spiritualité, mais aux dépens de la doctrine du péché originel, et en ouvrant, malgré eux, la lice Pélage ; enfin les sectateurs d'Origène, qui, avec leur théorie de la déchéance personnelle de toutes les âmes, satisfaisaient à la fois aux conditions du péché originel, de la spiritualité et de la liberté, mais en sacrifiant de fond en comble la nature matérielle, que le christianisme avait bien pour mission de restreindre, mais non d'abattre. Ces derniers, justifiés en apparence par leur accord avec les dogmes les plus essentiels de la foi, appuyés sur une tradition imposante, soutenus par la logique, favorisés par le grandiose et l'enchaînement de toutes les parties de leur théologie, devenaient chaque jour plus menaçants. Établis en Égypte, en Palestine, dans tout l'Orient, ils commençaient à diriger vers l'Occident leur propagande ambitieuse. Déjà les livres d'Origène, traduits en latin, remuaient Rome. Les esprits les plus éminents s'en préoccupaient. Il devenait sensible pour tout le monde que la croyance qui allait prendre cours relativement au système de l'univers, dépendait entièrement de la solution à donner au problème de l'origine de l'âme. Cependant ce problème fondamental demeurait en suspens. Les discussions des théologiens et les définitions des conciles avaient porté de préférence sur d'autres points ; et avant de chercher à s'entendre sur la nature de l'homme, il était conséquent, en effet, que l'on eût cherché à s'entendre sur celle de Dieu et du Médiateur. Dans de telles conjonctures, on ne pouvait manquer de s'adresser de toutes parts au plus célèbre docteur de ces temps, pour l'inviter à se prononcer et à faire loi ; et ne l'eût-on point fait, le procès était assez urgent de lui-même pour attirer les méditations de ce grand homme. Il est donc sûr que toutes les forces de son esprit ont été tendues sur ce point, et néanmoins, malgré le cri qui s'élevait à lui pour l'exciter à conclure, rien n'a jamais pu le satisfaire. Vos scolastiques et vos catéchistes modernes sont-ils donc plus favorisés à cet égard que saint Augustin ? Possèdent-ils une seule raison qu'il n'ait connue, pesée, déclarée insuffisante ? Comment donc prennent-ils tant d'assurance, là même où l'exemple de celui qu'ils proclament le flambeau de l'Occident devrait leur commander tant de réserve ?

Pour moi, je ne puis voir sans admiration cet éminent penseur, à mesure qu'il avançait dans la vie, c'est-à-dire à mesure que ses méditations s'accumulaient, entrer de plus en plus dans le doute sur la solution à laquelle, par suite du rejet de Tertullien et d'Origène, la chrétienté, dans sa pénurie, se préparait dès lors à donner les mains. Au début de sa carrière, alors que le débat n'avait pas encore acquis toute sa grandeur, il avait cru, comme on l'aperçoit dans le traité du libre arbitre, pouvoir passer sans trop d'embarras par-dessus les obstacles que je vous ai tout à l'heure opposés ; mais en face du danger, il ressentit bientôt toute leur puissance. Rappelez-vous seulement sa lettre à saint Jérôme : rien n'est plus instructif sur ce point, où il est si intéressant de s'instruire. Consulté infructueusement par un ami auquel il n'avait pu communiquer que son incertitude, cet ami s'était adressé à saint Jérôme, qui, âgé alors de plus de quatre-vingts ans, et fixé en Palestine, où il continuait à faire tête contre l'origénisme avec une résolution invincible, semblait devoir nourrir sa fermeté dans des principes ; mais soutenu par plus de passion que de savoir, saint Jérôme avait simplement répondu, en s'en référant à l'évêque d'Hippone, qu'il chargeait de donner à sa place les explications nécessaires. C'est sur quoi celui-ci lui écrit afin de solliciter la communication des précieuses lumières, dont il se figure, d'après cette correspondance, le solitaire de Bethléem en possession. Admirez avec quelle vivacité il professe son ignorance ! avec quelle ardeur il aspire à en sortir! comme il se sent bien persuadé que la théologie n'a pas encore dit son dernier mot sur cette question capitale, « Tu m'as envoyé des disciples, écrit-il, pour que je leur enseigne ce que je n'ai pas encore appris moi-même. Enseigne-moi donc ce que je dois enseigner, car beaucoup me sollicitent de les instruire, et je leur avoue que j'ignore cette chose comme bien d'autres; et tout en se retenant devant moi, ils disent peut-être en eux-mêmes : « Tu es maître en Israël et tu ignores ces choses... » Enseigne-moi donc, je t'en conjure, ce que je dois enseigner; enseigne-moi ce que je dois croire, et dis-moi, si les âmes sont créées en particulier pour ceux qui naissent chaque jour, comment les âmes peuvent pécher chez les petits enfants, de telle sorte qu'elles aient besoin de la rémission du péché par le sacrement du Christ, ayant péché dans Adam, de qui s'est propagé la chair du péché; et si elles sont innocentes, par quelle justice du Créateur sont-elles engagées dans le péché d'autrui, lorsqu'elles sont insérées dans des membres engendrés d'ailleurs... Et comme nous ne pouvons dire de Dieu ni qu'il oblige les âmes à devenir pécheresses, ni qu'il punit des innocents, et que cependant il ne nous est pas permis de nier que les âmes qui sortent du corps sans le sacrement du Christ, même dans la première enfance, ne soient entraînées dans la damnation, dis-moi comment se peut défendre l'opinion d'après laquelle on croit que les âmes, loin de provenir de l'âme du premier homme, sont créées, de même que celle-là, chacune pour chacun. Aussi, bien que je désire, que je prie, que j'implore par les vœux les plus ardents, et que j'attende que le Seigneur dissipe par ton intermédiaire mon ignorance sur ce point; cependant, ce qu'à Dieu ne plaise, si je n'en suis pas digne, je demanderai la patience au Seigneur notre Dieu, dans lequel nous devons avoir telle confiance que s'il ne nous ouvre pas certaines portes, même lorsque nous y frappons, nous ne devons cependant pas murmurer. Je me souviens en effet qu'il a été dit aux apôtres eux-mêmes : « J'ai beaucoup de choses à vous dire, mais vous n'êtes pas présentement capables de les porter. »

Tels sont les sentiments dans lesquels ce puissant esprit est demeuré toute sa vie. Cette ouverture, dont les perspectives mènent si loin, et que le cardinal Bellarmin avait tant d'empressement à fermer, il a toujours voulu la laisser libre. Plus tard encore, dans sa pleine vieillesse, consulté par Optatus sur cette même question, toujours brûlante, il répondait : « Avant de donner à ta sincérité aucun conseil à ce sujet, je veux que tu saches que dans un si grand nombre d'ouvrages que j'ai composés, je n'ai jamais osé prononcer sur cette question une décision formelle, et consigner indiscrètement dans des écrits, destinés à instruire les autres, ce qui, chez moi, n'était point encore résolu. » Avec la même bonne foi que dans sa supplique à saint Jérôme, il invitait son ami à s'appliquer à ce grand problème et à lui faire part des éclaircissements qu'il pourrait avoir le bonheur de découvrir. « Si les âmes sont nouvelles, lui disait-il, cherche en quel lieu, de quelle manière, en quel temps, elles ont pu contracter la culpabilité, de telle sorte que tu ne fasses auteur de leur péché, ou de leur damnation dans l'état d'innocence, ni Dieu ni quelque nature non créée par Dieu. Si tu trouves la solution que je t'invite à chercher, solution que je n'ai point encore trouvée, je l'avoue, défends-la autant que tu le pourras, soutiens que les âmes des enfants sont d'une telle nouveauté qu'elles ne sortent d'aucune propagation, et communique-moi avec une amitié fraternelle ce que tu auras découvert. »

Optatus n'a rien découvert; saint Jérôme n'a rien répondu; saint Augustin est mort sans avoir rien obtenu; depuis lui, aucune discussion sérieuse sur le fond de la question ne s'est renouvelée ; le concile de Constantinople, sans résoudre le litige, s'est contenté de condamner Origène; le moyen âge, en arrêtant l'agitation par l'adoption de la thèse sur laquelle les Pères n'avaient pas osé se prononcer, n'a fait que sacrifier les sublimités obscures de l'univers à la commodité de la dialectique, et n'ajoutant rien à la preuve, n'a rien diminué de l'incertitude. Ainsi, depuis le mémorable débat que je viens de vous rappeler et qui se rattache aux noms imposants d'Origène, de Tertullien, de saint Jérôme, de saint Augustin, le débat n'a pas fait un pas. Le même procès est toujours pendant. Le programme tracé par l'illustre théologien du cinquième siècle n'a reçu satisfaction de personne, et il est incontestable qu'aucun de vos deux Testaments n'y peut répondre. « Si les âmes sont nouvelles, vous dirait encore saint Augustin, cherche en quel lieu, de quelle manière, en quel temps, elles ont pu contracter la culpabilité. » Souffrez donc, puisque jusqu'ici rien ne certifie que les âmes soient nouvelles, que nous posions ensemble, en pleine liberté philosophique, le problème de leur culpabilité. Dût ce problème demeurer au-dessus de nos forces, ce serait beaucoup pour moi de vous avoir forcé de convenir que vous ne savez pas du tout d'où nous venons, et que vous ne sauriez, sans outrepasser vos droits, persister à professer que notre création et notre incarnation sont de même date.

LE THÉOLOGIEN.

Sans faire un article de foi du dogme de la nouveauté des âmes, j'estime que l'on est cependant autorisé à s'y attacher, en attendant les illuminations de l'autre vie, car c'est un dogme tranquille, suffisant pour nos besoins, et dans lequel, malgré des difficultés que je ne me dissimule pas, la conscience trouve à se reposer. Je vous rappelle à mon tour à cette belle parole de l'Évangile que vous mentionniez tout à l'heure : *Multa habeo vobis dicere, sed non potestis illa portare modo.* Prenez donc plutôt patience avec nous. Fiez-vous à Dieu, puisque vous ne sauriez douter que l'ordre qu'il lui a convenu d'établir, quel qu'il puisse être, ne soit de toute justice. M. de Maistre formule, à cet égard, dans les Soirées de Saint-Pétersbourg, une fort belle règle, dont l'esprit de modération devrait vous plaire, car tout en vous prescrivant d'accepter ce que notre enseignement vous présente, elle ne vous défend pourtant pas d'espérer davantage. « Si j'ai pu, dit-il, moi, chétif mortel, trouver une solution nullement absurde d'un problème embarrassant (c'est de notre solution qu'il s'agit), comment puis-je douter que si ce système n'est pas vrai, il y a une autre solution que j'ignore et que Dieu a jugé à propos de refuser à notre curiosité? » Que faut-il de plus pour apaiser toutes les inquiétudes que vous soulevez? En refusant de vous fixer avec nous à cette thèse, sauf à la prendre, si vous le voulez, pour un provisoire, voyez dans quel trouble vous nous jetez. Si les âmes ne sont pas nouvelles, elles ont donc, selon vous, vécu antérieurement, et voilà notre pensée qui se précipite dans les abîmes de la préexistence. Pauvre doctrine, et qui a fait son temps! Origène a montré ce qu'on pouvait en tirer, et vous reconnaissez vous-même la justice des anathèmes qui l'ont frappé. On peut sans doute essayer d'amender sa théorie, mais je n'imagine pas qu'on réussisse à lui donner un tour plus acceptable. D'ailleurs, supposé que l'idée d'une vie antécédente fût effectivement vraie, Dieu, nous ôtant toute mémoire de cette autre vie et n'ayant pas même voulu nous en révéler un seul mot, ne nous indique-t-il pas manifestement qu'elle doit être tenue par nous pour non avenue, et que le travail de notre salut doit être ordonné sans y avoir égard?

LE PHILOSOPHE.

Voudriez-vous que la doctrine de l'immortalité fût tenue pour non avenue parce que notre esprit, abandonné à ses illuminations natives, n'aperçoit absolument rien au delà du tombeau? Et direz-vous que les Saducéens étaient fondés à arguer, contre cette vérité, du silence de Moïse sur les dispositions de l'autre vie? Je refuse votre quiétude. Dieu a bien pu dire à l'Océan : Tu viendras jusqu'ici et tu n'iras pas plus loin ; il ne l'a pas dit à l'esprit humain. L'esprit humain ne reconnaît pas de limites au domaine qu'il a reçu : il bat et dévore éternellement ses rivages. Son flux monte sans cesse ; ce qui était au-dessus de lui dans un temps est inondé par lui dans un autre, et c'est Dieu qui, en lui inspirant l'aversion de l'obscurité et la sublime curiosité de la lumière, l'a soumis lui-même à cette loi. S'abstenir n'est qu'une lâcheté de l'intelligence ; et je crains que de se fier à Dieu dans l'ignorance ne soit peut-être se méfier de la libéralité avec laquelle il traite celui qui cherche, en bonne volonté, à s'élever à lui : poussez et l'on vous ouvrira, dit généreusement l'Évangile. Où serait le christianisme, si les Juifs, à la suite de Moïse, s'étaient tenus aussi tranquilles sur la question de l'avenir de l'âme, que vous nous recommandez de l'être sur celle de son passé? Prétendez-vous que le voile de l'immortalité, en se soulevant, les a fait tomber dans le trouble, parce que leurs yeux, habitués jusqu'alors à se borner à la courte perspective de cette vie, ont entrevu devant eux des abîmes qu'ils ne soupçonnaient pas? N'est-ce pas justement la connaissance de ces abîmes, qui, en enseignant à l'âme quelle est sa route dans l'univers, a communiqué à ses démarches sur la terre une assurance toute nouvelle? Pourquoi donc nous obstinerions-nous à empêcher notre vue de s'exercer à plonger dans les mystères qui précèdent le berceau, comme elle le fait, avec tant d'enthousiasme, dans ceux qui suivent la mort? La porte par où l'on entre dans la vie, trop négligée jusqu'ici par la théologie, n'est peut-être pas moins importante pour notre édification morale que celle par où l'on en sort; et, vous-même, remarquez-le, du premier mot sur la raison des misères de la terre, vous n'avez pas manqué d'y heurter.

Oui, sans doute, c'est du côté de la préexistence que je me dirige : ne me suis-je pas appliqué, dès le début de notre entretien, à vous donner des marques de l'impossibilité que nous ne soyons dans le monde que d'hier? Mais où trouvez-vous que l'on puisse refuser à cette idée tous les caractères de la grandeur? Est-ce en ce qui concerne sa tradition? Elle est plus universelle que la vôtre. L'Orient en est rempli depuis la plus haute antiquité, et elle a rayonné de là dans toutes les directions; tandis que je n'aperçois guère autour de votre dogme de la création immédiate que le triste moyen âge. Si l'on examinait tous les hommes qui ont passé sur la terre depuis que l'ère des religions savantes y a commencé, on verrait que la grande majorité a vécu dans la conscience plus ou moins arrêtée d'une existence prolongée par des voies invisibles en deçà comme au delà des limites de cette vie. Il y a là, en effet, une sorte de symétrie si logique qu'elle a dû séduire les imaginations à première vue : le passé y fait équilibre à l'avenir, et le présent n'est que le pivot entre ce qui n'est plus et ce qui n'est pas encore. Le platonisme a réveillé cette lumière précédemment agitée par Pythagore, et s'en est servi pour éclairer les plus belles âmes qui aient honoré les temps anciens. Qu'elles aient fait fausse route, ce n'est pas du moins faute de sublimité, et cette sublimité, qui ennoblit leurs erreurs, donnera toujours à leur tradition une autorité imposante. Ceux qui nous ont appris les premiers à tenter les routes du ciel ont pu s'y égarer et se précipiter, sans que leur insuccès soit un motif d'abandonner leur exemple. Mais il y a plus, et pourquoi ne l'avouerais-je pas ? De quelque respect que je sois animé pour le spiritualisme hellénique et alexandrin, le souvenir de la religion de nos ancêtres m'impressionne encore davantage. Le vieux druidisme parle à mon cœur. Ce même sol que nous habitons aujourd'hui a porté avant nous un peuple de héros, qui tous étaient habitués à se considérer comme ayant pratiqué l'univers de longue date avant leur incarnation actuelle, fondant ainsi l'espérance de leur immortalité sur la conviction de leur préexistence. Ils ne sont pas seulement nos prédécesseurs, ils sont nos pères : leur sang bat encore dans nos veines, et c'est peut-être lui qui prédispose instinctivement notre race à cette ardente possession de la vie en même temps qu'à cette superbe indifférence du trépas, qui lui sont toujours si naturelles. Que notre esprit en ait ou non la perception, qui nous dit que leur tradition n'est pas vivante dans les secrètes profondeurs de nos âmes ? Oubliée dans les confusions du moyen âge, elle n'en subsiste pas moins à notre insu, et n'attend peut-être que le signal de sa résurrection. La France, toujours fille de la Gaule dans le cœur de sa substance, en a le ferme héritage ; et ce serait manquer à la piété nationale que de la rejeter légèrement comme une leçon surannée et inutile à méditer.

Vous-même, si vous alliez droit au fond de la tradition devant laquelle vous humiliez toutes les autres, vous feriez ici cause commune avec nous. C'est sur quoi je ne crains pas d'appeler votre plus sérieuse attention, car il s'agit d'un point historique capital. Chez les Juifs, la préexistence et l'immortalité marchent de pair. Si leurs monuments primitifs ne vous fournissent pas de témoignages en faveur de la préexistence, ils ne vous en fournissent pas beaucoup plus en faveur de l'immortalité. Mais si, au lieu de vous limiter aux textes de la Bible, c'est-à-dire, à peu d'exceptions près, aux empreintes de l'immortelle nationalité d'Israël dans les temps antérieurs à son alliance avec les Chaldéens et avec les Perses, vous prenez dans tout leur développement les idées dont elle a été postérieurement pénétrée, vous y rencontrerez au premier rang le dogme de la préexistence. Pour avoir été aussi étrangère aux commencements de la religion que l'idée de l'immortalité, elle n'arrive pas moins à dominer cette magnifique période, si riche en théologie, bien que si pauvre en écritures, du sein de laquelle s'est élancé Jésus. Cette même église des Machabées qui vous enseigne si bien l'immortalité en vous enseignant la prière pour les morts, et sur l'autorité de laquelle toute votre autorité se base, vous enseigne au fond avec le même droit la croyance à la vie antérieure des âmes. Cette croyance y a régné universellement pendant des siècles. Elle y formait un des thèmes capitaux de cette doctrine orale qui, transmise de génération en génération comme la plus pure émanation de l'ancienne loi, ne paraissait pas moins sacrée à la communauté des fidèles que celle des textes. Parcourez les écrits de ces rabbins dont Jésus, qui s'était élevé parmi eux, s'honorait de porter le nom, et que vous vous êtes trop facilement habitué à jeter dans l'ombre, la préexistence y jette des traits de lumière de tous côtés. Elle n'y forme pas un détail arbitraire, mais un complément logique de la doctrine du ciel et de l'enfer ; et si vous prenez cette dernière de confiance, il n'y a pas de raison de refuser l'autre, car l'Église d'avant Jésus-Christ vous le recommande également.

Je puis même vous mener plus avant encore sur ce terrain. L'idée de la préexistence ayant régné d'une manière si générale sous le second temple, il est inévitable, en effet, qu'elle ait laissé au moins quelques marques dans le recueil du Nouveau Testament, qui nous a ramassé tant de choses précieuses de cette période. Aussi la sent-on, en quelque sorte, courir sous les textes de l'Évangile. Voyez, par exemple, la préoccupation unanime du peuple, de laquelle tous les évangélistes témoignent également, au moment de l'apparition du prédicateur de Nazareth : il ne s'agit pas de savoir quels sont les parents du nouveau prophète, ses antécédents, sa ville natale; il s'agit de savoir qui il est : quel est le personnage des anciens jours qui revit en lui? Est-ce Élie? Est-ce Jérémie? est-ce quelque autre? « Et il interrogeait ses disciples, est-il écrit dans saint Matthieu, disant : Qui les hommes disent-ils que soit le fils de l'homme ? Mais ils lui dirent : Les uns disent que c'est Jean-Baptiste, les autres Élie, ceux-ci Jérémie, ou quelqu'un des prophètes ; et Jésus leur dit : Et vous, qui dites-vous que je sois ? » C'est un fait qui est répété, presque exactement dans les mêmes termes, chez saint Luc et chez saint Marc. Les inquiétudes d'Hérode au sujet de Jésus sont également dépeintes dans les trois premiers Évangiles d'une manière tout à fait conforme à ce point de vue. « Et le roi Hérode entendit ces choses, car le nom était devenu célèbre ; et il disait : Jean-Baptiste est ressuscité d'entre les morts... et les autres disaient : C'est Élie ; d'autres encore disaient : C'est un prophète ou comme un des prophètes. » Vous le voyez, non-seulement il y a là une croyance générale dans tout le peuple d'Israël, mais Jésus, lorsqu'il l'entend énoncer devant lui par ses disciples, ne la contredit pas, ne la condamne pas : il la laisse tranquille et porte ailleurs son discours.

Il y a plus : à côté de la question, Qui est Jésus ? devait naturellement se poser, sous l'influence des mêmes croyances, la question parallèle, Qui est Jean ? Or, c'est par Jésus lui-même que les Évangiles font répondre à celle-ci : « Je vous le dis, en vérité, rapporte saint Matthieu, il ne s'est pas élevé entre les enfants des femmes un homme plus grand que Jean-Baptiste, et si vous voulez le savoir, c'est lui-même qui est Élie qui doit venir. » Après la transfiguration, Jésus répète encore à ses disciples la même leçon : « Mais, je vous le dis, Élie est déjà venu, et ils ne l'ont pas connu, et ils ont fait de lui ce qu'ils ont voulu ; et le fils de l'homme souffrira de même pour eux. Alors les disciples comprirent que c'était de Jean-Baptiste qu'il leur avait parlé. » Remarquez bien qu'il ne s'agit pas ici d'une assertion sans conséquence. La préexistence de saint Jean, ainsi déterminée, jouait un rôle capital dans la théorie messianique : elle levait la difficulté relative à la venue d'Élie, qui, selon la déclaration du prophète, alors présente à toutes les imaginations, devait, au jour du salut, précéder celle du Messie. Élie n'a pas encore paru, disait le peuple, donc il est impossible que le Messie soit déjà sur la scène. « Les disciples l'interrogèrent, disant : Que disent donc les Pharisiens et les Scribes qu'il faut qu'Élie vienne d'abord ? » C'était une fin de non-recevoir en apparence invincible; mais Jésus y répond en déclarant que l'apparition d'Élie s'est réellement accomplie par la renaissance de ce prophète dans la personne de saint Jean. Convenez-en, s'il avait plu aux Pères et aux scolastiques de tourner leurs préférences du côté de la préexistence, ils auraient trouvé là des points d'attache bien suffisants pour autoriser tous les commentaires désirables.

Mais où je reconnais encore mieux qu'aux membrures de sa tradition, si puissantes qu'elles soient, la force da cette doctrine, c'est à l'ampleur qu'elle communique à l'idée que nous portons en nous de nous-mêmes. Ne vous semble-t-il pas que vous devenez en quelque sorte un autre être, lorsque après vous être représenté, conformément au préjugé habituel, que vous n'êtes que d'hier dans l'univers, vous venez à vous représenter au contraire que votre naissance n'est en réalité qu'un des accidents d'une longue vie, et qu'il s'est écoulé déjà bien du temps depuis que vous vous agitez à travers les mondes? Ne sentez-vous pas tout à coup plus de poids dans votre personne, y sentant plus d'ancienneté? Pour moi, je le confesse, cette idée, même en la prenant pour une simple possibilité, me remue jusqu'au fond de l'âme. Voyageur inconnu à moi-même, émergé, il y a un instant, du noir océan du passé, je me contemple avec étonnement. Je me vois lié, non-seulement au sol sur lequel posent aujourd'hui mes pieds, mais à l'immense tourbillon qui m'entoure et dont les courants m'ont déposé évanoui sur cette terre; je voudrais sonder l'abîme, je voudrais interroger les profondeurs de ma mémoire, je voudrais ressaisir le secret de ma première naissance et de mes destinées antérieures, et bien qu'empêché par l'ignorance et l'oubli, je me trouve du moins réveillé où je dormais. Ne posséderais-je même que la nuit, c'est énorme pour qui ne possédait tout à l'heure que le néant. J'ai le droit d'y plonger à volonté mes pensées et d'y retourner vivre, et d'autant mieux qu'il ne m'échappe point que cette nuit n'est qu'une défaillance de mes souvenirs, sous laquelle je sens palpiter secrètement des mystères infinis de ciel et de lumière. Motivées de si loin, les conditions de mon existence présente m'intéressent désormais davantage; et je prends même plus d'assurance à l'égard des éventualités de l'avenir, lorsque je me dis avec tranquillité : « J'ai longtemps pratiqué l'univers. » A Dieu ne plaise qu'une croyance qui agrandit ainsi notre domaine spirituel puisse jamais nous paraître indifférente! Qui sait d'ailleurs toutes les ressources qu'y rencontrerait la théologie pour expliquer tant de choses qui, hors de là, sont inexplicables? Les obscurités de notre état présent n'attendent peut-être pour s'éclairer que le reflet de ces états antérieurs! Si la doctrine de la préexistence est dans la direction de la vérité, il est évident que des flots de lumière y sont en réserve, car elle est capitale. Essayons-en donc, car ce n'est pas lorsque nous sommes pressés de toutes parts, dans l'ordre civil comme dans l'ordre religieux, par tant de problèmes inquiétants, qu'il peut nous être permis de passer à la légère sur un principe si puissamment recommandé par la préoccupation unanime de l'antiquité, si riche en lui-même et si imparfaitement exploré jusqu'ici.

De ce qu'Origène est condamné, est-ce à dire que l'idée générale d'une existence antécédente le soit aussi? L'imagination n'entrevoit-elle pas de prime abord, à l'horizon, des perspectives toutes différentes de celles qu'avait suivies ce grand homme sur les indications de Platon? Comment, lorsqu'il y a tant de manières de se figurer la continuation de notre vie, n'y en aurait-il qu'une seule de se figurer son origine? Loin de là, toute vue sur la carrière future détermine une vue correspondante sur la carrière antérieure, et l'on trouve exactement la même variété dans l'un des domaines que dans l'autre. L'erreur d'Origène sur la préexistence n'a été que la contre-partie de son erreur sur l'immortalité, car le même fanatisme d'immatérialité les caractérise toutes deux. Ne pouvons-nous donc pas, en prenant appui sur les solutions qui nous semblent les plus plausibles à l'égard de notre avenir, chercher à en formuler de concordantes à l'égard de nos préliminaires? Appliquons-nous de concert à cette grande question, et je n'ignore pas avec quelle réserve! N'eussé-je aucun doute que la voie que je propose n'est point barrée à quelque endroit par des difficultés, de la même manière que les autres voies dont nous nous sommes occupés, je ne suis pourtant pas assuré d'y marcher assez avant et assez droit pour y apercevoir le vrai nettement; et supposé même que je le visse, rien ne me garantirait encore son opportunité. J'en découvre toutefois suffisamment pour me sentir jaloux de stimuler les intelligences dans cette belle direction ; et en agissant ainsi, je ne fais d'ailleurs, vous le reconnaîtrez, que continuer le mouvement de votre argumentation et céder à l'impulsion logique de votre méthode. Vous avez pris successivement toutes les opinions qui peuvent être émises sur l'origine de l'âme, et vous avez montré qu'elles devaient être toutes rejetées à cause des objections qu'elles soulevaient, jusqu'à une dernière opinion à laquelle vous avez cru licite de vous tenir ; mais comme les difficultés que cette opinion contient ne permettent pas davantage à l'esprit de s'y reposer, il faut bien aller de l'avant, et chercher à se satisfaire autrement. C'est ce qui ne me semble pas impossible ; et si l'opinion préférable est celle où l'esprit se repose le mieux, j'ose espérer que vous ne repousserez pas celle dont il me reste à vous communiquer le sommaire, et sur laquelle vous n'avez encore aucun engagement, puisqu'elle ne s'est point encore offerte à votre examen.

Avant tout, quels sont les principes les plus généraux du système de l'univers? C'est là ce qu'il faut avoir devant les yeux, car rien n'étant plus essentiel au système de l'univers que l'âme, puisqu'elle en est le sujet, l'histoire de l'âme doit être naturellement toute empreinte de ces principes, et c'est d'eux, par conséquent, que doit émaner le droit sentiment de son origine. Ces principes se réduisent à quatre, sur lesquels il me semble que vous ne sauriez me faire la guerre. Le premier, que vous ne me contesterez pas, puisqu'il forme justement la base de votre opinion, c'est la création continue : la vertu créatrice de Dieu, loin de s'être bornée à une seule explosion, jouit d'une activité indéfectible et augmente sans cesse la multitude des âmes : « Mon père travaille toujours, » dit l'Évangile. Le second principe, consacré plus fermement encore que celui-ci par l'autorité du christianisme, nonobstant les aberrations insignifiantes de la scolastique, c'est l'union de l'âme et du corps, autrement dit la tendance de tous les êtres à se manifester par des organes sensibles. Le troisième, admirablement indiqué, comme je vous l'ai fait observer dans le livre de la Genèse, et dont on ne saurait trop reprocher au moyen âge de n'avoir point aperçu l'universalité, car elle était logique, c'est le développement progressif de la vie : en professant que la création de l'ordre terrestre ne s'est opérée que graduellement ; que d'Adam à l'Évangile et de l'Évangile aux conciles, les lumières de la religion n'ont cessé de s'accroître ; de plus, que par le perfectionnement de son existence présente, l'homme parvient à s'élever jusque dans le ciel, on avoue évidemment cette vérité dans ce qu'elle a de plus fort, et ce n'est plus rien que de l'étendre. Enfin, le dernier principe, totalement étranger au moyen âge, mais auquel, malgré sa nouveauté et l'imprévu de ses conséquences, votre théologie ne peut désormais se dispenser de faire place, c'est la multiplicité des terres, suffisamment attestée par la multiplicité des planètes et des soleils. Loin de recommencer Origène, c'est donc le contrepied d'Origène qu'il faut prendre ; car en supposant les âmes créées toutes ensemble au premier jour, dans l'incorporéité, dans la perfection angélique, et précipitées ensuite, par l'effet d'une détérioration générale, sur cette terre, cloaque central de l'univers, il a sacrifié à la fois tous ces principes. Je le condamne donc, au nom de la philosophie, plus résolument que vous ne le faites vous-même. Mais par le même motif, je vous condamne aussi, vous qui, avec vos âmes créées directement dans leur condition actuelle et uniquement en vue de cette terre, seul lieu d'épreuve entre le néant et l'absolu, ne satisfaites qu'aux deux lois de la corporéité et de la création continue, à l'exclusion des deux autres.

L'idée que je vous oppose est bien simple : c'est que toute âme humaine fait sa première apparition dans la vie, au degré de la hiérarchie où l'animal cesse et où l'être libre commence. L'histoire d'Adam est en substance l'histoire commune de tous les hommes. Par une opération spéciale du Créateur, au point du temps et de l'espace assigné par les lois de l'harmonie de l'ensemble, l'âme reçoit le principe divin de sa perfectibilité, et du même coup s'éveillent en elle les puissances nécessaires à l'accomplissement de ce principe : la raison brille, le cœur s'allume, la conscience s'ouvre, l'homme est créé. L'homme est créé, mais ce n'est pas dire qu'il soit déjà développé : à peine dégagée, son intelligence tente ses premiers efforts pour s'élever à ses premières connaissances, son caractère est encore flottant, sa volonté n'a contracté ni avec le bien ni avec le mal, l'innocence règne en lui, mais il n'y a jusque-là en lui ni béatitude ni sainteté. Il faut, pour se fortifier, que l'âme s'éprouve, qu'elle repousse l'instinct, qu'elle fomente en elle la vertu, en un mot, qu'elle se travaille elle-même ; et la condition qui lui est attribuée, perpétuellement conforme à l'état de son développement, est le juste effet de l'emploi de sa liberté. De vie en vie, de monde en monde, disparaissant de l'un pour reparaître dans un autre, toujours portée, par les forces attractives qu'elle a enracinées en elle, au centre de la société qui lui convient, toujours douée des forces plastiques nécessaires pour se former les organes dont elle a besoin, elle accomplit, avec plus ou moins de rectitude et de félicité, les phases successives de son perfectionnement infini; et, née dans les bas fonds de l'univers, ballottée dans ses régions moyennes, après une suite d'épreuves plus ou moins longue, elle en gagne les sublimités, juste récompense des mérites qu'avec la grâce de Dieu, elle a su acquérir. Continuellement, par l'opération incessante du Créateur, des âmes nouvelles sortent du néant, et prennent leur essor, chacune à sa manière, à travers l'immensité des mondes. Nous ne sommes ici que sur un lieu de passage, et vous êtes dupe d'une illusion quand vous vous imaginez, sur la foi des apparences, que la terre est un théâtre de création quotidienne. En quel temps donc, me direz-vous, et sous quel soleil êtes-vous né? Eh! que m'importe! C'est assez pour moi de pouvoir prendre, d'une manière générale, la mesure du temps depuis lequel j'existe, en voyant avec quel caractère déjà invétéré je suis entré dans cette vie, en considérant avec quelle résolution mes passions et mes défauts ont éclaté en moi dès mon enfance, en observant enfin la lassitude profonde, bien disproportionnée aux courts labeurs de notre étape actuelle, avec laquelle, depuis que je réfléchis sur moi-même, j'aspire à mon arrivée dans une phase meilleure. Et quant à mon lieu de naissance, je sais que je suis né dans ce tourbillon sidéral qui m'entoure : qu'ai-je besoin de connaître plus exactement en quel point? Que sont, en définitive, tous ces astres auxquels se lie secrètement notre histoire, sinon des gerbes d'étincelles subordonnées à notre usage, dont nous enveloppons à volonté la multitude dans la capacité de notre esprit, et auxquelles nos personnes viennent tour à tour adhérer, selon le mouvement de notre vie, qui nous porte tantôt à l'une, tantôt à l'autre? Que mon acte de naissance demeure couvert, tant que Dieu le voudra, d'obscurités de ce genre, ce n'est pas un mal dont je puisse raisonnablement m'affecter. Pour faire mon chemin, je n'ai pas besoin de voir si précisément d'où je viens : un aperçu quant au passé, comme un pressentiment quant à l'avenir, sont tout ce que demande le gouvernement de notre existence présente. Ne craignons donc pas de laisser notre sentiment de nous-mêmes se prolonger dans le temps et dans l'espace au delà des bornes de cette terre, autant qu'il le faut pour que le plan général de l'univers nous devienne intelligible : soyez sûr qu'il n'en résultera dans notre conscience aucun trouble.

LE THÉOLOGIEN.

Votre opinion, si hardie qu'elle soit, a des avantages que j'aurai la franchise de ne pas contester. Elle offre, je le reconnais, des solutions assez plausibles aux difficultés que vous m'avez opposées, sous l'autorité de saint Augustin, et dont je ne sens pas moins que vous l'importance. Aucune de ces difficultés ne me touche plus que celle qui se résume dans la terrible parole de saint Paul : « Lorsqu'ils n'étaient point encore nés, j'ai aimé Jacob et j'ai eu Ésaü en aversion, » et le commentaire que vous en donnez la rendrait, à coup sûr, toute naturelle. A combien d'enfants, hélas! cette sentence ne s'applique-t-elle pas, et avec quelle frappante évidence! Voilà une âme que Dieu envoie prendre naissance chez une femme perdue, au milieu d'un ramassis de libertins et d'aventuriers : il est écrit d'avance que cette âme ne recevra d'autre éducation que celle du vice et de l'impiété. La haine et les mauvais traitements l'accueilleront, et elle s'aigrira dès le berceau. On ne fomentera en elle, par les paroles et les exemples, que les plus détestables passions, et elle n'entendra le nom de Dieu que pour apprendre à le blasphémer. Peut-être, enivrée de crimes disparaîtra-t-elle prématurément dans quelque rixe ou sous le glaive de l'échafaud, avant d'avoir eu le temps de sortir de ce tourbillon d'infamies et d'ouvrir les yeux sur sa conscience. Ah! que voilà bien une destinée malheureuse, et qu'il est juste de dire avec l'apôtre que Dieu a eu cette âme-là en aversion dès le sein maternel! L'inégalité dans les souffrances m'émeut assurément bien moins que cette inégalité dans les conditions du salut. Pour les uns, la voie est facile, et un heureux caractère les prédispose dès l'enfance à la suivre; pour les autres, il n'y a, pour ainsi dire, pas un sentier qui ne mène au précipice; et lors même que ces infortunés seraient entourés de tous les soins au lieu de ne l'être que des séductions les plus diaboliques, leur méchante nature suffirait, à ce qu'il semble, pour les jeter dans la damnation. C'est véritablement là qu'est la pierre d'achoppement. Les adversités sont passagères, et l'affliction qu'elles causent ne dure pas; mais la contagion du péché affecte l'âme à fond et produit des effets qui persistent au delà même de cette vie. Ce ne sont pas les douleurs, ce sont les tentations qui forment les dangers réels de la terre, et c'est aux moins disposés à leur résister qu'est souvent assignée la part la plus lourde et la plus difficile. O justice de Dieu, combien s'atténueraient les nuages qui te couvrent, s'il était permis de penser que ce monde n'est qu'un purgatoire où la disparité des conditions n'est qu'une suite légitime de la disparité des mérites; où les moins coupables obtiennent, dès l'abord, tous les moyens nécessaires pour continuer l'opération de leur salut, fortifier leurs vertus, expier leurs fautes, se sanctifier; où les réconciliés se confirment, en recevant à la fois de grands troubles, de grandes élévations, de grands supplices; où les endurcis, poursuivant le cours de leur égarement, ne trouvent de grâce ni de miséricorde d'aucune sorte, jusqu'à l'heure à laquelle, ayant épuisé jusqu'à la lie la coupe satanique et soulevés enfin par le dégoût de l'horrible breuvage, ils commenceront à tourner leurs désirs vers la source céleste qui seule désaltère!

Je sens aussi que vous n'êtes pas embarrassé non plus par la question des vices qui se découvrent dès l'enfance dans les caractères, dans les intelligences, dans les organisations, et dont le principe ne peut être cherché ni dans l'être lui-même, s'il n'a encore rien fait, ni dans les parents, puisqu'ils ne sont pas les créateurs, ni en Dieu, des mains duquel nulle difformité ne peut sortir. Le genre humain, si vous me permettez une telle comparaison, n'est plus, pour vous, qu'une troupe d'écoliers, rassemblés de la veille et différenciés les uns des autres par l'effet de l'âge et des habitudes prises : les uns très jeunes, les autres plus développés, ceux-ci de bonnes mœurs, ceux-là engagés dans de mauvais précédents et soumis à un régime plus sévère. La diversité n'est plus une difficulté. Sans lever entièrement l'étrange mystère dans lequel s'enveloppe la destinée de ces milliards d'âmes humaines, qui ne sont appelées que dans le monde inerte et obscur de la fœtalité, et qui meurent sans être nées, vous le diminuez, puisque, selon vous, ces créatures ont vécu et vivront ailleurs ; et qu'à la rigueur, on peut soupçonner que leur préférence n'étant que faiblement déterminée à ce monde-ci, elles ont pu se borner à y prendre quelques instants de sommeil, en attendant que des circonstances élaborées ailleurs à leur convenance les invitassent plus énergiquement. Surtout, suis-je touché de la manière dont vous sauvegardez la majesté divine dans l'œuvre ineffable de la genèse ; car, ainsi que vous le remarquez fort exactement, la création de toute âme nouvelle est un acte de même nature que la création d'Adam lui-même, et au fond duquel il n'y a pas moins de sublimité, puisque Dieu y fait pareillement surgir du néant plus que tous les soleils du monde, une substance pensante, infinie, sa propre image. Du reste, le texte même de la Bible semble indiquer que la terre n'a été un lieu de création que dans la période des sept jours, et peut-être, sans rien forcer, pourrait-il être permis d'y prendre appui pour supposer, comme vous le faites, que la terre n'est donc plus aujourd'hui qu'un lieu de passage pour toutes les âmes qui y naissent. En tout cas, il est incontestable que la condamnation qui pèse sur Origène ne vous atteint pas, puisque votre proposition est, à plus d'un égard, d'un esprit diamétralement opposé ; et même, à première vue, pourrait-on aller jusqu'à penser que votre opinion ne creuse pas un abîme entre nous, notre différence n'étant, après tout, qu'une question de quantité ; car, en définitive, vous vous réduisez à dire que cette vie est un peu plus ancienne que nous ne l'imaginons d'après les apparences actuelles, et qu'au lieu de n'avoir fait que changer de place sur la terre, depuis que nous existons, nous en avons changé sur un théâtre d'une dimension plus grande.

Vous voyez que pour tout ce qui appartient, non pas au domaine de la foi, mais à celui de la discussion, je n'aurais aucune répugnance à laisser à votre esprit toute sa liberté. Tant qu'il ne s'agit que d'objets secondaires relativement au salut, on peut différer d'opinion et vivre en paix. *Mundum tradidit disputationibus,* dit l'Évangile : qui a mieux connu que le moyen âge, dans son orthodoxie, la vérité de cette parole! Mais après avoir reçu ce témoignage de mon bon vouloir sur le terrain de la philosophie, vous comprenez bien qu'il faut que je vous arrête. Vous ne sauriez faire un pas de plus sans mettre ouvertement le pied sur le dogme. Déjà, vous l'avez dit, Adam n'est pas au sommet, mais au pied de l'échelle. Qu'est-ce donc alors que la chute d'Adam? Tout l'édifice de notre théologie est à bas : plus de chute, plus de privation des félicités de l'Éden ; plus de chute, plus d'engagement de tous les hommes dans le péché et la condamnation de leurs premiers parents; plus de chute, plus de rédemption, plus d'avenir céleste, plus de religion. Hésiterais-je donc, pour conserver intacts des biens si précieux, à rejeter votre opinion, toute séduisante qu'elle puisse être superficiellement? Ainsi, nous voilà forcément ramenés par le courant de nos discours à cette suprême question du péché originel, que je vous avais d'abord proposée et que vous ne pouvez plus ajourner.

LE PHILOSOPHE.

Abordons-la donc et en deux mots. Je ne recommencerai pas contre vous les argumentations logiques : tout a été dit à cet égard, mais avec le mot de mystère, je sais que tout obtient réponse. Aussi ma prétention ne va-t-elle pas à vous forcer dans un tel retranchement : je voudrais seulement, en vous faisant entrevoir une solution plus naturelle que celle à laquelle vous êtes habitué, vous exciter à réfléchir sur la gravité de la situation que votre fidélité exagérée aux errements du moyen âge fait à la religion. N'y a-t-il pas de quoi être effrayé de penser que toute son ordonnance repose sur la pomme d'Adam? Cette pomme est pour vous la clef de voûte du ciel et de la terre! Le premier couple, doué de tous les traits de la perfection morale et de la beauté, est placé par son auteur dans un jardin enchanté; mais il touche à un fruit défendu, et la colère de Dieu, allumée par cet attentat, n'a plus de bornes; tous les maux de la terre prennent naissance, l'enfer s'ouvre, les coupables sont rejetés avec toute leur postérité, et l'univers serait à jamais perdu, si le Médiateur ne venait enfin réparer en personne les désastres causés par ce funeste fruit. N'apercevez-vous pas dans ce tableau quelque chose qui commence à vaciller comme dans les scènes magiques? Ne sentez-vous pas secrètement que l'esprit humain, dans le vol nouveau qui l'emporte sur les ailes de la philosophie et des sciences, s'éloigne chaque jour davantage de ces fantômes? Ils peuvent satisfaire encore les imaginations enfantines et les âmes dociles, mais pour les intelligences d'avant-garde, la réalité n'est plus là. Le symbole est transpercé et s'évanouit. C'est un fait; et ce n'est pas en récriminant contre lui que vous l'effacerez, ni en répétant obstinément le thème que le monde délaisse que vous ramènerez le monde. Vous accusez le protestantisme et le dix-huitième siècle d'avoir ruiné la théologie, et moi je vous accuse de ne la point relever. Vous vous liez sans nécessité à une leçon qui ne permet à qui réfléchit d'autre alternative que de nier, soit la justice de Dieu, soit la vérité du Médiateur, ou de confesser qu'il n'y a rien à entendre au système de l'univers; ce qui met dans tous les cas la théologie à néant. Cessez donc plutôt de nous réciter, à la lettre, les allégories d'un autre temps. Osez penser. Reprenez, à l'exemple des Pères, l'initiative des interprétations, et votre tradition, qui s'évanouit si pitoyablement, retrouvera bientôt toute sa gloire : compromise, non par un défaut implanté en elle, mais par l'inhabileté de ses commentateurs, elle ne demande qu'à être délivrée de l'enveloppe gothique qui l'étouffe, pour respirer encore et régner. En résumé, au lieu de prêcher la fixité qui est la mort, appelez donc avec nous la renaissance !

Non, assurément, je ne crois pas à l'Éden féerique du moyen âge; je ne me représente pas le premier homme comme un être surnaturel, revêtu de toutes les perfections du corps et de l'esprit, comblé de toutes les béatitudes, conversant avec Dieu face à face, émule des anges : il ne manquerait plus, pour compléter le charme, que de mettre à ses pieds, comme Mahomet, les chœurs séraphiques, appliqués à le servir et à célébrer ses louanges, ou même de l'identifier, comme dans le mysticisme alexandrin, avec la personne du Verbe. Je vois dans ces exagérations des vanités que l'orgueil de race a pu faire imaginer aux Juifs, mais que nulle autorité, ni du texte primitif, ni des conciles, ne vous oblige de suivre. C'est un fol argument de la scolastique de conclure l'excellence d'Adam de ce qu'Adam sortait directement des mains de Dieu, car le même argument envelopperait avec la même force les animaux ; tandis qu'il suffit évidemment pour la dignité du Créateur que toute créature, à l'instant de sa création, soit simplement sans vice. C'est à quoi j'estime qu'il faut se borner à l'égard d'Adam. Comme les animaux, Adam était sans vice, mais, supérieur aux animaux, il portait en lui l'aptitude à toutes les perfections; virtuellement semblable à l'homme actuel, mais moins développé, il n'avait sur nous d'autre avantage que celui de l'enfant qui vient de naître sur l'enfant qui a déjà vécu, l'avantage de l'innocence. Telle est, en substance, l'idée que je me forme du premier homme ; et quelque différend que cette idée puisse instituer entre nous, je ne sais cependant pas si, dans ces termes généraux, vous vous jugerez obligé de la regarder comme ennemie.

Reste à savoir de quelle manière s'est accompli l'étonnant phénomène de l'apparition de ce premier homme sur la terre : c'est là le problème fondamental de l'anthropologie. Mais l'avez-vous résolu de science certaine, pour prétendre imposer à cet égard votre sentiment aux autres? En définitive, que vous donnent ces textes auxquels vous faites profession de vous référer comme à la source de toute lumière ? Une seule parole : parole profonde, parole concise et que je ne refuse point. Voici, en effet, tout ce qui se déduit du récit de la Bible : c'est que la puissance créatrice, en vue de l'introduction du genre humain sur ce globe, s'est d'abord portée sur l'élément minéral, et que, soulevant une portion de cet élément au-dessus du fonds commun, elle lui a imprimé l'organisation convenable; puis, que par un dernier miracle, qui est assurément le plus grand, elle y a fait éclater une âme d'homme par l'insufflation de sa grâce. Il n'est pas possible d'en tirer davantage. « Le seigneur Dieu forma donc l'homme du limon de la terre; il répandit sur son visage le souffle de vie, et l'homme devint vivant et animé. » Mais quelles sont les façons successives par lesquelles il a plu au divin statuaire de faire passer ce limon pour l'amener à sa dernière forme? Combien de temps s'est-il écoulé entre le moment où la matière brute a commencé à se modeler sous les doigts du maître et celui où l'image, ayant atteint sa perfection, le rayon céleste est venu la frapper et s'y réfléchir? Le développement de la vie organique a-t-il été instantané ou graduel? Doit-on s'en faire idée comme d'une métamorphose magique, ou comme de l'une de ces lentes et méthodiques opérations, qui sont l'ordinaire de la nature? Vos commentateurs, je le sais, ne se sont pas fait faute de choisir; mais d'où leur est venu le droit de choisir nous vient aussi le même droit.

Saint Augustin, dans le traité de la Genèse à la lettre, posait déjà très explicitement la question, en la résolvant, comme il était inévitable, dans le goût de son époque, mais en confessant, par la position même de la question, l'indécision de la théologie sur ce point capital. « Comment Dieu a-t-il fait l'homme au moyen du limon de la terre? Est-ce tout à coup, dans l'âge parfait, c'est-à-dire viril et juvénile? ou bien l'a-t-il fait de la même manière qu'il le forme encore aujourd'hui dans le sein des mères, de sorte qu'Adam aurait eu seulement ceci de particulier qu'il ne serait point né de parents, mais aurait été fait avec de la terre, et suivant de telles conditions que les mêmes espaces de temps, que nous voyons attribués à la nature humaine, auraient été employés pour son développement et son accroissement d'âge en âge? » Selon le théologien du cinquième siècle, il paraît plus conforme à la toute-puissance de Dieu d'imaginer que la production de l'homme a été instantanée, comme le changement à vue de la baguette de Moïse en serpent, que d'en faire le couronnement de longs préliminaires. Mais s'il est plus conforme au sentiment que nous avons aujourd'hui des procédés du savant ordonnateur de la nature de soupçonner, dans l'enfantement primitif de l'homme, des phénomènes séculaires, déterminés par des lois dont les variations de l'embryon, dans les phases successives de son développement, nous donnent peut-être, dans l'ordre actuel, un aperçu lointain, pourquoi ne serions-nous point libres de préférer ce point de vue?

Risque-t-on, par cette préférence, de diminuer la majesté du pouvoir créateur? Pas plus, assurément, qu'en voyant les continents se soulever au-dessus de la masse des mers, non par un coup de baguette, mais conformément aux majestueux principes de la géologie; ou la hiérarchie animale, au lieu de faire explosion en quelques heures, se composer et se diversifier peu à peu dans la longue carrière des âges. C'est affaire à nous de regarder d'un œil si différent les siècles et les minutes; mais, aux yeux de l'Éternel, siècle ou minute, le temps n'est-il pas toujours l'instantanéité? Et, d'autre part, y a-t-il danger de diminuer ainsi la grandeur de l'homme, parce qu'en écartant les voiles qui nous dérobent les secrets de sa germination dans le sein de la nature, on tend peut-être à découvrir de nouvelles analogies entre le règne humain et le règne animal? Mais si de telles analogies étaient susceptibles de dégrader l'homme, convenez que la dégradation serait consommée depuis longtemps par toutes celles qui frappent si vivement nos regards dans la génération de l'homme, dans le mode de formation de ses organes, dans son organisation même, dans ses sensations, dans sa manière de vivre, dans ses passions, dans sa mort. Les analogies ne sont pas des confusions. Le premier qui a osé dire que les poissons étaient les ancêtres du genre humain a commis un contre-sens aussi grossier que celui qui, arguant de ce que l'homme présente durant son existence fœtale des conditions anatomiques analogues à celles des êtres inférieurs, voudrait dire que l'homme commence sa vie par être mollusque ou poisson. Mais, tout en rejetant les tours exagérés de l'identification, il est permis de conserver le droit d'induction et ses demi-lueurs. Si l'homme et le mammifère dans le sein maternel, si l'oiseau dans sa coquille, si le poisson et le mollusque dans la liberté des eaux, si l'insecte dans celle de l'air, sont également soumis aux lois d'une métamorphose progressive, n'est-on pas autorisé à penser que la formation du premier homme a dû être réglée par des combinaisons de même genre? Si aujourd'hui même, alors que les générateurs sont créés, il faut tant de préparatifs, tant de gradations et de périodes pour l'établissement du corps humain, ne serait-il pas inconséquent que ce même établissement se fût accompli en un clin d'œil alors que rien n'était disposé pour y aider? Si ce grand ouvrage avait jamais pu s'effectuer d'une manière si facile, comment la nature aurait-elle abandonné des voies si simples pour en adopter de si complexes?

Cette embryologie primordiale forme une science qui demeurera peut-être toujours pour nous dans la nuit, comme celle qui se rapporte à la connaissance de notre préexistence personnelle. Les phénomènes qui en sont la base ont, en effet, fini de s'accomplir en même temps que le genre humain a commencé d'exister; ils ne se répéteront plus, et il n'y a pas à espérer que nos investigations soient jamais assez fines pour ressaisir les traces légères qu'ils ont pu laisser sur le globe. Mais fussions-nous condamnés à ne jamais entrevoir une telle science qu'à travers les nuages, le sentiment de son existence suffit pour transformer de fond en comble toute la Genèse. Les tableaux féeriques s'évanouissent, et, à leur place, l'esprit ne découvre plus que les lentes et tranquilles évolutions qui conviennent si bien à la majesté de la Providence, et en faveur desquelles témoignent toutes les apparences de l'univers. Au lieu de concevoir les jours de la création comme autant d'actes séparés et indépendants les uns des autres, on les voit apparaître comme les termes successifs d'une œuvre unique, qui est l'enfantement de l'homme. Dès lors tout s'enchaîne dans ce mystérieux travail, et c'est l'homme qui ordonne lui-même cet enchaînement. C'est à lui que se rapporte l'animation, qui après avoir débuté imperceptiblement, s'élève et s'étend peu à peu sur toute la surface du globe. Il mérite bien d'être nommé Roi de la création, dans toute la profondeur de cette belle parole : non-seulement il domine par sa prééminence tous les types que nous apercevons s'agitant autour de lui, mais il les entraîne à sa suite, et détermine les lois qui régissent leur organisation, en allant lui-même à son achèvement. S'il traverse dans sa marche les phases de l'animalité, c'est comme le triomphateur qui perce la foule, en l'ébranlant derrière lui, à mesure qu'il s'avance. C'est en lui et dans son auguste lignée qu'a été déposé dès le premier jour le principe sacré de la perfectibilité, essence divine de l'infini. Les générations animales demeurent immobiles à travers les siècles, et les siennes, avant même qu'il n'en ait conscience, sont déjà dans un progrès continuel les unes à l'égard des autres. Sans entrer ici dans l'exposé de la science paléontologique telle que je la conçois, permettez-moi seulement de conclure que Dieu est infiniment plus admirable dans la simplicité de ce merveilleux développement, que sous l'artifice de ces explosions incohérentes qu'il plaisait à l'imagination de nos pères de lui attribuer. Je vois avec ravissement le torrent de la vie se précipitant à sa voix du sommet des âges, avec un grossissement incessant, et à chaque temps de sa course, semant magnifiquement les animaux sur son passage, comme des témoins de son indéfectible fécondité, jusqu'à l'humanité, dans le sein de laquelle il s'engouffre, en grandissant encore. Loin de m'effrayer des éclaircissements que nous sommes encore en droit d'attendre des efforts combinés de la philosophie et de l'observation, je les invoque donc du fond de l'âme, car je pressens que les procédés de la puissance créatrice en recevront un caractère de plus en plus sublime; et en résumé, commentaire pour commentaire, je ne crains pas d'assurer que le mien est tout aussi légitime que le vôtre, car je vous défie d'y rien relever de contraire ni à la nature de l'homme, ni à celle de Dieu.

Si le principe du progrès, qui est si profondément écrit dans la paléontologie et dans l'histoire, n'est pas en défaut sur ce point capital, le premier homme n'est qu'un enfant. Il couronne la série des développements de l'animalité et ouvre celle des développements humanitaires. Au-dessus de l'animal par sa liberté et son intelligence, au-dessous de l'homme fait par sa simplicité, il est, si l'on peut ainsi dire, intermédiaire. Certains philosophes ont prétendu nous découvrir une image de sa vie dans la vie actuelle des sauvages : c'est au fond la même erreur que d'identifier les types du règne animal avec les types embryonnaires de l'homme. S'il y a de l'analogie, ce ne peut être qu'une analogie lointaine. Le premier homme est entraîné vers l'avenir par le courant de la perfectibilité dans lequel il plonge en plein, tandis que les tribus arriérées dont il s'agit ne sont que des écumes déposées çà et là par le fleuve sacré, et immobilisées sur ses rives; et dès que l'on réfléchit à la différence des situations, on se convainc qu'entre le sauvage et le premier homme, il y a toute la différence qui sépare logiquement une créature de rebut de la créature de prédilection dans laquelle se personnifie le genre humain et se concentre la destinée de la terre.

En demeurant même dans le cercle des considérations naturelles, comment serait-il possible de concevoir qu'après tant de siècles et d'efforts consacrés à déterminer enfin l'apparition sur le globe de cette organisation culminante, la nature ait pu abandonner un si précieux ouvrage aux hasards d'une vie précaire et périlleuse? Rien n'est combiné pour la conservation du sauvage, et tout a dû l'être pour la conservation du couple primitif. Nés ensemble et l'un pour l'autre, les deux types ont dû être élevés dans le même berceau, entourés des mêmes soins, mis en liberté, loin de tout danger et de toutes misères, dans le même asile protecteur. Et comment n'auraient-ils pas été exempts de toute souffrance, puisqu'ils étaient innocents? D'où leur serait venu le malheur, fils du péché, puisqu'ils n'avaient encore produit aucun mal? La bonté de Dieu leur avait donné naissance, et sa justice les gardait. Aussi, ne peut-on raisonnablement refuser de se les représenter dans les délices de ce monde. Les opulents bocages qu'ils habitent fournissent libéralement à tous leurs besoins, et si leur industrie n'a point encore su leur créer de richesses, les magnificences de la nature les dédommagent. Jusqu'à eux, qui en avait joui? Pour la première fois, la vie sort du rêve égoïste dans lequel demeurent ensevelis les animaux et prend conscience de la réalité des choses extérieures. Peut-être n'avons-nous pas idée, même par les plus frais souvenirs de notre enfance, de l'effet que doit causer sur des âmes toutes neuves le spectacle de la lumière, des eaux, des fleurs, de la verdure. Quels ravissements réciproques du frère et de la sœur, de l'époux et de l'épouse, dans ces heures d'enivrement et de paix où l'univers entier leur souriait! Aucun trouble dans leur limpidité; semblables aux immortels, la mort n'existait pas à leur égard, puisqu'ils n'avaient pas appris à la connaître; et le présent, dans leur insouciance de l'avenir, flottait voluptueusement pour eux vers l'infini. Étrangers aux grandes jouissances du cœur et de l'esprit, ils étaient loin sans doute de la béatitude des anges, qui, parvenus aux supériorités de la vie, respirent les sentiments les plus sublimes de l'amour de Dieu, de la charité pour tous les êtres, de l'admiration pour le système général des mondes, animés de la pleine conscience de leur coopération à l'œuvre du Créateur et de leur perfectionnement incessant, nourris de tous les arts et de toutes les sciences, entourés d'amitiés, entraînés dans la fête éternelle du ciel; mais caressés par les idées confuses et les satisfactions de l'instinct, ils goûtaient dans l'imprévoyance les joies pures et innocentes de l'enfance.

Tel a dû être, en résumé, cet âge d'or du sein duquel l'homme est sorti pour entrer dans la carrière des épreuves, qui, avec l'aide de Dieu, le met en mesure de s'élever graduellement à la béatitude véritable. Si je ne fais pas de la demeure du premier couple ce jardin d'Armide, si cher aux imaginations enfantines, je crois me montrer par là plus fidèle, non-seulement aux lois de la nature et de la philosophie, mais au fond même de cette antique mythologie, devant la profondeur de laquelle je m'incline comme vous, et qui, sous le symbole de l'Éden, nous montre, au début de l'histoire, une riante forêt sous un ciel favorable, des hommes nus, sans industrie, sans connaissances, sans méchanceté, vivant au jour le jour des fruits spontanés de la terre, aussi ignorants de la mort que de l'immortalité.

C'est également de la position du premier homme sur l'échelle des âges, que découle sa condition morale. Il émerge du milieu de l'animalité; et encore tout imprégné des lois de l'instinct, il tend à se dégager du monde de la nature par le libre arbitre et la raison, qui le font homme, pour s'élever dans le monde de la grâce, où, maître de lui-même, il atteint finalement l'impeccabilité. Provisoirement, il est donc entre l'homme et la bête; et, comme le dit Pascal, il y a en lui de tous deux, de l'un par ses aspirations, de l'autre par ses habitudes. De là, le mal; et, en conséquence du mal, les souffrances, qui ont pour but et d'en effacer les souillures par l'expiation, et d'en détacher l'âme en le lui rendant de plus en plus odieux. Sous le pur empire de l'instinct, le mal n'existait pas, puisqu'il ne se produisait aucun acte qui ne fût l'exécution fidèle des ordres de la Providence pour le gouvernement des choses d'en bas; sous le pur empire de l'intelligence, il n'existe plus, puisque tous les actes y deviennent conformes au plan divin qui se révèle alors dans son entraînante beauté; mais dans l'intermédiaire, il a son règne, attendu qu'au même moment où la raison montre à l'âme la lumière d'en haut, l'instinct lui montre la jouissance d'en bas et souvent l'y ramène. Analysez le mal sous toutes ses formes, et vous verrez, en le dépouillant des complexités dont la nature humaine le revêt, qu'au fond se trouvent toujours l'animal qui reparaît et l'instinct de la brute qui s'assouvit en entraînant l'intelligence dans une complicité sacrilége. C'est là l'antique serpent, le plus rusé des animaux, toujours si habile à découvrir le chemin du cœur. Dès que l'homme commence, il l'attaque. C'est de lui que dérive cet état de dissension, qui est le plus profond de la nature humaine, et que saint Paul dépeint d'un trait si éloquent et si simple : « Je vois une autre loi dans mes membres, qui combat contre la loi de mon esprit et m'enchaîne dans la loi du péché qui est dans mes membres. » Ainsi, livrée à son libre arbitre par la haute bonté du Créateur, afin que sa gloire soit un jour d'avoir elle-même coopéré à son achèvement, l'infortunée créature se voit donc exposée, dès son premier pas, à se détourner de sa voie; et elle ne s'en détourne que trop tôt, en effet, et trop facilement.

Car nous persuaderons-nous que le premier péché ait été un de ces attentats dans lesquels la perversité s'unit à la réflexion et dont la monstruosité fait trembler? Se serait-il fait un saut brusque de l'état de grâce et d'innocence à l'état de crime et de damnation? Ou plutôt, ne penserons-nous pas que les premiers hommes ne sont tombés en faute que pas à pas, par une gradation insensible, comme l'enfant qui, au commencement, ne sait pas distinguer le bien du mal, et dont la culpabilité ne se développe qu'à proportion des progrès de l'âge et de la raison? Il est de principe que la responsabilité soit toujours à la mesure de l'intelligence : l'enfant à la mamelle ne pèche pas, même quand il est sans pitié pour sa mère et qu'il la martyrise par ses exigences; il ne connaît que lui, et, comme l'animal, pour qui le monde extérieur n'est qu'une ombre sur laquelle il se jette pour la dévorer quand son appétit l'y excite, il rapporte sans scrupule tout à lui. Mais dès qu'il arrive à se faire idée de la réalité des personnes, à comprendre distinctement le moi et le toi, et, ce qui revient au même, le mien et le tien, alors aussi l'obligation prend naissance pour lui, et avec elle la possibilité du mal. Il ne voit plus autour de lui un seul monde, dont il occupe le centre : un monde plus complexe se découvre, dont il n'est plus qu'une partie, et dans lequel ses semblables doivent vivre comme lui. Sa raison éveille dans son âme la conscience de l'ordre, et par là même, de la justice, qui en est l'archétype divin. C'est par le sentiment du semblable, que Dieu se révèle d'abord ; et qui offense le semblable, en tenant sa personne pour non avenue, offense Dieu. Il y a des philosophes qui se sont imaginé que le mal était né sur la terre avec la clôture des champs; mais il est évident qu'il est né le jour où un homme a dépouillé un autre homme du fruit que celui-ci avait eu le mérite de cueillir. Ce jour-là, l'égoïsme, à la sollicitation de l'appétit brutal, étouffant la conscience, a ramené l'homme en arrière, et, à la honte de sa nature, relevé en lui l'animal : péché contre le prochain, péché contre soi-même, péché contre Dieu, tout a paru du même coup. Faible sans doute était le mal; mais comme ces fleuves dont la source se perd dans les herbes, et qui, accrus par des affluents continuels, dévastent bientôt leurs rivages. Voyez avec quel art la leçon antique, sous la figure d'un fruit dont il est défendu de manger, nous a indiqué à la fois et la légèreté de cette première faute et le peu d'élévation de ses auteurs! C'est sous la transparence de ce récit, et non dans les extravagances de Luther ou les emphases de Milton, qu'il faut chercher la vérité : « Et la femme vit que l'arbre était bon à manger, beau à la vue et d'un aspect délectable, et elle prit du fruit et elle en mangea, et elle en donna à son époux. » Ne semble-t-il pas entendre la simple histoire de deux enfants abandonnés par leurs parents dans un jardin, et qui osent désobéir pour la première fois? Et Dieu leur avait-il parlé, direz-vous? Oui, sans doute; comme il avait défendu à Caïn de tuer son frère!

Quelles qu'aient été au juste l'espèce et les circonstances de la faute, je n'avouerai pas moins que cette première faute constitue un fait capital dans les annales de la terre. Par elle, une révolution s'opère. Le régime de la planète se transforme. Le principe du mal, absolument étranger jusqu'alors à cette résidence, s'y introduit et y jette les fondements de son règne terrible. L'instant est solennel; et pour Dieu qui mesure les événements non dans leurs apparences, mais dans leurs suites, il y a là un coup prodigieux et qui ne vient pas de lui. Dieu condamne donc, car il voit dans ce seul terme la chute de tous les hommes et toute la série de leurs égarements à venir; mais il condamne en père. La grandeur de sa colère ne dépasse pas la grandeur effective de la révolte, et sa sentence contient bien plutôt les dispositions nécessaires au développement de ses créatures dans la voie qu'elles viennent malheureusement de choisir, que des châtiments et des vengeances. Il sait que de ce chaos spirituel, dont il voit apparaître sur la terre le premier tourbillon, résulteront un jour des astres de lumière, et il règle avec sagesse et bonté les lois métaphysiques de leur enfantement. Lisez l'arrêt mis dans la bouche de Jéhovah, et n'oubliez pas que, dans votre tradition même, tout en frappant, la Providence pardonne, car tout en frappant, elle promet.

A quoi se réduit, en effet, l'arrêt divin? A l'établissement des épreuves qui font la grandeur de l'homme sur la terre, qui lui servent à y préparer son avenir, et qui, au fond, ne sont que la conséquence de la supériorité qu'il y prend relativement aux animaux. En définitive, comme nous l'avons aperçu dès notre premier entretien, ne devons-nous pas reconnaissance au travail, qui nous permet de modifier à notre bénéfice les dispositions de la nature, et de nous sentir à chaque instant hors des chaînes de son esclavage? à la souffrance, au moyen de laquelle nous expions nos fautes, tout en nous corrigeant par l'expérimentation des effets inévitables du mal? N'en devons-nous pas, même à l'attente de la mort, qui, grâce à la religion, se transfigure pour nous en espérance de l'immortalité? Si Adam est expulsé du Paradis après sa chute, c'est que pour aller du Paradis au ciel, il n'y a plus pour lui d'autre voie que les étapes de la terre. Et après tout, sommes-nous en réalité si à plaindre d'avoir quitté pour toujours la condition de l'Eden? Que serait l'homme, s'il ne lui avait pas été donné de sortir des tranquilles inerties de ce premier âge, même par la porte du péché, et sauf à entrer, pour un temps, dans la région du travail et des orages? Sans besoins, mais sans activité ni industrie; sans connaissance du mal, mais aussi sans lutte contre lui, et par conséquent sans mérite; sans désir d'une résidence meilleure, mais aussi sans ravissement vers l'avenir céleste, il se serait donc trouvé réduit à perpétuité à la jouissance des voluptés sauvages de la nature! Quelle que soit votre complaisance pour les images du poëme biblique, ne convenez-vous pas de l'imperfection de ce paradis? Ne convenez-vous pas que l'ignorance du mal y constituait un défaut, que l'innocence ne valait pas la sainteté, que la religion ne pouvait révéler ses mystères, rien ne les appelant; enfin que le régime de la fixité eût été bien au-dessous du régime sacré de la perfectibilité? Ne nions donc pas le dommage de la première faute, puisqu'elle a été le principe de tous les démérites et de toutes les souffrances qui sont entrés dans la postérité du premier homme; mais reconnaissons en même temps son utilité, puisqu'elle est aussi l'occasion de tous nos mérites et de toutes nos récompenses. Blâmons-la, mais bénissons-la, et ne craignons pas de nous écrier avec saint Augustin : « Heureuse faute ! »

Voyez maintenant s'illuminer cette profonde doctrine du péché originel, dont vous faites si justement la clef de toutes les misères que nous rencontrons sur la terre! Nous sommes tous solidaires de la faute d'Adam, parce que nous l'avons tous commise. Dans le lointain des âges, tous, à notre heure, nous avons été le premier homme. Créés originairement dans l'innocence, nous avons eu la faiblesse de nous en départir à la sollicitation de l'égoïsme et de l'instinct, et la dure existence que nous subissons aujourd'hui est la juste peine de nos égarements antérieurs. Adam ne nous a engagés dans son infortune que parce que nous l'avions méritée comme lui. Si nous sommes venus nous incarner dans les ruisseaux de son sang, c'est que nous y étions personnellement prédisposés, de telle sorte qu'en portant son héritage, nous ne faisons que porter la responsabilité de nous-mêmes. Tant qu'Adam est innocent, il n'attire à lui que des âmes innocentes ; c'est-à-dire que la création des âmes nouvelles peut se poursuivre indéfiniment sur la terre par son intermédiaire. Mais dès qu'il a péché, il n'est plus capable que d'attirer des âmes pécheresses comme la sienne, c'est-à-dire des âmes ayant déjà vécu et succombé, et qui se précipitent dès lors par sympathie dans le torrent de sa filiation. Et qu'est-ce au fond que ce secret effet du péché primitif sur la suite des générations, sinon une simple conséquence de la grande loi que nous révèlent manifestement toutes les générations de la nature : *Generans generat sibi simile*, qu'il faut traduire ainsi : Toute âme attire à elle, par la génération, des âmes de condition analogue à la sienne. C'est en dirigeant ainsi ses regards sur le dessous des naissances, que l'on peut, à ce qu'il me semble, essayer de satisfaire en même temps à saint Paul, qui affirme la contagion du péché, de laquelle il conclut l'unité du genre humain et sa commune rédemption ; et à Pélage, qui proteste contre cette contagion au nom de la liberté de l'homme et de la justice de Dieu. Oui, nous sommes tous coupables de nature, coupables en naissant, coupables avant de naître, et le Psalmiste est exact quand il s'écrie douloureusement : « J'ai été engendré dans l'iniquité, ma mère m'a conçu dans le péché. » Mais ce n'est pas à dire cependant que nous ayons à maudire la vie de notre premier père, ni à récriminer contre l'arrêt qui nous attache à lui : nous ne sommes pas pécheurs parce que nous sommes fils d'Adam, nous sommes fils d'Adam parce que nous sommes pécheurs. C'est là le mot de l'énigme. Enfermés tous ensemble, par notre naissance, dans son héritage général, et dotés chacun du legs particulier qui y convient à notre destinée, nous ne contractons pas seulement avec le sang et l'exemple du premier homme, mais avec sa culpabilité, dans laquelle la nôtre se confond.

La multiplicité des personnes humaines n'est donc pas un obstacle à leur solidarité radicale. Grâce à l'intimité du lien qui enchaine toutes les générations l'une à l'autre, le genre humain ne fait pas seulement un seul corps, il ne fait qu'une seule âme. L'humanité tout entière n'est qu'Adam qui se continue. Faites vivre indéfiniment le premier homme, et vous aurez l'histoire spirituelle de la terre. A peine affranchi des langes de l'Éden, son intelligence se développe, son industrie s'agrandit, sa richesse augmente ; mais au demeurant, la même lutte se poursuit toujours dans son sein, ses chutes redoublent et s'aggravent, son passé devient de plus en plus écrasant, son avenir de plus en plus incertain. Il a une idée confuse de Dieu ; mais comment s'élèverait-il jusqu'à le toucher? Sur quel pont traverserait-il l'abîme qui sépare les deux natures? En vain s'adresse-t-il aux anges : les anges ne sont que des créatures impuissantes comme lui ; et leur culte n'est propre qu'à l'étourdir et à l'éloigner encore davantage du ciel. Il faut Dieu pour le sauver, Dieu pour le consoler, Dieu pour le délivrer de l'esclavage de son passé, et cependant il ne saurait joindre ce Dieu infini pour le fléchir et l'attirer à lui. Tantôt il le perd de vue parmi les fantômes d'une imagination en délire, qu'il confond insensément avec lui ; tantôt il le noie dans les tourbillons de la nature ; tantôt il le nie. Si parfois il l'entrevoit, ce n'est que comme un maître courroucé, vengeur du mal, impitoyable. L'homme, comme nous l'avons déjà vu, en contemplant le triste spectacle de l'antiquité, resterait donc à jamais abattu sous le sentiment de sa permanence fatale dans le péché, si la religion du Médiateur ne venait enfin le relever.

Ne cherchons point ici, pour ne point augmenter inutilement nos désaccords, de quelle manière s'introduit au-dessus du monothéisme et s'enracine dans les croyances cette idée rédemptrice et salutaire : quel que soit le procédé employé par la Providence pour son établissement, le fait est que le règne du Médiateur se fonde et ravit le genre humain dans une ère nouvelle. Dieu ne s'y témoigne plus dans son formidable éloignement. Sa majesté s'humanise. Par la prière, l'âme remonte familièrement vers lui, et par la grâce, il descend familièrement en elle. La réconciliation du Créateur et de la créature est accomplie. Par sa divinité, l'ineffable intermédiaire se confond avec l'un, par son humanité avec l'autre, et tous deux, Créateur et créature, se reconnaissent et s'allient dans ce même idéal : l'homme pour aspirer et recevoir; Dieu pour absoudre et vivifier; Dieu et l'homme pour s'aimer. Ainsi, après de longs égarements, grâce aux merveilleuses combinaisons de l'histoire, la voie du salut se découvre devant la postérité de l'Éden ; le ciel s'ouvre, et l'homme reconnaissant s'y dirige, en dévouant à cette fin magnifique tous les efforts et tous les mérites de son existence présente. S'il porte encore la peine d'Adam, il se sent du moins allégé de sa culpabilité originelle par la divine miséricorde, qui, en le ressuscitant, le lave de ses souillures et le fait homme nouveau pour l'accomplissement de l'épreuve nouvelle qu'il va subir sur la terre. Affranchi de toute autre responsabilité que de celle de sa vie actuelle, appelant Dieu à pénétrer en lui et à le soutenir, se fiant au pardon et à l'amour de son auteur, il travaille à se perfectionner, et marche désormais en pleine lumière vers la béatitude, destinée finale de chaque homme, qui, par le progrès et la coalition des siècles, est aussi la destinée finale du genre humain. *Quicumque crediderit et baptisatus fuerit, salvus erit.*

Si nous différons l'un de l'autre, du moins ne m'accusez donc plus de passer, sans les voir, par-dessus vos mystères. J'y tiens autant que vous, quoique autrement que vous; et je le prouve par mon désir de les approfondir, que je trouve plus digne à la fois et de la nature de Dieu et de la nature de l'homme que votre parti pris de les accepter sans les comprendre. A Dieu ne plaise en effet que je m'imagine que l'humanité, suivant les emportements du dix-huitième siècle et de ses sectateurs, va faire table rase de son passé, et ne verra plus désormais dans les monuments religieux de ses pères que les jeux de leur imbécillité ou de leur folie! Autant vaudrait croire que le gouvernement de la Providence, si soigneux des destinées de l'insecte et du brin d'herbe, demeure complètement étranger aux mouvements du genre humain; et dès lors, pourquoi faire plus de fond sur le développement futur de cette agrégation désordonnée que sur son développement antérieur, et prendre tant d'intérêt à une destinée qui ne repose sur aucune garantie? Mais, par l'action même de la Providence, l'humanité se déplace continuellement; et sans renoncer à tenir toujours ses regards attachés sur les mêmes monuments, elle les aperçoit, de siècle en siècle, sous des faces qui ne se montraient pas des points de vue qu'elle occupait auparavant, et de ces perspectives nouvelles, elle tire sans cesse des enseignements nouveaux. Les symboles, si vous me permettez une telle image, ne sont que les façades de la religion, et c'est par la connaissance des édifices situés derrière eux, que l'on parvient à expliquer le secret de leurs ordonnances, et par là même à les admirer encore davantage. Profitons donc de toutes les ouvertures pour plonger autant que possible jusque dans les intérieurs, et à ceux qui, sur les incomplètes leçons du moyen âge, persistent à ne voir là que de ces étalages superficiels qu'un caprice élève et qu'un souffle renverse, répondons simplement en les invitant à considérer avec nous la profondeur de la construction et à en conclure sa solidité et sa durée.

LE THÉOLOGIEN.

Vous m'avez demandé de réfléchir, et je ne nierai point que vous n'y donniez matière. Mais comment admettre d'aussi grands changements que ceux qui sont impliqués dans la thèse que vous soutenez? Sans avoir besoin de les définir, je les pressens. En apparence, vous ne faites que modifier légèrement; mais ce sont les principes que vous tenez en main, et les conséquences en sortent, vous le savez, comme le boulet, qui, par le déplacement le plus imperceptible du canon, change immédiatement de direction et de portée. Assurément, ni les Pères ni la scolastique n'ont jamais entendu que, dans le récit de la Genèse, tout soit écrit à la lettre : ils l'ont toujours interprété. Bossuet lui-même, si scrupuleux, ne balance pas à l'égard de certaines assertions. « Ces choses en elles-mêmes, si peu convenables à la majesté de Dieu et à l'idée de perfection qu'il nous a donnée de lui-même, dit-il dans ses Élévations sur les mystères, nous avertissent d'avoir recours au sens spirituel. » Mais ce n'est pas en ce qui touche à la colère de Dieu ni à la raideur de sa vengeance qu'aucun commentateur s'est jamais avisé d'abandonner le sens littéral. Je vois bien que votre théorie du progrès vous conduit nécessairement à cette atténuation, et aussi cette théorie ne me paraît-elle nulle part plus redoutable. Elle a beau vous mener à l'opposé de Luther, elle ne vous mène pas moins à des extrémités. Et en définitive, si votre opinion sur l'origine de l'âme, que vous relevez de je ne sais quelle tradition oubliée des Pythagoriciens et des Druides, et qui domine tout le reste de vos déductions, avait du fondement, comment se pourrait-il que l'Église, qui a tant agité ces questions, ne l'eût pas adoptée et remise en honneur depuis longtemps? Il y a là une dernière fin de non-recevoir que vous voudrez bien me permettre de juger considérable.

LE PHILOSOPHE.

Jugez-la considérable, mais ne la jugez pas absolue. Il en est des croyances que dispense la théologie comme des lois, dont Solon disait si bien : « J'ai donné aux Athéniens non pas les meilleures, mais les meilleures qu'ils pussent porter. » C'est là, selon moi, une des plus profondes paroles de l'antiquité. Moïse s'abstenant d'initier le peuple d'Israël à la doctrine des anges et de l'immortalité, aurait pu la répéter. Jésus, et l'on ne saurait trop le représenter aux chrétiens, l'a alléguée à ses disciples. Combien de théologiens, depuis les Pères jusqu'à nos catéchistes actuels, l'ont peut-être redite dans leur for intérieur plus d'une fois! Moi-même, je me la rappelle et me l'oppose : ce n'est pas assez, pour convenir, que des idées soient justes, il faut encore que ces idées soient opportunes. Mais c'est précisément ce principe, qui, tout en me mettant pour le présent dans une certaine anxiété, me permet cependant de donner à votre question touchant le moyen âge une solution qui me paraît parfaitement suffisante.

Sans parler des difficultés soulevées par l'histoire de Jésus-Christ telle qu'elle apparaissait dans les éblouissements de cette époque enthousiaste, ni de l'inclination naturelle des hommes à se croire plus volontiers innocents que coupables, j'aperçois distinctement plusieurs raisons qui ont dû faire alors obstacle à l'opinion que je vous ai proposée sur l'origine de l'âme, et malgré des inconvénients manifestes, laisser en suspens à cet égard ou détourner ailleurs les croyances. La plus sensible, c'est que le moyen âge n'était point en mesure de s'occuper efficacement du système du monde, puisque l'astronomie qui en est le flambeau, ne se présentait à lui que sous les formes les plus illusoires. Non-seulement, aujourd'hui, cette raison n'existe plus, mais l'astronomie, après nous avoir découvert l'architecture de l'univers, semble adresser désormais à la théologie l'invitation tacite de s'unir à elle pour peupler ces immenses vides dans lesquels la froide géométrie nous a plongés. Il ne serait donc pas impossible qu'après s'être appliqué premièrement aux problèmes relatifs à la nature de Dieu et du Médiateur, le mouvement général de la religion en fût au moment où il va se diriger de préférence sur les problèmes trop longtemps négligés de la distribution et de la circulation des créatures.

A cette raison toute scientifique, s'ajoutent des motifs plus profonds tenant aux dispositions intimes de l'âme. Le premier, c'est cet amour judaïque du corps, auquel le christianisme naissant n'a pu se dispenser de satisfaire, et qui persuade à l'âme qu'elle ne saurait reprendre possession d'elle-même et goûter la permanence de son identité qu'à la condition de se rattacher au cadavre qu'elle s'était construit et au moyen duquel elle a vécu sur la terre; tendance grossière que la croyance au jugement de l'âme dès l'heure de la mort et à la reprise immédiate de la vie, dans la récompense ou dans la peine, contrarie directement, dans le sein même de l'Église, et affaiblit de jour en jour. Le second, c'est l'orgueil de race, qui n'osant s'attacher à l'idée que les enfants soient corps et âme l'œuvre du père, se rejette du moins à ce qu'ils soient exclusivement créés à son ordre et de son sang; orgueil insensé, destiné à se confondre doublement, et devant la science qui, en élevant au même rang les deux vertus sexuelles, détruit à jamais le système des généalogies linéaires, et devant le principe de la préexistence qui fait des pères, non plus les émules, mais, conjointement avec les mères, les délégués du Créateur dans le divin gouvernement des naissances. Là, sans doute, s'évanouit irrémissiblement le rêve de la noblesse ; mais en revanche, la religion de la famille, s'éclairant par la conscience de l'égalité naturelle des deux parents et par le sentiment des affinités, antérieures à la vie, qui engagent ensemble les âmes des enfants et celles des parents, ne prend-elle pas une base plus équitable, des racines plus profondes et des mystères plus sacrés et plus tendres? Et sur ce point, comme en ce qui concerne la transmission du sang, l'opinion ne marche-t-elle pas déjà d'elle-même en avant de la philosophie? Le troisième des motifs qui me frappent est le plus fort : c'est l'imperfection de la charité. Si l'orphelin a mérité sa misère, si l'aveugle-né a mérité son infirmité, qui se présentera pour adoucir leur infortune? L'égoïste passera devant eux, et trouvera dans son acquiescement au jugement de Dieu une excuse plausible à son indifférence. Mais que fera l'homme véritablement charitable? Il se félicitera de la grâce de Dieu, car il comprendra que si des malheureux s'offrent sur son chemin, c'est que Dieu a résolu, dans sa clémence, d'adoucir leur châtiment, et il le bénira d'avoir daigné le choisir, non pour le témoin de sa justice, mais pour le ministre de sa miséricorde. Il ne se verra plus simplement comme le semblable, il sera l'ange ; et loin de se ralentir, il se sentira d'autant plus stimulé qu'il comprendra plus clairement la sublimité de sa céleste mission.

En même temps que les progrès généraux de la charité, qui éclatent spontanément sous nos yeux par tant de preuves variées et touchantes, me paraissent donner à l'humanité souffrante des garanties suffisantes, il me semble que nous sommes arrivés à des temps où la théorie des inégalités est impérieusement réclamée par des nécessités publiques. A Dieu ne plaise que je soumette jamais les dogmes au gouvernement de la politique! Mais ne voyez-vous pas que si l'utopie des égalitaires se propage et devient de plus en plus menaçante, c'est précisément parce que votre croyance lui a donné naissance et l'alimente? Si nous sommes au monde, d'hier seulement, nous sommes tous, exactement au même titre, fils d'Adam; donc, par droit de naissance, nous sommes tous égaux, et par-là même que nous portons, tous pareillement, la charge du péché primitif, nous devons, tous pareillement, jouir du bénéfice des compensations : partageons donc les biens de la terre, comme nous en partageons les misères, car, en vertu de la loi de Dieu, qui nous comprend tous dans un seul, nous ne faisons tous qu'un seul. Les conséquences, comme vous le disiez tout à l'heure, sortent des principes, comme le boulet sort du canon : examinez-donc bien comment est pointé le vôtre ! Vous avez donné satisfaction, contre le paganisme, au principe de l'unité du genre humain, mais il vous reste à compter avec le principe de la variété : ces deux principes sont unis, et c'est dans leur équilibre que consiste le droit.

LE THÉOLOGIEN.

Vous n'êtes pas moins obligé de vous en remettre, pour le succès de votre opinion, à des contingences ! Qui vous assure que notre temps ait réellement d'autres besoins spirituels et d'autres vertus que celui qu'il vous plaît d'appeler le moyen âge ? Ne vous attachez donc point à des choses qui ne dépendent point de vous, et contentez-vous de celles où Dieu vous donne empire. Celles-ci ne sont point sur la terre ni au-dessous : elles sont au ciel. Voilà la vérité fondamentale. C'est au ciel qu'il faut viser. Le passé est douteux, le présent fugitif, l'avenir seul est valable ; et puisque vous avez fait tant d'usage de saint Augustin contre moi, permettez-moi d'en finir par un apologue que me fournit une de ses lettres à saint Jérôme. Un homme est tombé dans un puits ; à ses cris, accourt son voisin : Et comment, lui dit celui-ci, es-tu donc tombé ? Ne cherche pas, lui répond le patient, comment je suis tombé, mais comment tu pourras m'aider à sortir d'ici.

LE PHILOSOPHE.

Si votre patient ignore de quelle manière il est tombé, votre patient à tort : il ne s'agit pas seulement de s'affranchir de l'embarras du moment, mais de trouver le moyen de ne plus choir ; et c'est à quoi l'expérience du passé est parfaitement propre. Mais il y a plus, et le voisin est, en réalité, fondé à répondre : « C'est en étudiant comment tu es tombé que tu pourras apprendre comment tu peux sortir. » Si le passé, si le présent ont tant d'intérêt pour nous, c'est précisément à cause des éclaircissements que nous pouvons en tirer relativement à l'avenir : comme la terre mène au ciel, la préexistence mène à l'immortalité. Aussi, n'est-ce point en vue de ma curiosité, mais en vue du but auquel je tends que je cherche derrière moi et autour de moi quelle est au juste la direction de la route. Ce que j'en entrevois me satisfait, et c'est pourquoi je n'hésite point à le communiquer aux autres, espérant que quelques-uns y trouveront peut-être autant de satisfaction que moi. Voilà, j'en conviens, ce qui ne dépend plus de moi. Vous avez raison de dire que, fussé-je certain de la vérité, je ne saurais l'être de l'opportunité. Mais aussi ne parlé-je point en sectaire ; je fais ce que tout philosophe doit faire : je propose et n'impose pas.

IV

LE CIEL.

LE PHILOSOPHE.

Profitons, si vous le voulez, pour reprendre notre entretien, de la tranquillité de cette belle nuit. Elle semble faite pour le favoriser. La terre a disparu dans l'ombre, et nous n'apercevons plus autour de nous que les flambeaux du firmament. Les poëtes nous parlent des voiles que la nuit étend dans le ciel : n'est-ce pas la nuit, au contraire, qui enlève ceux dont le ciel demeure couvert pendant le jour? Si notre soleil nous manque, en voici d'autres qui se présentent à nous par milliers pour le remplacer; et, plus reculés dans les profondeurs de l'étendue, leur perspective n'en reçoit que plus de grandeur. Autant la majestueuse multitude des mondes l'emporte sur le globe chétif où nous sommes en ce moment, autant le ciel de la nuit me paraît supérieur au ciel du jour. Pour ceux qui sont accoutumés à ne point séparer les impressions sensibles des réalités dont ces impressions donnent témoignage, le ciel de la nuit forme, sans contredit, le plus grand spectacle dont il soit donné à l'homme de jouir sur la terre; et je ne doute pas que s'il n'existait dans ce monde qu'une seule ouverture par où l'on pût ainsi plonger ses regards dans le mystérieux édifice de l'univers, on affluerait des contrées les plus éloignées vers ce lieu privilégié; tandis que l'habitude de voir les étoiles finit par émousser chez la plupart d'entre nous cette noble curiosité. Mais supposons que, n'ayant jamais eu connaissance que de l'enveloppe aérienne à laquelle le langage commun abandonne d'une manière si abusive le nom de ciel, nos yeux vinssent à se dessiller tout à coup et à nous faire apercevoir les soleils qui brillent actuellement sur nos têtes, de quelle émotion, nourris dans l'idée d'une seule terre et d'un seul soleil, ne serions-nous point saisis à cet aspect?

Ce qui m'y touche le plus, ce n'est pas l'éclat de ces masses puissantes, ni les prodigieuses distances qui les séparent l'une de l'autre, ni leur entassement, ni les durées incomparables de leurs révolutions, ni même la merveille de ces pâles nébuleuses, suspendues dans les déserts de l'abîme et dont chaque poussière est un monde, c'est la présence des âmes que réunissent autour d'eux ces innombrables foyers. Je ne puis distinguer les populations, mais je vois les fanaux qui les rallient, et j'admire que les rayons que nous percevons ici soient aussi les rayons qui éclairent tous ces frères célestes. Nous respirons tous ensemble dans la même lumière. Les scintillements des étoiles me sont comme une image des regards qui se croisent de toutes parts dans l'espace, et dont les plus clairvoyants descendent vraisemblablement jusqu'à nous et nous observent. Grâce aux révélations de la nuit, nous sommes en mesure de comprendre au juste où nous sommes : l'immensité s'anime, et, sous la figure des astres, nous découvrons l'auguste assemblée des créatures assise en cercle, sous nos yeux, sur les gradins infinis de l'amphithéâtre de l'univers. Comment n'être pas agité au fond de l'âme, à l'idée de tant d'êtres inconnus et inimaginables qui nous environnent, partageant avec nous le même temps, le même espace, le même éther, et, sous la main du même souverain, se précipitant, à travers les tumultes variés de la vie, vers la même fin? Que d'organisations diverses! que de destinées! que d'alternatives de biens et de maux! que d'épreuves! que de passions en mouvement! que d'élans, que de désespoirs, que d'adorations et de prières! Dans l'apparente immobilité des constellations, quel effrayant fourmillement! Ce ne sont pas seulement les jugements de Dieu qui se prononcent, comme dans votre vallée de Josaphat, ce sont les jugements de Dieu qui s'accomplissent.

LE THÉOLOGIEN.

Dieu est admirable, en effet, dans toutes ses œuvres, et il fait éclater sa magnificence jusque dans les ténèbres, comme pour nous enseigner qu'il veille toujours! Je ne saurais cependant m'associer à votre partialité pour la nuit. Le ciel du jour me ravit bien davantage. Si le soleil ne versait sa lumière que sur la superficie des campagnes, peut-être préférerais-je, comme vous, le spectacle des étoiles à celui de ces moissons, filles de la sueur, devant lesquelles tant d'esprits légers s'extasient, et qui ne sont au fond que le triste signe de notre condamnation et de notre déchéance; mais il éclaire ce sublime azur dont la consolation nous est restée, et qui, dans ses heures de sérénité, nous offre encore la même splendeur et la même pureté dont il couronnait les cimes fleuries de l'Éden. Mes regards, fatigués des minuties de la terre, aiment à se plonger dans le vague de cet océan de lumière; ces formes légères des nuages, qui flottent si librement au-dessus de nos têtes à l'opposé des pesantes grossièretés d'ici-bas, me sont une figure des ineffables supports des bienheureux; et loin de vous imiter dans votre sévérité d'astronome, je conserve de bon cœur à l'atmosphère le nom du ciel, puisqu'il m'en offre l'image. Les poëtes et les peintres en ont toujours jugé de même; et, comme eux, j'aime encore mieux la satisfaction de soulever, en imagination, si je puis ainsi dire, un coin du voile du paradis, que celle d'entrevoir à demi toute la charpente de l'univers matériel. Les symboles me plaisent plus que les réalités imparfaites. Y eût-il dans quelqu'un de ces mondes que vous essayez de me faire soupçonner dans le lointain, des cieux analogues aux nôtres et même plus splendides encore, toutes vos hypothèses ne valent pas l'admirable tableau qu'il m'est donné de contempler de mes yeux. Quel qu'en soit le motif, fût-ce parce qu'elle m'assaille de moins de problèmes, je me trouve plus à l'aise sous la voûte du jour que sous la sombre voûte de la nuit. Celle-ci m'éblouit plus qu'elle ne m'encourage; ma foi n'y reçoit aucun secours, et il me semble que d'être privé de sa vue ne causerait guère de dommage qu'à ma curiosité. N'allez cependant pas, je vous prie, tirer argument de là contre moi. J'honore ce grand ouvrage, sans avoir besoin de le comprendre. La religion de tous les temps me le recommande. Les patriarches, au milieu des déserts de la Chaldée et de la Mésopotamie, s'inclinaient déjà devant son impénétrable majesté; Moïse, dans l'histoire de la création, le met au-dessus de la terre : *In principio Deus creavit cœlum et terram;* et le Psalmiste consacre cette supériorité par une parole que notre liturgie répète encore : *Cœli enarrant gloriam Dei.*

LE PHILOSOPHE.

Oui, les cieux racontent la gloire de Dieu; mais ils ne la racontent que s'ils sont dignes de lui par leur infinité! Comment le fini réussirait-il à prononcer le nom de l'infini? Comment, nous-mêmes, serions-nous en état de le prononcer, si Dieu ne nous avait marqué de son propre cachet en nous créant à son image? Ne craignons donc pas, si nous voulons tirer de la contemplation de l'univers des sentiments proportionnés à la sublimité de son auteur, d'y anéantir en esprit toutes les limites de l'étendue et du temps. Plus l'œuvre nous confondra par sa grandeur, plus nous nous inclinerons devant la grandeur plus magnifique encore de l'ouvrier.

Il est si naturel de croire, avec la plupart des religions et des écoles philosophiques de l'antiquité, que l'univers a existé de tout temps, que l'on est réduit à se demander comment il est possible que l'opinion contraire ait pris naissance. En effet, l'univers existant à un instant donné, il est aussi facile de concevoir qu'il existait aussi l'instant d'avant qu'il l'est peu de s'imaginer que, l'instant d'avant, il n'existait pas; et cela seul suffit pour faire remonter de proche en proche, jusque dans l'infini, celui qui cherche l'origine des choses. Ce serait donc à ceux qui prétendent que l'univers cesse tout d'un coup à un point déterminé des temps qui nous précèdent, à nous faire connaître la raison d'un changement si extraordinaire. Or, il est évident que cette raison ne saurait se déduire, ni de l'idée du néant, qui, n'étant rien, ne peut rien; ni de l'idée de l'univers, qui, une fois admise dans l'esprit, y porte avec elle l'idée d'avoir toujour été; ni enfin de l'idée de Dieu, car Dieu en présence d'un univers qu'il aime, qu'il gouverne, qu'il inonde des rayons de sa propre béatitude, constituant un ordre souverainement bon, puisque autrement il n'existerait pas, cet ordre, le plus convenable actuellement, doit être le plus convenable aussi pour tous les temps imaginables : si la dualité de Dieu et de la création est meilleure que la dualité de Dieu et du néant, ne s'ensuit-il pas que la création basée sur une date de sept mille ans est préférable à la création basée sur une date de six mille, et ainsi de suite à l'infini? Non-seulement donc il n'y a nulle raison de mettre des bornes à l'ancienneté du monde, mais il y en a une très solide pour n'y en point mettre. A quoi il faut ajouter que toutes les époques qui existent sur l'échelle sans commencement comme sans fin des temps possibles, étant parfaitement égales devant Dieu, qui, lors même que rien ne devrait jamais les remplir, les voit éternellement devant lui, chacune à son rang, il n'y a aucun motif qui soit capable de déterminer Dieu à choisir, pour en faire l'origine des choses, un de ces temps préférablement à un autre, bien qu'il y en ait de très suffisants, tirés de l'enchaînement des créatures pour le déterminer à placer à une époque particulière chacune d'elles. Eh! direz-vous, Dieu n'est-il donc pas le maître des temps? Sans doute, et c'est justement parce qu'il en est le maître absolu qu'il ne s'y fait rien d'injustifiable.

Il me paraît donc plus exact de considérer la production de l'univers comme une opération métaphysique de la divinité que d'y voir, comme l'a fait le moyen âge, un événement historique. C'est un mystère qui prend naissance en Dieu, immédiatement à la suite de celui du développement des personnes, et dont la date se perd également dans une profondeur insondable. L'être infini existe, voilà le principe primordial; il a connaissance de lui-même, voilà le second principe s'engendrant du premier et éternel comme lui, bien que métaphysiquement postérieur; il aime à être et à se connaître, voilà le troisième principe, procédant consubstantiellement des deux autres et constituant leur relation réciproque. C'est ici que votre scolastique s'arrête; et laissant la trinité avec elle-même dans sa majesté solitaire, elle retient arbitrairement sous l'enveloppe, durant une suite infinie de temps possibles, la création présente dans la pensée de Dieu et déjà toute prête à prendre essor. Mais si de toute éternité Dieu a eu la puissance de produire l'univers, si de toute éternité sa sagesse en a formulé l'harmonie, si de toute éternité sa bonté l'a aimé, n'est-il pas évident, comme nous l'apercevions tout à l'heure par un autre chemin, que de tout temps possible l'univers a dû exister et comparaître en réalité devant lui? La création n'est autre chose que le produit instantané de la puissance, de la sagesse et de la bonté divine, se reconnaissant l'une l'autre et tendant de concert à communiquer extérieurement leur béatitude commune. Elle est la conséquence immédiate de la production du Créateur, c'est-à-dire de l'achèvement de l'évolution des personnes dans le sein de l'être absolu, et l'on ne saurait imaginer aucun intervalle entre la fin de cette ineffable évolution et le commencement de la procession des entités individuelles hors du néant. Il y a là un point que, du milieu de ses ténèbres, la théologie de l'Inde a bien mieux entrevu que le moyen âge, lorsqu'elle a placé, sans intermédiaire, le développement des puissances cosmiques à la suite du développement des puissances divines secrètement contenues dans l'Éternel endormi.

Du reste, le moyen âge lui-même n'a jamais hésité à reconnaître que la création intéressait la trinité tout entière, et constituait, après la prise de possession de lui-même, l'opération la plus essentielle de Dieu. « C'est le Père du Verbe, écrit saint Augustin dans la Cité de Dieu, qui a dit : Que cela soit fait ; et c'est par le Verbe que s'est fait ce qui a suivi cette parole ; et quant à ce qui est ajouté : Dieu vit que cela était bon, cela nous montre que la création n'était pas pour Dieu le résultat d'une nécessité, mais qu'il n'a créé ce qui a été fait qu'en vertu de sa bonté et parce que cela était bon ; et si cette bonté désigne effectivement le Saint-Esprit, voici la trinité tout entière qui se montre à nous dans son ouvrage. » Comment donc une opération aussi essentiellement divine ne serait-elle pas immédiatement accomplie de là qu'elle est possible? Comment la concevoir en suspens? Comment les divines hypostases pourraient-elles demeurer un seul instant en présence sans entrer aussitôt dans cette sublime et généreuse conversation dont le résultat est l'univers? Autant vaudrait supposer que, semblable à Brahma dans son imaginaire léthargie, le premier principe, avant de donner existence aux deux autres principes qui procèdent de lui, a pu subsister pendant une éternité dans son isolement et son indépendance.

Assurément, si, en m'éloignant ainsi du moyen âge, en ce qui regarde l'ancienneté du monde, je courais le moindre risque de glisser dans l'abîme de ceux qui confondent Dieu et l'univers dans un caractère commun d'éternité, je m'arrêterais. Mais puis-je avoir la moindre inquiétude à cet égard? En comparaison du panthéisme, je suis véritablement le voisin et l'allié du moyen âge. Les mathématiques nous ont assez familiarisés, si l'on peut ainsi parler, avec le maniement de l'infini pour que nous entendions désormais parfaitement qu'il y a une différence fondamentale entre ce qui est situé à l'infini et ce qui n'existe pas du tout. Ainsi, bien qu'à la distance infinie où il se trouve, il nous soit impossible de toucher, même par la pensée, le point de tangence de l'hyperbole et de son asymptote, nous sentons pourtant que ce point existe dans la vérité absolue des idées, au lieu que nous sentons avec la même clarté que le point de rencontre de deux parallèles n'existe pas. De même, lorsque je dis que l'univers a un commencement situé à l'infini, j'affirme que ce commencement, tout incompréhensible qu'il soit pour notre esprit, existe certainement; tandis qu'il appert que le commencement de Dieu n'existe certainement pas, car à l'opposé de l'univers qui ne peut venir que de Dieu, Dieu ne peut venir de rien. L'un est le principe, l'autre est la conséquence. Imaginons une main posée de tout temps sur le sable : il est impossible d'assigner à l'empreinte aucune date, puisque l'époque de sa formation remonte au delà de toute mesure, et cependant il est incontestable, et que l'empreinte est postérieure à la main, et qu'elle doit à la main son origine. Dieu est la main, le sable est le néant et l'empreinte est l'univers.

Je crains encore moins de faire naître ainsi du Créateur un infini qui, par son infinité même, s'identifierait avec lui. Je sais qu'il y a des infinis de divers ordres, et que si l'univers est simplement infini, il n'y a aucun rapport de nature entre l'univers et celui qui, seul, est infiniment infini. Or, non-seulement l'univers se sépare de Dieu en raison de son origine, mais il s'en sépare plus ouvertement encore en raison du mode de son infinité : essentiellement différent de son auteur, il vit du temps et non de l'éternité. Telle est, en effet, la distinction infinie de ces deux infinités. Ce qui constitue l'éternité, ce n'est pas seulement d'être sans commencement à côté du temps qui a nécessairement commencé, c'est d'être en permanence, tandis que le temps, par sa définition même, est perpétuellement succession et mouvement. Dieu ne change pas, et l'univers change sans cesse ; car l'univers, fût-il même doué de fixité, ne prendrait pas moins, d'instant en instant, plus d'ancienneté, au lieu que Dieu, d'instant en instant, n'acquiert rien, ne perd rien et conserve indéfectiblement sa constance. Dieu possède le temps, puisque c'est lui qui le fait par l'existence qu'il donne à ce qui varie, mais il vit en dehors du temps et ne l'admet à aucun titre au règlement de sa personne. Il n'y a en lui ni passé ni avenir, et sa vie est toute présente à la fois sur chacun de ces points que la nôtre n'atteint que progressivement, et qu'il ne connaîtrait même pas, s'ils ne formaient la loi qu'il a donnée aux créatures. Accorder au temps l'infinité, ce n'est donc pas même lui accorder une ombre d'éternité. Le feriez-vous sans commencement et sans fin, il n'aurait pourtant pas la simultanéité, car vous pourriez toujours y distinguer des éléments doués chacun d'un commencement et d'une fin, entre lesquels vous le verriez couler, tandis que l'éternité ne coule pas. Comme le dit excellemment Boëce, l'éternité est l'interminable possession de la vie tout à la fois et dans sa perfection. Voilà un caractère qui ne saurait appartenir qu'à Dieu, et qui le met nettement en dehors de toute durée, même de la durée infinie.

Mais, après tout, ne reconnaissez-vous pas, comme moi, que l'infinité est un des attributs de l'univers ? Ce point n'est-il pas un de vos dogmes les plus fermes et le fondement même de toute la religion? Quelle différence y a-t-il, en effet, entre vous et moi sur la durée, sinon que vous ne voyez la durée s'élever à l'infinité que dans l'avenir, tandis que je la vois infinie également dans le passé? Mais pour n'être infinie que dans une direction, ce n'est pas moins l'infini; de sorte qu'en dépit de vos scrupules, votre idée ne porte pas moins, aussi bien que la mienne, un principe d'infinité qu'elle étale magnifiquement dans les perspectives interminables du ciel. Ainsi, n'allez pas vous récrier, comme tant de pauvres logiciens, que je confère à l'univers un des titres de Dieu, lorsque j'ose rejeter son commencement à l'infini, car vous me mettriez en droit de vous accuser de tomber dans la même impiété en donnant à l'âme l'immortalité, puisque vous ne le pouvez faire sans donner par là même à l'univers l'infinité. Tout ce qu'il faut, c'est que l'infinité de l'univers ne soit en aucun cas celle de Dieu; et tant que cette infinité ne règne que dans le temps, ce n'est rien, puisque Dieu n'y est pas. Réduite à ces termes, la question qui nous divise n'est donc, j'oserais presque le dire, qu'une question secondaire: il ne s'agit plus que d'une interprétation chronologique, et vos textes même ne vous obligent pas. Dans ces mots de saint Jean: *In principio erat Verbum*, vous entendez sans difficulté que le Verbe est de toute éternité: dans ces mots de la Genèse: *In principio Deus creavit*, entendez que l'univers est de tout temps, et appliquez ensuite où vous le voudrez sur cette échelle infinie l'histoire particulière de la terre.

Remarquez même que si l'un de nos deux sentiments donne sérieusement prise, c'est le vôtre. En attribuant à l'univers l'infinité du temps, j'ai soin de le dépouiller de toute apparence d'éternité. Dans l'avenir, aussi bien que dans le passé, je ne cesse pas de le voir toujours en mouvement, toujours se transformant de ce qui est en ce qui n'est pas, toujours distinct par sa variation de l'être qui ne passe ni ne change. Je n'imagine aucune identification entre la vie de la créature et la vie du Créateur. Ma pensée rejette absolument tout mode d'existence qui fixerait la créature dans le sein de Dieu pour y respirer en lui, vivre de lui et ne faire qu'un désormais avec lui. Il m'est impossible de comprendre, sinon comme une limite dont les bienheureux se rapprochent toujours, sans être destinés à l'atteindre jamais, cette fin du monde dans laquelle vous immobilisez l'univers, au risque de lui communiquer, par cette immobilité même, une qualité qui ne convient qu'à celui qui domine le temps par son inimitable constance. Voilà qui est bien autrement périlleux que la voie où vous craignez de me suivre, car vous froissez nécessairement la notion du Créateur en tendant à le confondre avec la créature, à moins que vous ne froissiez au contraire celle de la créature en tendant à la résorber, comme avant l'incarnation des choses, dans la substance éternelle.

Ainsi, j'ai sur vous l'avantage d'agrandir autant que possible l'idée de la création dans la carrière du temps, sans ombrager en rien l'idée de Dieu; et c'est à mes yeux le principal, car je mets assurément la gloire de Dieu avant celle des choses. Mais ne sentez-vous pas que j'acquiers encore, subsidiairement, un autre bénéfice qui me met en rapport avec les tendances de notre âge, si différentes à tant d'égards de celles de l'âge qui nous précède? En dressant devant nous une image plus sublime de l'univers, n'augmentons-nous pas l'amour et le respect qu'à l'opposé des impressions mortifiantes de nos pères, la magnificence de ce divin ouvrage commence à nous inspirer? Et en relevant jusqu'à l'infini l'activité qui lui est propre, ne relevons-nous pas implicitement l'idéal de notre activité personnelle? Voyez ce chétif univers du moyen âge, retenu durant une suite innombrable de siècles dans la tranquillité de la pensée divine, puis apparaissant un jour dans le tumulte de la vie, pour rentrer presque aussitôt, en face de son auteur, dans l'immobilité et la passiveté; et demandez-vous quelles influences pouvaient se dégager d'une telle conception, sinon le mépris du monde, le dégoût de la coopération à ses misérables phénomènes, le désir d'une existence absolument détachée des choses temporelles, fixée à Dieu seul, modelée sur le type de l'Éternel dans les abîmes de sa contemplation de lui-même. Ce n'est pas là ce que demande aujourd'hui l'édification des sociétés humaines : elles brûlent d'agir, et il faut que le Ciel se mette en harmonie avec elles et les encourage, si l'on ne veut qu'elles se déshabituent d'attacher au Ciel leurs regards et leurs espérances.

LE THÉOLOGIEN.

Avant d'empreindre les hommes du sentiment de sa grandeur, Dieu tient à les empreindre de celui de son existence, et voilà pourquoi il a voulu que l'ancienneté du monde fût courte, afin que l'on vît d'autant plus clairement, derrière le monde, la main de son auteur. Votre distinction des deux infinis, celui du temps et celui de l'éternité, serait une thèse trop délicate pour le vulgaire; tandis que le contraste entre l'éternité et le simple écoulement de quelques siècles fournit au contraire une saisissante leçon. Du reste, votre observation que l'univers contracte le caractère de l'infinité, de cela seul que l'on y conçoit l'immortalité, est d'une justesse évidente; et, quoi qu'en aient pu dire certains théologiens comme certains philosophes, il ne paraît pas y avoir de doute qu'étant infinie dans le temps quant à l'avenir, la création aurait pu y être également infinie quant au passé, si ç'avait été le dessein de Dieu. Il n'y a aucune contradiction dans une telle symétrie du présent et de l'avenir, ni aucun danger de confusion avec Dieu dans un tel recul de l'origine des choses. L'École, tout en tenant la question pour résolue en fait par le dénombrement formel des sept jours dans la chronologie de la Genèse, n'a jamais hésité à cet égard : « Il n'est pas nécessaire que le monde ait toujours été, dit saint Thomas (I, q. 45), attendu qu'il procède de la volonté de Dieu, mais cela eût été possible si Dieu l'avait voulu. Avant que le monde ne fût, ajoute-t-il, il était possible que le monde fût, non point à la vérité en raison de la puissance passive qui est la matière, mais en raison de la puissance active de Dieu. » Vous n'avez même fait, ce me semble, que donner du développement à ce qu'il formule excellemment en deux mots au même chapitre : « Lors même que le monde aurait toujours existé, il ne serait pourtant point assimilable à Dieu dans l'éternité, parce qu'il est de l'essence divine d'être toute à la fois, sans succession, et qu'il n'en est pas de même du monde. » Sur ce point, le fond de notre différend repose donc sur l'interprétation de ce fameux terme de Jour dont se sert la Genèse; sur quoi j'avoue sans peine que l'Église n'a rien défini, encore que l'opinion générale soit assurément très opposée à l'extension illimitée que vous proposez de donner à la durée qui sépare la création de la lumière de celle de nos continents.

Si donc vous vous contentiez de l'infinité du temps, tout en vous combattant au nom de nos textes, je ne vous ferais du moins aucune opposition au nom de la raison, puisque nous enseignons nous-mêmes que la nouveauté du monde ne peut être démontrée autrement que par la révélation. Mais je vous vois venir, et je pressens que vous allez réclamer aussi l'infinité de l'étendue. Ici, je vous arrête absolument, même sur votre terrain. Il y a entre le temps et l'étendue une différence qui rend toute analogie illusoire. La théologie en tire son argument topique pour établir que si l'infinité du temps est possible, l'infinité de l'étendue ne l'est point. En effet, le temps n'est pas en totalité dans l'actuel; il n'y entre que successivement, tandis que l'étendue est, au contraire, toute à la fois dans l'actuel : l'infinité de l'étendue, si elle existait, ne serait donc pas seulement virtuelle, mais réelle, ce qui répugne. Ajoutez à cela un second argument, qui a suffi à la scolastique pour retenir toutes les imaginations, et qui est plus saisissant encore : c'est que l'univers matériel ne peut être infini, attendu que tout corps a nécessairement une superficie, et que toute superficie est une limite. Ainsi, même pour l'abstraction géométrique, il est absurde qu'aucune substance corporelle soit d'une étendue infinie.

LE PHILOSOPHE.

Permettez-moi de vous répondre qu'aucun de vos deux arguments n'est valable, car ils reviennent tous deux à dire que notre capacité ne va pas jusqu'à comprendre l'infini, ce dont je conviens parfaitement. Tout corps dont nous avons une idée complète possède une superficie, parce que tout corps dont nous avons une idée complète est fini. Mais rien ne nous empêche d'imaginer que cette superficie soit douée d'un mouvement continu de distension, et nous entrons ainsi dans une conception qui nous mène à l'infini, bien que nous ne puissions la suivre à son extrémité; à peu près comme lorsque nous imaginons que le temps subit un accroissement indéfini, dont il nous est aussi impossible de comprendre le dernier terme qu'il nous l'est de comprendre, dans le cas dont il s'agit, la superficie finale. Quant à votre prétendue différence du temps et de l'étendue, elle n'est non plus qu'une chimère; car si vous traduisez la question dans notre esprit, l'infini de l'étendue y est aussi peu en acte que l'infini du temps, puisque notre entendement est également impuissant à saisir cet infini sous une autre forme que celle du mouvement; et si vous traduisez la question devant Dieu, l'infini de la durée y devient aussi actuel que l'infini de l'étendue, car Dieu, dans sa capacité suprême, les embrasse tous deux de la même manière et en perfection.

Reconnaissons plutôt que les idées primitives d'espace et de temps sont toutes deux de même caractère. Toutes deux se témoignent pareillement dans la pensée sous la forme d'un courant, où l'imagination, une fois embarquée, ne trouve plus aucun arrêt, car tout point où elle arrive est identique avec celui d'où elle vient, et la même course y recommence. Nous ne comprenons l'étendue qu'à la condition de nous y mouvoir en esprit, exactement comme nous comprenons le temps; et s'il nous est impossible de concevoir un temps au delà duquel il n'y aurait plus de temps, il nous est tout aussi impossible de concevoir une étendue après laquelle il n'y aurait plus d'étendue : supposez l'univers aussi vaste que vous le voudrez, et transportez-vous à sa superficie, vous apercevrez au dehors d'autres étendues, et vous aurez beau vous élever encore, vous en apercevrez toujours autant au-dessus de votre tête, et vous ne sauriez vous figurer que ce phénomène puisse jamais finir.

Il y a, au fond, une telle analogie entre ces deux principes fondamentaux de l'ordre qui existe entre les créatures, d'une part dans la succession, de l'autre dans la simultanéité, que les mêmes raisonnements peuvent, pour ainsi dire partout, se transporter de l'un à l'autre; et, en même temps, les grandeurs qui les représentent sont si intimement associées dans notre esprit, qu'elles ne peuvent cesser de marcher de pair que nous ne soyons affectés de ce défaut de correspondance comme d'un péché capital contre l'harmonie. Saint Augustin, bien différent à cet égard de vos scolastiques, était si pénétré de cette corrélation, qu'il va jusqu'à se faire un argument de la petitesse des dimensions du monde contre ceux qui niaient la nouveauté de sa création. « Puisqu'ils conçoivent un seul monde, dit-il, grand, à la vérité, mais fini néanmoins et compris dans un espace déterminé, et qu'ils reconnaissent que c'est Dieu qui l'a fait, qu'ils se répondent à eux-mêmes touchant les espaces infinis de temps antérieurs à la création, durant lesquels Dieu serait demeuré oisif, ce qu'ils répondent touchant les étendues infinies qui existent en dehors du monde, et dans lesquelles Dieu ne fait rien. » Parallélisme logique, mais duquel il résulte que si l'étendue de l'univers était infinie, sa durée devrait l'être aussi, et réciproquement; car, dès que le temps se prolonge au delà de toute limite, il faut de toute nécessité, à moins que la symétrie ne se détruise absolument, que la grandeur suive la même loi. Comment, si l'univers est digne du Créateur par sa durée, n'en serait-il pas digne par son étendue? Et s'il en est digne par son étendue, comment n'en serait-il pas digne à la fois par sa durée? L'étendue et la durée sont deux puissances qui s'appellent l'une l'autre, et les deux infinités qu'elles constituent dans la réalité, comme dans le domaine de l'idéal, ressemblent à deux piliers qui, se fortifiant mutuellement, élèvent l'univers au-dessus de nos sens, et le font monter jusqu'à Dieu.

Du reste, en laissant même de côté l'enchaînement naturel des deux principes, des motifs tout à fait analogues à ceux qui nous prouvent que la durée de l'univers ne saurait être qu'infinie, peuvent être directement invoqués quant à l'infinité de son étendue. En effet, si l'univers est limité, quelles que soient d'ailleurs ses dimensions, construisons en imagination, dans l'espace, un cube capable de le contenir, et par un système de plans équidistants et parallèles, concevons l'immensité tout entière partagée en cubes semblables à celui-ci; il est évident que toutes choses seront absolument égales, quant à l'étendue, dans chacun de ces cubes, et qu'il ne saurait y avoir en aucun d'eux une raison suffisante pour y attirer la création qui n'existât aussi dans tous les autres, ni une raison suffisante pour la repousser qui ne se retrouvât aussi la même dans tous les autres. Donc, si la création n'existe pas en tous lieux, elle ne peut exister raisonnablement dans aucun ; et si elle existe en un seul, elle existe en même temps et par la même raison dans tous les autres : mais étant dès lors infinie, le même argument ne s'applique plus à l'inégalité des conditions locales, car il se conçoit fort bien qu'il y ait dans l'ordonnance générale, des raisons de symétrie suffisantes pour déterminer l'établissement de caractères particuliers à chaque lieu aussi bien qu'à chaque époque.

On est même en droit d'ajouter que l'univers, s'il était borné, ne pourrait être que sphérique. En effet, tout étant absolument égal autour de lui dans l'immensité environnante, il n'y aurait pas de raison pour que sa superficie pût offrir une singularité dans une direction plutôt que dans toute autre. L'uniformité y régnerait donc, et par conséquent la figure sphérique aurait seule qualité pour déterminer la limite entre le vide de l'espace et le plein de l'univers. C'est ce que l'antiquité et le moyen âge avaient instinctivement senti, lorsque, imaginant que le monde était borné, ils lui avaient donné pour enveloppe cette prétendue sphère de l'empyrée que nos astronomes ont si bien mise en éclats.

A la vérité, supposé que l'univers fût très grand sans être cependant infini, il se pourrait que ses frontières fussent effectivement conformes à l'ordonnance sphérique, sans que nous fussions en état de le reconnaître, vu l'énormité de la distance, qui rendrait ces frontières inaccessibles à nos sens. Mais, en pressant l'argument précédent, on est amené à conclure que si l'univers était borné, outre que son extérieur serait sphérique, l'ensemble des masses qui le composent ne pourrait offrir à l'intérieur d'autre système de variation que la variation concentrique ; et c'est contre quoi témoigne ouvertement l'expérience, encore que le moyen âge, dans sa fidélité aux exigence du syllogisme, n'eût point hésité non plus à disposer dans les flancs de la sphère supérieure une série de sphères concentriques, constituant les cieux des divers étages, jusqu'à la sphère terrestre placée régulièrement au centre de toutes ces enveloppes. Cet argument, basé sur les lois de la logique et de la géométrie, et qui prend tant de force par la méditation, paraissait à Leibniz d'un assez grand poids pour qu'il ait osé en conclure que la symétrie sphérique n'ayant pas été observée par Dieu dans la construction de l'univers visible, l'idée de l'espace, de laquelle dérive la nécessité d'une telle symétrie, n'était qu'un fantôme de notre esprit. Mais j'aime bien mieux respecter la sincérité de cette idée que Dieu fait resplendir avec un éclat inné si puissant dans la foi de tous les hommes, et conclure de la nécessité de symétrie la nécessité d'une infinité qui seule peut lui donner satisfaction. Je dis, sans crainte, de l'univers ce que Pascal ne se permettait de dire que de l'espace : « L'univers est une sphère immense dont le centre est partout et la circonférence nulle part. » Dès qu'il n'y a plus de circonférence, il n'y a plus de disposition concentrique à attendre. Mais il ne demeure pas moins conséquent que, dans cet incompréhensible univers, il y ait entre toutes les masses une régularité géométrique, soustraite à notre connaissance par la transcendance des éléments qui la composent, et non moins admirable dans ses incalculables harmonies que celle dont toute architecture de Dieu, susceptible de tomber sous nos sens, nous donne témoignage.

M'accuserez-vous de porter atteinte à la liberté de Dieu, en le soumettant ainsi à la géométrie? Non, sans doute, car la géométrie n'est qu'une des formes de sa sagesse, et en se gouvernant d'après ses lois, il ne fait que s'accorder avec les éternelles inspirations de son Verbe. Craindrez-vous que par cette immensité dans laquelle s'échappe à mes yeux l'univers, je ne coure le risque de le voir s'échapper dans la substance de Dieu? Pas davantage : entre Dieu et l'univers, il reste toujours un abîme. Comme l'infinité du temps n'a rien de commun avec l'éternité, l'infinité de l'étendue n'a rien de commun non plus avec l'ubiquité. La matière a beau être sans fin, la partie de la matière qui est ici n'est point là, tandis que Dieu, qui est sans parties, est tout ensemble ici et là. De même qu'il vit simultanément dans tous les temps, il vit simultanément sur tous les points. L'étendue lui appartient selon le mode d'ubiquité, comme la durée, selon le mode d'éternité. Tout entier partout, comme il est tout entier dans chaque instant, il n'est cependant contenu dans aucun lieu; car c'est lui qui, au contraire, les contient tous, tout en résidant substantiellement en chacun. C'est par là que l'indivisible immensité qui le caractérise se distingue de l'immensité de son œuvre. Il en est de sa présence dans l'univers comme de la présence de l'âme dans le corps, dont saint Augustin dit si justement : « L'âme est tout entière dans tout le corps, et tout entière dans chacune des parties du corps. » (*De Trin.*, 6.) Mystère précieux, car il nous donne, en nous-mêmes, comme une ombre de l'ubiquité de Dieu, qui, complétant l'image que notre vie nous offre de la sienne, nous laisse clairement sentir de quelle manière le Créateur se différencie absolument de l'étendue, fût-elle sans fin.

Comme l'infinité du temps répond au développement infini de l'activité, l'infinité de l'étendue répond à la diversité infinie des conditions d'existence. Tant s'en faut en effet que l'immensité de l'univers soit une immensité confuse. Cet empyrée, qui était censé former autour du monde une enveloppe indéfinie de nuées et de lumière, et dont il vous plaît de chercher l'image dans l'atmosphère qui environne la terre, n'est qu'un fantôme de l'imagination de nos pères. Au delà des derniers soleils que nos télescopes nous permettent d'apercevoir, il y a encore des soleils, et toujours, d'abîme en abîme, des soleils et des soleils. Ce sont là les vraies nuées et les vraies illuminations du ciel; et diversifiées à l'infini par leur forme, leur grandeur, leur éclat, leur richesse, leur population, elles flottent innombrablement dans l'éther. Notre force visuelle ne peut éprouver un peu d'accroissement que le nombre des astres nouveaux qui s'offrent à nous ne l'emporte sur le nombre des astres que nous découvrions auparavant. Les millions s'accumulent sur les millions, et l'induction nous entraîne à conclure que la multitude deviendrait infinie si notre vue devenait capable d'aller à l'infini. Ce n'est pas dans l'univers que sont les bornes, c'est en nous, car c'est notre imperfection seule qui les cause.

Mais notre vue fût-elle même si courte, ou notre atmosphère si épaisse, que nous n'eussions aucun moyen de distinguer les astres les plus prochains en compagnie desquels nous naviguons dans l'espace, notre existence devrait suffire pour nous révéler la leur et nous enseigner la pluralité infinie des mondes. Si un monde, c'est-à-dire une enceinte construite en vue d'un certain nombre d'âmes qui viennent s'y unir et y profiter ensemble, est une chose bonne en soi et agréable à Dieu, il est évident que deux établissements du même genre sont une chose encore meilleure et plus capable de plaire à leur auteur. Allons de suite à l'infini · il n'est pas dans le caractère de Dieu d'arrêter ses œuvres dans le chemin de leur perfection. Donc, en supposant que Dieu eût commencé par produire notre terre, il aurait dû continuer à en semer dans l'espace une infinité d'autres. Vous étonnez-vous de la hardiesse d'une telle logique? Je la tire de votre grand docteur lui-même. Il rejette la pluralité des mondes, qui se déduit du raisonnement dont je viens de me servir, en lui opposant, comme fin de non-recevoir, que de meilleur en meilleur, cette pluralité mènerait nécessairement à l'infini. « Lorsqu'on pose, dit-il, que plusieurs mondes sont meilleurs qu'un seul, on parle selon la multitude matérielle; mais un tel meilleur ne peut être dans l'intention de Dieu agissant, car par la même raison, l'on pourrait dire, si Dieu avait fait deux mondes, qu'il eût été meilleur qu'il en eût fait trois; et ainsi de suite à l'infini. » (I, q. 47.)

Saint Thomas nie donc la pluralité, et il est fondé à le faire, car la logique nous oblige effectivement d'opter entre l'idée d'un monde unique et celle d'une multitude de mondes infinie. Or, il est certain que notre monde n'est pas unique. Mieux instruits que le moyen âge, qui ne savait voir dans les planètes que des étincelles ambulantes, nous possédons aujourd'hui, de science certaine, cette vérité fondamentale. Si nous ne touchons pas de nos mains les mondes qui nous avoisinent, nous les touchons du moins de nos regards. Nous les connaissons, comme le navigateur connaît, sans avoir besoin d'y descendre, les régions entre lesquelles il passe : il n'en distingue ni les habitants, ni les cultures, mais il les imagine d'après les conditions géographiques qu'il observe. C'est aussi ce que nous faisons à l'égard des planètes : nous mesurons leurs continents, leurs mers, leurs montagnes ; nous connaissons leurs atmosphères, leurs climats, leurs calendriers, leurs saisons ; elles sont pour nous ce qu'eût été l'Amérique, s'il nous avait été donné de l'apercevoir de loin avant d'être en état de franchir l'intervalle qui sépare de nous ce nouveau monde et d'entrer ainsi en alliance avec lui. Bref, nous ne pouvons les définir qu'en nous les figurant, comme les terres d'un archipel flottant, dans lequel se trouve compris l'îlot où nous sommes présentement fixés. Ainsi, la croyance à une seule terre est désormais détruite, et va se détruisant de plus en plus à mesure que de nouvelles lumières astronomiques prennent naissance. Donc, puisque l'unité est contredite par le fait, et que la logique s'oppose à ce que la simple pluralité soit acceptable, c'est à l'infinité qu'il faut croire.

Et je vous le demande, quand même l'astronomie, par ses révélations de chaque jour, ne nous contraindrait pas à nous élever à des idées plus sublimes sur la constitution de l'univers, ne serait-ce pas assez des progrès de la géographie pour nous y décider? En même temps que l'astronomie ne cesse de nous agrandir le ciel, la géographie ne cesse de nous rétrécir notre monde. Le moyen âge a pu se contenter de cette terre : inexplorée, perdue dans le vague, sans autres bornes apparentes qu'un océan inconnu, pleine de fables et de mystères, elle se présentait alors aux imaginations comme une sorte d'immensité. Mais, pour nous, aujourd'hui, qu'est-ce que la terre? un globe que nous roulons pour ainsi dire entre nos mains, sur lequel notre compas se promène à volonté, dont nous avons presque épuisé tout le détail, qui, disproportionné dès à présent à l'ambition de nos voyageurs, ne sera bientôt plus qu'un jouet pour les touristes, hors duquel, en un mot, notre esprit, jaloux de découvertes, brûle à chaque instant de s'élancer pour aller courir les profondeurs du ciel. Considérons cette chétive machine, et considérons en même temps, si nous le pouvons, la majesté de Dieu : jugerons-nous qu'un objet qui nous paraît à peine digne de nous, soit fait pour concentrer et rassasier les regards de l'être infini? Croirons-nous qu'un tel ouvrage soit assez magnifique pour avoir occupé à lui seul, de toute éternité, la pensée du Créateur, et déterminé par son attrait cette suprême puissance à sortir de son repos? Imaginerons-nous qu'une pépinière si bornée lui mette sous les yeux autant d'âmes que son inépuisable bonté en appelle, ou qu'une administration, dont nous nous estimerions pour ainsi dire capables, soit suffisante pour combler ses loisirs et tenir en éveil sa prodigieuse providence? Si la terre est si peu de chose pour nous, qu'est-ce donc pour lui! Dieu restreint au gouvernement de la terre, c'est Dieu dépouillé des sublimes vêtements dans lesquels il lui a plu d'envelopper de tout temps, par la création de l'univers, son ineffable splendeur; c'est Dieu mis en contemplation devant un grain de poussière tombé un beau jour de ses mains au milieu des vides infinis; c'est Dieu lésé, j'ose le dire, dans son caractère infini de créateur, et, comme chez les idolâtres, façonné arbitrairement à la mesure de l'homme.

Il faut donc que la théologie accepte résolument l'obligation de partir d'une tout autre idée de l'univers que celle dont s'est payé le moyen âge. Le moyen âge n'a véritablement rien su du monde sidéral. Il a si peu soupçonné la nature des étoiles qu'elles ont été devant lui comme si elles n'existaient pas. De toute la création matérielle, il n'avait connu, et bien imparfaitement, que la terre, et de ce qui formait le centre unique de ses connaissances cosmographiques, il avait fait présomptueusement le centre unique de l'univers. Comme il n'y a qu'un seul centre, il ne pouvait y avoir, selon ses docteurs, qu'une seule terre. « Il n'est pas possible, dit saint Thomas, qu'il y ait une autre terre que celle-ci; car toute terre, en quelque lieu qu'elle fût située, serait portée naturellement à ce milieu où nous sommes. » (I, q. 47.) Voilà qui est formel! C'est sur cette chimère du placement central de notre résidence actuelle qu'était basé tout le système. Permettez-moi, pour bien préciser la révolution astronomique qui sépare notre âge de celui qui le précède, de remettre en deux mots sous vos yeux ce singulier système. « Autour d'un seul centre, dit votre docteur angélique, il peut y avoir plusieurs circonférences; d'où, pour une seule terre, plusieurs cieux. On nomme Ciel, ajoute-t-il, un corps élevé et lumineux par acte ou par puissance, et incorruptible par nature; et selon cette définition, il y a trois cieux : le premier, totalement lumineux, que l'on nomme empyrée; le second, totalement diaphane, que l'on nomme ciel aqueux et cristallin; le troisième, en partie diaphane et en partie lumineux, que l'on nomme ciel sidéral; et ce ciel sidéral se divise en huit sphères, savoir: la sphère des étoiles fixes et les sept sphères planétaires, qui peuvent être nommées les sept cieux ou les sept sphères. » (I, q. 68.) A quoi, en raison d'une certaine participation aux propriétés de lumière et d'élévation du ciel véritable, on ajoutait encore la sphère aérienne, placée entre la terre et l'orbite lunaire. En résumé, l'univers consistait donc, aux yeux de la chrétienté du moyen âge, en un appareil de douze sphères, emboîtées l'une dans l'autre, y compris celle de la terre placée au centre, et englobant elle-même dans ses profondeurs les cavités du purgatoire et de l'enfer.

Que reste-t-il aujourd'hui de cette fabuleuse machine! L'astronomie moderne, est-il besoin de le rappeler, l'a cruellement brisée : elle a fait voler en éclats ces voûtes grossières, dissipé les eaux qu'on y avait déposées, dispersé à toute distance dans l'étendue la parure d'étoiles qu'on avait attachée à leurs parois, et, chose plus merveilleuse encore, transformé en terres et en soleils ces scintillantes mouchetures. La terre, délivrée de ses chimériques enveloppes, a été dépossédée du même coup de la position centrale que l'impéritie de nos pères lui avait fait usurper. L'infirmité de notre vue s'est dissipée, comme par enchantement, et nous avons aperçu, en levant les yeux vers le ciel, un spectacle magnifique, au milieu duquel les hommes avaient vécu jusqu'à nous sans en avoir idée. L'univers s'est ébranlé et transfiguré. Nous avons senti qu'au lieu d'être immobile, le monde sur lequel nous sommes fixés flottait dans l'étendue; en promenant nos regards autour de nous, nous avons vu d'autres mondes, pareils au nôtre, échauffés et éclairés par le même soleil, naviguer de conserve avec lui, et nous avons mesuré leurs dimensions, étudié la durée de leurs jours et de leurs nuits, calculé jusqu'à la pesanteur de leur substance : il ne nous a manqué que de trouver le moyen de nous mettre en relation de signaux avec eux, et nous pouvons nous figurer sans déraison que notre postérité saura peut-être un jour le conquérir. Les étoiles, en devenant des soleils, ont reculé devant nos yeux, confondus par tant de grandeur, jusque dans des profondeurs où notre compas n'est plus en état de les atteindre : les mobiles les plus rapides que nous ayons sur la terre, nos boulets de canon qui nous paraissent marcher comme la pensée demanderaient des millions d'années pour arriver aux plus voisines. Nous ne saurions seulement les compter : plus nous pénétrons dans l'espace, plus nous en découvrons, et, si borné que soit notre horizon, des êtres plus habiles que nous seraient seuls capables de passer exactement en revue l'immense armée que nous entrevoyons. Quelles sont les variétés innombrables de ces mondes, séparés les uns des autres par des distances que notre esprit peut essayer de nommer, mais qu'il ne peut comprendre, et au milieu desquels notre monde, en y joignant même les mondes de sa compagnie, disparaît comme un citoyen obscur dans la population d'un empire? Que d'inégalités possibles dans leurs dimensions, jusqu'à des globes à la surface desquels la terre roulerait, emportée par le vent, comme un grain de sable! Que de différences de l'un à l'autre, dans le régime des agents matériels, dans les phénomènes de la lumière, de l'électricité, de la chaleur et de tant d'autres affections de l'éther pour lesquelles nous sommes peut-être aveugles ici-bas! Quelles sont les conditions d'existence que présentent à leurs habitants ces milliards de résidences? Sous quel mode de naissance y arrive-t-on, dans quelles habitudes y vit-on et sous quelles formes? Que de diversités, sous les feux de ces lointains soleils, dans les destinées des personnes, dans les gouvernements des sociétés, dans l'étendue et la rapidité des progrès, dans les révolutions séculaires de l'histoire! Quelle vanité sommes-nous, nous qui pensions n'avoir besoin, pour connaître l'histoire de l'univers, que de connaître la nôtre!

Et non-seulement tout cela est divers, tout cela est variable. Rien n'est fixe. Les mondes sont dans une activité et un changement continuels. Le ciel d'aujourd'hui n'est pas le même que le ciel d'hier, et celui de demain n'aura jamais eu son pareil. L'impulsion primitivement communiquée par la main du Créateur et la force de gravité qu'il entretient animent tous les astres, et les jeux de leurs balancements sont infinis. Une combinaison qui se produit en amène une autre qui ne s'était point encore vue ; et chaque soleil, soumis à des influences sans cesse différentes, lancé dans une route dont les circonvolutions ne se répètent jamais, tourne, comme nous tournons nous-mêmes dans notre orbite, autour d'autres soleils obéissant eux-mêmes à l'attraction d'autres centres. Abstraction faite des proportions de la grandeur et de la durée, ce sont, de toutes parts, des tourbillons semblables à ces tourbillons de poussière que le vent soulève dans nos champs, et promenés de même dans les champs infinis par le souffle de Dieu.

En même temps que les positions sidérales éprouvent une variation perpétuelle, les conditions intimes de chaque monde, par suite du déplacement, changent aussi. Comparez l'état d'une comète, au plus haut point de sa course, alors qu'enveloppée par la nuit et condensée par le froid, elle marche dans une solitude de mort, avec l'état de cette même comète quand elle viendra donner sur le soleil et se perdre dans l'éclat éblouissant de ses feux ; suivez-la maintenant dans les perturbations que lui font éprouver les astres entre lesquels elle circule, et voyez son régime à jamais altéré, soit qu'abandonnant pour toujours notre soleil, elle commence un long et ténébreux voyage pour aller chercher près d'un nouveau soleil une fortune nouvelle, soit que nous revenant profondément modifiée dans sa forme et dans le caractère de son mouvement, elle demeure trop éloignée des feux solaires pour resplendir sous cette influence puissante, ou qu'elle s'en approche au contraire plus que jamais, ou même s'y précipite et y termine son existence indépendante, en donnant peut-être au soleil lui-même une vie nouvelle par cette adjonction ; l'histoire des variations de la nature à la surface de cet astre, pendant ses longs circuits, est l'histoire possible de tous les astres de l'univers dans la suite de leurs révolutions séculaires. Il n'a sans doute été donné à nul d'entre eux de se soustraire à cette loi souveraine qui fait changer toutes choses avec le temps et qui règne dans le ciel non moins que sur la terre. Les révolutions célestes sont plus ou moins rapides ; mais pourvu qu'on leur ouvre ces abîmes du temps dans lesquels les siècles s'ajoutent aux siècles imperturbablement comme les tranquilles oscillations de l'horloge, les plus lentes finissent par s'accomplir de la même manière que les plus vives ; et quand même il faudrait à notre soleil quelques millions d'années pour éprouver des changements analogues à ceux qu'éprouve en quelques jours une comète, qu'est-ce en effet que cette durée qui, en comparaison de notre existence passagère, nous échappe par son énormité, mais qui nous échapperait peut-être par son exorbitante petitesse, si nous la mettions en regard de quelque révolution plus capitale encore dans l'histoire de l'univers ? Depuis quelques siècles, quoique bien des choses se soient passées dans notre ciel sans que nous les ayons aperçues, nous avons été déjà témoins de changements considérables dans les mondes lointains : des soleils se sont affaiblis ou sont devenus plus brillants ; des soleils ont changé de couleur ; il y en a qui se sont éteints, d'autres qui se sont rallumés, d'autres qui ont apparu tout à coup. Sont-ce là des crises diverses d'un sort commun ? Les astres auraient-ils leur mort comme ils ont leur naissance ? d'où s'engendrent-ils ? que sont au fond ces nuées cométaires, répandues si abondamment dans les profondeurs de l'espace, en apparence sans ordre et sans utilité ? Seraient-elles destinées à se coaguler en se mariant au temps voulu suivant certaines lois, et formeraient-elles ainsi la secrète semence des étoiles ? Se développent-elles journellement, ou sont-elles toutes aussi anciennes que le monde ? Problèmes sublimes que tient en suspens dans nos esprits l'effrayante variabilité de l'abîme ! Que de mondes ont eu leur cours avant nous ! que de mondes se succéderont, alors que nous et notre soleil aurons été balayés !

Ah ! que je m'explique bien l'irritation du moyen âge au sujet de Galilée ! C'est une plaisanterie du dix-huitième siècle de n'avoir vu dans ce solennel débat que le miracle de Josué. Sous le thème de la fixité du soleil, se cachaient de bien autres questions : le globe terrestre cessant d'occuper le centre et de former le point de mire de toutes les parties de l'univers ; le globe terrestre mis en mouvement dans l'espace aux mêmes conditions que les globes planétaires ; renversement de toutes les idées reçues, le globe terrestre ayant désormais ses pareils ! Où imaginerait-on maintenant le paradis et l'enfer? On vivait si posément dans l'édifice de la création tel qu'on l'avait compris jusqu'alors! Au milieu, le théâtre des épreuves; au-dessus, le théâtre des récompenses; au-dessous, le théâtre des châtiments. On s'est quelquefois complu par malignité à comparer ce système à une maison dont le rez-de-chaussée serait occupé par les ateliers, le premier étage par les salons, et les caves par les fourneaux des démons; mais c'était justement cette excessive simplicité qui en faisait le mérite. Un tableau si familier se logeait carrément et à fond dans toutes les intelligences. Chacun voyait le lieu de sa béatitude ou le lieu de son supplice aussi clairement que celui de son existence présente; le premier, dans les hauteurs de l'azur, le second, dans les ardentes profondeurs de la terre. Ce système, si critiqué aujourd'hui et si digne de l'être en effet, n'était sans doute qu'un symbole, mais, comme tous les symboles, il communiquait aux âmes, sous une forme imaginaire, un sentiment solide et vrai. Voilà ce que menaçait l'entreprise de Galilée. Tout cet échafaudage allait crouler, et dans quel but, pouvait dire l'Église? Pour la satisfaction d'une indiscrète et périlleuse curiosité. Qui ne devait pressentir où menait une telle méthode? Après avoir ébranlé par les observations scientifiques la théorie de l'univers, n'était-il pas naturel qu'en cédant à l'impulsion des mêmes principes, l'esprit humain se portât sur la théorie de la société et de la religion, pour la soumettre également aux calculs d'une vérification positive? A la suite de l'astronome arrêtant audacieusement le soleil, tout un monde apparaissait donc à l'horizon, dans une perspective confuse, troublée, orageuse; et au milieu des nuages accumulés sur les premiers plans et dérobant les vivantes éclaircies de ce nouveau ciel, il était bien permis aux représentants de la science des âmes de s'alarmer des conséquences lointaines et inconnues d'une telle révolution dans la science des astres.

Et en effet, remarquez-le, car c'est à cette conclusion fondamentale que je prétends, l'astronomie est à certains égards la souveraine de la théologie, et c'est même cette souveraineté qui fait sa principale grandeur; car autrement, je vous le demande, que toucherait en nous l'astronomie, sinon cette fantaisie légère qui nous excite à nous enquérir des choses qui nous sont personnellement étrangères ? Mais il est manifeste que la conception des dispositions architectoniques de l'univers ne saurait changer qu'un changement correspondant ne s'introduise dans la conception des habitudes des âmes qui le fréquentent. Dans l'ordre divin de la nature, la destination des choses est en effet partout en rapport avec leur forme. Il en est de la circulation des âmes dans l'univers comme de la circulation du sang dans le corps des animaux : circulation élémentaire, si nous nous représentons un organisme élémentaire; complexe, si nous nous représentons un organisme plus élevé. Or, à moins de vous insurger contre les faits, vous êtes bien obligé de reconnaître que le plan de l'univers d'après lequel se réglait le moyen âge est à jamais remplacé aux yeux des hommes par un plan d'une ordonnance incomparablement plus savante. Donc, il est inévitable que les idées du moyen âge sur les évolutions des âmes soient transformées de fond en comble. Si l'appareil est infini, il faut que le mouvement de la vie y soit infini également.

LE THÉOLOGIEN.

Vous revenez malheureusement toujours à votre infinité, et c'est surtout de votre infinité que je ne veux pas. Les planètes seraient-elles des mondes lointains, comme vous le prétendez, il me semble, ainsi que vous l'avez fort bien dit, que notre situation à leur égard ne serait pas essentiellement différente de ce qu'a été pendant longtemps notre situation à l'égard de l'Amérique : au lieu d'être séparés de ces mondes par une mer, nous en serions séparés par un bras de l'océan éthéré ; et tant que l'Atlantique est demeuré infranchissable, ç'aurait été de fait la même chose. A la vue de ces astres suspendus, comme autant de points d'interrogation, au-dessus de nos têtes, je confesserais donc simplement qu'il y a dans la création des termes inconnus, dont il n'a pas convenu à Dieu que nos pères eussent seulement soupçon ; et je ne m'en préoccuperais pas autrement, sachant bien qu'il est dans la condition des sciences de ne nous rien apprendre qu'elles ne nous le fassent payer en nous montrant plus de choses encore dont elles ne nous instruisent pas. Mais votre thèse de l'infinité va bien plus loin : au lieu de se borner, comme celle de la pluralité, à modifier l'idée que nous avons eue jusqu'ici de la terre, en nous enseignant que la terre n'est pas un globe unique, mais se divise, pour ainsi dire, en plusieurs sections dispersées sous le même soleil, elle nous oblige à changer désormais l'idée même du ciel. Ne vous attendez pas à ce que je vous cède, à cet égard, aussi facilement. J'aperçois dans votre forteresse un point faible, dont vous ne vous êtes sans doute pas avisé, et par où il ne me semble pas impossible de vous réduire ; le voici : vous prétendez que les dimensions de l'univers sont infinies, vu que tout acte de Dieu est nécessairement empreint d'infinité, et que la durée ne suffit pas si l'étendue n'y correspond ; mais, d'autre part, vous convenez avec nous que Dieu crée tous les jours des êtres nouveaux, et vous ajoutez qu'il en a toujours créé et en créera toujours. Comment donc concilier ces deux croyances ? Si elles étaient vraies, l'univers serait plein depuis longtemps, puisqu'il aurait été à l'infini depuis son origine, et l'on ne devrait plus y trouver la moindre place pour les nouveaux venus. Il faut donc nécessairement, si je ne me trompe, que vous vous décidiez à opter entre le principe de la création infinie et celui de la création continue.

LE PHILOSOPHE.

On ne saurait prononcer le nom de l'infini sans soulever par là même des mystères. Aussi, ne me paraît-il pas légitime de se faire une arme d'un défaut de conciliation entre des principes qui enveloppent l'infini, car ces principes peuvent fort bien ne se mettre d'accord que dans des profondeurs où notre esprit n'atteint pas ; et c'est ce dont la théologie nous donne d'assez frappants exemples par les thèses contradictoires qu'elle n'hésite point à associer en Dieu. Je ne connais donc qu'une règle en pareille matière, c'est de chercher directement la vérité, sans s'inquiéter du mode suivant lequel peut s'opérer sa combinaison avec les autres faces du vrai. Toutefois, il n'y a peut-être pas, dans la conciliation de la continuité de la création avec son infinité, des difficultés aussi invincibles que dans les conciliations qui se rapportent aux attributs de Dieu ; et c'est ce que je vais essayer de vous faire apercevoir, si vous le voulez bien, tout au moins dans un demi-jour.

Voici mon principe : c'est que le Créateur étant infini et perpétuellement constant à lui-même, produit sans intermittence des créations infinies; c'est-à-dire, en tant qu'il s'agit de l'ordre astronomique, des créations revêtues de l'infinité de l'étendue comme de celle du temps. Ainsi, représentez-vous un tourbillon de soleils et de planètes, fût-il aussi vaste que celui qui nous embrasse, nous et nos étoiles les plus éloignées, fût-il même composé d'un milliard de tourbillons semblables à celui-là, je ne crains pas d'affirmer que ce tourbillon, si prodigieux à notre imagination qu'elle s'y égare, loin d'être digne d'occuper une des journées du Créateur, serait indigne, non pas seulement de l'une des minutes, mais de l'un des instants infiniment petits de cette fécondité infinie; et en effet, si tout acte de Dieu est naturellement empreint d'infinité, et si l'activité de Dieu est toujours la même, il faut de toute nécessité que la masse qui, à sa voix, sort incessamment du néant, soit une masse infinie. Concevons donc non plus un tourbillon égal au nôtre, ni même un tourbillon un milliard de fois supérieur, mais une infinité de tourbillons doués de cette dimension grandiose, voilà qui devient proportionné à la main du Créateur; et n'estimerez-vous pas que je satisfais suffisamment à mon principe, si je vous rends sensible qu'il n'y a aucune inconséquence à ce qu'un tel ouvrage soit le fruit de chacun des instants infiniment petits de la durée sans bornes qu'embrasse l'Éternel? C'est ce qui est réellement fort aisé. Supposons, en effet, pour plus de commodité, que ces sphères énormes soient rangées côte à côte sur une ligne sans fin, nous aurons ainsi devant nous des files infinies; et ces files infinies, sous l'effort continuel de l'énergie créatrice, se succédant sans relâche dans l'étendue, après un temps déterminé, fût-ce une seconde, il se sera produit une infinité de files du même genre, que nous pouvons de même, pour plus de facilité, nous figurer rangées l'une à la suite de l'autre sur un même plan. Imaginant donc maintenant une série de plans garnis de cette manière, et placés les uns au-dessus des autres, nous aurons une idée des assises dont se compose l'immense construction de l'univers, construction qui ne saurait évidemment prendre fin, comme vous le voyez, qu'avec la fin des temps, bien qu'il ne faille qu'un instant infiniment petit pour l'achèvement de chacun de ses éléments infinis, et moins d'une seconde pour chacun de ses étages. Image grossière, sans doute, par sa simplicité même, mais qui nous donne cependant comme une idée lointaine de cet effroyable torrent qui flue perpétuellement dans l'abîme en s'y éparpillant! N'est-ce pas, sous une autre forme, ce torrent de feu que le prophète voyait jaillir des pieds du trône de Jéhovah? Ses étincelles sont les soleils.

LE THÉOLOGIEN.

Où nous conduisez-vous en accumulant au-dessus de nous tant de grandeurs? Je m'en émeus, et je me sens prêt à me récrier devant Dieu, au spectacle de ces effroyables abimes dans lesquels vous menacez de m'engloutir. « Seigneur, dirais-je, pourquoi avez-vous permis qu'un savoir funeste soit venu dessiller nos yeux et nous révéler ces immensités de l'étendue et du temps, dont les tableaux de la nature ne nous donnaient nulle idée? Nous vivions sans rien connaître de plus vaste que cette terre jointe à la voûte étoilée que vous avez étalée sur elle comme une tente; mais nous vivions confiants et tranquilles, nous imaginant connaître au juste ce que pesait devant vous notre monde. Maintenant nous ne le savons plus. Comment notre globe mériterait-il de compter dans cet univers qu'il vous a fallu faire si grand pour le faire digne de vous? Autant les dimensions de la terre et sa magnificence donnaient de contentement à nos pères, autant sa petitesse nous humilie aujourd'hui. Éclairés par nos voyages dans les immensités du ciel, nous ne saurions éprouver désormais que du dédain pour une habitation si misérable et si mesquine. Nous avons acquis un sentiment de l'espace et de la durée, devant lequel rien de ce qui est dans notre voisinage ne saurait valoir plus longtemps notre estime. Nous nous regardions, sur la foi de vos prophètes, comme les rois de la création et les maîtres du monde, et ne voilà-t-il pas qu'en regard des étoiles, nous ne sommes plus les souverains que d'un grain de poussière! Comment ne pas nous sentir perdus au milieu de ce terrible jeu des soleils qui tourbillonnent de toutes parts autour de nous, bien plus, qui ne cessent de se multiplier dans l'abîme avec une rapidité qui déconcerte nos pensées? La grandeur qu'il vous a plu de donner à la nature matérielle m'opprime, quelque résistance que je fasse; et tandis que nos pères nous avaient enseigné à ne nous abaisser, Seigneur, que devant vous, c'est devant l'armée des étoiles que notre personnalité sera maintenant réduite à s'incliner également. »

LE PHILOSOPHE.

A Dieu ne plaise que les sentiments que vous venez de m'objecter soient fondés! C'est justement à susciter des sentiments inverses que je prétends. Mais êtes-vous bien sûr de ne pas confondre ici l'impression que doit causer à l'esprit la pluralité des mondes avec celle qui résulte de leur infinité? Ce n'est pas en osant supposer l'univers infini que nous voyons notre globe se réduire, en comparaison du tout, à la figure d'un grain de sable; c'est, tout simplement, en tournant nos télescopes vers la voûte qui resplendit sur nos têtes, et en calculant la distance de ces flambeaux dont la lumière emploie des milliers d'années pour arriver jusqu'à nous. Voilà ce qui est étourdissant; et cependant la vérité de ces grandeurs ne fait plus question : nous en avons le chiffre. Récriez-vous au Seigneur contre l'énormité du système sidéral dans lequel il lui a plu de vous plonger, et dans lequel la terre n'est assurément qu'un atome, vous ne ferez pas que le monde revienne jamais à ces dimensions modestes, en vue desquelles nos pères vivaient, dites-vous, si tranquilles. Elles sont perdues pour toujours. Choisissez donc : ou demeurez écrasé sous la masse de l'univers, tel qu'il se témoigne maintenant à nos sens, ou essayez de vous délivrer de son oppression, en faisant appel à un idéal infini. L'infini vous ouvre, en effet, une autre voie : vous cessez de vous y sentir dans la condition de ces Bouddhistes, qui accablent en eux le sentiment de la personnalité par l'énormité des nombres dont ils s'entourent, et se disposent ainsi à s'anéantir par la contemplation même du ciel; vous échappez à la loi que vous faisaient les astronomes; vous vous redressez, et centralisez de nouveau l'univers autour de vous. Pour rendre à la terre cette position dont l'a dépossédée Galilée, il y a, en effet, un parti héroïque : c'est de faire de l'univers cette immensité sans circonférence dont le centre est partout. La dignité du genre humain, privée de la ressource de ce domaine d'ici-bas, qu'on estimait jadis si magnifique, et qui nous semble à présent si mesquin, se relève, et plus sublime que jamais, car nous nous reconnaissons dès lors pour habitation le tourbillon infini qui enveloppe notre globe dans son harmonie comme un de ses éléments nécessaires, et le mène à Dieu en y allant lui-même. Réfléchissez-y, et vous conviendrez qu'il y a là un pas devenu nécessaire : l'astronomie, liée à ses observations, qui la retiennent forcément dans le fini, ne le franchira jamais; la théologie, contrariée par la science, et toujours touchée du ciel symbolique de nos pères, tient ses regards tournés en arrière, et n'est pas disposée à se mouvoir; c'est donc à la philosophie à prendre cette initiative salutaire.

Quel soulagement donne à l'âme ce nouveau rayonnement de l'infini! Le compte en est géométrique. La création a-t-elle des bornes, il s'ensuit que l'étendue, le nombre et la durée, tels que nous les percevons, sont des choses revêtues d'un caractère absolu; il s'établit une mesure positive de toute étendue, de tout nombre et de toute durée, mesure choisie et imposée par Dieu lui-même, à laquelle doivent être conséquemment rapportées par les créatures tous les témoignages qui leur viennent de la matière; et cette mesure, c'est précisément le diamètre, le temps, la quantité de mondes qu'il a plu au Créateur d'assigner à la machine de l'univers. Plus une chose est étendue, plus elle est durable, plus elle renferme d'unités, plus aussi elle se rapproche de l'œuvre divine. Ainsi, nous avons dès lors grande raison de nous inquiéter, comme vous le prétendiez tout à l'heure, que le domaine du genre humain ne soit, dans les plans de la Providence, qu'un accident bien minime, puisqu'il ne fait qu'une si imperceptible figure quand on le met à sa place sur le diamètre de la sphère éthérée, à sa place sur le tableau du recensement des mondes, à sa place sur les ordres de la chronologie générale. Mais l'univers devient-il infini, la question change : il n'y a plus ni diamètre, ni quantité numérique, ni échelle des temps. Devant la mesure véritable de l'univers, mesure dont la perception ne s'opère qu'en Dieu, le très grand et le très petit se trouvent désormais de même condition. L'étendue, le nombre, la durée cessent de posséder une valeur formelle. Les différences que nous pouvons observer à ce sujet entre la terre et les autres dépendances de l'univers ne sont relatives qu'à nous, et non plus à un étalon absolu, fixé par le décret du Créateur. Quelques excessives grandeurs que nous imaginions, au delà même des grandeurs qui s'étendent entre nous et les plus lointains soleils qu'il nous soit donné d'apercevoir, il n'y a aucune sorte de ressemblance entre ces grandeurs et l'inimaginable immensité de l'univers. Ni le nombre, ni l'éloignement, ni les longues révolutions des astres ne sauraient donc jeter ni trouble ni découragement dans nos âmes, lorsque cessant de mettre ces chiffres, comparés aux nôtres, en regard de l'univers tronqué que l'astronomie nous découvre, nous les traduisons devant l'univers infini que la philosophie nous révèle. Appuyés sur la conscience de notre dignité spirituelle, il nous devient permis de dédaigner toute élévation matérielle, si haute qu'elle soit, puisque de telles élévations n'ont rien de solide, et de considérer les tourbillons du firmament du même œil dont nous considérons les tourbillons de la poussière. « Que nous importent vos grandeurs? pouvons-nous dire à ces astres dont les perspectives vous effrayaient tout à l'heure; Dieu ne vous regarde pas pour mesurer qui nous sommes. Il y a pour nous, aussi bien que pour vous, une infinité de grandeurs que notre grandeur domine; et si vous regardez plus haut que vous, vous en trouverez une infinité d'autres qui vous dominent comme elles nous dominent nous-mêmes. Notre condition est, au fond, de même sorte; car la différence qui vous sépare de nous, comparée à ces sublimités supérieures, va en diminuant à mesure que ces sublimités augmentent; et s'il vous plaît que nous montions ensemble l'échelle infinie des grandeurs de l'univers, nous arriverons ensemble à son terme, ou Dieu commence et où toute inégalité matérielle s'évanouit. »

Laissez donc de côté toute comparaison avec les objets matériels, si vous voulez vous élever, je ne dirai pas à l'idée, puisqu'il nous est impossible de l'embrasser, mais au sentiment vrai de la nature de l'univers. La matière n'en est qu'une imparfaite image, comme nous ne sommes nous-mêmes qu'une image de Dieu. Infiniment au-dessus de la matière, infiniment au-dessous de Dieu, infini par l'infinité de la masse et de sa permanence, et nous enveloppant tous dans son sein, nous infinis d'un autre genre, le cosme est une substance à part. Unique, divisé en compartiments, il n'y a pas d'autre ciel que lui. Ainsi, la parole humaine ne s'est point trompée lorsque, par un merveilleux consentement de toutes les langues, elle a donné le même nom au séjour de l'immortalité et à cette région étoilée qui resplendit mystérieusement sur nos têtes, et dans les profondeurs de laquelle nos regards se perdent. Cette lumière qui nous inonde de ses clartés, en ravissant d'admiration toutes les âmes, est la pure lumière de l'empyrée, et les innombrables soleils que nous voyons étinceler au loin sont les flambeaux qui échauffent et illuminent cette splendide demeure, et font régner dans son sein le jour divin qui ne cesse jamais. Ces globes, disposés les uns sur les autres dans un équilibre parfait, et variés dans leurs proportions et leurs ornements avec une magnificence sans égale, sont les matériaux qui composent le palais éternel, et c'est l'astronomie qui nous révèle les lois de son architecture. Ne cherchons plus, comme les poëtes, à nous le représenter par analogie avec les édifices que nous construisons sur la terre, ou, comme les théologiens, par analogie avec les brillants tableaux de notre atmosphère : les plans du Créateur sont autres que ceux que trace à la surface de notre globe le caprice des architectes ou des vents. Les astres, dans leur inépuisable diversité, sont les quartiers du palais; et les distances qui les séparent les uns des autres, et qui nous effrayent par leur énormité, tant que nous ne nous élevons pas assez haut pour leur ôter leur apparence absolue, ne sont en réalité que les portes dont Dieu se sert pour assurer l'indépendance de chaque lieu et l'isoler comme il lui plaît.

Gardons-nous donc de croire que ces séparations, qui n'ont pas même, en regard de la vélocité de nos âmes, l'épaisseur d'une cloison, soient pour nous des abîmes infranchissables : ce n'est point aux âmes qu'elles font barrière, mais seulement aux organes avec lesquels les âmes se trouvent passagèrement liées. Prenons pleine confiance dans ce que nous annonce d'une voix assez haute l'unité du Créateur : savoir, que tous ces mondes ne sont qu'un seul monde donné en libre pratique au genre humain comme à tous les autres vivants de l'univers. Grâce à l'infinité dans laquelle la pluralité s'évanouit, le principe de l'unité, troublé un instant par l'effet de la complexité, reprend la plénitude de son empire ; et comme il n'y a qu'un Dieu, il n'y a qu'un ciel. La fixité de ce ciel, c'est l'ordre inaltérable de ses changements ; son incorruptibilité, c'est sa permanence ; son immatérialité, c'est l'immensité de son étendue. Et cette terre, que nous foulons sous nos pieds, où nous venons tour à tour accomplir notre tâche en compagnie de nos semblables, sur laquelle nous apparaissons sans nous souvenir d'où nous sortons, de laquelle nous disparaissons sans apprendre où nous allons, où nous vivons sans pouvoir dire avec certitude qui nous sommes ; cette terre roule dans le ciel, est un des éléments du ciel, et nous constitue en résidence dans le ciel. Donnons à la religion cette belle parole que Kepler, brisant à jamais dans ses Harmonies les voûtes de l'antique firmament, jeta jadis à l'astronomie comme un trait de lumière : « *Hoc enim cœlum est, in quo vivimus et movemur et sumus, nos et omnia mundana corpora* : Cela est le ciel en quoi nous vivons, nous nous mouvons et nous sommes, nous et tous les corps du monde. » La liturgie, mieux éclairée sur la nature des astres, proclamera peut-être un jour cette vérité en célébrant les fêtes de l'immortalité hors de ses enceintes de pierre, à l'air libre, dans la magnificence de la nuit, sous le rayonnement des soleils, en vue de la sphère étoilée, le vrai temple de Dieu.

LE THÉOLOGIEN.

Vos idées, si elles étaient vraies, donneraient, en effet, à la voûte de la nuit un caractère sublime. Assis tranquillement sur la nef de la terre, nous nous sentirions flotter dès à présent dans l'infini, notre éternelle demeure; et fléchissant les genoux, à la lueur des étoiles, nous nous prosternerions devant le Dieu du ciel, en l'adorant dans son incommensurable ouvrage. Mais vos idées sont-elles acceptables? Se persuadera-t-on jamais que le ciel ne soit autre chose que le firmament, et que les élus et les anges n'aient d'autre résidence que ces astres qui, de votre aveu même, sont dans un perpétuel changement? Les astres peuvent convenir à des voyageurs comme nous, mais ils sont assurément sans convenance pour ceux qui sont arrivés et se reposent. Aussi, malgré vos arguments, demeuré-je fidèle à l'empyrée : je laisse de côté toutes vos spéculations sur la géométrie et la mécanique de l'étendue, je transporte le débat sur le terrain de la vie, et là, je vous renverse au nom des lois de l'immortalité. En effet, l'immortalité n'est rien si elle est sans récompenses, et ces récompenses elles-mêmes ne sont rien s'il n'existe quelque part un théâtre où l'on en jouit. Ainsi, l'immortalité appelle impérieusement un empyrée, et, pour toute satisfaction, vous lui offrez un archipel de planètes. Croyez-moi, après avoir goûté le pressentiment des béatitudes du paradis céleste, il n'est pas facile de se résigner à n'espérer que les délices d'un paradis terrestre, de quelques éclatantes couleurs qu'on le décore; on n'est plus guère tenté de demeurer à jamais les semblables des hommes, et l'on vise avec ravissement à devenir, au jour de gloire, les égaux des anges.

LE PHILOSOPHE.

C'est en quoi l'on aurait tort. Vous faites injure, par de telles aspirations, à cette nature humaine que le christianisme a si énergiquement sanctifiée, et vous abandonnez, pour un ascétisme illégitime, le véritable mouvement de la tradition religieuse à laquelle vous faites profession d'appartenir. C'est moi qui vous y rappelle; et si je m'engage sur le nouveau terrain où vous me conviez, c'est avec le ferme espoir de vous obliger à reconnaître que la nature humaine, mal pénétrée par vos docteurs, est capable, par le simple développement des facultés qu'elle met en activité sur la terre, de s'élever aux conditions les plus parfaites qu'il soit possible d'assigner à la vie des créatures. Je ne recule nullement, vous le voyez, devant l'extrémité où vous vous imaginez me réduire à demander merci, et je dis volontiers avec vous : Si le ciel est analogue à la terre, il faut que la vie des habitants du ciel soit analogue à la vie des habitants de la terre. Comme j'affirme le principe, j'affirme aussi la conséquence, que je veux formuler plus explicitement encore en disant : Que tous les caractères essentiels de la nature humaine sont dignes d'être portés dans le ciel, et que le ciel ne peut en être privé sans dommage. Trouvez-vous cette proposition trop hardie? Mais vous oubliez donc que vous avez établi vous-même, au sommet de la hiérarchie de l'univers, l'idéal de la nature humaine indissolublement uni à la nature divine, et qu'entre nous et ce sublime idéal, il y a place pour une suite innombrable de types, supérieurs à nous par le degré de leur perfection, mais semblables à nous par le fond même de leur nature? Sans même parler du mystique archétype de l'Homme-Dieu, ne me suffit-il pas, pour vous obliger à accepter ma thèse, de vous faire souvenir que vous reconnaissez en nous l'image de Dieu? Si nous sommes réellement l'image de Dieu, quelque confuse que puisse être cette image, développez-en successivement tous les traits, et devenant de plus en plus céleste, sans cesser de n'être toujours que l'image, elle se rapprochera de plus en plus de la divine excellence de son adorable modèle.

L'homme est-il donc bien l'image de Dieu? Voilà toute la question; et vous ne pouvez sans doute la regarder comme indécise, encore que, retenu par les froideurs de la scolastique, vous ne vous montriez assurément pas fort animé à mettre l'affirmative dans tout son jour, afin d'en déduire vaillamment toutes les conséquences. En dehors même de l'autorité de la tradition, il y a là, en effet, une de ces vérités qui saisissent tant elles sont lumineuses. Comment Dieu n'aurait-il pas créé à son image ce qu'il lui a plu de créer dans la plénitude de son amour? Permettez-moi seulement, pour vous encourager à me suivre, de m'autoriser devant vous de ce beau passage de la Cité de Dieu, où saint Augustin, sans crainte ni de diviniser l'homme ni d'humilier Dieu, poursuit la ressemblance des deux natures, jusqu'à nous découvrir dans la nôtre le vestige des attributs les plus caractéristiques de la divinité. « En nous, dit-il, nous pouvons reconnaître une image de Dieu, c'est-à-dire de sa souveraine trinité; et bien que cette image ne soit point égale à son modèle, qu'elle en soit, à vrai dire, considérablement éloignée, ne lui étant ni coéternelle ni consubstantielle, et qu'il lui faille le perfectionnement de la réformation pour s'en rapprocher quant à la similitude, il n'y a cependant rien, dans tous les ouvrages de Dieu, qui, par sa nature, soit plus voisin de la nature de Dieu; car nous sommes, et nous connaissons que nous sommes, et nous aimons notre être et cette connaissance que nous en avons; et, dans ces trois choses, aucune vraisemblance trompeuse ne nous égare, car nous ne les touchons point par quelque sens, ainsi que les choses qui sont extérieures; mais sans aucune illusion de rêves ou de fantômes, je suis parfaitement certain que je suis, que je connais et que j'aime... Puis donc que nous avons été créés à l'image de notre Créateur, dont l'éternité est véritable, la sagesse éternelle, l'amour éternel et véritable, et qui est lui-même l'éternelle, véritable et excellente trinité, sans confusion ni séparation, contemplons en nous son image, et, comme l'enfant égaré de l'Évangile, retournons à lui après nous être éloignés de lui par nos péchés. »

Ainsi que l'indique excellemment dans ce passage le grand théologien, l'homme n'est pas seulement l'image de la trinité, il est l'image de la trinité créatrice, l'image du Dieu souverainement vivant et actif qui communique à l'univers entier son activité et sa vie. L'homme serait-il, en effet, l'image véritable, s'il n'était l'image à tous égards, et si, pareil à ces vaines peintures qui reproduisent seulement la figure des personnes sans reproduire en même temps leur mouvement, il n'était, si je puis ainsi dire, qu'une image dormante? Comme le modèle de l'homme est la vie dans l'infini, et que la vie est le mouvement, ne faut-il pas, au contraire, que, pour rester toujours conforme à son divin modèle, l'homme, dans la carrière de son immortalité, soit toujours dans le mouvement, afin de demeurer, comme Dieu, perpétuellement dans la vie?

Mais quelle est, direz-vous, cette activité qui, susceptible de s'accroître et de se perfectionner sans cesse, mérite par la sublimité de ses caractères de se conserver en nous jusque dans le ciel? C'est, vous répondrai-je, ce feu sacré, grâce auquel nous sommes maîtres de nous faire les imitateurs de Dieu dans la création et le gouvernement de l'univers, et même, plus que ses imitateurs, ses associés. Dieu nous a doués d'un certain degré de puissance, qui nous met en état de modifier, comme lui, ce qui existe; d'un certain degré de sagesse, qui nous permet de produire cette modification conformément aux plans généraux de sa providence; enfin d'un certain degré de bonté, qui nous fait diriger nos actions de la même manière dont il dirige lui-même les siennes, en vue du bien commun de tous les êtres. L'homme n'est donc point inerte; et tandis que tout agit autour de lui dans l'univers, il a qualité pour agir lui-même, et ne pas le faire en vain : son divin coopérateur est en lui et l'inspire. S'aperçoit-il que les choses qu'il voit à sa portée sont de nature à devenir meilleures, aussitôt son cœur désire cette amélioration, son intelligence en détermine les moyens, et, dans son plein courage, il se met à l'œuvre. Devinant les desseins de Dieu pour le perfectionnement des créatures, il les seconde, et l'on peut dire avec un noble sentiment d'orgueil et de piété qu'il prête ici-bas main-forte au Créateur.

Ce n'est pas seulement sur ce qui existe en dehors de lui que cette participation à la vertu créatrice lui donne empire dès ce bas monde : chose admirable et dont nous ne saurions trop nous convaincre, elle lui donne prise sur lui-même! Moyennant l'aide de Dieu, il agit à volonté sur sa propre nature. Cette réformation, par laquelle il développe progressivement sa ressemblance avec le principe divin de son être, et qui tend à l'élever de plus en plus dans la hiérarchie infinie, Dieu a permis qu'il en fût lui-même l'auteur. Il comprend ce qui lui manque, en considérant de quelle hauteur le domine l'ineffable archétype que la religion lui propose et qu'il adore, et il sent en même temps au fond de lui-même qu'il est libre de corriger continuellement son imperfection; comme ces anges que le patriarche regardait monter sur une échelle mystérieuse de la terre au ciel, il voit se dresser devant lui une échelle par laquelle il peut monter également, non sans effort, mais aussi longtemps et aussi haut qu'il lui plaît.

Outre qu'il est apte à se perfectionner, il est excité à le faire par un penchant naturel; car il ne se contente pas d'aimer son être tel qu'il est, ainsi qu'il appartient à Dieu seul d'aimer le sien, mais cet amour qu'il ressent le porte à désirer d'accroître l'excellence de son être, afin de l'aimer et d'en jouir encore davantage; et c'est là le plus beau de sa nature. Ce désir suffit à lui seul pour le rendre meilleur; il l'encourage à fortifier sa piété, son intelligence, son énergie, et plus rapproché de Dieu, il est désormais plus capable de satisfaire, par les plans qu'il crée et mène à fin, la charité qui l'anime. Donc, en même temps qu'il s'est avancé dans la voie de son perfectionnement personnel, il est devenu plus propre et plus décidé à coopérer au perfectionnement général; tandis que par une réciprocité où respirent la sagesse et la bonté de l'ordonnateur suprême, il est impossible qu'il coopère au perfectionnement général, sans se perfectionner par là même. En effet, nous ne saurions tenir notre charité en éveil et tâcher de remédier, par l'application de nos pensées et de nos actes, à tout mal que nous découvrons, sans redoubler infailliblement par un tel exercice, accompagné des faveurs qu'il mérite, la charité, la sagesse, et la puissance que nous y déployons, et sans nous élever, pour ainsi dire naturellement et sans l'avoir cherché, par l'oubli même de notre personne au service d'autrui, à un rang supérieur. D'où il suit qu'en définitive, l'homme travaille pour lui-même alors qu'il ne s'occupe qu'à travailler pour les autres, et qu'il est sans autre moyen de travailler pour lui-même, sinon de travailler en même temps pour les autres : qu'il s'absorbe, tant qu'il le voudra, dans la contemplation solitaire de Dieu et de lui-même, il ne se rapprochera jamais de son modèle, s'il ne l'imite; et il ne peut l'imiter qu'à la condition d'épancher, comme lui, sa charité en vue de l'œuvre universelle de grâce et de bonté que s'est proposée le Créateur.

Ainsi, reconnaissons résolument qu'aucun des principes fondamentaux de l'univers, sinon le principe même de l'existence des créatures, n'est au-dessus de cette activité bienfaisante, et ne craignons point d'étendre son règne de la terre au ciel. C'est par cette activité, comme nous venons de l'entrevoir, que la ressemblance de la créature et du Créateur parvient à son suprême complément; c'est par elle que la créature, entrant en association avec le Créateur, parvient à développer la perfection en elle et autour d'elle, et que la création, poursuivant son but, remonte incessamment vers celui dont la bonté l'a suscitée et l'appelle. De plus, c'est par cette activité seulement que l'âme est en mesure de s'apaiser elle-même, en donnant satisfaction aux élans que lui inspirent à chaque instant l'amour de Dieu, l'amour du prochain, l'amour d'elle-même; et ce n'est, non plus, que par elle que la destination bienfaisante imposée dès l'origine à la totalité de l'univers, et l'indépendance laissée en même temps aux individus qui le composent, arrivent à se mettre d'accord.

Supprimez, en effet, ce divin principe d'activité qui lie toutes les créatures l'une à l'autre pour les attacher à Dieu toutes ensemble, et les amener ainsi de concert à ces conditions supérieures d'existence auxquelles tout l'univers aspire; aussitôt tout se rompt, tout se dissout, et il n'y a plus que confusion : la vie est éteinte, le monde est amorti, et Dieu lui-même, privé de ce mouvement extérieur auquel il préside, se replie en lui, et rentre, comme Brahma, dans l'extase de la contemplation solitaire. C'est où en est venu, dans sa lassitude profonde, votre triste moyen âge avec son dogme glacial de la consommation suprême. A lui, la responsabilité de cette interprétation aveugle du mythe antique de la transformation de la terre. A l'entendre, l'heure une fois sonnée et le jugement prononcé, tout, dans l'univers, doit prendre une position éternellement fixe et inaltérable. Plus de temps, plus de changement, plus jamais rien de nouveau; plus d'actions charitables de la créature à l'égard de la créature; plus de réflexions salutaires, ni d'emportements efficaces vers Dieu : les élus seront installés pour toujours, chacun à sa place, dans le paradis; les réprouvés, chacun à la sienne, dans l'enfer. L'époque sera passée où les bons pouvaient se délecter en aidant leurs frères à sortir du mal, et en sentant la création céder à leurs instances, et gagner chaque jour, grâce à eux, une nouvelle douceur et une nouvelle beauté; où ceux qui ont eu le malheur de s'égarer pouvaient, après leur égarement, revenir à la lumière, et reprendre, en compagnie des fidèles, le droit chemin ; où ceux qui éprouvaient la sainte émulation d'atteindre au même rang que les êtres plus parfaits qu'ils apercevaient au-dessus d'eux, et de savourer avec eux les délices d'un voisinage de Dieu plus intime, étaient maîtres de s'élever selon leurs désirs, et de se rapprocher continuellement de leur divin modèle. Il n'y a plus, dans la terrible suite de ces siècles de siècles, de progrès à espérer ni pour soi, ni pour les autres, ni dans le ciel, ni dans l'enfer, ni nulle part, et la loi de l'immobilité est désormais la loi unique de l'univers. Voici, sur les gradins de ce ciel étrange, les élus assis en ordre l'un près de l'autre, tous au rang que leur ont assigné les travaux de leur court pèlerinage de la terre, absorbés, sans que rien les doive jamais distraire, dans la rigidité de leur contemplation, et revêtus pour toujours des corps terrestres dans lesquels ils ont été saisis par la mort, comme du sceau fatal de leur immuabilité éternelle. Que font là ces fantômes? Sont-ce bien des vivants, ou ne sont-ce pas des morts? Ah! Christ, que ce paradis m'épouvante, et que j'aime encore mieux ma vie avec ses misères, ses tribulations et ses peines, que cette immortalité avec sa paix béate !

Je pourrais peut-être m'en tenir là : il ne vous est plus permis de mettre en doute le caractère céleste du principe d'activité qui règne en nous, et qui est le promoteur de tous les mérites de notre vie, car vous ne sauriez sérieusement contester que ce principe ne soit susceptible d'un développement infini; mais je veux que vous jetiez au moins un regard sur tout ce que vous perdez en le sacrifiant. Voyez s'en aller toutes ces chères vertus que nous estimions si haut sur la terre : adieu force de caractère, adieu bénignité, adieu clémence, patience, libéralité, gratitude, chasteté! Adieu prudence, modération, magnanimité, justice, vertus génératrices desquelles coulaient toutes les autres, et qu'un des Pères comparait éloquemment à ces quatre grands fleuves qui embellissaient et fertilisaient le paradis ! Nous n'avons plus besoin de vous, vous crie la théologie, votre temps est passé : il y avait des vertus sur la terre, il n'y en a plus dans le ciel ; la logique vous expulse. « De toutes les vertus de notre activité présente, dit rudement saint Augustin dans l'Enchiridion, nous nous réduirons à cette vertu unique de contemplation par laquelle nous contemplons Dieu, ainsi qu'il est écrit : Dès le matin, je serai devant toi et je serai contemplé. *Adstabo tibi et contemplabor.* » Toute la scolastique, vous le savez, prononce le même arrêt. Arrêt arbitraire ! Cette vertu de contemplation, Dieu, qui doit être votre éternel modèle, s'y est-il enfermé ? Vous découvrez bien, à l'origine de la métaphysique, l'être infini dans la contemplation exclusive de lui-même ; mais, tout aussitôt, il en sort, et il crée, il se répand, il gouverne, il perfectionne, il agit, il nous donne l'exemple de sa vie, et c'est de son imitation que descendent à l'envi toutes les vertus qui décorent la terre, et dont nous apercevons l'idéal planant bien au-dessus. Non-seulement donc, en développant notre activité, nous nous rapprochons de Dieu, autrement dit, nous montons dans le ciel ; mais en cessant d'agir, nous perdons la divine ressemblance, c'est-à-dire que nous tombons dans une position inférieure à celle que nous occupons aujourd'hui dans l'univers.

Telle est la position que vous donnez inconsidérément à vos saints. J'aurais beau jeu, si je le voulais, à vous pousser sur ce chapitre, et à récriminer contre la tyrannie de votre esprit de système, au nom de la morale qu'il bannit si lestement de l'empire du ciel. Mais je me bornerai à vous faire remontrance de la misère que vous infligez à vos élus en les privant du libre exercice de ces trois vertus théologales, que le christianisme place avec tant de raison au-dessus de toutes les autres, et qui sont bien inséparables de la nature humaine, si c'est par elles, comme le proclament tous les théologiens, que la nature humaine se rapporte à Dieu.

La foi est cette force qui nous fait adhérer de toute notre âme à un idéal dont la vérité ne nous est pas démontrée, mais sous lequel nous sentons éclater la réalité de Dieu avec une telle puissance que nous sommes entraînés, sans demeurer maîtres de douter que le sujet de notre croyance ne soit fondé ; c'est l'argument des choses non apparentes, comme le dit éloquemment sait Paul. La question de savoir s'il est possible que la foi s'évanouisse dans la demeure céleste est donc au fond la même que de savoir s'il est possible de concevoir un idéal supérieur à celui dont cette demeure est la formule; car s'il y en a un, cet idéal devient infailliblement le principe d'une foi nouvelle, même dans le ciel absolu que les scolastiques nous dépeignent, puisque Dieu se réfléchit plus vivement dans l'idéal en question que dans la réalité de ce ciel. Or, n'est-il pas évident que l'état qui se produirait si, tous les égarés arrivant tour à tour à se dégoûter du mal et à rechercher le bien, l'enfer se vidait continuellement; si tous les saints, dans le magnifique accord de leurs aspirations, s'élevaient sans cesse à des degrés de perfection de plus en plus sublimes; si toutes les créatures, enfin, consolidant progressivement leur union mutuelle et avec Dieu, ne formaient toutes ensemble, au-dessous de la majesté infinie, qu'une même unité d'adorateurs; n'est-il pas évident qu'un tel état est incomparablement supérieur à ce paradis étroit où il n'y a place que pour une partie de la création; où sont rangés des élus de condition inférieure, condamnés à rester à jamais en contemplation, sans aucun moyen de s'en rapprocher, devant les élus plus méritants et plus heureux qui les dominent; au-dessous duquel on entend mugir les fleuves de l'enfer et retentir les gémissements et les imprécations des démons et des damnés; dans lequel, en un mot, règne dans tous les sens l'imperfection? Transportés au sein d'une telle institution, les saints seraient donc portés à se tourner, avec un élan invincible, vers un idéal meilleur; et leur foi se trouverait violentée, puisque, tout en conservant ce secret entraînement vers l'institution la plus digne de Dieu, il leur serait cependant interdit de se satisfaire en croyant à l'existence effective de cet invisible objet de leur admiration et de leur amour.

Il en serait de même de l'espérance : cette vertu qui est seule capable de concilier l'amour infini de nous-mêmes, que Dieu a mis en nous, avec la conscience de notre infériorité présente, et qui, nous donnant confiance dans l'efficacité de nos efforts, brise le temps devant nous, et nous fait jouir à l'avance des biens que nous entrevoyons, que nous désirons et que nous ne possédons point encore ; cette divine vertu est aussi morte, ou pour mieux dire aussi affligée dans votre ciel que sa sœur. « Dans la patrie, dit saint Thomas, l'espérance s'évanouit comme la foi. *Spes sicut et fides evacuatur.* » Cela est aisé à prononcer ! Mais par quel miracle, Dieu, en nous ouvrant les portes de la patrie céleste, peut-il, sans nous anéantir nous-mêmes, anéantir en nous l'espérance ? Tant que l'âme subsiste, l'espérance y rayonne ; et lui ôter l'espérance, c'est lui ôter le zèle, et par conséquent le ressort volontaire de l'immortalité. C'est l'espérance seule qui fait notre grandeur ; c'est elle qui dirige nos regards vers le ciel ; c'est elle qui nous dégoûte du néant, et qui, dans notre petitesse d'aujourd'hui, enfants que Dieu appelle à lui, nous fait tous infinis, en nous rendant tous capables de vouloir l'infini pour dernier terme de nos progrès futurs. Comment donc des âmes, assises, comme vous l'imaginez, dans la pure lumière du ciel, et se voyant dominées à la fois par la perfection du Créateur et par la perfection d'une série d'autres créatures plus voisines de lui, ne se sentiraient-elles pas animées de l'inextinguible désir de se rapprocher de ces béatitudes supérieures ; et comment, se souvenant en même temps que leur état est fixé à toujours par le jugement, et qu'aucun progrès ne leur est désormais possible sur cette échelle où la main de Dieu les a clouées, ne se rempliraient-elles pas de tristesse et de mécontentement, et ne regretteraient-elles pas, dans leur désespoir, cette pauvre terre où l'on vivait et espérait ? Et si vous vous réfugiez à dire, avec vos dialecticiens, que ces âmes, par le sentiment de la sainteté et de la félicité des autres âmes, éprouvent la même jouissance que si cette félicité et cette sainteté leur appartenaient à elles-mêmes, alors, sans doute, vous ôtez tout motif à l'espérance ; mais toute personnalité s'efface du même coup, et votre paradis, au lieu de représenter l'ordre des individualités bienheureuses, n'est plus qu'une vaste dissolution d'existences confondues, comme dans le pêle-mêle des panthéistes, l'une dans l'autre.

La charité est la seule des trois vertus théologales à laquelle vous fassiez profession de donner accès dans votre ciel ; mais tandis que la foi et l'espérance, ainsi que je viens d'essayer de vous en convaincre, s'y introduisent malgré vous, celle-ci, au contraire, quoi qu'il vous plaise de lui ordonner, n'est pas en état de s'y fixer. Elle en rompt les portes, et demeure en suspens entre le paradis et l'enfer, sans trouver satisfaction nulle part. D'un côté, Dieu l'attire; de l'autre, les plaintes et les blasphèmes des créatures malheureuses l'attirent également, et elle n'a de calme ni dans l'enfer, dont elle essaierait vainement d'apaiser les douleurs, ni dans le paradis, où l'inquiétude la poursuit. La charité, en effet, ne saurait être un amour tellement absolu du Créateur, que la créature n'y ait part. On ne peut aimer véritablement Dieu, si on ne l'aime dans ce qu'il a fait; de même que l'on ne peut aimer véritablement les êtres particuliers, si on ne les aime en celui qui leur confère l'existence. La charité est une double force, qui, nous attachant directement à la création, nous attache à Dieu par l'intermédiaire de son œuvre, et qui, nous attachant directement à Dieu, nous attache à la création par son auteur. Elle est le ciment de l'univers. Comment donc le juste pourrait-il être témoin des souffrances d'une partie de la création, sans être instinctivement sollicité à y porter remède? et comment ne serait-il pas troublé dans la jouissance de sa béatitude personnelle, par la conscience de ces fatales défectuosités, et de sa fatale incapacité à leur égard ? Ainsi, la charité, au lieu de s'épancher dans sa plénitude et sa paix au sein de votre paradis, y serait, au contraire, à demi étouffée sous des empêchements invincibles, et loin d'y former l'ineffable source de la félicité des élus, elle n'y serait pour eux qu'une source de contrariétés et de regrets.

J'ose le dire, le sort qui nous est assigné sur la terre est plus doux que celui qu'il vous plaît d'attribuer aux êtres supérieurs; car, en dépit de toutes les entraves qui nous arrêtent, nous sommes libres du moins de céder au noble instinct qui nous commande d'aider toute créature dans la peine, libres d'espérer dans l'efficacité de nos efforts sur nous-mêmes, libres d'attendre avec confiance de la bonté de Dieu la fin de tout mal dont la vue nous afflige. Quel est celui d'entre nous qui, se transportant par la pensée dans les hautes demeures conçues par la fantaisie du moyen âge, se figurerait qu'il lui sera possible d'assister, sans révolte, au spectacle de la torture des damnés, d'apercevoir dans d'inextricables angoisses ses parents, ses amis, les objets de ses affections les plus profondes et les plus tendres en cette vie, sans les plaindre, sans désirer de leur tendre une main secourable, sans se déranger de la tranquille perception de sa propre béatitude? Que dis-je? sans éprouver lui-même, par l'effet de son impuissance, le plus affreux supplice? Il me semble voir mes amis désespérés, s'agitant au milieu d'un incendie, et moi, cloué par la paralysie sur un fauteuil, m'écriant vainement, ainsi que dans un rêve, sans pouvoir me lever pour courir à leur aide et les sauver! Ne dites donc pas que les clameurs du mauvais riche, implorant, dans sa détresse, le rafraîchissement d'une goutte d'eau, montent jusqu'aux oreilles de Lazare assis avec délices dans le sein d'Abraham, et que Lazare entend cette prière sans que sa charité soit émue : malgré notre imperfection présente, nous deviendrions, en comparaison de tels élus, trop fiers de notre humanité, et nous cesserions de nous incliner devant ceux que vous prétendez faire trôner au-dessus de nos têtes ; il nous répugnerait de penser que nous pourrons prendre place un jour à côté d'eux, et que la mort aura la force de nous altérer assez profondément pour nous faire partager, sans horreur de nous-mêmes, leur égoïsme barbare. Croyez-moi, laissons sans scrupule ces vaines imaginations à l'âge malheureux dont elles sont le produit. Elles ne sont en harmonie qu'avec ces mœurs dures, qui permettaient aux plus humains de se donner le spectacle des tourments infligés aux coupables par le bras des bourreaux, et sous l'empire desquelles les estrapades et les auto-da-fé étaient considérés comme des fêtes. Élevons-nous à des croyances plus saines. Cessons de croire à la réalité d'un paradis que nous embellirions en y laissant tomber le reflet de nos vertus. Ayons le principe de notre activité assez à cœur pour renoncer à notre existence même, plutôt que de consentir à le perdre. Proposons-nous, quelque heureuse que devienne jamais notre vie, partout où nous verrons une créature en souffrance, de nous efforcer de la ramener vers le bien ; partout où nous verrons une créature au-dessous de nous, de nous efforcer de la faire monter jusqu'à nous ;

et partout où nous en verrons une au-dessus, de nous efforcer de monter à notre tour jusqu'à elle. Appuyés sur la foi, sur l'espérance et sur l charité, élançons-nous avec confiance dans l'immortalité.

Permettez-moi de résumer toute cette thèse : je le ferai dans une simple prière, que je supposerai dans la bouche des justes, au moment où, quittant la vie, ils attendent du souverain dispensateur des destinées une condition nouvelle, et que je vous mettrai au défi de condamner. « Mon Dieu ! s'écrient ces âmes suppliantes, combien la vie que vous venez d'arrêter a été peu fructueuse ! Les perfections que nous avons acquises ne sont que le commencement des perfections dont nous sentions capable l'immortelle essence qui est en nous, et nous avons confiance que nous serions meilleurs si vous nous aviez fait vivre davantage. Ce que nous avons accompli pour l'avancement de nos frères et pour l'amélioration de l'état général de la société terrestre n'est presque rien en comparaison de ce que nous voyons encore à tenter ; et les maux que nous laissons derrière nous touchent tellement notre cœur, que la plus douce récompense que nous puissions souhaiter serait d'avoir le bonheur d'être admis par votre providence à en guérir encore. Accordez-nous donc de reprendre, dans le nouvel asile où vous nous transportez, la suite de nos travaux interrompus dans celui-ci ; faites que nous ne cessions point d'être ce que nous étions sur la terre, et que notre éloignement de cette demeure ne soit point une peine pour nous ; permettez que la mort que nous venons d'éprouver ne soit qu'un simple accident, incapable de rien changer aux forces qu'en nous créant, il vous a plu de mettre en nous, et laissez-nous croire que les accroissements que nous avons pu donner ici-bas à nos vertus ne resteront pas confondus dans un commun néant avec les vains lambeaux de nos organes terrestres. Si nos labeurs ont mérité d'attirer sur nous les bienfaits dont votre toute-puissance dispose, consentez à ce que nous espérions que la position nouvelle qui nous est destinée sera supérieure à celle que nous quittons ; que nous y trouverons une éducation moins lente et plus solide avec un savoir plus vaste, un foyer de perfectionnement plus accompli et une puissance personnelle plus grande, une vie plus efficace à notre égard comme à l'égard des autres et des béatitudes plus vives et plus partagées. Dussions-nous même, dans cet autre séjour, être exposés à souffrir encore des maux analogues à ceux que causent dans celui-ci l'ingratitude, la méchanceté, l'ignorance, les misères, les infirmités, rendez-nous libres d'y aller prendre part à cette œuvre de perfectionnement pour laquelle la création tout entière s'agite depuis son premier jour, et de gagner par nos efforts, grâce à ce ferme courage que vous savez entretenir en nous, un degré de perfection plus élevé, une résidence plus digne, et le contentement d'avoir ramené au bien une partie des créatures qui sont en ce moment dans la souffrance et dans le mal. Soyez-nous favorable, à nous qui voudrions encore grandir, ainsi qu'à tant de nos frères que notre dévouement pourrait encore aider; n'éteignez pas les saints transports qu'excitent en nous la foi, l'espérance et la charité; récompensez-nous, non pas en nous assurant une retraite dans les tranquilles splendeurs de l'empyrée, mais en donnant pleine carrière à l'impérissable activité qui est le plus bel attribut de notre nature, puisqu'elle est le dernier trait de la ressemblance qui nous unit à vous; et au bonheur d'obtenir, daignez ajouter, dans votre grâce, le bonheur plus sublime de mériter encore! »

Une telle prière est-elle, à votre avis, une prière de bonne ou de mauvaise volonté? Si elle est de bonne volonté, Dieu l'entend et l'exauce; et, d'autant mieux qu'elle entre nécessairement, par sa rectitude même, dans l'esprit des dispositions adoptées dès l'origine par la Providence, pour le gouvernement de l'univers. N'est-il pas évident que les plans de Dieu ne peuvent manquer de se trouver partout en harmonie avec les aspirations des âmes justes?

LE THÉOLOGIEN.

Je crains que vous ne prouviez seulement qu'un excès de zèle peut quelquefois tromper : Dieu n'est pas moins ami du repos que du travail; et c'est aussi l'imiter que de chercher la paix. Nous ne la rencontrons pas sur la terre, mais nous la découvrons dans le ciel, et nous avons espérance que le divin rémunérateur nous l'y donnera. Lassés et épuisés par les agitations de ce bas monde, nous n'avons aucun scrupule de tout sacrifier, hormis l'amour de Dieu, qui en est le fond, pour nous assurer la perspective d'une béatitude si digne d'envie. C'est un point sur lequel nos maîtres sont, en effet, comme vous le dites, inflexibles : rien ne leur coûte pour le rendre absolu ; et s'il est nécessaire de dépouiller la nature humaine de quelque chose pour l'approprier à ce calme éternel, nous l'en dépouillons. Vous nous objectez le désir naturel de se perfectionner : mais si tous les justes arrivent à aimer Dieu parfaitement, tous devront se trouver parfaitement résignés à la condition qu'il lui aura plu d'assigner à chacun d'eux, car ils seront, sans nul doute, moins attachés à ce qui leur convient personnellement qu'à ce qui convient à Dieu ; et d'ailleurs, les bienheureux n'auront-ils donc pas désormais assez de sagesse pour ne point ambitionner ce qu'ils sauront pertinemment ne pouvoir, en aucun cas, leur être concédé ? Il suffirait donc que vous voulussiez bien vous persuader que cette loi de fixité, que vous cherchez en vain à contrecarrer par votre loi du progrès infini, est véritablement celle que Dieu impose à ses élus ; et, du côté de ces derniers, vous verriez bien vite, grâce à la plénitude de l'obéissance, toute difficulté s'évanouir.

Que parlez-vous d'amis et de parents ? Sur la terre, je le proclame aussi haut que vous, cet entourage nous est utile ; mais dans le ciel il n'y en a plus besoin : toute liaison particulière s'y efface devant l'ineffable liaison que les âmes y entretiennent avec Dieu. Saint Thomas traite spécialement, dans la seconde partie de la Somme, la question : *Utrum requiretur in cœlo societas amicorum ;* et sa discussion ne laisse pas subsister la moindre incertitude quant à la négative. « Bien que pour la béatitude de la vie présente, conclut-il, la société des amis soit requise, afin que l'on soit aidé, réjoui, exercé par eux, toutefois cette société n'est point nécessaire pour la vie future. »

Vous vous égarez de la même manière en ce qui concerne l'enfer ; et je crains que vous n'apportiez, pour juger de ce grand spectacle, plus de sensibilité que de fermeté de caractère et de raison. Loin de redouter son effet sur les élus, nous n'hésitons pas à leur en proposer la contemplation comme une de leurs plus magnifiques jouissances; et, en effet, la toute-puissance de la justice de Dieu ne s'y témoigne-t-elle pas en traits aussi éclatants que dans le ciel? Lisez seulement la déclaration par laquelle se termine cet illustre livre des Sentences, dont l'autorité domine tout le développement théologique du moyen âge, et vous y trouverez pleine réponse à vos appréhensions. « Les bienheureux, dit le Maître des Sentences, sans avoir besoin de sortir de la place qu'ils occupent, en sortiront cependant d'une certaine manière, en vertu de leur faculté d'intelligence et de vision distincte, afin de considérer les tortures des impies; et en les voyant, non-seulement ils ne ressentiront aucune douleur, mais ils seront comblés de joie, et ils rendront grâce à Dieu de leur propre délivrance en assistant au spectacle de l'ineffable calamité des impies. »

Cela vous semble dur? Mais la logique le veut ainsi; sans quoi, l'on verrait donc les bienheureux, en désaccord avec Dieu qui se satisfait dans sa vengeance, se précipiter à l'envi hors de l'enceinte du ciel, pour courir au secours de tous ces malheureux, et la confusion actuelle des justes et des méchants se reproduire de la sorte éternellement. Et que serait-ce donc, en définitive, que les jugements de Dieu, si ces jugements ne possédaient qu'un caractère provisoire? Vous représentez-vous les âmes des trépassés, comparaissant, au sortir de cette vie, devant ce tribunal que nous n'entrevoyons que dans les ombres d'un effrayant mystère, et, la sentence une fois prononcée, rentrant dans la libre disposition d'elles-mêmes pour une carrière nouvelle, dont leur bonne ou leur mauvaise conduite déterminerait, cette fois encore, la direction et l'issue? Mais alors, à vrai dire, il n'y a donc plus de tribunal de Dieu, mais seulement de secrètes impressions de la Providence, analogues à celles dont nous sommes chaque jour témoins dans le gouvernement des choses de la terre.

LE PHILOSOPHE.

J'estime qu'en vous élevant au-dessus des symboles grossiers dont se paie la foule, vous reconnaîtriez sans peine que le tribunal de Dieu n'est pas une chose aussi définie que vos catéchistes se plaisent à le marquer. De votre aveu même, le mystère l'enveloppe; et ce mystère est le signe de l'indépendance laissée à votre esprit sur ce grave sujet. Profitez donc de ce que vous ne savez réellement rien, pour chercher du moins ce qu'il peut être permis de soupçonner. Abandonnés ici à nos propres ressources, et sans autre principe pour nous glisser dans les secrets de la métempsychose céleste que le principe de la simplicité des voies divines, permettez-moi de soulever l'idée que les phénomènes du monde spirituel sont peut-être réglés par des lois aussi simples que celles qui président aux phénomènes du monde matériel. De même que les astres, par le seul effet de leur assujettissement aux lois du ciel, accomplissent la destinée qu'il convient au Créateur de leur faire suivre, tant à l'égard de leur transport d'un point à l'autre que de leurs changements de condition, sans que le Créateur soit obligé de se découvrir en personne à chaque variation; de même les âmes ne pourraient-elles pas, dans la diversité infinie des chemins qu'elles parcourent au sein de l'univers et des mutations correspondantes qu'elles éprouvent dans leurs conditions d'existence, être tout uniment conduites par l'effet d'une obéissance naturelle à des lois générales? Je me complais à penser que la théodicée, derrière ses voiles que notre ignorance décore de toutes ses fantaisies, repose vraisemblablement sur des principes aussi réguliers dans leur action, et aussi féconds dans la multiplicité de leurs conséquences que ceux à l'aide desquels s'expliquent tous les problèmes de la physique et de l'astronomie; si bien qu'à notre insu, il existe peut-être une science, familière à des êtres plus éclairés que nous, et qui donne raison des déplacements et des incarnations des âmes, sans faire appel à aucune intervention miraculeuse du juge souverain, tout comme, à l'insu de nos pères, il en existait une pour donner raison de toutes les circulations et de toutes les métamorphoses des corps inorganiques.

Telle est la science qui serait véritablement digne de se revêtir du nom de psychologie dans toute l'ampleur de ce grand nom. Au lieu de se borner à nous faire la description des forces virtuelles de l'âme, elle nous ferait entrer dans la connaissance des effets que produisent naturellement ces forces, lorsque l'âme, délivrée des engagements qui l'attachaient à la terre, devient libre de se porter où l'appellent les innéités que ses habitudes ont développées dans sa substance. Ne jouirions-nous pas ainsi d'un progrès analogue à celui que nous avons ressenti sur un autre théâtre, lorsque, cessant de regarder les étoiles comme des créatures fixes, dont la science n'avait à connaître qu'eu égard à leur éclat et à leur situation du moment, nous avons commencé à comprendre que nous avions là sous les yeux des créatures indéfiniment muables et mouvantes par le simple jeu de leurs énergies intrinsèques? Sans espérer que nous soyons jamais admis à tant de savoir, je me figure que notre postérité, plus métaphysicienne que nous, jugera un jour ceux qui se croient obligés de rapporter directement les âmes au tribunal de Dieu afin de leur faire articuler de sa bouche les arrêts promoteurs des changements qui se produisent, à la mort, dans leurs destinées, à peu près comme nous jugeons aujourd'hui les anciens qui, n'ayant pas encore pénétré les intimités de la nature physique, étaient obligés, pour rendre compte de l'explosion de la foudre, d'en placer les traits dans la main de Jupiter, ou, pour comprendre la régularité des courses du soleil, de donner les rênes de l'astre à Apollon; et en attendant d'une autre vie des illuminations meilleures, je me satisfais en concluant de la simplicité ordinaire de la Providence dans l'exécution de ses desseins que les âmes des morts se trouvent sans doute amenées où il convient à leurs mérites ou démérites par des ressorts aussi spontanés que ceux qui gouvernent la matière, montant d'elles-mêmes à une condition plus haute ou descendant à une condition plus basse, conformément aux règles de la justice, de la même manière que les corps, qui, en raison des variations de leur pesanteur, montent ou descendent dans notre atmosphère.

Il me semble que cette idée, si satisfaisante pour la raison, ne l'est pas moins pour la piété, car elle justifie d'une manière assez plausible diverses croyances, inconciliables par toute autre méthode, qui se sont partagé la foi du genre humain touchant la nature de l'autre vie, et que la Providence a, pour ainsi dire, sanctionnées en les adoptant pour attacher à son service une foule d'âmes dévouées et généreuses. Supposons, en effet, que les âmes, secrètement attirées vers le point auquel tendent leurs aspirations habituelles, aillent, à leur mort, dégagées alors de tout empêchement, se précipiter d'elles-mêmes dans la demeure et au milieu des circonstances pour lesquelles il s'est développé en elles des affinités suffisantes, n'est-il pas évident que la diversité des vies futures annoncées par les différentes religions, ne sera plus qu'une juste conséquence de la diversité des penchants qui règnent parmi les hommes et de la diversité infinie des conditions d'existence qui se rencontrent dans l'univers? Ne me blâmez donc pas d'arborer une théorie qui s'ajuste si bien avec le respect que nous accordons tous à Dieu, et si bien aussi avec celui que nous devons tous pareillement au genre humain. Il m'est doux de penser que tant d'hommes, à la haute vertu desquels je ne saurais refuser de rendre hommage, ne se sont pas trouvés dupes, après leur trépas, de leur fidélité aux principes religieux sous l'empire desquels il avait plu au souverain dispensateur des naissances qu'ils fussent nourris, et que le Dieu de vérité ne se prête point à ce que les promesses faites en son nom, au sein de ces grandes institutions qu'il accrédite lui-même en leur donnant le temps et la puissance, soient jamais des promesses menteuses.

Au fond, dans leurs descriptions contradictoires de la vie à venir, toutes les religions seraient donc vraies. Plus ou moins enveloppées de nuages, et se référant à un idéal plus ou moins élevé, l'excellence des biens qu'elles assurent à leurs élus serait précisément en proportion de la perfection des dogmes qu'elles enseignent. L'univers renfermerait en réalité tous les cieux dont les perspectives resplendissent dans l'imagination des habitants de la terre, et il n'y aurait pas ici-bas une vie de devoir, d'abnégation et de piété, qui, en définitive, ne dût recevoir exactement la récompense attendue. Ces nobles guerriers, qui, poussés par la Providence contre le paganisme dégénéré, sont vaillamment tombés sur les champs de bataille avec la ferme confiance de retrouver ailleurs une vie plus féconde encore en combats et en émotions héroïques, n'ont donc pas été déçus par le dieu qui les guidait. Au sein même du paganisme, les amis de la sagesse et des conquêtes de l'esprit ont pu, sans avoir été non plus démentis au delà du tombeau, rêver pour une autre existence, sous la chaste invocation des Muses, des jours plus tranquilles sous des ombrages plus riants, et des entretiens plus ravissants avec des génies plus sublimes. Même dans cette Église primitive d'Israël, où, sans aucun souci de l'immortalité, les fidèles ne s'occupaient que du culte de Dieu et du gouvernement de leurs biens matériels, des entraînements correspondants n'ont pu manquer de se fonder et de déterminer dans l'autre vie, faute de visées plus élevées, la reprise d'une existence analogue à celle-ci. Et quoi de plus naturel, en effet, puisque la terre n'est sans doute pas le seul de ces innombrables mondes qui brillent au-dessus de nos têtes, où les armes, manœuvrées par des mains intrépides, soient une des forces dont la Providence dispose pour les changements qu'elle opère dans l'ordre des nations; ni le seul où la recherche de la beauté et de la vérité se poursuive par les labeurs et les conversations des philosophes et des poëtes; ni le seul enfin qui serve de berceau à des âmes encore naïves, et où l'on ait pour principale affaire de conduire et de faire fructifier des animaux !

Vous voyez aussi que les ressources ne me manquent pas pour donner aux sympathies du moyen âge toutes les satisfactions nécessaires; car, tout en soutenant d'une manière générale la thèse de l'activité perpétuelle, je ne prétends pourtant pas que, dans certains cas, le désir du repos ne puisse devenir légitime, et mériter par conséquent d'être exaucé. C'est ce qui a eu lieu durant ces temps désolés, d'où voici enfin que nous sortons, animés d'une passion de progrès inconnue à nos pères. N'était-il pas inévitable que, sous l'influence d'un tel régime, les âmes, révoltées par le spectacle de la société, dégoûtées du monde, découragées, en fussent venues à ne soupirer qu'après un ciel où l'on serait enfin assis en paix? Les mêmes motifs qui décidaient les plus fatiguées à quitter la famille pour le cloître, inclinaient sans peine toutes les autres à se délecter dans la perspective d'un dernier asile doué d'une tranquillité aussi parfaite. Contemplez sans prévention le tableau du paradis, dans lequel s'est complu toute la scolastique, et vous conviendrez qu'il ne représente autre chose qu'une messe magnifique. Tel était, en effet, l'idéal qui devait naturellement s'opposer à la réalité d'une existence usée par d'ingrats labeurs sur une terre sans avenir, et je ne doute en aucune manière que ceux qui ont aspiré avec ferveur à ce dimanche céleste n'en aient effectivement obtenu la jouissance. A Dieu ne plaise, qu'à l'exemple de ce philosophe allemand, j'aille m'imaginer de faire élever la voix à tous ces trépassés contre le moyen âge, pour se récrier et lui dire : « Pourquoi nous as-tu trompés ? » Je vous accorderai même très volontiers que le moyen âge ne s'est point égaré lorsqu'il a fermé si nettement son paradis à tous les sectateurs d'une discipline différente de la sienne. Comment admettre, en effet, que des âmes pleines d'effervescence et de mouvement; que d'autres, sollicitées par le goût des méditations scientifiques ou des beaux-arts ; que d'autres, engagées dans les opiniâtres passions de la nature sauvage, eussent jamais pu s'incorporer avec satisfaction à une telle communauté, et en savourer, comme les disciples des ascètes, les molles quiétudes ? N'aurait-il pas fallu que des leçons convenables les y eussent d'avance façonnées par des transformations plus profondes que celles qui peuvent résulter du fait accidentel de la mort ? Et c'est ce que nous avons vu sur la terre, où tant de héros, tant de savants, d'artistes, d'hommes d'action, convertis par la prédication ecclésiastique, ont perdu peu à peu leurs premiers penchants, et, par l'efficacité de leurs penchants nouveaux, ont sans doute été ravis, à l'issue de ce monde, vers quelque foyer de contemplation et d'extase.

Mais aussi, j'ai bien la conviction que ni les uns ni les autres n'y sont restés ! Tout en faisant droit au moyen âge, dans certaines limites, tant s'en faut que je souscrive à son aveugle emportement vers le repos éternel. Si dans la succession des phases variées de notre immortalité, le repos peut devenir quelquefois la récompense des justes, c'est à condition de n'être qu'une alternative passagère, et, comme le rafraîchissement après la fatigue, de servir seulement à réparer les forces pour de nouveaux efforts. C'est pourquoi j'ai plaisir à me persuader que ces milliers de saintes âmes qui, conformément aux tendances assidues de leur vie, ont pu se trouver transportées dans une société analogue à celle que vous nous dépeignez dans votre paradis, loin de s'y ensevelir, comme vous l'imaginez, y ont puisé, au contraire, une vitalité plus active qui les a déterminées à s'élancer au delà; soit qu'une religion secourable les ait aidées en leur enseignant une foi supérieure, soit que les seuls stimulants de l'espérance et de la charité aient suffi pour les entraîner de nouveau dans le divin tourbillon du perfectionnement.

En résumé, je me représente donc, pour donner une figure à ma pensée, que la mort est comme le point de départ d'un faisceau de routes qui rayonnent dans toutes les directions de l'univers, les unes s'élevant, les autres s'abaissant ou demeurant de niveau. Et de toutes ces routes, direz-vous, laquelle prendre? Celle qui monte tout droit, vous répondrai-je. Sur toute autre, vous êtes conduit à stationner, à louvoyer, à balancer, au lieu que celle-ci vous mène en ligne directe à l'infini. Et à quelle condition s'ouvre-t-elle? A condition que nous y mettions franchement le pied dès cette vie, et que nous ayons à cœur de continuer à y marcher toujours. Plus nous nous sommes appliqués à imiter ici-bas le Créateur, en développant en nous toutes les facultés qui nous donnent sa ressemblance, plus nous nous sommes attachés profondément à son service en nous habituant à y concourir, plus nous nous sommes rendus insatiables de perfection à force de respirer en lui, plus aussi nous devenons capables, à notre mort, d'être entraînés vers Dieu sans détour et en pleine lumière : la direction que doit suivre notre vie future est dès aujourd'hui entre nos mains, car elle n'est en définitive que le prolongement sublime de notre vie présente.

Et ne voyez-vous pas toute l'importance de cette voie centrale? C'est elle qui institue au sein de l'immense création le règne divin de l'unité, et relève ce grand nom d'univers, que le principe de la multiplicité des mondes semblait au premier abord devoir anéantir. Elle forme, si je puis ainsi parler, l'axe de l'univers. C'est autour d'elle que tout s'agite, et c'est à elle que tout revient. De quelque point que partent les âmes, quelques perturbations qu'elles éprouvent, vers quelque foyer lointain qu'elles soient jetées par les tournoiements de leur destinée, c'est toujours à cette ligne qu'elles se rallient quand leur vrai ravissement commence. Elle est le rendez-vous commun des justes de tous les temps et de tous les astres ; à proprement parler, elle est le ciel ; et tandis que, pour le moyen âge, c'était l'unité de la terre qui faisait celle de l'univers, c'est par l'unité de ce courant ascendant qu'il faut actuellement se figurer la solidarité qui existe entre toutes les parties de l'archipel infini.

Ainsi, le ciel n'est pas une demeure, c'est un chemin ; et la hiérarchie céleste qui le remplit s'y élève sans relâche comme un torrent d'encens. Mais qu'y a-t-il à l'extrémité de ce chemin, et quelle est la fin de ce mouvement ? Est-ce Dieu, dans les abîmes duquel les âmes aillent successivement s'engloutir, ainsi que l'ont rêvé, dans leur insensé mysticisme, les théologiens de Bouddha et tant d'autres qui, même sous la discipline de l'Église, égarés par l'amour de Dieu, sont tombés également dans le suicide spirituel ? C'est ici, entendez bien, je vous prie, la déclaration que je formule, c'est ici que le christianisme triomphe ; car, sur cette question capitale, le christianisme seul donne ici-bas la vraie leçon. Non, nous dit cette religion supérieure, ce sommet infini, ce n'est pas Dieu qui l'occupe : c'est Dieu et l'homme tout ensemble, c'est le type simultané des deux natures, c'est l'Homme-Dieu, et si vous voulez votre terme, c'est l'exemplaire divin de Jésus-Christ ; et ainsi, même à ce sommet inaccessible, c'est toujours l'homme, l'homme dans la double perfection de son développement personnel et de son union personnelle avec la vivante hypostase, née du Dieu absolu. L'homme est donc maître de s'élever sans fin : à aucun degré de cette ascension sublime, ni sa personnalité, ni son activité, ni sa perfectibilité n'ont tendance à se perdre, car toujours il aperçoit au-dessus de lui l'idéal de l'homme, modèle éternel de tous les êtres libres. Cet ineffable idéal, si vous me permettez de continuer le langage figuré que j'employais tout à l'heure, est l'étoile polaire sur laquelle repose l'axe de l'univers, et aux rayons de laquelle se gouvernent et les anges, et les saints, et les chrétiens de toutes les planètes analogues à la nôtre. En lui seul s'accomplit cette vision parfaite de l'essence de Dieu, but suprême de toute ambition intelligente, que le moyen âge a prise pour une réalité, et qui ne doit l'être que pour une limite mystique, dont les âmes, dans leur céleste essor, se rapprochent sans cesse, sans y atteindre jamais. Élançons-nous donc à l'envi vers ce modèle qui subsiste en Dieu et à travers lequel Dieu se plaît à contempler toutes ses créatures! Poursuivons-le, non-seulement sur la terre, mais partout; et de monde en monde, de transfiguration en transfiguration, si nous sommes ambitieux d'acquérir indéfiniment de nouvelles béatitudes et de nouvelles grandeurs, imitons-le par l'expansion de nos vertus. Par les choses transitoires, comme je vous le disais précédemment, cherchons les éternelles!

Vous ne m'accuserez donc pas de manquer à votre symbole en le rabaissant inconsidérément au niveau des choses d'ici-bas, car c'est moi qui, sur ce terrain, prenant, en raison de mes principes, avantage sur vous, suis amené, au contraire, à porter contre vous une accusation capitale! Oui, j'accuse vos docteurs, par leur doctrine imaginaire de la fixité des âmes dans le ciel, d'arrêter arbitrairement l'imitation de Jésus-Christ, là même où cette imitation possède évidemment le plus d'activité et d'efficacité. Je les accuse de n'être qu'à demi chrétiens, puisqu'ils ne le sont réellement qu'en ce qui concerne la terre. Je les accuse de méconnaître l'universalité du christianisme, en étouffant, sous l'épaisseur de leur système historique, le principe transcendant qui fait du christianisme la religion commune de toutes les populations éclairées de l'univers. Ne lisez-vous pas dans l'Évangile : C'est moi qui suis la voie, la vérité et la vie? Donnez-donc de l'air à cette parole, car elle forme l'enseignement le plus profond de ce livre plus prophétique encore que didactique. A la lumière de celui qui est la voie, on progresse toujours, comme à la lumière de celui qui est la vie, on vit toujours. Le divin idéal n'est pas seulement notre intermédiaire à l'égard de Dieu, il est le régulateur de notre assomption à traver les mondes et le terme final de notre immortalité : si nous avons à cœur de le suivre, ne nous arrêtons donc pas en atteignant le ciel, mais marchons toujours, car, si loin que nous allions, toujours nous le trouverons en avant. Voilà la semence que fournit le fond même du dogme dont vous êtes possesseurs et dont l'avenir développera, j'espère, la culture. O génie superbe de Rome, qui vous croyez maître en religion parce que vous êtes maître en discipline, vous avez bien des leçons à recevoir encore de la postérité, après en avoir tant reçu, à la naissance de votre Église, du judaïsme et de l'hellénisme.

LE THÉOLOGIEN.

Nous n'avons pas, je l'avoue, en fait d'activité, le même zèle que vous : le souffle qui remue les temps modernes ne nous agite pas; l'amour de Dieu nous touche plus que l'amour de la vie, et l'espérance de la paix future nous suffit. Mais quelle témérité avez-vous de conclure de là que vous rendez mieux que nous à la nature humaine l'honneur qui lui est dû? C'est nous, au contraire, qui sommes ici en droit de vous accuser! Si, en transportant l'homme dans le ciel, nous laissons évanouir en lui toutes les vertus mondaines, du moins respectons-nous l'intégrité de sa nature. Grâce à la résurrection, l'homme est appelé à prendre place dans le ciel corps et âme, et quels que soient les changements qui l'attendent dans cette haute demeure, il ne lui sera pas difficile de s'y reconnaître, puisqu'il s'y retrouvera exactement tel qu'il était sur la terre. Pas un cheveu de votre tête ne sera perdu, dit Jésus-Christ à ses disciples en les encourageant au martyre. Quelle garantie de la conservation parfaite de toute notre substance, de tous nos membres, de toute notre personne enfin, s'il n'est pas touché même à nos cheveux! Certes, la nature humaine se trouve glorifiée ainsi complétement, puisqu'elle l'est jusque dans les organes qui lui ont momentanément servi sur la terre, et qui, rendus inutiles par suite de la supériorité du nouveau mode d'existence, ne continuent pas moins à envelopper pour l'éternité, comme de saintes reliques, les âmes bienheureuses. A la vérité, la réhabilitation n'est pas encore réalisée, puisqu'elle ne saurait l'être que par un mouvement d'ensemble, comme on le verra au jour de la résurrection universelle; mais le principe n'en est pas moins satisfait, puisque la foi nous rend toutes ces choses comme actuelles. D'ailleurs, la nature humaine, dans son prototype le plus accompli, n'est-elle pas dès à présent dans le ciel, nous offrant à tous la représentation fidèle de la condition réservée aux élus; et n'y règne-t-elle pas, non point à cet état idéal dont il vous plaît de vous contenter, mais solidement, en chair et en os? Le Sauveur, par sa résurrection, nous a donné à tous l'exemple de ce que nous sommes tous capables de devenir un jour; et nous savons que non-seulement il avait gardé dans son corps glorieux la ressemblance de son corps terrestre, mais qu'il a tenu à faire constater que ce corps glorieux était une substance palpable et non pas un fantôme : sa chair et son sang sont éternels, et l'Église nous fait une loi de les adorer inséparablement de sa divine personne.

Et tandis que nous honorons ainsi la nature humaine dans son double caractère, vous, qui nous reprochez de la mutiler, quelle consécration donnez-vous à son organisation corporelle? Au lieu de demeurer mariés à jamais avec ces corps qui nous sont une si saisissante figure de notre personnalité, nous les laissons là, selon vous, la dernière heure une fois venue, pour ne plus jamais les revoir. Si je vous ai bien entendu, en changeant de résidence, nous changeons de corps et quant à la matière et quant à la forme, comme on change de vêtement quand on passe d'un climat à un autre climat; et même mourir, ce n'est pas seulement, pour vous, se déshabiller, c'est jeter au fumier ses vieux habits; car voilà, s'il faut parler net, tout l'état que vous faites de cette substance corporelle que vous osez bien nous accuser de ne point assez caresser. Loin de la relever, comme nous, en l'associant à l'immortalité de l'âme dans une commune apothéose, vous la laissez, comme les matérialistes, dans l'affreuse humiliation que lui inflige la mort.

LE PHILOSOPHE.

O magnificences du corps, combien il s'en faut que je vous méconnaisse! C'est vous, au contraire, que j'invoque pour compléter la thèse que j'esquisse. Comment me serait-il permis de faire de l'activité une propriété essentielle de l'âme, si je ne faisais en même temps du corps son instrument indéfectible? A moins que je ne me représente le corps, il m'est impossible de concevoir l'activité, et l'ordonnance que vous m'accusez de sacrifier est précisément, à mes yeux, la condition première de l'exercice de ces vertus vitales que je me plais à élever jusqu'au ciel. A la rigueur, pour connaître que nous sommes, pour être connus et aimés de Dieu, même pour le connaître et pour l'aimer, le corps ne nous est peut-être pas nécessaire, ou du moins les lumières de notre intelligence ne vont-elles pas jusqu'à nous faire apercevoir de sa nécessité à cet égard; mais dès qu'il s'agit de manifester notre existence à d'autres créatures, il faut bien que nous soyons doués de la faculté d'exécuter extérieurement certains signes, et que nos correspondants le soient de la faculté de percevoir ces signes et de nous en adresser à leur tour dont nous soyons avertis de la même manière; car de pénétrer directement dans la conscience les uns des autres, ce serait évidemment se confondre tous ensemble en un seul être. Or, cette faculté de signification, c'est uniquement à notre organisation corporelle que nous la devons; d'où il faut conclure que si le corps n'est pas ouvertement indispensable dans la vie de contemplation, il l'est tellement dans la vie de société, que cette vie n'est susceptible de réalisation que par lui. Donc, s'il implique contradiction qu'il y ait dans l'univers une seule créature véritablement solitaire, il implique pareillement qu'aucune créature y soit sans corps.

Mais ce ne serait sans doute pas assez, pour honorer le corps autant que vous le voulez, d'établir ainsi la nécessité générale des organismes, car vous pourriez vous plaindre de ne plus voir dans ce merveilleux appareil qu'une condition défectueuse, à laquelle, par l'effet même de leur infériorité, tous les êtres créés seraient fatalement assujettis. Aussi veux-je dire tout de suite que, loin de diminuer la ressemblance de la créature et de son auteur, c'est au contraire le corps qui forme le complément de cette ressemblance; de sorte que si toute créature intelligente est l'image de Dieu, toute créature intelligente, en raison de cette analogie sublime, doit être unie à un corps, et qu'en définitive, notre corps, au lieu d'être une marque de l'indignité de notre nature, est, aussi bien que nos vertus les plus essentielles, le cachet de la divine matrice d'où nous sortons. En effet, Dieu, considéré dans la plénitude de ses attributs, ne se découvre pas seulement en cette qualité de Providence dont notre activité présente est la figure, il se découvre en sa qualité de Créateur, et c'est à cette haute qualité que correspond strictement notre condition corporelle. De même que l'univers est l'ouvrage de Dieu et n'est point Dieu, de même le corps est l'ouvrage de l'homme et n'est point l'homme ; de même que Dieu préexiste à sa création et la produit par une mystérieuse expansion de son essence, de même nous préexistons à notre organisme et le déterminons par une des plus mystérieuses puissances de notre âme ; de même que Dieu réside dans l'immensité de l'univers, de même nous résidons dans notre enceinte, et, à son exemple, nous y sommes aussi les maîtres du mouvement. Ainsi, sur tous ces points, c'est grâce à la présence du corps que se poursuit en nous la ressemblance de Dieu, et, sans le corps, cette ressemblance nous ferait absolument défaut quant au caractère qui couronne tous les attributs de Dieu, et qui, en rayonnant jusqu'à nous, forme aussi notre perfection.

A la vérité, au lieu de tirer notre corps du néant, nous en puisons les matériaux dans la masse commune de l'univers ; au lieu de soulever un tourbillon sans défaut comme celui des mondes, nous ne rassemblons sous nos lois qu'un tourbillon imparfait ; au lieu de le posséder absolument et dans toute son étendue, nous ne l'occupons que sous certaines lois et dans certaine mesure ; au lieu de le gouverner souverainement et de sentir sans exception les moindres événements qui s'y passent, nous ne jouissons que d'un système restreint et incomplet de sensations et d'actions ; bref, notre corps n'est qu'une ombre de la création sidérale. Mais notre trinité, non plus, n'est qu'une ombre de celle de Dieu ; notre activité, qu'une ombre de sa providence ; notre immortalité, qu'une ombre de son éternité : notre nature n'est, en tout, qu'un reflet, mais un reflet de l'infini ; et c'est là ce qui fait notre gloire, car non-seulement ce reflet se perfectionne sans cesse, mais il est, dès le principe, conforme dans tous ses éléments à l'être qui le cause.

Quelque admirable que soit la structure du corps, ce serait donc se méprendre grandement que de regarder cette construction comme faisant partie de la nature humaine : elle n'en fait pas plus partie que l'univers ne fait partie de la nature de Dieu. Ce qui appartient réellement à notre nature, et ce qui en est, par conséquent, inséparable, c'est la faculté au moyen de laquelle nous composons, entretenons et gouvernons le corps. C'est là ce qu'il faut honorer, si l'on veut honorer l'homme dans ce qu'il a d'essentiel, car c'est là ce qui jouit en lui de l'immortalité. Le corps meurt, retourne au fonds commun, et ne ressuscite pas ; mais la faculté dont cette agrégation fugitive était l'effet, unie aux autres facultés de l'âme, reste fixement attachée à nos personnes, et en quelque point que les lois de la destinée nous conduisent, nous y met en mesure d'entrer en relation avec nos alentours de la même manière qu'ici-bas.

Il faut entendre, en effet, que les actions naturelles de l'âme s'étendent bien au delà du cercle auquel on les limite vulgairement. L'âme a non-seulement une puissance qui se réfléchit dans le domaine intérieur de l'être, mais une puissance qui prend carrière au dehors et qui ne lui est pas moins essentielle : c'est de celle-ci que procèdent les assimilations, les transformations, les sensations, les mouvements ; c'est par elle que l'infini de l'âme et l'infini de l'univers se trouvent liés ensemble. En créant l'âme non point abstractivement de l'étendue, mais dans l'étendue, Dieu ne l'a pas mise simplement en rapport géométrique avec les lieux, il l'a mise concurremment en rapport physique avec la substance dont est pénétrée l'étendue, et qui ne s'en distingue que dans notre entendement. L'âme n'est donc pas seulement attachée à la région spéciale qu'elle occupe dans l'espace, elle la possède et y jouit de la double faculté d'y agir sur la substance éthérée, et d'être à son tour impressionnée par elle. Comme les ondulations que détermine le plus léger ébranlement à la surface d'une eau tranquille, toute action de l'âme rayonne instantanément autour de son point de départ, et occasionne dans l'éther ces vibrations souveraines auxquelles toute substance pondérable obéit. Voulons-nous tirer une conclusion, notre raison la déduit ; voulons-nous rappeler une image, notre mémoire la cherche et nou la représente ; voulons-nous ployer un de nos membres, notre puissance organique détonne, et les vibrations provoquées ainsi dans l'univers causent aussitôt la contraction voulue ; et de même qu'il se passe dans notre imagination et dans notre entendement des phénomènes dont nous n'avons ni dessein ni conscience, de même dans notre domaine physique s'accomplit-il une multitude de phénomènes qui viennent de nous à notre insu, et dont les plus importants sont à coup sûr ceux au moyen desquels nous réunissons, durant le sommeil de notre vie fœtale, les éléments de nos corps. Quel mystère inconcevable ! direz-vous ; quels inconcevables mystères, vous répondrai-je, dans notre faculté de vouloir, dans notre faculté de raisonner, dans celle d'aimer ! Expliquez-moi comment notre volonté excite en nous la pensée, et je vous expliquerai comment elle excite, en dehors de nous, les fluctuations de l'éther : pour l'un des phénomènes comme pour l'autre, nous sommes réduits à constater le fait, sans apercevoir comment il s'opère ; mais après l'avoir constaté, il nous est pareillement permis d'en déduire scientifiquement les conséquences légitimes.

Grâce à cette vertu indéfectible qui nous rend maîtres des phénomènes dans une certaine mesure et dans une certaine étendue, à l'image de Dieu qui l'est absolument et dans l'immensité, le cours de notre immortalité peut donc se dérouler sans que notre corps nous fasse jamais défaut. Comme la limaille de fer que la force de l'aimant traîne à sa suite, les molécules dont nous avons besoin nous suivent toujours ; et, notre âme, quand elle s'élance d'une résidence à une autre, secoue seulement ce qu'elle s'était momentanément attaché, et reprend plus loin, dans les circonstances nouvelles de son existence, les molécules nouvelles qu'il lui faut. Ces organes, si admirables dans la beauté de leur ordonnance et la savante industrie de leurs combinaisons, à l'aide desquels nous accomplissons aujourd'hui notre vie, ne sont que les effets spontanés de cette force, qui, de même que toutes les autres facultés de notre âme, ne se laisse connaître à nous que par ses actes. Mais, de même que les actes provenant de ces autres facultés sont passagers, et que nous ne disons point, quand ils arrivent à leur terme, que les vertus dont ils tiraient origine se sont évanouies, de même les tourbillons provenant de notre faculté organique prennent fin lorsqu'ils ont achevé leur temps, sans que nous ayons plus de raison de penser que le principe qui les entretenait et les gouvernait, après les avoir soulevés, ait lui-même pris fin : enfermé dans les profondeurs de l'âme, il s'est déplacé avec elle et règne toujours. La même harmonie qui existe entre les conditions morales du monde où l'âme éclate et les vertus par l'efficacité desquelles l'âme s'y trouve portée, existe aussi entre les conditions physiques de ce monde et la vertu plastique de l'âme ; soit que cette vertu ait secrètement varié durant la vie par suite de sa connexion avec les autres facultés ; soit que, toujours la même, la diversité des circonstances et des matériaux sur lesquels elle est successivement appelée à opérer, suffise pour faire varier à chaque fois, selon l'ordre voulu, les formes de l'organisme qu'elle produit. Comme elle avait commandé aux éléments sur la terre, l'âme leur commande sans cesse : détournées par elle du courant qu'elles suivaient, les molécules viennent se grouper sous ses lois autour du point, point décisif pour sa destinée, à partir duquel elle rayonne ; un corps nouveau paraît, et ce corps, que l'âme a créé par son énergie vitale, qu'elle met debout, qu'elle conserve, qu'elle fait mouvoir à son gré, est précisément l'instrument qui convient pour exécuter les actions, percevoir les sensations, nouer les rapports nécessités par le milieu dans lequel l'âme est entrée, et par la vie particulière qu'elle doit y mener. Quand elle aura fini ce qu'elle avait à faire de cet instrument, elle le rejettera à la nature sur l'astre où elle l'avait ramassé, pour aller ailleurs s'en construire un autre qu'elle usera et renouvellera de la même manière.

Ainsi, il n'y aurait au fond, relativement à la matière, d'autre différence entre les habitants de l'univers que la diversité dont le système des organismes est susceptible d'un monde à l'autre ; mais c'est une diversité infinie ! Le spectacle de la terre suffit pour nous laisser soupçonner d'une manière générale ce qui doit se rencontrer dans ces innombrables régions qui circulent de tous côtés autour de nous dans les profondeurs de l'espace ; mais comment nous serait-il possible de réussir à nous en faire une juste idée? Comment percer les secrets de la nature, même sur les astres que nous voyons le plus distinctement? Comment deviner les modes de communication qui peuvent y avoir cours, les façons de s'y incarner, de s'y mouvoir, de s'y nourrir, de s'y recréer, enfin les sensations, peut-être absolument étrangères à notre vie, desquelles il n'est pas improbable que les êtres supérieurs soient doués? Figurons-nous, comme l'indique quelque part Galilée, un être aveugle et sourd, réduit aux impressions les plus obtuses du toucher, habitué à ramper péniblement sur la vase, semblable, en un mot, à ceux dont nous avons tant de milliers d'espèces dans l'Océan, et transportons-le subitement au milieu d'une forêt éclairée par les feux du soleil, en lui donnant tous les moyens nécessaires pour entrer en communication avec ce monde nouveau; faisons-lui apercevoir tout à coup les fleurs se balançant sur leurs tiges, les verdures, les ombres, les rayons; faisons-lui entendre les gazouillements dans le feuillage, le bruissement des vents et le murmure des fontaines; faisons-lui sentir le parfum des plantes, la fraîcheur des eaux, l'ardeur du jour; apprenons-lui les alternatives du soir et du matin, celles des saisons, et les majestueuses vicissitudes du ciel, tantôt serein et tantôt orageux, tantôt diapré de nuées et de lumière, tantôt noir et semé d'étoiles; montrons-lui cette multitude d'êtres inconnus s'agitant autour de lui dans l'atmosphère, ces formes étranges d'insectes qui fourmillent, de papillons qui voltigent, de tigres et de panthères qui bondissent, de troupeaux qui fuient, d'oiseaux se poursuivant de branche en branche ou planant dans les hauteurs de l'air; ouvrons-lui toutes les avenues de ce splendide séjour; et de quelque intelligence supérieure qu'il nous plaise de douer pour un instant cet obscur enfant des eaux, demandons-nous s'il était possible que, dans sa précédente demeure, avec les témoignages restreints que lui fournissaient ses organes, il eût jamais conçu la moindre idée des merveilles que nous venons d'étaler devant lui, et qu'un simple changement de lieu, comme du fond de l'Océan au rivage voisin, suffisait cependant pour mettre en sa présence?

Que serait-ce si nous nous étions avisés de le transporter au milieu du monde civilisé, de lui faire passer en revue les produits de notre industrie, nos machines, nos laboratoires, nos cabinets de physique, nos observatoires, nos musées, nos bibliothèques, nos monuments de toutes sortes ; de le faire assister à nos spectacles et à nos concerts ; de lui donner connaissance de nos vaisseaux, de nos locomotives, de nos attelages, de nos aérostats, de nos télégraphes, de toutes nos inventions pour activer et multiplier nos correspondances, de toutes les complications de notre vie politique et domestique ; si nous lui avions fait faire le tour du globe, de manière à déployer successivement devant lui les scènes variées, que, sur une étendue si minime, ce simple globe nous présente, depuis les glaces du pôle jusqu'aux richesses du tropique, depuis les huttes des nomades jusqu'aux rues et aux palais de nos grandes capitales ? Comment donc, nous qui ne saurions seulement déterminer, avant de les avoir vus, les phénomènes qui existent à la surface du monde que nous habitons, qui n'avons idée de la variété des conditions d'existence qu'il présente que depuis que nous avons réussi à y porter nos pas dans tous les sens, qui ne serions pas même capables de calculer la figure d'un seul animal nouveau ; comment voudrions-nous que la philosophie pût nous donner une définition, même approximative, de tant de mondes supérieurs, dont l'inimaginable histoire déjouerait peut-être notre intelligence, tout autant que leur éloignement dépasse l'effort de nos organes et de nos instruments ?

Il suffit, pour l'aperçu dont nous avons besoin dans notre vie actuelle, que nous soyons capables de soupçonner d'ici-bas la supériorité dont peuvent jouir à notre égard ces mondes sublimes. Tant s'en faut que notre condition, pour être la plus élevée qu'il y ait sur la terre, soit aussi la plus élevée qu'il y ait dans l'univers. En voyant au-dessous de nous la série des types inférieurs monter graduellement jusqu'à nous, demeurons-nous maîtres de ne pas estimer que la hiérarchie organique doit se continuer pareillement au-dessus de nous jusqu'à des types de plus en plus parfaits ? Serions-nous assez présomptueux, nous qui ne possédons que des ressources si restreintes, pour nous persuader que les créatures ne sauraient être douées nulle part de moyens d'action plus puissants que les nôtres ; nous, qui nous savons aveugles en comparaison de certains animaux, sourds ou sans odorat en comparaison de certains autres, pour mettre en doute qu'il n'y ait en jeu, dans d'autres résidences, des organes sensitifs plus déliés que les nôtres, construits en vue de phénomènes qui nous échappent, et dont il ne nous est pas même possible de deviner les révélations et la délicatesse? Nous, qui ne faisons, pour ainsi dire, que bégayer, qui, pour ordonner et communiquer nos pensées, sommes réduits à ramasser çà et là quelques mots durcis dans les vocabulaires; qui entrevoyons pourtant, comme par éclairs, les effets transcendants d'éloquence qui sont susceptibles de jaillir du geste, de la physionomie, du regard; qui commençons à éprouver un sentiment confus des mystères du langage musical; qui sommes instruits par la science des secrets rapports qui existent entre les harmonies du son et les harmonies de la lumière, musique céleste interdite actuellement à nos sens, serions-nous assez téméraires pour nous imaginer qu'il n'existe pas de langage plus riche, plus facile, plus expressif, plus pénétrant que la parole humaine? Ne craignons donc pas de nous abandonner à l'idée que, de même qu'il se rencontre dans les sommités de l'univers des âmes incomparablement plus rapprochées que les nôtres des perfections de la sagesse et de la vertu, de même il s'y rencontre des organismes incomparablement plus rapprochés que les nôtres des perfections de la puissance, de la sensibilité, de la beauté. Enlevés d'avance à la terre par l'espérance d'être admis un jour à participer à ces modes supérieurs d'existence, nous nous détacherons sans peine, à notre mort, de notre pauvre corps d'aujourd'hui, et nous consentirons, sans la moindre affliction, à l'idée de le rendre pour toujours à cette terre d'où nous l'avions tiré. Oui, comme vous le dites, à ma dernière heure, je lui jetterai volontiers le regard d'adieu qu'adresse le voyageur au vêtement qu'il laisse quand il s'éloigne et se dispose à se recouvrir d'un costume nouveau mieux adapté au climat et aux mœurs de la contrée nouvelle où il va vivre; et qu'importe, en effet, la forme et la substance du manteau, pourvu que nous ayons toujours le manteau qui nous convient le mieux, et que, sous l'enveloppe changeante, le même cœur batte toujours!

LE THÉOLOGIEN.

N'êtes-vous pas dans le rêve? A côté du monde réel, fondé sur le fait de la résurrection universelle, qui donne, si je puis ainsi dire, à notre ciel un plancher si solide et à nos espérances un corps si ferme, vous essayez de dresser dans nos imaginations un monde en l'air, plein de migrations, de métamorphoses, d'aventures, et que vous faites tourbillonner à l'infini. Laissez le roman, et revenez avec nous à l'histoire. L'histoire, c'est en consultant le sentiment général, si bien confirmé par les promesses de nos livres sacrés, qu'on la découvre. L'homme tient naturellement à son corps comme à lui-même : sa mort, c'est sa séparation d'avec son corps ; son immortalité, c'est la reprise de possession de son corps, avec l'assurance d'en jouir désormais à perpétuité. Que la philosophie ait l'impertinence de traiter ce corps de guenille, vous savez comme le bon sens la réduit d'un mot, en la forçant d'avouer du moins que c'est une guenille qui nous est chère. Notre attachement fait sa noblesse. N'entreprenez donc pas de nous enlever une propriété si essentielle. Il nous est garanti que nous la retrouverons un jour dans sa substance comme dans sa forme, et cette garantie est une des plus précieuses consolations du genre humain. Pas un cheveu, je vous l'ai déjà dit, ne nous sera ôté. Il serait, à la vérité, excessif de conclure de là que toutes les laideurs qui se voient sur la terre seront exactement conservées dans le ciel ; mais considérez qu'il n'y a pas une figure qui, tout en demeurant la même dans ses traits fondamentaux, ne soit susceptible de s'embellir parfaitement : il suffit de la faire converger vers son idéal, et c'est ce dont nos artistes nous donnent assez d'exemples. Combien donc ne sera-t-il pas facile à Dieu de réussir au même effet! Saint Augustin dit fort bien, à ce sujet, que Dieu s'y prendra comme le statuaire, qui, pour corriger sa statue, se contente de dilater ou de comprimer légèrement, où il convient, la substance dont elle est composée, sans avoir besoin ni de rien ajouter, ni de rien ôter. « Ainsi, écrit-il fort sagement dans la Cité de Dieu, ceux qui sont trop maigres, aussi bien que ceux qui sont trop gras, ne doivent nullement appréhender de se trouver dans le paradis tels qu'ils ne voudraient pas être, même sur la terre, si cela était possible ; car la beauté du corps consistant dans une certaine proportion de ses parties, il n'y aura plus de difformité quand ce qui est mal aura été retouché, et que le Créateur, à l'aide des ressources qu'il possède, aura suppléé à ce qui nous manquait, ou enlevé, tout en conservant la totalité de la matière, ce qui était de trop. » Ainsi, en définitive, le divin principe du beau, imprimé par la main du Créateur dans la forme du corps humain, au jour de la naissance d'Adam, se délivrant des défectuosités qui, par la faute des générations, l'ont plus ou moins voilé, tous nos corps éclateront, avec leurs diversités personnelles, dans la pure splendeur de la beauté ; et le beau, vous le savez, est éternel comme le vrai.

LE PHILOSOPHE.

Voulez-vous donc que je vous attaque de front ? Sans avoir besoin de croiser le fer, je crois qu'il me suffira d'appeler à mon aide les principes : devant eux disparaîtront, comme des fantômes, ces produits inconsistants de l'irréflexion et de l'ignorance, que vous m'objectez, sans autre argument que le bon plaisir de nos pères ; et quand il sera devenu patent qu'il serait absurde de prétendre enlever un jour nos cadavres à cette terre, pour les embaumer dans le ciel, quel parti vous restera-t-il, à vous qui condamnez la thèse des spiritualistes aussi bien que celle des matérialistes, sinon de vous réunir à moi dans celle que je propose ?

Permettez-moi donc de m'attaquer d'abord à la forme, et mettons tout de suite à découvert l'erreur dans laquelle tombe votre esthétique, lorsque vous imaginez que pour faire régner la beauté dans le ciel, Dieu n'a qu'à y transporter notre beauté corporelle d'ici-bas. Vous confondez le principe du beau dans la géométrie, avec le principe du beau dans la vie. Le beau dans la vie ne consiste pas seulement, comme le suppose saint Augustin, dans l'heureuse proportion des lignes ; il consiste aussi dans l'appropriation parfaite de chaque organe à l'emploi auquel il est destiné, et subsidiairement dans l'harmonie qui résulte de l'accord de toutes ces formes dans une même unité, qui est l'unité même de la vie. Si le corps de l'Apollon nous semble admirable, ce n'est pas simplement parce qu'il existe dans les dimensions de ses membres un certain rapport qui flatte nos yeux, c'est parce que nous sentons en même temps que cette taille est celle qui se prêtera le mieux à la souplesse des mouvements ; que ces jambes sont celles qui, dans la marche, porteront le corps avec le plus d'aisance et de légèreté ; que cette poitrine est libre et largement ouverte à l'air qu'elle respire ; que cette tête préside noblement à tous les sens et commande avec intelligence l'action pour laquelle tous ces éléments, si heureusement balancés, viennent s'unir. Sans avoir besoin de nous en rendre un compte méthodique, nous voyons d'instinct que si nos calculs pouvaient jamais arriver à la détermination directe des conditions corporelles les plus capables de satisfaire à toutes les obligations que notre engagement avec la nature terrestre nous impose, leur conclusion serait précisément le magnifique résultat marqué d'inspiration sur le marbre par la main du statuaire ; et c'est en apercevant, dans les profondeurs mystérieuses du goût, cette haute convenance jointe à cette sublime harmonie, que nous jouissons de cette figure et nous délectons des rayonnements de sa beauté.

Car, je vous le demande, s'il ne s'agissait que d'une simple harmonie entre des lignes, pourquoi ne serions-nous pas touchés par le profil d'une volute ou d'une amphore aussi puissamment que nous le sommes par la grâce vivante? Et pourquoi l'art ne proclamerait-il pas que ces courbes algébriques, dont toutes les parties sont liées entre elles par des proportions tantôt si simples, tantôt si compliquées, toujours si justes, sont les vrais types du beau? Toutes ces courbes sont, en effet, des types du beau, et la qualification d'élégantes est dans leur droit ; mais ce sont les types du beau dans la géométrie, et non pas les types du beau dans la vie. Combinez artistement entre elles des grandeurs choisies, et sans avoir besoin de regarder au delà de leur cercle, vous aurez le beau dans la géométrie ; mais si vous voulez le beau dans la vie, faites que la figure, tout en demeurant belle en elle-même, soit combinée de manière à se lier harmoniquement à tous ses alentours et à s'encadrer ainsi dans l'ordonnance infinie. Les nombres n'atteignent pas au sublime quand ils s'engagent tout uniment entre eux : ils n'y arrivent que lorsqu'ils s'engagent à la fois et avec eux-mêmes et avec les fonctions divines de l'univers; et ainsi le corps humain n'atteint à nos yeux la plénitude de sa beauté que lorsque nous le contemplons, non dans l'abstraction des lignes qui le dessinent, mais aussi en vue de la terre sur laquelle il repose, et que nous entendons, fût-ce confusément, le savant concert qui s'élève entre cet astre et lui. Aussi, ne me paraît-il pas douteux que s'il nous était jamais donné de découvrir avec nos télescopes les corps que se construisent les âmes dans les autres mondes, ces corps, supposé même qu'ils fussent effectivement doués de la plus excellente beauté, ne produiraient sur nous, dans notre ignorance des conditions vitales auxquelles ils répondent, que des impressions sans enthousiasme. Livrez l'Apollon à des artistes étrangers à notre globe, et tout en le goûtant peut-être, comme nous goûtons les contours élégants d'un vase grec, ils demeureront insensibles à sa vraie magnificence et perdront la meilleure part de sa beauté, parce qu'ils ne sauront pas, comme nous, qu'à côté de ce corps, il y a cette terre, et que ce corps, si bien calculé pour l'élégance, l'est en même temps pour se mouvoir dans son domaine, pour s'y nourrir, pour y respirer, pour y combattre, pour y remporter des victoires.

Comment donc vos docteurs s'avisent-ils de déranger un corps si solidement attaché à la place qu'il occupe, et ne comprennent-ils pas qu'en retirant la statue de sa base, ils la brisent? Ne méritent-ils pas qu'on les compare à ces maladroits architectes qui nous apportent les temples de la Grèce pour en faire des halles ou des tribunaux, ou encore à ces musiciens qui nous donnent pour chants d'église des airs d'opéra? Ils détruisent à la fois tout principe de convenance et tout principe d'alliance avec l'œuvre infinie. Condamnons-les, car en outrageant l'esthétique, ils se trahissent eux-mêmes! Quel goût éclairé ne serait choqué du spectacle de ce paradis, où ils s'imaginent faire régner toutes les splendeurs du beau, et où ils ne réussissent qu'à faire éclater les plus criants contre-sens : ces élus ne prennent plus d'aliments, et ils ont conservé une bouche et des mâchoires; ils n'ont plus besoin de lutter contre la pesanteur, et leur corps se termine par deux appendices que l on ne saurait même comprendre si la gravité ne les expliquait; ils n'ont plus rien à toucher ni à saisir, et ils ont des mains; ils ne doivent plus agir, et ils étalent un appareil de formes que l'action seule justifiait, et qui, devenues sans but et sans usage, n'ont plus aucun accord, ni entre elles, ni avec le monde où elles se voient. Ne m'empêchez donc pas de jeter à ces vaines idoles l'anathème que le psalmiste jetait aux idoles de l'Égypte : « Elles ont des oreilles et elles n'entendent pas; elles ont des narines et elles ne sentent pas; elles ont des mains et elles ne palpent pas; elles ont des pieds et elles ne marchent pas; leur poitrine ne rend aucun son ! »

Ainsi, vous passionnant inconsidérément pour une fleur qui ne croît que sur la terre, et qui se fane et s'enlaidit dès qu'on la transplante ailleurs, vous entrez dans la région des chimères; et lors même que vous vous réduiriez à vouloir seulement garder les cendres de cette fleur éphémère, sauf à les voir se revêtir sur un nouveau sol d'une autre forme, n'y seriez-vous pas encore? Qui ne sait aujourd'hui que si la configuration de nos personnes est à nous, à part quelques changements, pour toute la durée de notre existence, la substance de nos corps ne demeure pas même intégralement en notre possession pendant un jour? Les molécules qui constituent nos organes sont dans un flux perpétuel. Celles qui s'y rencontrent aujourd'hui appartenaient hier à d'autres tourbillons, et retourneront demain au fonds commun dans lequel de nouveaux êtres viendront à leur tour les puiser. Comme un lac dont les rivages conservent la même figure, mais dont le contenu se renouvelle sans cesse; ou mieux encore comme cette flamme de la lampe, qui, à première vue, semble vivre d'elle-même et persévérer dans sa substance comme dans sa forme, et qui, étudiée de plus près, n'est qu'un courant continu qui nous illusionne parce qu'il ne nous est visible que sur une partie de son trajet, tel est le corps de l'homme. Il n'est permanent qu'en apparence. Détachez la flamme quand vous laissez la lampe, et vous pourrez enlever le corps quand vous abandonnez la terre qui le sustente. Et d'ailleurs, si vous avez tant d'attachement pour la poussière qui a eu l'honneur de vous servir ici-bas que vous ne puissiez vous résoudre à la licencier pour toujours à l'heure de votre mort, que ne réclamez-vous, pour les ravir avec vous au séjour céleste, toutes les sueurs que vous avez successivement rejetées dans le cours de votre existence terrestre? Tous ces matériaux vous sont essentiels au même titre que ceux qui formeront votre corps à votre dernier jour.

Lorsque je cherche dans vos écritures un passage sérieux sur la résurrection, je m'arrête bien plutôt à cette parole de saint Paul aux Corinthiens, qui, dans sa demi-obscurité, se prête à un développement si naturel et si profond : « Insensé, dit l'apôtre, ce que tu sèmes ne se vivifie qu'à la condition de mourir d'abord ; et quand tu sèmes, ce que tu sèmes n'est pas le corps qui existera un jour ; c'est un grain nu, comme du froment ou d'autre espèce, et Dieu lui donnera un corps, comme il le veut. » En insistant sur l'histoire de ce simple végétal, on en voit sortir en effet comme un symbole de l'histoire de l'âme. De même que nous vivons d'abord sur la terre dans un mode inférieur d'organisation, de même la plante vit d'abord dans le sol sans connaître clairement le soleil, et durant cette première période, elle se découvre à nous sous une forme embryonnaire et douée d'organes spéciaux pour des fonctions spéciales ; mais, cédant à la lumière qui l'attire vers le ciel, et quittant sa ténébreuse demeure, elle se déploie bientôt dans un autre séjour, et en même temps sa figure change, et de nouveaux organes se produisent, appropriés à ce séjour nouveau et destinés à lui permettre d'y poursuivre sa vie. Humble et timide au début, et comme perdue dans les ombrages du gazon, c'est un bourgeon à peine ouvert; mais ce bourgeon se développe, et à mesure qu'il monte vers le soleil, son corps varie comme le mode de son existence, sa tige devient plus forte, sa respiration plus puissante, son feuillage plus épanoui, plus odorant, plus splendide. Toujours, par conséquent, soit qu'il germe dans l'ombre, soit qu'il commence à sortir de terre et à voir le jour, soit enfin qu'ayant acquis toute sa vigueur, il grandisse et fructifie en plein soleil, toujours habile, en vertu des forces qui lui sont inhérentes, à se créer les organes qu'il lui faut, le végétal tombé de la main du laboureur se maintient en harmonie avec les circonstances qui se déclarent successivement autour de lui, et marche continûment à sa perfection : telle est notre image dans le courant de notre immortalité.

Et le tourbillon par lequel se manifeste continuellement cette vie, est un tourbillon toujours nouveau, non pas en vertu d'un simple changement dans ses proportions ou sa beauté, mais par suite du renouvellement radical de sa substance. Admirons avec l'évangéliste cet arbre étincelant, qui, tout chargé de fleurs et de rameaux, étale sa richesse au sein de la campagne et donne asile, sous la protection de sa verdure, aux oiseaux fatigués : non-seulement il n'y a plus rien dans sa figure qui nous rappelle ce pauvre grain de senevé, son premier corps, qui pompait jadis, loin du jour, les sucs de l'humus; mais il n'y a pas, dans ses tissus ni dans sa sève, un seul atôme qui ait jamais appartenu à l'obscur embryon. La substance qu'il avait à son service durant ce chapitre, déjà lointain, de son existence, livrée aux vents et dispersée par eux aux quatre angles de l'horizon, a fait place à une substance nouvelle, d'une nature différente, tirée d'autres points et disposée sur un plan nouveau, pour des actions nouvelles, dans un nouvel habitat. En définitive, demeure, fonctions, organes, substance, tout a varié, et rien de ce que nos sens peuvent saisir n'est demeuré stable. Mais dans ce renouvellement général, il y a une chose, pourtant, qui ne s'est pas renouvelée; et cette chose qui est constante, tandis que tout est fluide et passager autour d'elle, cette chose qui persévère et maintient l'unité de la plante à travers toutes les phases de sa destinée, c'est le principe même de son être; autrement dit cette puissance invisible qui, toujours vivante sous l'enveloppe mortelle, excelle à distraire de la masse flottante de l'univers, les matériaux qui lui sont nécessaires pour accomplir sa vie et construire les organes dont nous la voyons se revêtir tour à tour.

Ainsi, notre âme, passant alternativement d'un séjour à un autre séjour, changeant d'organes à chaque fois, et indéfiniment variable dans les apparences sous lesquelles elle se témoigne, poursuit, au rayonnement des soleils, de migration en migration, et de métamorphose en métamorphose, le cours diversifié de son immortalité. O docteurs, qui pensiez avoir purgé les croyances, par la spiritualité de vos systèmes, de toute grossièreté, vous n'avez donc pas compris que, sous le couvert de votre dogme de la résurrection de la chair, vous donniez la plus aveugle satisfaction au plus épais de nos instincts, celui qui nous porte à identifier les personnes avec la matière dont elles s'entourent pour se manifester! Que n'avez-vous appelé la science au service de votre dialectique, vous auriez réussi, grâce à elle, à jeter un coup d'œil plus pénétrant sur l'essence de nos corps; vous auriez vu que le jeu des âmes à la surface de la terre est, au fond, tout pareil à celui de ces souffles de l'air, qui, descendant sur la campagne, y soulèvent des tourbillons de poussière, qu'ils laissent bientôt retomber pour faire place à d'autres tourbillons qui se partagent à leur tour les mêmes éléments que de précédents coups de vent avaient déjà antérieurement promenés; et vous ne viendriez pas, sans critique ni contrôle, en plein dix-neuvième siècle, nous proposer, sur la foi du moyen âge, cette avarice insensée à l'égard de quelques vieilles reliques!

LE THÉOLOGIEN.

Vous n'entendez pas à quelle énorme difficulté répond le principe de la résurrection : en admettant même que l'âme dût revêtir dans le ciel un corps aussi complètement différent de son corps actuel que vous le supposez, toujours est-il que son corps actuel lui fournirait le moyen le plus simple de parvenir à cette organisation plus accomplie; de sorte que, même dans vos idées, notre croyance devrait vous plaire. La comparaison que vous avez empruntée à saint Paul vous le montre d'ailleurs bien clairement, car c'est à la condition de prendre appui sur un corps souterrain, que la plante produit son corps aérien, et il n'y a aucune scission entre la première forme et la seconde. Voilà pourquoi nous disons, comme l'apôtre, que le corps est la semence. Mais vous qui vous privez de cette semence si naturelle, n'êtes-vous pas conduit à en chercher une autre? et où la trouverez-vous, cette semence, je ne le pressens que trop d'après tout ce que vous avez déjà insinué à cet égard. Comme l'âme est arrivée en ce monde ayant déjà, selon vous, vécu dans un autre, et n'a pas eu besoin de la résurrection pour s'y créer un corps, de même, direz-vous, en arrivant dans le ciel, elle s'y donnera un corps de la même manière dont nous l'avons vue se procurer celui qu'elle possède aujourd'hui. Ainsi, pour mettre le comble à tant d'objets de la terre que la logique vous a successivement forcé d'introduire dans les royaumes d'en haut, vous êtes maintenant amené à y transporter la génération, et sans doute aussi le mariage. Conséquence exorbitante, et dans laquelle vous devriez lire votre condamnation! Comme toute chose doit devenir parfaite dans cette vie merveilleuse que vous vous plaisez à nous peindre sur le modèle de notre vie présente, la beauté le sera donc, et nous voilà dans les houris! Vous avez commencé par un ciel de Platon, et vous finissez par un paradis de Mahomet! Rougissez, je vous prie, si vous n'êtes pas indigne du nom de philosophe, et hâtez-vous de rentrer avec nous dans la pudicité de cette belle parole de l'Évangile : *In resurrectione neque nubent neque nubentur.*

LE PHILOSOPHE.

Fermez le ciel aussi strictement que vous le voudrez, moralistes sévères, à la Vénus impudique : ce n'est pas moi qui réclamerai pour elle ; mais laissez-y, de grâce, la Vénus Uranie. Si l'une est la tumultueuse enfant de nos instincts, l'autre est la fille divine du cœur, du goût et de l'esprit : le ciel est sa patrie, et vous n'en sauriez priver le ciel, sans détruire, par cet exil insensé, une partie essentielle de sa magnificence. Mais, que dis-je? à votre insu, malgré vous, ne l'y intronisez-vous pas vous-même? L'idéal de la beauté n'est-il pas secrètement renfermé dans votre symbole de la résurrection des corps, et n'en surgit-il pas dès qu'on le développe? Si les corps sont admis à la gloire de l'apothéose, si, désormais radieux, purs, juvéniles, ils dépouillent à tous égards toute imperfection, n'est-ce pas la beauté physique qui, par eux, se déploie dans le ciel? Et quel motif aurait-elle de s'y produire, si elle ne devait s'y faire aimer? Pourquoi, en effet, les bienheureux ne s'en délecteraient-ils pas? Si l'on se figure volontiers que la musique est une des joies du ciel, comment l'harmonie ne jouirait-elle pas, sous toutes ses formes, d'un privilége semblable? La beauté qui se révèle à nous par la lumière serait-elle inférieure, en raison de son agent, à la beauté qui se témoigne par l'intermédiaire du son? Non, sans doute : l'éther est à la fois le plus délicat et le plus universel des fluides, et si l'on glorifie les accords de l'air, on ne peut, sans inconséquence, condamner les siens.

Mais si la beauté physique est pleine d'amabilité par elle-même, n'est-elle pas encore infiniment plus aimable lorsqu'elle se joint aux attraits de l'intelligence et de la vertu; bien plus, lorsqu'à tous ces attraits réunis, s'ajoutent les attraits souverains de la sexualité? Quoi! dites-vous, la sexualité! Oui; et j'entends par là ce contraste profond dans la manière de sentir la vie, de s'y poser, de s'y conduire, lequel, loin de nous choquer par la dissemblance, nous attire, au contraire, avec une séduction invincible. Il n'est pas nécessaire d'avoir pénétré bien avant dans l'analyse du cœur, pour y distinguer les différences vitales qui séparent le caractère masculin du caractère féminin, différences dont celles des corps ne sont sans doute qu'une correspondance, ou même qu'une répercussion. Le système des oppositions et des prédominances qui se découvrent, d'un sexe à l'autre, entre les qualités et les dispositions de l'âme forme une dualité composée des nuances les plus fines du sentiment et de la raison, de la tendresse et de la force, de la retenue et de l'audace, de l'action et de la passion, que je ne veux point m'exposer à écraser sous l'appareil des définitions métaphysiques, et que je laisse plus volontiers à l'appréciation de quiconque a observé la vie humaine avec goût. C'est sur les lois de ces nuances que repose le principe de la sympathie réciproque des sexes, dont le jeu essentiel consiste à nous faire apercevoir dans autrui les prédominances inverses de celles qui nous caractérisent, et à nous y attacher cordialement, parce que l'image qui prend ainsi naissance en nous à côté de la nôtre, complète celle-ci en s'y mariant, et nous charme sur tous les points par ses contradictions délicates. Nous ne pouvons nous aimer sans aimer instinctivement, par là même, ce qui remplit nos lacunes et nous met, en s'incorporant avec nous, sur la voie de la perfection. Ainsi, ne cherchez pas dans l'homme solitaire cette miniature de l'univers dont parlait le philosophe antique : elle n'y est pas. C'est dans le couple androgynique, et non dans l'individu, que se trouve ce divin abrégé, car les antinomies ne se résument et ne s'accordent que dans la dualité ; et c'est donc par la dualité, et non par la simplicité, que l'on s'élève à la plénitude de la vie. Tel est le fond du mystère de l'androgynie, qui ne fait que poindre sur la terre, et qui, malgré les développements qu'il ne cesse d'éprouver d'âge en âge, à mesure des progrès du genre humain, ne nous est sans doute enseigné jusqu'ici que par des ombres ; mais, comme tous les biens d'ici-bas qui sont en voie de s'agrandir et au fond desquels brille un trait d'infinité, celui-ci ne doit-il pas naturellement recevoir, dans les existences d'en haut, tous les perfectionnements qu'il appelle ?

Si j'ai tant à cœur d'agrandir de la sorte l'idéal de la beauté, croyez bien que ce n'est pas seulement pour prolonger jusque dans le séjour céleste l'admirable combinaison qui fait une des plus nobles félicités de la terre ; c'est aussi afin de faire rayonner sur l'institution d'ici-bas, et de la sanctifier par là même, l'institution du ciel. C'est là ce qui manque absolument à votre théologie ; car nonobstant votre apothéose du sexe féminin poussée jusqu'à la résurrection de sa figure actuelle, vous annulez en réalité le sexe féminin dès là que vous ne le voyez que dans un éternel célibat. En vain consacrez-vous le mariage dans vos cérémonies : si aucun reflet céleste ne l'illumine, ce n'est qu'une chose basse et qui s'évanouit dans la tombe. En même temps que, par suite de ce défaut de pénétration dans l'un des mystères les plus abstraits de la vie, l'avenir se ferme chez vous à l'ordre conjugal, le passé, par un défaut correspondant de votre tradition, porte implicitement la condamnation de l'alliance des sexes. C'est à cause de sa compagne que le premier homme est entraîné dans le mal et y précipite avec lui le genre humain tout entier ; et aussi, le Messie, type viril, vit-il sans femme, et sa mère, réparatrice adjointe du sexe féminin, sans époux véritable. Symboles culminants, à l'imitation desquels les prêtres, les moines, les religieuses, les anachorètes, propagent sur la terre, à l'opposé de la loi androgynique, la loi inhumaine du célibat, en même temps que les saints et les saintes, et toute la hiérarchie angélique, lui donnent, par analogie, un règne imaginaire dans le ciel! Loin de céder à votre critique, je m'y appuie donc pour prendre l'offensive contre vous, et c'est moi qui vous accuse ici d'avoir failli, en vous laissant imprudemment entraîner par la réaction contre la sensualité antique, jusqu'à porter atteinte à ce qui doit être le fondement même de la spiritualité la plus parfaite.

Quant à l'incarnation, je pose en effet en principe, comme vous l'avez très bien aperçu, que si l'âme, pour se donner sur la terre les organes qu'il lui faut, n'a pas besoin de les y apporter tout créés, après les avoir ressuscités ailleurs, cette méthode surnaturelle, inutile ici-bas, n'est pas non plus indispensable dans les mondes d'en haut, l'âme y étant même encore mieux douée que dans celui-ci de toutes vertus. Cherchons donc ce qu'est au fond ce phénomène, en examinant ce qu'il y a de plus général dans la manière dont il s'accomplit sous nos yeux. Un nuage se rassemble dans des conditions et un entourage appropriés au développement qui se prépare ; à peine disposé, une âme s'y précipite et s'en empare ; au commandement de celle-ci, l'éther vibre, les molécules environnantes se mettent en mouvement, la respiration éclate, et sous le voile des formes embryonnaires, les formes futures se décident. Durant ces premiers instants, l'être est comme étourdi et plongé dans le sommeil ; mais dans cette léthargie des autres facultés, la vertu organique, opérant sans distraction, n'est que plus active et plus efficace ; sous son influence, le nuage primitif se précise, s'accroît, devient un corps ; et à mesure de l'achèvement de ce corps qui doit la servir, et dont l'adjonction lui est peut-être même nécessaire pour qu'elle soit en état de se voir et de jouir d'elle-même, l'âme se réveille, se reconnaît, prend connaissance du monde qui l'entoure, s'habitue à son nouveau mode de vie, et s'enhardit enfin à se lancer dans la société inconnue où la destinée vient de la faire éclore.

Voilà, en résumé, ce que le spectacle de la terre met devant nous ; mais de combien de diversités ce même phénomène n'est-il pas susceptible? l'embryologie des espèces qui partagent avec nous le séjour de notre planète, nous offre assez de dissemblances pour qu'il nous soit aisé de soupçonner la variété qu'il doit y avoir à cet égard dans la multitude des mondes. Quelle est la condition primordiale du nuage germinateur? Par l'intermédiaire de quels agents et dans quelles circonstances ce nuage se produit-il? Quels éléments rassemble-t-il? Quelle est sa forme au moment où l'âme s'en empare, et dans quel milieu se rencontre-t-il? Quelle est l'étendue des travaux qui restent à effectuer pour lui donner sa structure définitive? Jusqu'à quel point l'âme efface-t-elle les influences génératrices pour ne laisser subsister que l'empreinte de sa vitalité personnelle? De quelle manière s'alimente-t-elle, suivant quel plan opère-t-elle, comment vit-elle, durant cette période où les organes dont elle a besoin lui font encore défaut? Quels secours lui est-il possible de recevoir de la part des âmes déjà incorporées au milieu desquelles elle prend place? Avec quelle rapidité, comparativement à la longueur totale de sa vie, réussit-elle à se donner son corps et à devenir enfin maîtresse d'elle-même? Sur tous ces points, et vraisemblablement sur bien d'autres dont nous ne sommes pas même capables de nous douter, les lois de l'incarnation peuvent varier, et ce simple sommaire suffit pour nous faire entrevoir des possibilités à l'infini, et des merveilles de puissance, d'art, de soudaineté, qui dominent de bien haut nos allures lentes et embarrassées de la terre.

Assurément, dans l'ignorance où nous sommes des profondeurs de la nature, rien ne nous paraît s'opposer à ce que, dans d'autres mondes, le travail de l'incarnation ne s'accomplisse d'une manière toute spontanée. Des statues produites par le simple jeu des forces physiques, comme se forment les cristaux qui se précipitent d'un liquide, se trouvent disposées dans le milieu voulu, et les âmes, s'y abattant, chacune à sa convenance, n'ont plus qu'à mettre ces corps en mouvement, comme nous faisons des nôtres à l'heure du réveil : c'est ainsi que, selon la fable, la flamme vivante descendit un jour dans l'œuvre de Pygmalion, et lui donna la vie.

Rien ne paraît empêcher non plus que la prise de possession se fasse sur une simple molécule, tirée du fonds commun du règne minéral, et autour de laquelle l'âme, dans la pleine indépendance de son rayonnement, grouperait successivement elle-même les matériaux nécessaires à la perfection de son établissement; et c'est ainsi, en effet, que le premier des êtres qui est venu sur la terre, y a sans doute opéré son apparition. Mais, en admettant la possibilité de ces incarnations spontanées, même dans l'ordre des existences les plus élevées, je vous avoue que je n'aperçois point en quoi il pourrait être plus digne de l'homme de tirer les principes de son corps du sein de la nature minérale, que de le tirer du sein de la nature organique. Au lieu de surgir d'un obscur limon, notre corps surgit, au commandement de notre âme, de la substance que nous empruntons au plus noble tourbillon que la main de Dieu fasse vivre sur la terre, le couple sacré de l'homme et de la femme; et aussi n'hésité-je point à dire que la loi des parentés, telle qu'on la sent poindre à travers les tumultes de ce bas monde, me semble d'un caractère infiniment admirable.

Non-seulement, c'est au sein du couple androgynique que nous venons contracter alliance avec cette planète où l'arrêt de la destinée nous envoie, et que nous nous élançons dans la vie, propriétaires du corps que nous allons développer et conduire ; mais c'est dans le secret berceau des entrailles maternelles que nous trouvons l'aliment et l'abri dont nous avons besoin dans nos premiers moments. Mystères sacrés de l'allaitement intérieur, qu'y a-t-il dans l'univers de plus pur que vous? Et la mythologie de l'Église ne vous a-t-elle pas rendu elle-même un suffisant hommage, lorsqu'elle s'est représenté le Verbe de Dieu venant s'incarner, du haut du ciel, dans le chaste sein d'une vierge! Est-ce en raison de cette première manière de vivre que nous pourrions avoir à nous humilier de notre condition présente? Nous serait-il plus glorieux, au lieu de cette délicate tutelle, si bien appropriée à un si délicat ouvrage, de trouver tout simplement, comme un obscur habitant des eaux, quelque matière abandonnée dans les flots, à l'écart de tout être vivant, et de nous y abattre pour la développer solitairement, sans avoir jamais rien dû à une mère qu'un bienfait instinctif ignoré d'elle-même? Dépouillez, je vous prie, tout préjugé ; faites comme s'il s'agissait des lois d'un monde totalement étranger à nos habitudes; ne voyez les choses que dans leur valeur spirituelle, et dites si le mode d'incarnation que nous suivons n'est pas un mode réellement supérieur par la majesté de ses principes, d'autant que si l'histoire de notre enfance vous gêne, rien ne vous empêche de concevoir des éclosions aussi promptes et aussi splendides que votre imagination le voudra.

En même temps que cette manière de venir au monde, non point confusément, au sein de la poussière ou du limon, mais humainement, par engagement avec un corps détaché des corps préexistants, semble d'un caractère assez élevé pour dériver d'une loi universelle, l'ordre même de la famille, tel que nous l'apercevons ici-bas, paraît digne d'être également considéré comme l'ébauche d'un modèle céleste. De quelque façon que soit construit l'appareil organique par lequel les âmes se manifestent au monde dans lequel elles arrivent, il n'est pas à supposer que, dans aucune société, les âmes soient jamais réduites à s'introduire au hasard, brusquement et sans hospitalité : elles sont vraisemblablement partout, au moment de leur naissance, l'objet d'attentions spéciales, et doivent rencontrer toujours, aux alentours de leur endroit natal, l'appui de quelque protecteur sympathique, providentiellement institué pour faciliter leurs premiers pas, leur enseigner les règles de la vie, les initier, en un mot, au concert commun. Il y a là un trait si frappant de généralité que, sans le vouloir, le moyen âge lui-même y a vaguement cédé dans la création de son paradis, quand il s'est figuré le patronage des saints, sous l'invocation desquels les esprits fidèles se plaçaient d'avance en les cultivant comme des introducteurs futurs. C'est par la famille que cette prédisposition sublime reçoit, sur la terre, son accomplissement. Dès notre arrivée en ce monde, avant d'avoir rien fait qui soit propre à exciter le moindre sentiment d'affection parmi ceux qui nous entourent, nous trouvons qui s'empresse, avec la prédilection la plus tendre, à prévoir tous nos besoins, à devancer tous nos désirs; durant notre enfance, on nous donne la main, on nous instruit à parler, on nous éclaire sur la société dans laquelle nous allons vivre ; on assiste, avec une vigilance soutenue, à notre réveil de l'autre vie, afin de nous mettre, dès l'abord, dans la meilleure voie de celle-ci, et d'affermir ainsi notre marche vers les foyers célestes ; on travaille pour nous, on nous défend, on nous nourrit ; bref, on nous comble de grâces et de bienfaits. Et quels sont ces merveilleux bienfaiteurs de notre enfance ? Ce sont ceux-là même qui ont déterminé notre incarnation en fournissant à nos tourbillons des éléments tirés des leurs, plus encore, en nous attirant vers eux par des correspondances de destinées dont le mystère se perd dans les profondeurs les plus insondables de l'univers ; et s'ils sont deux, quand il semble à première vue que le service d'un seul devrait suffire, c'est afin que le principe androgynique ne nous fasse défaut dans aucun temps de notre existence, que nous soyons simultanément initiés à l'ordre moral par le type viril et le type féminin, et qu'en sentant dans la profonde unité de l'amour filial ce qu'est un père et ce qu'est une mère, nous recevions, dès le berceau, les vivants rayons de la nature humaine dans ses deux formes essentielles. Tel est à mes yeux le dernier mystère de la famille, et je ne crois pas me tromper en y reconnaissant, comme dans le premier, le cachet de l'infini.

LE THÉOLOGIEN.

Ne craignez-vous pas, dans cette escalade à la gauloise, de trouver à la fin le sort des Titans ? Il me semble que votre naturalisme, au moment même où vous le croyez maître du ciel, culbute et se précipite : il porte avec lui la mort, et il en introduit le principe jusque dans le séjour de l'immortalité en y introduisant la naissance. Mais si l'on meurt dans le ciel, il n'y a plus de ciel. Ainsi, vous avez prétendu nous donner un aperçu des royaumes célestes, en partant, aux lueurs décevantes de l'induction, de cette terre que vous osez nommer l'ébauche du ciel ; et en fin de compte, il se trouve que tous vos arguments, croulant d'eux-mêmes, vous rejettent tristement sur le sol, au-dessus duquel vous ne vous êtes élevé qu'en imagination.

LE PHILOSOPHE.

Le sombre épouvantail de la mort, avec lequel vous vous flattez de me réduire, ne trouble en rien la sérénité de ma pensée. Ce n'est pas la séparation d'avec le corps qui fait le mal de la mort ; ce sont les effets dont cette séparation est ici-bas accompagnée. Je suis loin de nier la puissance de ces cruels effets, et c'est surtout d'après eux que j'ai dit, en regardant la terre, que la terre n'était qu'une ébauche du ciel ; mais en même temps, je vois bien qu'ils ne sont pas tellement inhérents au principe des mutations corporelles, qu'on ne puisse aisément concevoir leur diminution progressive, ou même leur disparition totale, dans un ordre supérieur d'existence.

Et d'abord, je ne trouve rien d'impossible à ce qu'il y ait dans l'univers d'heureux quartiers, où la loi régnante soit de s'élever d'un monde à l'autre, moyennant une transformation correspondante des appareils organiques, sans aucun acte de scission, et en mariant, pour ainsi dire, par une transition insensible, la mort avec la renaissance : c'est ainsi que nous voyons l'insecte, après avoir vécu premièrement dans l'obscurité de la terre, rampé ensuite sur le sol, remanier lentement ses membres, se métamorphoser à vue d'œil, et s'élancer enfin de lui-même, muni d'ailes brillantes et plein d'une ardeur nouvelle, au milieu de la population légère du monde aérien. Mon imagination ne se refuse nullement à se représenter, au sein de ces énormes rassemblements d'étoiles que nous découvrons dans les lointains du ciel, des êtres acquérant de leur vivant, par l'exercice même de leurs vertus, des organes d'une nature plus relevée, à l'aide desquels, sans perdre un seul instant conscience d'eux-mêmes, ils se transporteraient successivement, avec d'inexprimables ravissements, en compagnie de leurs amis, d'une résidence à une résidence meilleure. Je les vois, comme dans la légende d'Élie, s'enlevant glorieusement sur des chars de feu, aux yeux de la multitude, animée par leur exemple et enthousiasmée par l'espérance de les suivre bientôt. L'effet essentiel de la mort, qui est le départ d'un monde pour un autre, ne cesserait pas de se produire ; mais cessant d'être enveloppé dans la nuit, il changerait absolument de caractère, et le jour du trépas, au lieu d'être, comme ici-bas, un jour de deuil, deviendrait pour tous un jour de fête.

Toutefois, il faut dire que ces mondes contigus ne seraient, en réalité, qu'un seul monde, partagé en zones distinctes par une géographie plus transcendante que la nôtre, mais isolé dans l'étendue comme tous les autres astres. L'isolement est la loi commune, et la disproportion qui existe entre la grandeur des masses célestes et la grandeur des intervalles qui les séparent ordinairement, suffit pour nous convaincre que le passage des âmes d'un monde à un autre ne peut avoir lieu, en général, que par un phénomène purement spirituel. Nous rencontrons là, en effet, des abîmes d'éther que la matière pondérable ne paraît pas apte à franchir, mais que l'âme, dégagée de ce tourbillon corporel qui fait toute leur valeur, ne connaît pour ainsi dire pas, et doit vraisemblablement traverser, dans les entraînements de sa destinée, plus rapidement que le trait de l'éclair. Donc, il est à croire que la séparation du corps constitue une condition universelle de transmigration, et il reste par conséquent à examiner si les effets de cette séparation sont nécessairement de nature à se faire toujours sentir douloureusement.

Si notre pensée se dirige vers ces mondes supérieurs dont je parlais tout à l'heure, dans lesquels rayonnent dans toute leur splendeur les divines lumières de l'immortalité, où l'instinct animal qui répugne au trépas est entièrement abattu par l'intelligence, où la mort enfin n'a point de surprises et s'accomplit comme un calme évanouissement, il est certain que nous ne saurions nous imaginer que l'abandon final du tourbillon corporel soit de nature à y causer aux âmes de grands troubles. Supposons, en effet, que, conformément à un ordre régulier d'échéances, notre tour fût venu de nous séparer d'une résidence où nous aurions mûrement achevé tout ce que nous avions à y faire, et de nous rendre dans une résidence meilleure, connue d'avance, habitée déjà par bien des êtres aimés et soupirant depuis longtemps, comme nous, après l'heure du rapprochement; dans laquelle nous serions assurés de voir tous ceux auxquels nous tenons venir successivement nous rejoindre ; où rien de ce qui est vraiment digne de conservation parmi nos biens actuels ne nous serait ôté, tandis qu'une multitude de jouissances nouvelles dans le domaine du cœur et de l'esprit, comme dans celui des beautés de la nature, nous serait au contraire destinée ; n'avouerons-nous pas que, lors même que le congé de partir ne devrait nous être accordé qu'à la condition de restituer préalablement à l'astre sur lequel nous résidions, les poussières que nous lui avions empruntées, cette clause, presque indifférente, n'empêcherait nullement que le jour de la mort ne nous parût un beau jour, et qu'au lieu d'être entourés de larmes et de gémissements, nous ne le fussions que des félicitations et des plus doux transports de nos amis ?

Sans même avoir besoin de faire appel à l'inconnu, dans ce monde-ci lui-même, malgré la froide obscurité de ses tombeaux et la tristesse qui s'exhale de cette nuit, ne sommes-nous pas en état de goûter de la satisfaction dans la mort ? Une vieillesse honorée et paisible, à la suite d'une carrière complètement remplie, nous y a préparés, comme ce premier repos que nous sentons un instant avant de nous endormir, et qui nous amène peu à peu au plein sommeil. Cette sage vieillesse, en nous inspirant plus de recueillement, nous a graduellement détachés de tous les objets qui, dans le feu de la vie, nous avaient peut-être momentanément éblouis ; et nous faisant voir, comme d'un sommet, notre vie étendue tout entière sous nos pieds, elle nous dispose à en désirer nous-mêmes le couronnement et à nous laisser glisser avec sérénité dans les bras bienfaisants de la mort. De quoi pourrions-nous être tourmentés à cette heure suprême, si notre conscience est en paix, si notre attente de l'immortalité est absolue, si notre foi dans la justice et la miséricorde de Dieu est sans nuages ? Nous avons appris, grâce à l'heureux exercice d'une longue vie, à dominer en nous les instincts, et la séparation en bloc d'avec notre corps, pour nous être extraordinaire, ne nous en émeut pas davantage ; ce que nous avions emprunté à la terre au jour le jour, il faut bien à présent que nous le rendions tout à la fois, puisque nous partons, et que nous serons tout à l'heure bien loin : c'est là toute l'histoire de notre dernier soupir, et vous conviendrez qu'il n'y a pas à en faire tant d'éclat.

Quant aux entreprises auxquelles s'est attachée notre vie, il n'y a pas de danger que ce qui a pu s'opérer par nous sur la terre pour le bien des hommes, soit en danger de s'effacer parce que nous ne serons plus là pour y veiller : la Providence, qui veut que le brin d'herbe porte son fruit, y veillera pour nous ; sous le couvert d'actions nouvelles, produites par leur impulsion, nos bonnes actions, génératrices fécondes, se propageront, de conséquence en conséquence, jusqu'à nos derniers neveux, comme ces eaux cachées qui s'épandent sous les prairies qu'elles fertilisent, sans laisser apercevoir, ni la source dont elles sont issues, ni la trame compliquée du cours qu'elles ont suivi depuis leur origine. Les bienfaits qui réussissent à s'insinuer dans l'humanité, loin de s'évanouir en descendant la pente des âges, suscitent en effet sur leur passage, par un mouvement sans fin, d'autres bienfaits ; et ils prennent ainsi, tout modestes qu'ils soient, une sorte d'immortalité anonyme, par laquelle, malgré notre éloignement, se continue indéfiniment ici-bas l'activité de nos personnes.

Plus douloureuse, assurément, est la séparation des amis que la mort nous contraint d'abandonner ! Mais à cet endroit même, l'âme ne demeure-t-elle pas encore maîtresse des destinées de la terre ? Si nous avons eu la vertu de ne nous lier qu'à des amis dignes de notre prédilection par l'harmonie de toutes leurs pensées avec les nôtres, indissolublement unis par l'effet nécessaire de cette conformité spirituelle, nous ne courons aucun risque de nous voir détachés les uns des autres par une rupture éternelle. Partant du même point, animés par les mêmes forces, visant au même but, il est impossible que nous ne nous retrouvions pas au delà de cette terre. Rien ne nous empêche donc d'ordonner nos existences de manière à voyager à jamais de compagnie, à travers les abîmes de l'univers, avec tous ceux que nous aimons. Amis, époux, parents, qui avez si profondément à cœur de ne point vous perdre dans la mort, resserrez-vous dans la même vie et les mêmes espérances, et vous vous rejoindrez là-haut, comme vous vous étiez rejoints ici. Si vous êtes condamnés par la misère de votre destinée actuelle à ne mourir que les uns à la suite des autres, ne vous affligez pas, ni vous qui partez, ni vous qui demeurez : en mourant les premiers, nous ne faisons que précéder ceux que nous laissons derrière nous, vers ceux qui nous ont devancés dans la mort, en attendant les jours désirés où nous serons devenus dignes de vivre inséparablement dans la pleine lumière de l'immortalité, nous et tous ceux dont nous aurons fait choix pour cette sainte et impérissable parenté.

Pas plus par le principe de notre mort que par celui de notre naissance, ne nous considérons donc comme au-dessous du ciel. Même dans notre naissance, nous sommes libres, car c'est nous qui en déterminons la condition. Si nous ressemblons à nos parents, c'est que nous leur ressemblions virtuellement avant de naître; si nous recevons telle éducation plutôt que telle autre, c'est qu'il nous fallait justement cette éducation pour nous trouver replacés au terme voulu de notre développement; si nous sommes jetés ainsi, les uns dans des circonstances heureuses, les autres dans des circonstances contraires, c'est que nos mérites passés nous faisaient une loi d'être ainsi posés dans l'univers, et, vu ce que nous sommes, ce sont là les circonstances les plus avantageuses dont nous puissions profiter pour nos réformes, nos pénitences et nos progrès. N'accusons donc, en définitive, que nous-mêmes des adversités qui ont pu se rassembler contre nous dès notre entrée dans la vie, et appliquons-nous, non-seulement à les supporter avec courage, mais à les faire tourner, avec pleine conscience de leur utilité, au service de notre bien futur. Consolons-nous dans l'idée que rien de fatal ne pèse sur nous, et qu'il n'est aucun des maux auxquels nous sommes aujourd'hui soumis, dont nous ne puissions, par le bon gouvernement de nos actions, nous délivrer radicalement par la mort. Si nous ne sommes pas les maîtres de son heure, nous le sommes du moins de ses effets : comme notre naissance, elle est à nous. Tâchons donc, après avoir vécu avec honneur, dévouement et piété, de mourir avec joie; n'ayons pas la puérilité de nous cramponner à la vie, quand cette vie ne peut plus être utile à notre perfectionnement ni à celui des autres, car c'est là ce qui fait tant de lâches trépas ; ne nous attachons, ni à notre corps, ni à ces autres objets qui pèsent de même vers la terre, car c'est là ce qui amasse au chevet des mourants tant de regrets et de tourments ; soyons prudents dans nos amitiés, et n'en contractons de sérieuses qu'avec ceux que nous savons capables de demeurer fidèles à notre mémoire, et de nous rejoindre un jour au delà des abîmes. C'est ainsi que nous chasserons d'avance la tristesse de notre lit funéraire, et que, malgré les nuages qui couvrent l'horizon au delà de cette vie, nous nous préparerons à franchir avec ravissement les portes mystérieuses que la mort nous ouvre.

Il n'y a, en réalité, qu'un seul signe auquel nous puissions mesurer pleinement l'infériorité de notre condition actuelle, et ce signe qui nous marque en caractères si sensibles notre différence d'avec le divin modèle que nous poursuivons, c'est l'ignorance dont nous sommes affectés. Douée, dans toutes les directions, d'un si vaste empire sur notre vie, nulle part cette ignorance ne nous témoigne sa force d'une manière plus vive qu'en ce qui nous touche le plus intimement. Loin de posséder l'histoire de l'univers, nous ne possédons pas même notre propre histoire ; et comparée à l'éternel savoir, notre mémoire n'est pour ainsi dire qu'un néant. Non-seulement elle est absolument impuissante à l'égard des temps qui ont précédé notre naissance, mais elle n'est pas même capable de nous représenter tous les temps qui l'ont suivie ; elle nous fait défaut en une multitude d'endroits importants de notre passé ; elle ne nous conserve pas la moindre trace de la période qui s'est écoulée dans le sein maternel ; elle ne retient même presque rien des accidents et des évolutions de nos jeunes années, et nous ne nous souviendrions plus que nous avons été enfants, s'il ne se trouvait auprès de nous des témoins qui nous ont vus autrefois et nous apprennent ce que nous étions alors. Comment nous étonnerions-nous donc de ne rien nous rappeler de ces époques lointaines qui sont séparées d'aujourd'hui, non par le simple cours des années, mais par les coups répétés de la naissance et de la mort? Nous sommes enveloppés de tous côtés par notre ignorance comme par la nuit, et à peine éclairés sur le présent, nous n'apercevons pas plus de rayons au delà de notre berceau qu'au delà de notre tombe.

Aussi, quand on songe aux magnifiques clartés que la connaissance de nos existences antérieures répandrait sur l'ordre actuel de la terre et sur nos espérances touchant l'ordre du ciel, quel frappant symptôme notre défaut de mémoire ne nous donne-t-il pas de l'imperfection de notre constitution psychologique d'aujourd'hui! Il semble que l'on pourrait justement nous comparer, dans notre ascension à travers les zones du ciel, à ces fusées qu'au sein de l'obscurité du soir, nous voyons quelquefois s'élancer dans les airs, traînant après elles une longue lueur, sillage indicateur de l'orbite qu'elles suivent : elles montent, et de nouvelles lueurs se dessinent; mais en même temps, les précédentes lueurs s'effacent, et il n'y a jamais dans la lumière qu'une portion limitée de leur voyage. Telle est notre mémoire, traînée lumineuse laissée par nous sur notre route : nous mourons, et tout s'obscurcit derrière nous; nous renaissons, et la lueur, comme l'étoile dans la brume, commence à se montrer; nous vivons, et elle se développe, s'agrandit, lance ses gerbes, puis, tout à coup, elle s'efface de nouveau et reparaît encore; d'éclipse en éclipse, nous poursuivons la ligne de notre destinée, et cette ligne, découpée par des obscurcissements périodiques, est une ligne continue, dont les éléments, disjoints seulement en apparence, demeurent partout enchaînés l'un à l'autre par une solidarité régulière. Toujours nous nous succédons à nous-mêmes; toujours nous déterminons, par notre marche présente, la marche que nous suivrons plus tard; toujours nous portons en nous la secrète puissance de monter. Essayez de me réduire en m'interrogeant sur notre passé, je vous répondrai, comme la fusée, que nous marchons, mais que la lumière ne colore notre trace que dans notre voisinage, et que le reste de notre chemin demeure perdu dans la nuit. Nous ne voyons pas d'où nous sommes partis, de même que nous ne voyons pas où nous sommes conduits; mais nous savons que nous venons d'en bas et que nous allons en haut, et il n'en faut pas davantage pour nous intéresser à nous-mêmes et nous apprendre quelle substance nous sommes.

D'ailleurs, qui oserait assurer que notre être ne renferme pas dans ses profondeurs de quoi illuminer un jour tous les espaces successivement traversés par nous depuis notre première heure, comme il arrive à ces flamboyants mobiles auxquels je viens de nous comparer, et qui, une fois parvenus dans les sommités de leur trajectoire, déployant soudain des feux inattendus, reprennent magnifiquement possession, par de longues cascades de lumière, de la ligne sillonnée par eux depuis l'humble niveau où ils ont commencé leur essor, jusqu'aux zones sublimes du haut desquelles ils dominent actuellement la terre ? Le principe de la mémoire n'est-il pas absolument garanti par son immatérialité contre les atteintes de la mort ? Pourquoi sa puissance ne serait-elle pas destinée à se développer ultérieurement avec toutes les autres puissances de notre âme, et quelle impossibilité y a-t-il, si cette puissance se développe, à ce qu'elle devienne capable de ressaisir plus tard des impressions trop fines pour ne pas lui échapper aujourd'hui? Je me confirme même dans cette espérance en pensant que, si la vie parfaite nous est jamais donnée, il faut que la mémoire parfaite nous soit donnée en même temps, car la restitution intégrale de nos souvenirs est une condition essentielle de notre excellence et de notre béatitude. Ainsi, pour former le couronnement de toutes les sublimités que nous pouvons assigner à la nature du ciel, figurons-nous les trésors infinis d'une mémoire enrichie par les souvenirs d'une longue série d'existences, toutes différentes l'une de l'autre, et toutes enchaînées l'une à l'autre ; à cette merveilleuse guirlande, ajoutons la contemplation des conséquences produites par nos actions dans chacun des mondes que nous aurons successivement traversés ; entourons-nous d'amis, et reconnaissons en eux les compagnons éprouvés de tant de vicissitudes antérieures ; fortifions, en un mot, dans tous les sens, les élans de notre vie, et à travers l'immensité de l'espace et de la durée, marions dignement son histoire à l'histoire générale des mondes. En nous appliquant à réunir en imagination tout ce qui se présente à nous sous les traits du bonheur, loin d'être en danger de dépasser la mesure, ne sommes-nous pas certains, au contraire, de demeurer au-dessous de ce que réserve l'avenir aux âmes bienheureuses? Et glorifier ainsi notre immortalité par le reflet de tous les attributs de la divinité, n'est-ce pas, après tout, glorifier Dieu lui-même, qui, dès notre origine, a voulu reproduire en nous, comme dans ses anges, l'image de sa céleste vie? Ministres de Dieu sur la terre, à la vue des divines empreintes qui se révèlent dans la substance de notre être, rappelons-nous donc sans cesse avec un légitime orgueil, que les plus sublimes habitants des zones les plus sublimes du ciel ne sont que nos frères aînés.

LE THÉOLOGIEN.

Est-ce bien là votre conclusion?

LE PHILOSOPHE.

Oui, et je la formulerai plus complétement encore en disant que les conditions fondamentales de l'existence terrestre, l'ordre physique du globe, l'activité de l'âme, l'organisation du corps, la naissance, la mort, les amitiés, se rapportent toutes à un idéal céleste, dont les hommes, aussi bien que leurs égaux et leurs supérieurs, se rapprochent continuellement d'incarnation en incarnation, en même temps que le genre humain, par la conspiration unanime des générations, s'en rapproche lui-même d'âge en âge.

V

LES ANGES

LE THÉOLOGIEN.

Comme vous avez, hier, invoqué la nuit, permettez-moi d'invoquer aujourd'hui le ciel du matin. Quelle limpidité ! quelle splendeur ! quelle élévation ! quelle paix ! Les étoiles ont disparu, et le soleil ne se montre point encore ; pas un astre, pas un nuage, pas une poussière, ne troublent la diaphanéité de l'étendue. On n'y voit rien que de sublime. Tout nage dans une lumière presque immatérielle ; chaque atome, éclairé par tous les autres, rayonne à son tour vers tous ; et les zones de l'aurore, par la gradation régulière de leurs nuances et de leur éclat, dessinent à l'orient une sorte de hiérarchie éthérée.

C'est ainsi que je me représente la hiérarchie des anges. Rien ne me donne une image plus vive de ces êtres radieux que la suavité de cette splendide lumière. Tels étaient-ils, lorsqu'au matin de la création, comme dit Job, ils admiraient et louaient Dieu. Saints dès le principe et immaculés de tout temps, brillant de toutes les clartés de l'intelligence, enflammés par tous les feux de la piété, baignés dans une immuable béatitude, concentrés à l'envi autour du trône de l'Éternel, et s'unissant, par la conspiration spontanée de leurs essences, en un divin concert, pas une ombre ne trouble leur ineffable sublimité, pas même l'apparence d'un corps. Purs esprits, conversant miraculeusement ensemble par le rayonnement direct de leurs pensées, distingués simplement les uns des autres par la puissance de leurs entendements, ils ne connaissent la matière que par l'usage que Dieu en fait dans l'ordre des créatures inférieures, et vivent en commun dans la spiritualité la plus parfaite. Voilà les fils du jour! voilà les vrais immortels, qui n'ont jamais subi la honte de la mort! voilà ceux qu'il faut surtout avoir en vue quand on prétend s'instruire sur la population de l'univers !

Ce n'est pas seulement leur excellence qui nous les recommande, c'est leur multitude. Le genre humain, qui nous semble jouer un si grand rôle dans l'histoire du monde, quand nous ne regardons que lui, disparaît pour ainsi dire devant l'immensité de ce peuple supérieur. Quand on réfléchit à la merveilleuse société qui se partage le ciel depuis son origine, et que l'on sent vibrer dans les champs de l'invisible les innombrables légions qui forment la partie la plus précieuse, et comme le couronnement de la création, n'est-on pas saisi d'une émotion bien plus vive que celle que vous causent vos constellations, en y joignant même toutes les suites que vous leur donnez? On n'a pas besoin ici, comme dans votre astronomie, d'apercevoir les objets pour être assuré de leur existence : indépendamment même de la révélation, la logique nous découvre plus clairement cette foule sublime dans la profondeur qui la dérobe à nos sens, que vos yeux ne vous découvrent celle des astres. En effet, puisqu'il est manifeste que Dieu doit se complaire dans la perfection de l'œuvre qu'il a daigné créer, il faut nécessairement qu'il y ait dans cette œuvre plus de créatures bienheureuses que de créatures imparfaites ; donc, ce sont les êtres angéliques qui constituent la population principale de ce vaste temple de l'univers, dont la terre n'est que le vestibule. C'est là le fond du raisonnement de saint Thomas : « La perfection de l'univers, dit-il, étant ce que Dieu a surtout en vue dans la création des choses, plus les choses sont parfaites, plus est grande la proportion dans laquelle elles sont créées. » Donc, le nombre des anges l'emporte sur celui des hommes de la même manière que la perfection des anges l'emporte sur la nôtre ; et cette conclusion, d'une fermeté géométrique, nous montre assez que nous ne connaissons que la préface des choses, tant que nous ne connaissons que ce qui se trouve engagé dans la condition de corporéité.

Aussi, les imaginations bien inspirées ont-elles toujours abondé, relativement à la population céleste, dans le sentiment de l'innombrable : « Des milliers de milliers le servaient, nous dit Daniel, et des myriades de centaines de mille étaient en sa présence. » Saint Jean, dans l'Apocalypse, voit également autour du trône de l'Agneau, des milliers de milliers et des myriades de myriades. Quelque grands que soient les nombres désignés de la sorte, il est évident que leur expression correspond, dans le langage prophétique, à des nombres plus considérables encore. Saint Denis l'aréopagite, qui a fait loi si longtemps, déclare que la multitude des armées spirituelles dépasse la mesure étroite et mesquine de nos nombres matériels. « *Infirmam et constrictam nostrorum materialium numerorum commensurationem.* » Fondé sur tant d'autorités, le docteur angélique n'hésite pas à conclure sa discussion sur ce sujet, par cette formule qui vous plaira sans doute, car elle s'approche, autant qu'il est possible, de cette condition d'infinité que vous avez tant à cœur. « Il est rationnel, dit-il, que les substances immatérielles l'emportent, quant au nombre, sur les substances matérielles, quasi incomparablement; *quasi incomparabiliter* (I, q. 50). » Il n'y a donc, au fond, entre nous, sur la question du nombre des créatures, que la réserve comprise dans ce mot de quasi ; et il est d'ailleurs sensible que les anges ne tenant pas de place, leur multiplicité, quelque excessive qu'on la suppose, n'entraîne nullement un agrandissement proportionnel de l'étendue matérielle de l'univers.

LE PHILOSOPHE.

Cette réserve, toute modeste qu'elle soit, ne nous séparera pas longtemps : la logique en fait justice. Arguant du principe, dont vous convenez vous-même, que le nombre ajoute à la perfection, je veux, puisque la perfection de la création dépasse nécessairement toute mesure, que vous m'accordiez tout net une quantité qui soit incomparablement supérieure à toute quantité donnée;

car, essayeriez-vous de me satisfaire en m'offrant le nombre qui est représenté par l'unité suivie d'un milliard de zéros, je vous demanderais en vertu de quel principe vous prétendez retenir la perfection de l'œuvre divine dans cette limite, et pourquoi le nombre des anges ne serait pas un milliard de fois plus considérable, et toujours de même, sans vous laisser jamais faire halte à aucun terme. Job est bien plus fort, d'un seul mot, que Daniel et saint Jean avec leurs formules : « Y a-t-il un nombre à sa milice ? » demande-t-il tout uniment en parlant de la milice céleste. Voilà le vrai. L'immensité du chiffre de la population de l'univers forme la contre-partie de l'immensité des dimensions de cette incompréhensible capacité ; et je crois d'ailleurs très volontiers, comme vous, que le nombre des êtres supérieurs l'emporte de beaucoup sur celui de tous les autres. Au raisonnement dont vous vous êtes servi pour mettre en évidence cette belle vérité, je joins que si les créatures s'élèvent dans l'ordre hiérarchique des existences depuis un temps infini, il doit s'en trouver infiniment plus dans les rangs supérieurs que dans les rangs inférieurs ; à peu près comme les eaux d'un fleuve, qui sont bien plus abondantes dans la totalité de son lit que dans les ramifications qui avoisinent ses sources. Habitués à n'avoir de communications qu'avec des êtres de condition inférieure, une telle découverte de la manière dont est peuplée la majeure partie de l'univers, a sans doute de quoi nous surprendre ; mais cette découverte préliminaire ne saurait être, comme vous l'avez fort bien dit, qu'un encouragement à développer, autant que les ressources de notre intelligence nous le permettent, la connaissance de cette histoire transcendante.

Si j'ai bien pénétré le dessein de vos premières paroles, vous voulez que nous abandonnions aujourd'hui la méthode dont j'avais fait usage dans notre dernier entretien : au lieu de partir de la réalité visible pour monter graduellement jusque dans l'invisible, vous vous élancez directement vers l'idéal, afin de l'étudier dans son absolu ; et laissant de côté, comme une arme inutile, le monde sidéral et ses analogies avec notre résidence actuelle, vous entrez de prime saut dans l'ontologie angélique. Je ne m'y oppose nullement, et suis prêt à vous suivre, confiant, comme je le suis, que nous retrouverons dans cette voie les mêmes vérités que dans l'autre.

Je vous demanderai seulement de consentir à ce que nous ne procédions à cette étude délicate qu'avec une logique rigoureuse ; et, en conséquence, nous reviendrons, s'il vous plaît, en deux mots, sur votre point de départ. Vous avez, dès le début, défini les anges en qualité d'êtres supérieurs, incorporels, divinement illuminés, immuables, immaculés : il y a là une pétition de principes que je ne dois pas accepter, car il s'agit, avant tout, de savoir si les divers attributs que vous rassemblez ainsi dans la personne des anges sont susceptibles de concorder entre eux. Je n'en vois qu'un seul qui soit saisissable à priori : c'est celui de la perfection, ou, pour parler plus exactement, puisque la perfection véritable n'est qu'en Dieu, celui de la supériorité. Cet attribut résulte de ce que la puissance de Dieu étant infinie, il est de la nature de Dieu, non-seulement de créer à l'infini, mais de créer des êtres de plus en plus semblables à lui ; et comme il n'y a en Dieu aucun principe qui limite cette puissance, il s'ensuit qu'elle doit nécessairement avoir eu son cours, et que, par conséquent, il existe dans l'univers des êtres supérieurs à nous. Tel est donc le caractère le plus général et le plus immédiatement apparent de la nature angélique, et c'est ce caractère qu'il faut poser en principe, afin de chercher subsidiairement comment on peut en déduire les autres caractères que vous avez en vue, et quelle est au juste la manière de les entendre.

Ainsi, vous dites que les anges sont incorporels : prouvez-moi donc qu'il est dans la condition des êtres supérieurs de vivre indépendamment de tout système d'organisation physique. Je n'ignore pas que, grâce aux traditions de la scolastique, il s'est si bien accrédité dans le vulgaire qu'il existe de purs esprits, que la chose semble couler de source ; mais outre son intérêt philosophique, cette croyance a de telles suites, qu'elle vaut sans doute bien la peine que nous nous arrêtions un instant à vérifier ses titres.

LE THÉOLOGIEN.

Quoi ! pousser le scepticisme jusqu'à mettre en doute la réalité des esprits! Mais l'univers entier en est plein! Ils y sont dans un mouvement perpétuel, et ce n'est pas sans raison que je les ai comparés aux atomes de l'air, car ils forment une foule pour ainsi dire continue. *Plena esse angelorum omnia, aëra, terras, mare, ecclesias,* dit saint Ambroise. Cette foule est répandue jusque dans ces espaces que vous croyez vides et qui ne le sont qu'au regard de nos sens. Un ancien déclare énergiquement qu'il n'y a pas même dans l'univers une lacune à y glisser le doigt sans rencontrer sur son passage un esprit ; tant ce peuple invisible qui fait le plus bel ornement de la création, y est abondamment répandu, là même où vous vous imaginez qu'il n'y a que des déserts, parce que vous n'y apercevez point les corps grossiers de vos soleils et de vos planètes.

Et vous me demandez la preuve de l'existence des esprits ! Cette preuve est d'une simplicité élémentaire et se lit dans tous les traités de théologie. Elle est renfermée dans le principe même que vous avez posé tout à l'heure. Vous convenez qu'il doit exister dans l'ordre de la création des êtres de plus en plus semblables à Dieu ; ce qu'il faut d'autant mieux admettre que la fin principale du Créateur dans les choses qu'il crée, doit être le bien qui résulte de l'assimilation de ces choses à sa personne. Or, l'assimilation parfaite de l'effet à la cause s'obtient évidemment lorsque l'effet imite la cause dans la qualité même par laquelle la cause le produit. Mais Dieu produit les créatures par son intelligence et sa volonté ; donc, la perfection de l'univers exige qu'il y ait des créatures dont le principe soit l'intelligence et la volonté ; et ces qualités étant toutes spirituelles, les créatures en question le sont également. On peut même dire, plus simplement encore, que Dieu étant un être purement spirituel, il faut, pour la similitude, qu'il y ait au-dessous de lui des êtres purement spirituels aussi. Ainsi, vous le voyez, du premier pas on est au but.

LE PHILOSOPHE.

Votre argument n'est que spécieux, et c'est par un véritable abus que vos théologiens de catéchisme ont pris l'habitude de s'en faire, aux yeux de leur public, une arme si décisive. Le docteur angélique, en le prenant pour point de départ de sa dissertation, n'a pas du moins commis la faute de le considérer comme concluant. En effet, il ne suffit pas de démontrer qu'il existe des créatures spirituelles, si l'on ne démontre en même temps que ces créatures, pour se mettre en rapport entre elles et avec le monde matériel, n'ont nul besoin de se lier à un appareil analogue à ce que nous nommons le corps, et dont nous savons si bien, nous qui n'hésitons pas à nous reconnaître aussi en qualité de substances spirituelles, que nous ne sommes pas capables de nous passer. La preuve que votre grand docteur ne s'est pas mépris sur cette insuffisance, c'est qu'immédiatement à la suite de l'argument que vous venez de rappeler, il pose la question de savoir si les anges ont un corps qui leur soit naturellement uni. Voilà le nœud. Toute la psychologie angélique y est en quelque sorte enveloppée. Si les anges, tout spirituels qu'ils soient, sont naturellement unis à des corps, les anges rentrent simplement dans la condition générale des hommes ; si, au contraire, l'organisation corporelle leur est absolument étrangère, ils constituent dans l'ordre de la création, un genre absolument à part à tous égards. « Il convient à l'âme humaine d'être unie à un corps, dit la Somme, parce que, dans le genre des substances intellectuelles, l'âme humaine est imparfaite et existe seulement en puissance, n'ayant pas la plénitude de la connaissance dans sa nature, et la tirant des objets sensibles au moyen des sens corporels. Mais, dans tout genre où l'on trouve quelque chose d'imparfait, il doit préexister quelque chose de parfait du même genre. Donc, il y a, dans la nature intellectuelle, certaines substances parfaitement intellectuelles, n'ayant pas besoin de tirer leur savoir des objets sensibles. Donc aussi, toutes les substances intellectuelles ne sont pas unies à des corps ; mais certaines de ces substances sont indépendantes des corps, et ce sont celles-là que nous nommons les anges (I, q. 51). »

J'ai tenu à vous remémorer cet important passage, qui montre si bien que la question de la nature des anges est au fond la même que celle de l'origine des idées : il est le fondement essentiel de l'opinion que vous soutenez. Mais sans entrer dans le tourbillon de problèmes qu'il soulève, n'avouerez-vous pas qu'il m'est permis de m'armer aussi à mon profit du principe général dont il procède, « que dans tout genre où l'on trouve quelque chose d'imparfait, il doit préexister quelque chose de parfait ? » L'argument peut, en effet, se retourner avec avantage ; et je dis à mon tour : si dans le genre des organisations corporelles, servant à produire la connaissance chez les substances intellectuelles, il y a, ainsi qu'il appert par notre exemple, quelque chose d'imparfait, il doit préexister dans le même genre des organisations corporelles parfaites ; et j'ajoute, comme j'ai déjà eu l'occasion de vous le faire remarquer, que cette organisation corporelle, loin de nuire à la ressemblance entre les substances spirituelles et Dieu, complète au contraire cette ressemblance, puisqu'elle constitue, à l'égard de ces êtres, l'image de ce qu'est la création à l'égard de Dieu.

En prononçant que la plénitude de la connaissance chez les êtres supérieurs se lie à la condition d'un corps, je ne suis donc nullement réduit à leur infliger une organisation corporelle aussi imparfaite que la nôtre. J'accepte parfaitement, en ce qui concerne celle-ci, la parole du livre de la Sagesse, si chère aux ascètes : « Le corps appesantit l'âme, et l'habitation de la terre abaisse l'esprit qu'elle partage en une multitude de pensées. » Oui, j'en conviens, ce corps, approprié aux instincts d'animalité qui nous tourmentent toujours, réduit à un petit nombre de sens inexacts et de peu de portée, faible, infirme, indocile, exigeant, appesantit l'âme et l'empêche de vivre dans les hautes régions aussi librement que son organisation spirituelle l'y dispose ; oui, l'habitation de la terre, sujette à une foule d'entraves, de chagrins, de labeurs, de basses préoccupations, abaisse l'esprit, le remplit d'objets indignes de lui et l'empêche de se concentrer, comme il sied à sa nature, sur les idées éternelles ; je conviens de toutes ces imperfections : mais, quelles conclusions notre principe m'autorisera-t-il maintenant à en tirer ? C'est que sous ces mêmes conditions d'alliance entre la substance de l'âme et la matière, sous ces mêmes conditions de résidence dans un quartier déterminé du monde sidéral, il existe nécessairement quelque part des substances intellectuelles mieux douées que nous, et jouissant d'un mode de connaissance plus parfait que le nôtre ; et ce sont ces substances intellectuelles que je nomme les anges.

Du reste, le défaut de l'argument des scolastiques est à jour, si je ne me trompe, par l'argument même dont je viens de me servir. Il consiste dans la supposition que l'âme humaine représente un imparfait dans le genre des substances intellectuelles, tandis qu'elle est évidemment l'imparfait dans le genre des substances intellectuelles unies à des corps. Je ne conclurai donc avec vous à l'existence de créatures supérieures purement spirituelles, que lorsque vous m'aurez mis sous les yeux un imparfait de ce genre-là ; et, jusque-là, vous me permettrez, puisque j'ai la logique pour moi, de m'en tenir à la définition de la nature angélique, qui se déduit du développement de la nature humaine telle qu'elle est.

Estimez-vous que la création, engagée ainsi de toutes parts dans les lois de la matière, ne présente plus à notre admiration de types assez sublimes? Mais je vous rappellerai ce que je vous ai déjà indiqué touchant les magnificences qu'il nous est permis de soupçonner dans les natures corporelles qui planent au-dessus de nous dans les inconnus de l'univers. Rien de ce qui vous répugne ici-bas et vous fait accuser notre appareil organique de grossièreté, de pesanteur, de résistance, d'hostilité à l'égard de l'âme ne s'y retrouve. Tous ces arrière-goûts d'animalité, qui sont la cause de nos passions et de nos vices, et que nous attribuons si gratuitement aux impulsions de la chair, ont achevé de se dissiper ; toutes les forces qui concourent à l'établissement et à l'entretien des organes sont à la disposition de l'esprit et lui obéissent aussi complètement que ses autres facultés ; grâce à la puissance, à la complexité, à la délicatesse du riche tourbillon sur lequel il règne en souverain, l'être influe à volonté sur ses alentours, se déplace comme il l'entend, prend connaissance de tous les phénomènes sensibles qui l'intéressent, en un mot, observe, opère et converse librement dans toute l'étendue de sa patrie céleste, et passe, sans jamais se lasser, de l'activité qui est sa vie, à l'extase de reconnaissance et d'amour qui est son repos. Pouvez-vous sérieusement refuser votre admiration à une si merveilleuse ordonnance? Et si vous ne le pouvez, pourquoi contester l'universalité de son règne, jusqu'à rompre, plutôt que de l'admettre, la sublime unité de l'univers?

Et à tout prendre, que vous le vouliez ou ne le vouliez pas, pour ne point arriver à confondre en Dieu ces pures essences, vous n'êtes pas moins réduit à leur donner des corps; car, si parfaitement spirituelles que vous les supposiez, il faut bien que votre esprit les conçoive en un lieu spécial, sans quoi elles lui échappent infailliblement comme créatures et rentrent tout uniment dans la pensée de Dieu. Mais, je vous le demande, qu'est-ce que cette portion de l'espace à laquelle vos anges se trouvent liés, qu'ils possèdent exclusivement, puisque vous avouez que deux anges ne sauraient être à la fois au même lieu, qui forme en un mot leur propriété personnelle, sinon un corps véritable, encore que pour essayer de le soustraire aux lois de la nature vous le fassiez vide et inerte? Le principe fondamental de la corporéité consiste en effet dans l'attribution à un être déterminé d'une portion déterminée de l'espace, et non dans la manière de jouir de cette possession, ce qui n'est évidemment que secondaire. « Par l'application, suivant quelque mode que ce soit, de la vertu angélique à un lieu déterminé, l'ange, dit la Somme, est dit exister dans un lieu corporel. » C'est exactement ce qui convient aussi à la relation de l'âme humaine et du lieu corporel qu'elle occupe; et aussi votre théoricien ne manque-t-il pas de pousser l'analogie, quant à ce fait primitif, encore plus loin. « L'âme, ajoute-t-il, est dans le corps, comme le contenant et non comme y étant contenue; et semblablement, l'ange est dit dans un lieu corporel, non comme y étant contenu, mais comme le contenant de quelque manière. » Ainsi, voilà ce qu'il y a de commun : c'est que l'ange possède et contient, de même que l'homme, un lieu déterminé; et voici maintenant ce qu'il y a de différent : c'est que l'homme, dans sa possession, loin de se borner à une simple occupation, produit à volonté au sein de son domaine les mouvements qui lui conviennent, est averti naturellement des changements qui s'y passent, bref y règne en souverain ; tandis que l'ange, au contraire, au lieu de régner dans le sien, y est sans activité et sans aucune autre faculté que d'exclure tout autre du même lieu, en un mot, n'occupe sa place dans l'univers que suivant un mode négatif, n'y jouissant, à vrai dire, que de l'impénétrabilité, comme la matière brute. De ces deux manières de posséder l'étendue, laquelle, à votre gré, devrons-nous considérer comme la plus éminente?

En résumé, je conclus donc qu'il n'est pas possible de concevoir des êtres purement spirituels, parce qu'il n'est pas possible de concevoir une créature réelle en dehors des conditions de l'étendue. Aussi, que le moyen âge s'en soit ou non rendu compte, ses prétendus esprits n'ont-ils jamais été que des incarnations correspondantes à son prétendu ciel. Contemplez d'une part ces êtres inimaginables, liés à des étendues vides et d'une forme indéfinie, étrangers à tout phénomène physique, aussi impropres à la sensation qu'à l'action, semblables de tous points à ces figures abstraites que notre intelligence conçoit dans la géometrie, et de l'autre, ces espaces vides aussi, indéfinis aussi, dénués de toute substance aussi, qui remplissent nécessairement l'immensité dès que l'on n'y admet la création matérielle que dans un coin; et demandez-vous si la population angélique, telle que les scolastiques se la peignaient, n'était pas en harmonie parfaite avec les régions supérieures, telles que l'astronomie les laissait alors supposer. Pour moi, la correspondance me semble parfaite. Où s'évanouissaient les qualités physiques du monde, il était juste que les qualités physiques de ses habitants prissent fin également. En restituant à l'univers sa plénitude, la science moderne me semble donc avoir fait implicitement justice de cette chimère des esprits : ils ne sont plus possibles dès qu'il n'y a plus nulle part de lieu qui les appelle. Puisque partout vibre l'éther, souffrez que partout les créatures aient été ordonnées de manière à s'impressionner de ces ondulations magnifiques, et qu'elles soient ainsi engagées toutes ensemble dans l'unité de la nature sensible, comme elles le sont dans celle de la nature intellectuelle et morale.

LE THÉOLOGIEN.

Sans nul doute, j'ai à cœur tout autant que vous le principe de l'unité générale des créatures ; mais pensez-vous donc, en insistant de la sorte, que je puisse céder à vos argumentations et renoncer, de par l'autorité de la logique, à une croyance aussi capitale que la croyance aux esprits? Si je ne vous en ai d'abord donné que les raisons philosophiques, ce n'a été que pour répondre à votre manière de procéder ; et certes, si je n'étais retenu que par des liens de ce genre, je ne me sentirais pas aussi solidement engagé que je le suis. Mais l'idée de la réalité des esprits nous est imposée, vous ne l'ignorez pas, par l'autorité de l'Église. Ce n'est pas pour nous une question de science, c'est un article de foi. La souveraineté des conciles, qui n'a défini qu'un si petit nombre de points touchant la nature des anges, a précisément décidé d'une manière formelle leur spiritualité. Rappelez-vous ce préambule du concile de Latran que je vous ai déjà cité : *Utramque de nihilo condidit creaturam, spiritualem et corporalem, angelicam videlicet et mundanam.* Voilà qui est absolu : le concile oppose manifestement l'une à l'autre la nature spirituelle et la nature corporelle, et ce sont les anges qui constituent pour lui la première. Dès son origine, pendant toute sa durée et au delà même de la consommation des siècles, l'ensemble de la création se trouve donc divisé, par l'effet d'un impénétrable dessein, en deux systèmes tout à fait dissemblables, dans l'un desquels les créatures sont à jamais unies à des corps qu'elles doivent conserver alors même que ces corps auront cessé de leur être utiles, tandis que dans l'autre, les créatures sont au contraire absolument étrangères à toute ordonnance matérielle. Voilà ce qu'il faut croire, quand bien même on serait réduit à avouer qu'on ne le peut comprendre.

LE PHILOSOPHE.

Après vous avoir laissé entrevoir que le perfectionnement des conditions naturelles de la vie humaine suffit pour nous donner l'idée d'une vie céleste, je vous ai démontré que votre théorie des purs esprits, outre qu'elle est en contradiction avec le principe de l'unité de la création, ne repose en définitive sur aucune base logique ; et par conséquent, en droit philosophique, mon opinion sur ce sujet est parfaitement assurée. Je pourrais donc m'en tenir là. Mais le sentiment que vous suivez est tellement répandu et se prête à tant de folies, que je me sens porté à vous solliciter encore ; et si je réussis à vous rendre évident que votre doctrine n'est pas aussi profondément enracinée dans votre tradition que vous le supposez, j'aurai achevé, ce me semble, tout ce que je pouvais pour vous en détacher et vous amener à nous.

Tant s'en faut que je veuille nier la gravité de l'embarras que vous suscite le préambule de Latran ; mais cette décision, qui constituerait, comme on l'a dit, non pas un simple développement du dogme, mais une révélation spéciale, est-elle régulière ? Vous savez combien les avis ont été partagés là-dessus. Le cardinal Cajétan, suivi de tant d'autres, veut expressément que le concile n'ait pas entendu définir cette doctrine comme article de foi, mais qu'il l'ait simplement déclarée la plus probable et la plus généralement répandue de son temps ; et saint Thomas, qui a bien connu les affaires de ce concile, puisqu'il en était contemporain et qu'il en a même écrit quelque chose dans ses opuscules, s'est cru si peu lié par la parole qui vous retient, qu'il traite la question de la simultanéité des deux créations comme toujours pendante, malgré la formule de Latran, et conclut que l'affirmative est probable, sans que la négative soit pourtant condamnable. Si donc la déclaration de Latran n'a pas semblé assez absolue pour arrêter ceux qui, dans leur enthousiasme pour le monde des anges, prétendaient donner préséance dans le temps à la création angélique sur la création matérielle, pourquoi cette déclaration vous arrêterait-elle davantage au sujet de l'incorporéité de ces êtres supérieurs ?

Considérez même que jamais l'incorporéité des anges n'a pu trouver une formule plus expressive que dans la proposition de leur antériorité relativement au monde corporel ; et c'est précisément cette proposition qui est contredite par la déclaration du concile. Justement alarmé des débordements de l'ascétisme séraphique, ce concile ne voulait pas que la nature des anges pût paraître aux fidèles tellement considérable et tellement indépendante de la nature sensible, que l'on pût aller jusqu'à se persuader qu'un univers à part, purement spirituel, inaccessible à la révolution finale qui menace le nôtre, se poursuivait, avec la majesté d'une longue préexistence, dans les abîmes du temps. Cette même déclaration, qui fait aujourd'hui l'appui de vos mystiques, a donc été primitivement conçue, tout au contraire, pour la défense du monde réel contre celui des fantômes.

Aussi, sans attacher au texte dont il s'agit plus de valeur que vos maîtres eux-mêmes ne l'ont fait, serait-on peut-être fondé à le tirer dans mon sens tout autant que vous l'êtes vous-même à le tirer dans le vôtre : poser la simultanéité des deux créations, n'est-ce pas, en effet, laisser soupçonner entre elles un rapport? Si elles ont apparu en même temps, elles étaient donc métaphysiquement enchaînées dans la pensée de Dieu. A la rigueur, on est même en droit de dire que ce texte ne résout rien quant au sujet dont il s'agit : il établit que les anges sont une substance spirituelle, ce dont je conviens, totalement distincte de la substance corporelle, ce dont je conviens encore, contemporaine de celle-ci, ce que je reconnais également quand je prétends que la vie angélique ne peut s'accomplir sans l'intermédiaire des organes. Reste donc le véritable point de la spiritualité : savoir si les êtres supérieurs s'unissent ou non à des corps ; et c'est sur quoi le concile se tait, puisqu'il ne s'explique catégoriquement à cet égard qu'en ce qui touche la nature de l'homme. Donc, tout en frappant mes adversaires les plus décidés, Latran vous laisse libre.

Mais il faut aller plus loin : puisque ce concile ne vous oblige pas, n'y en a-t-il pas quelqu'autre qui vous fasse loi? Un seul, outre celui de Latran, s'est occupé de la question qui nous divise : c'est le second de Nicée. Le culte des anges agitait alors les esprits, les uns s'obstinant à en demander des images, les autres s'obstinant à les rejeter comme menteuses. Le concile, pour mettre fin à ce débat, se fait donner lecture d'un livre du bienheureux Jean de Thessalonique, qui s'était formellement déclaré contre les iconoclastes.

Permettez-moi de vous remettre sous les yeux ce passage décisif que je prends dans les actes mêmes du concile, cinquième action. « Le païen objecte : Les anges ne sont pas des hommes, mais ils sont appelés intellectuels, incorporels, existant simplement. — Le saint dit : Sur les anges, les archanges et sur leurs puissances, à quoi j'ajoute aussi nos âmes, l'Église catholique pense ainsi : que ces êtres sont à la vérité intellectuels, mais non pas complétement exempts de corps, ainsi que vous autres païens le pensez, et doués au contraire d'un corps ténu et aérien ou igné, comme il est écrit : « Il fait ses anges avec les vents, ses ministres avec le feu brûlant. » Nous savons que c'est ainsi que beaucoup de saints Pères ont pensé, parmi lesquels Bazile surnommé le Grand, le bienheureux Athanase et Methodius et ceux qui sont placés auprès d'eux. Il n'y a que Dieu seul qui soit incorporel et sans forme. Quant aux créatures intellectuelles, elles ne sont nullement incorporelles, et peuvent être imitées par la peinture, car elles existent dans un lieu et ont une surface. » Voilà ce que le concile a non-seulement entendu, mais ouvertement approuvé, puisque c'est sur cette lecture qu'on le voit décider tout d'une voix, à la demande du patriarche qui le préside, que les images des anges seront exposées dans les églises. Dites-moi maintenant s'il n'y a pas là une décision suffisante. Dites-moi, puisque vous déférez à l'autorité des conciles, si celui-ci ne vous oblige pas, en conscience, à faire cause commune avec nous. Dites-moi, enfin, quelle est, au sentiment des Pères de Nicée, celle de nos deux opinions qui appartient à la droite tradition de la chrétienté, et quelle est celle qui appartient au contraire à l'enseignement des gentils.

Quand on examine d'un œil tranquille l'histoire ecclésiastique sur ce point si capital de la théorie de l'univers, on voit que l'opinion des théologiens s'y est partagée, comme sur la question non moins capitale de la préexistence, en trois partis différents : les Pères grecs, presque unanimement, se sont prononcés en faveur de la corporéité des anges; les scolastiques, en faveur de l'incorporéité absolue; saint Augustin et son école en faveur de l'incertitude; si bien que chaque parti se comporte, en définitive, pour la corporéité de la même manière que pour la préexistence. D'un côté, Platon, de l'autre, Aristote, et au milieu, le doute et l'indécision.

Aux autorités mentionnées au concile de Nicée, il me serait aisé de joindre contre vous, si je voulais vous accabler sous le poids des témoignages, celles de Clément d'Alexandrie, d'Origène, de saint Justin, de Lactance, de Cassien, de Gennade, sans compter Tertullien conduit au même but par des voies si différentes. Bien que les commentateurs aient quelquefois essayé de détourner au profit de la thèse des scolastiques ce que disent les Pères de la subtilité des corps angéliques, n'est-il pas évident qu'il y a un abîme entre la prétendue incorporéité et cette corporéité raffinée, qui n'est qu'une expression confuse et mal réfléchie de la perfection idéale que l'on peut concevoir dans l'ordre des organisations supérieures? Origène lui-même, qui, dans les emportements de son ascétisme, est allé si loin dans la réprobation du monde matériel, n'a jamais pris à partie que cette matière épaisse dans laquelle il nous voyait emprisonnés, et que les conditions particulières auxquelles elle est soumise dans le système de notre planète ont bien plus compromise aux yeux des philosophes que le principe même de sa pondérabilité. La formule approuvée par le concile de Nicée n'est pas plus nette que celle qui se lit sur ce point dans le Périarchon. « C'est le propre de la seule nature de Dieu d'être conçu comme existant indépendamment de la substance matérielle et hors de toute association avec aucun agrégat corporel. » En un mot, tous ces grands esprits de la Grèce qui ont tant fait pour l'établissement des bases de la théologie, jusqu'au jour où leur nationalité est allée s'engloutir définitivement dans les misères du Bas-Empire, s'unissent ici et nous indiquent, sinon la vraie figure des choses, du moins la vérité de leur principe.

Dès le cinquième siècle, chez les Latins, la splendeur de ces idées commence à se troubler. Saint Augustin hésite : tantôt il incline au sentiment des Grecs, tantôt il le regarde comme incertain. Dans la Cité de Dieu, il déclare formellement, au livre XV, que la question des corps angéliques est ambiguë, et subsidiairement, au livre XXI, il s'efforce d'expliquer comment les esprits diaboliques, lors même qu'ils seraient incorporels, pourraient ressentir les tortures du feu. Mais dans sa lettre à Nébridius, il appelle les anges des animaux aériens ou éthérés; sur quoi saint Thomas a beau dire (1. q. 51) que saint Augustin n'affirme pas, mais se sert de l'opinion des Platoniciens, *non asserendo sed opinione Platonicorum utens,* vous conviendrez que c'est une pure subtilité, et qu'on ne se sert pas d'une opinion quand on ne la partage pas. Quand arrivent les extravagances de la mysticité scolastique, il n'y a déjà plus que quelques théologiens pour le parti moyen. Soutenu par les inspirations du bon sens, saint Bernard leur donne l'exemple; comme saint Augustin, il admet encore qu'on puisse balancer : « Du reste, dit-il dans son cinquième sermon sur le Cantique, les corps angéliques sont-ils naturels aux esprits, comme les corps sont naturels aux hommes? c'est une question sur laquelle les Pères paraissent avoir senti diversement; je ne vois pas clairement comment enseigner l'une ou l'autre opinion, et j'avoue que je suis dans l'ignorance; mais je pense aussi que la connaissance de ces choses ne serait pas d'un grand profit pour vos progrès. » Et cependant, malgré la pression des systèmes contemporains, s'animant, comme l'évêque d'Hippone, au souffle naturel de la vérité et de la vie, on le voit quelquefois se prononcer presque aussi résolument, au sujet de la corporéité, que les Pères de Nicée : « Donne à Dieu seul, dit-il dans la sixième homélie sur le Cantique, de même que l'immortalité, l'incorporéité; à Dieu, dont la nature seule n'a besoin, ni pour elle-même, ni pour autrui, du soulagement d'un instrument corporel. »

Avec le flot de l'invasion du péripatétisme, toute indécision disparaît. La théorie des substances séparées vient confirmer la dévotion séraphique, et toutes deux, de concert, font bientôt tourbillonner le moyen âge; le monde réel s'efface, et une sorte de nature magique vibre partout. Les anges, maîtres des imaginations, menacent de jeter dans l'ombre le reste de l'univers. « Les substances incorporelles, ose dire le docteur angélique, sont le milieu entre Dieu et les créatures corporelles. » Ainsi, voilà de nouveaux médiateurs qui, sur la foi d'Aristote, s'offrent en foule aux fidèles, et bénie soit la religion du Dieu crucifié qui empêche, finalement, que, sous le couvert de ces divinités inférieures, un autre polythéisme ne se relève! Le génie de Platon, qui, par le canal des Pères, avait eu tant d'influence sur les principes de la religion, est vaincu et rejeté, et c'est à son illustre émule que la scolastique consacre exclusivement son culte. « Platon, dit la Somme, sur la question du nombre des anges, a posé que les substances séparées étaient les types des choses sensibles, comme si nous posions que la nature humaine en elle-même est une substance séparée. Mais Aristote improuve cette position sur ce que la matière est du nombre des choses sensibles; d'où il suit que les substances séparées ne peuvent être les types exemplaires de ces choses sensibles, mais ont certaines natures plus élevées que celles des choses sensibles; et cependant Aristote pose aussi que ces natures plus parfaites ont relation aux choses sensibles selon la raison du mouvement et de la fin. » Je n'insiste pas; je ne veux pas développer cette formule, ni rappeler l'histoire des querelles fameuses qu'elle renferme; mais laissez-moi dire du moins que je viens de vous faire toucher le nid métaphysique duquel se sont envolés ces êtres fabuleux, doués de mouvement, privés de corps, et dont les nuées, après avoir flotté si longtemps dans l'atmosphère du moyen âge, affligent encore aujourd'hui tant d'esprits.

On dirait, en effet, qu'il y a désormais prescription chez les Latins en faveur de cet étrange système. Pas une voix ne proteste contre lui du côté de l'Église, et les philosophes eux-mêmes, avec leur manière d'enseigner l'immortalité de l'âme, quand ils l'enseignent, et les formes plus ou moins déguisées de leur aristotélisme, semblent y donner les mains. Mais rien de tout cela n'est valable, car rien de tout cela ne vit, ne marche, ne palpite. Si le christianisme, comme vous n'en doutez pas, est destiné à durer, transportez-vous un peu plus loin que nous ne le sommes de ce crédule moyen âge, et demandez-vous quelle sera alors l'autorité qui devra compter le plus, celle de l'École, que l'on verra régner sur une si pauvre période, créer si peu de chose et crouler sur elle-même si promptement devant Descartes et la renaissance, ou celle des Pères, et des Pères grecs surtout, si supérieurs à vos Latins, et qui garderont, quoi qu'il arrive, aux yeux de la postérité, l'éternel honneur d'avoir fait surgir philosophiquement du sein des légendes évangéliques les principes de la théologie, et, s'il faut le dire, de la religion. Certes, la réponse n'est pas douteuse : le droit des origines reprendra de plus en plus son empire ; et le monde incorporel, momentanément exalté par la mode, ne sera pour nos neveux, comme il l'est dès à présent pour tous ceux qui n'acceptent pas sans critique de mauvaises leçons, qu'un chapitre suranné de la longue histoire des aberrations de l'esprit de système.

Je me sens donc d'autant plus encouragé à vous solliciter de vous unir à nous, que je sens plus profondément combien ce spiritualisme insensé est opposé au génie fondamental de la chrétienté. Peut-on oublier que le grand et salutaire principe de l'union de l'âme et du corps est au fond des dogmes les plus essentiels de l'Église? Ce principe s'y lit partout : dans les sacrements, fondés sur les relations mystiques de l'esprit et de la matière ; dans l'eucharistie, présentant à votre adoration Dieu lui-même sous des espèces sensibles ; dans votre symbolique, qui vous montre l'homme-dieu assis au ciel en chair et en os, et vous peint si vivement, sous l'emblème de la résurrection universelle, la sanctification des corps ; dans votre culte enfin, qui, jusque sur vos autels, vous expose des images, voire celles des anges ; et partout, cependant, ce principe est manifestement outragé par la prétendue angélité des scolastiques. Inconséquence inouïe! celui dont le nom, selon la belle parole de saint Paul, est « au-dessus de tous les noms, et fait fléchir tous les genoux dans le ciel, sur la terre et dans les enfers, » le roi de l'empyrée, le prototype de la création, est formellement rangé dans l'ordre de la corporéité, et en même temps, les êtres les plus élevés après lui dans la hiérarchie du ciel, se trouvent dans un ordre absolument différent, et tirent de cette dissemblance même le titre de leur supériorité! Mais ne voyez-vous pas que s'il en était ainsi, vos anges, loin de nous dominer, devraient s'humilier devant nous, car prosternés avec nous aux pieds du même idéal, ils trouveraient en nous son image et la chercheraient en vain, en tournant leur contemplation sur eux-mêmes?

Il y a là quelque chose de si vif qu'il est impossible de ne pas en être frappé. Je me rappelle que Bossuet lui-même, dans son sermon sur la fête des anges, tout en répétant aveuglément, comme on en a pris l'habitude dans le clergé, la leçon des scolastiques, vient donner d'instinct sur cet écueil, et s'en relève avec un mouvement qui en laisse pourtant suffisamment entrevoir la valeur.

« Remarquez, dit-il, que ce corps qui nous accable de maux, nous donne cet avantage au-dessus des anges de pouvoir souffrir pour l'amour de Dieu, de pouvoir représenter en notre corps glorieux le corps glorieux de Jésus, en notre corps mortel et passible la vie souffrante du même Jésus. Ces esprits immortels peuvent être compagnons de la gloire de Notre-Seigneur, mais ils ne peuvent avoir cet honneur d'être les compagnons de ses souffrances... et si la charité le pouvait permettre, ils verraient en nous, avec jalousie, ces caractères sacrés qui nous rendent semblables à ce Dieu souffrant. » Ailleurs, par une image plus saisissante encore, il nous peint ces mêmes êtres, à la suite du juste, comme les bardes à la suite du héros, se contentant de la gloire de chanter sans avoir eu la gloire de combattre : « Ils voient qu'ils ne peuvent pas avoir cet honneur; ils se satisfont en le louant, ils suivent la pompe du triomphateur, et prennent part à l'honneur du combat en chantant la vaillance du victorieux. »

O musiciens célestes, où est la supériorité dont les docteurs du moyen âge s'étaient avisés de vous gratifier? Que votre personnage devient embarrassé, quand on se représente votre ciel rempli, par la résurrection, de tant de trépassés glorieux! Quelle étrange société feriez-vous avec des êtres si disparates, et ne seriez-vous pas alors naturellement portés à solliciter de Dieu la grâce de renoncer à votre spiritualité? Ou plutôt, en poussant à bout les argumentations des scolastiques, n'arriverait-on pas à conclure que puisqu'il est dans la condition des hommes de ne discerner les anges qu'à condition que ceux-ci soient enveloppés dans des corps artificiels qui les manifestent, la même nécessité devra subsister dans le ciel? D'où il suivrait donc qu'en définitive, tous ses habitants prendraient des corps, les uns des corps naturels, et les autres des corps fictifs, sous lesquels ils se promèneraient éternellement comme sous le masque. Folie! Et après tout, en vue de quel avantage, tant de difficultés? En vue de mêler à la droite religion de l'humanité je ne sais quelle religion hétéroclite, née d'un commentaire fantastique d'Aristote, et dont, eût-elle même autant de fondement qu'elle en a peu, nous n'aurions que faire, car elle n'importe ni à Dieu, ni aux saints, ni à nos semblables, ni à nous-mêmes.

LE THÉOLOGIEN.

Je comprends à merveille votre insistance touchant la corporéité des anges. Vous dites, en effet : Si les anges ont des corps, ces corps sont nécessairement appropriés au mode d'existence de ces êtres et aux circonstances qui règnent dans les lieux qu'ils habitent; comme les anges se déplacent, ils ont des organes de locomotion calculés d'après la vitesse avec laquelle il leur est donné de se mouvoir, d'après l'intensité de la pesanteur sur l'astre où ils vivent et le degré de résistance des fluides dans le sein desquels ils sont plongés, ou même, d'une manière plus générale, d'après la nature des divers milieux qu'ils peuvent alternativement traverser; comme il est inévitable qu'ils participent à l'action de la lumière, ils ont des yeux construits, comme les nôtres, d'après les lois de l'optique, et sans doute avec des combinaisons plus savantes et proportionnées à la perfection de leur vue et à la finesse des rayons inconnus à nos sens qu'ils perçoivent; de même pour l'entretien et la conservation de ces membres, qui, étant continuellement en exercice, doivent sans doute avoir besoin, comme les nôtres, de réparations continuelles. Dès qu'il y a des anges et que les anges ne sont pas de purs esprits, vous êtes régulièrement autorisé à conclure que ces modes sublimes d'organisation dont il vous plaisait de supposer, dans notre dernier entretien, que les hommes seraient un jour appelés à jouir, existent réellement aujourd'hui dans les zones supérieures de l'univers. Comme vous l'avez dit, de même que les êtres qui peuplent l'océan ne ressemblent point à ceux qui vivent dans la pleine lumière de la campagne, et que dans chacune de ces résidences distinctes, il y a une quantité d'espèces dont nous ne saurions nous faire idée s'il ne nous était permis de les observer ; de même les êtres attachés aux demeures innombrables qui se partagent l'immensité nous offriraient, si nous étions en position de les voir, une multitude d'organisations diverses et inimaginables, dont les plus élevées diffèrent peut-être de la nôtre, tant par leur beauté que par le nombre et l'excellence de leurs services, plus encore que nous ne différons nous-mêmes du mollusque et du ver de terre; en un mot, le corps humain n'est plus un absolu.

J'entrevois même par vos dernières paroles que vous avez dessein de pousser encore plus loin vos conséquences. Vous dites : Puisqu'il faut croire que, dans les plans du Créateur, toutes les populations de l'univers ne composent au fond qu'un seul peuple, il faut croire aussi que, dans notre immortalité, nous pourrons être appelés, si nous nous en sommes rendus dignes, à faire société avec les anges ; donc, si les anges possèdent des corps appropriés à leurs fonctions naturelles, nous ne posséderons, pas à leur opposé, des corps inutiles et de pure parade. L'argument, tiré de la similitude de condition, dont vous vous êtes servi tout à l'heure pour combattre l'incorporéité des anges, devient de la sorte entre vos mains un argument nouveau contre le dogme de la résurrection des corps entendu à la lettre. Il ne semble pas possible que les anges, revêtus, comme vous le prétendez, de corps construits avec les éléments de leur ciel, voient jamais arriver dans leur sublime compagnie les saints de la terre avec la grossière figure et les grossiers organes qui leur appartenaient ici-bas, lesquels, dénués de toute convenance dans cette autre demeure, y choqueraient comme dépaysés; et par conséquent, de ce que la loi de corporéité règne chez les anges, il faudra conclure logiquement que celle du renouvellement des organismes règne chez les hommes; et ne tournerez-vous même pas ici contre nous la parole de Jésus dans saint Luc : « Les fils de la résurrection seront les semblables des anges dans les cieux ? »

Ainsi, votre position est à part; vous ne voulez ni la pure incorporéité des êtres supérieurs, telle qu'elle a fini par prendre cours dans l'Église, ni les corps éthérés dont il est question dans les

Pères. Si les corps que vous imaginez sont subtils, ils le sont par la subtilité de leurs mécanismes et de leurs relations, et non par celle de la matière qui les compose. En définitive, vous n'êtes pas plus avec Platon qu'avec Aristote et les scolastiques, et je ne saurais au juste où vous inclinez, si je ne me rappelais ces vers de Lucain sur l'immortalité druidique :

> « ..... Idem spiritus regit artus
> Orbe alio. »

Sans contredit, rien de tout cela n'est de notre goût ; mais, j'oserais presque le dire, vos conclusions ne m'effraieraient encore que modérément si, derrière votre idée de la corporéité des anges, je n'apercevais quelque chose de plus grave encore. Tout s'enchaîne en théologie : après avoir attaqué le principe de l'incorporéité au nom de celui de la supériorité, vous allez être entraîné maintenant à attaquer le principe de l'illumination angélique au nom de celui de la corporéité. Or, si nous tenons tant à la spiritualité des anges, c'est moins encore pour affranchir ces ineffables créatures des lourdes chaînes du corps, qu'afin de pouvoir les admirer à notre aise dans les pures lumières de l'intelligence. C'est ce que vous rendez impossible dès que vous rejetez la spiritualité absolue. En soumettant les anges à la matière, vous les soumettez du même coup aux aveuglements que la matière implique. Si les anges ont des corps, ils ont des sensations ; s'ils ont des sensations, ces sensations leur sont utiles ; donc, ainsi que vous avez déjà été conduit à l'exprimer, les idées leur arrivent, comme à nous, par l'intermédiaire des choses sensibles. Ce n'est plus Dieu lui-même qui les illumine ; et voilà encore une des plus glorieuses magnificences du ciel que votre naturalisme dévastateur nous enlève en passant.

Non-seulement vous anéantissez ainsi ce qu'il y a de plus sublime dans la nature des anges, mais vous jetez par là même leur ensemble dans la confusion. Les lois de leur hiérarchie se trouvent détruites en même temps que celles de leur entendement, car c'est justement sur les caractères de l'illumination dont ils sont l'objet que cette hiérarchie se fonde. En vain nous offrez-vous votre fastueux principe de l'innombrable, si vous ne nous donnez le principe de la variété, vous n'enfantez, en dernière analyse, que l'imperfection. Il y a plus de beauté dans la symétrie d'une simple fleur des champs que dans le désert avec ses horizons de grains de sable, succédant uniformément à des horizons du même genre. Aussi, vos multitudes infinies, même indépendamment des rayons dont vous les dépouillez, me paraissent-elles bien au-dessous de nos chœurs célestes, disposés les uns à l'égard des autres suivant une harmonie si bien étudiée, et comme les zones d'un vivant arc-en-ciel, se renvoyant mutuellement les splendides clartés du soleil divin.

N'ayant à compter, en vertu de notre principe, ni avec les modes d'organisation ni avec les conditions de résidence, c'est uniquement le degré de perfection de la connaissance qui détermine pour nous les rangs de la hiérarchie supérieure; classification exemplaire et qu'un philosophe devrait savoir respecter! D'ailleurs, elle ne nous vient pas, vous le savez, de ce moyen âge pour lequel vous vous montrez si sévère, car nous la trouvons en honneur dès les premiers siècles de l'Église. C'est en nous en découvrant le secret, que l'Aréopagite nous explique d'un trait tous ces noms et toutes ces gradations, qui ne nous apparaissent que comme de mystérieux éclairs à travers le langage inspiré des livres saints. « Les anges supérieurs, nous dit-il, participent à la science dans un mode plus universel que les anges inférieurs. » Voilà donc ce que sont les anges les plus voisins de Dieu : ce sont les anges les plus intelligents. Ce trait de lumière a suffi pour donner l'élan à la scolastique dans les ingénieux développements qu'elle a su introduire dans une matière si naturellement élevée au-dessus de nous. Le docteur angélique, en particulier, est parvenu, grâce à sa merveilleuse sagacité, à lui communiquer une précision pour ainsi dire mathématique. En Dieu, comme il le remarque fort bien, la plénitude de la science est contenue sous la forme de l'unité; mais dans les créatures, il est sensible que cette plénitude ne peut exister que d'une manière moins parfaite, et par conséquent moins simple; donc, ce que Dieu conçoit dans l'unité, les substances intellectuelles qui reçoivent de lui leurs idées, le comprennent dans la multiplicité, et dans une multiplicité qui devient de plus en plus grande à mesure que ces substances s'éloignent de lui. C'est ce qui se comprend très clairement par notre exemple, ainsi que le fait également remarquer le prince de l'école, car on voit des hommes qui sont tout à fait incapables de comprendre les choses, à moins qu'elles ne leur soient démontrées article par article, tandis qu'il s'en trouve d'autres, d'un esprit plus fort, qui saisissent sans peine une multitude de choses particulières dans un petit nombre de générales.

Il n'en faut pas davantage à l'illustre théologien, qui sans doute, nulle part, n'a mieux mérité qu'ici son surnom d'angélique, pour nous rendre exactement raison de ces neuf grades de la hiérarchie céleste, dont les noms nous ont bien été livrés çà et là par les prophètes, mais sans aucun éclaircissement qui nous en fasse connaître le mystère : les séraphins, les chérubins, les trônes, les dominations, les vertus, les puissances, les principautés, les archanges, les anges. En effet, les raisons métaphysiques, qui, par l'action surnaturelle de Dieu, éclatent spontanément dans les anges, peuvent être considérées de trois manières différentes, ce qui donne lieu, selon la logique, à trois classes d'êtres parfaitement distinctes : dans la première classe, placée au voisinage immédiat de Dieu, les choses sont vues telles qu'elles procèdent du premier principe universel qui est Dieu lui-même; dans la seconde, elles sont vues telles qu'elles dépendent des principes universels créés; dans la troisième, elles sont vues dans la cause spéciale de chacune d'elles. Sans insister plus longuement sur le détail de cette tripartition fondamentale, observons seulement, comme le fait notre maître, sa ressemblance avec ce qui se voit dans l'ordre politique de la terre, où souvent les populations qui, en raison de leur nature et de leurs habitudes, ne sont pas susceptibles d'être gouvernées identiquement de la même manière, se coordonnent, sous la main du même monarque, en autant de principautés différentes. De même, pour subdiviser en sections ces trois classes primitives et arriver ainsi au chiffre des neuf chœurs célestes, vous pouvez aussi considérer simplement ce qui a lieu dans l'intérieur de toute cité bien réglée. « Toute multitude parfaite, dit notre docteur, a une tête, un milieu et une fin; d'où il résulte que, dans toutes les villes, il y a trois ordres d'habitants : les uns sont les supérieurs, comme les nobles; les autres, les inférieurs, comme la plèbe; les autres enfin, les moyens, comme les notables; et par conséquent, de la même manière, dans chaque hiérarchie angélique, il y a des ordres, selon la diversité des actes et des fonctions, et cette diversité se réduit à trois. » Peut-être jugerez-vous que cette seconde tripartition est fondée sur des caractères moins précis que la première; mais il doit vous suffire, en thèse générale, qu'elle soit également philosophique, étant également calculée d'après les degrés de l'intelligence angélique.

LE PHILOSOPHE.

Convenez que, si j'y étais disposé, j'aurais bien sujet de vous entreprendre sur cette constitution angélique si naïvement adaptée à la constitution féodale et municipale du moyen âge; mais le sujet que vous soulevez m'émeut trop pour me laisser le cœur à de telles critiques. Quelle magnifique science a eue là en vue la scolastique! Que ne puis-je, avec ces ailes que votre symbolique donne aux anges, m'élancer parmi eux, moins encore pour contempler leurs figures et les habitudes de leur vie, que pour apprendre d'eux comment s'éclaire leur intelligence, et comment, à leur exemple, je puis espérer de voir un jour s'illuminer dans mon esprit tant de problèmes qui m'environnent du côté de Dieu comme du côté de l'univers! Mais nous ne saurions seulement jeter les yeux sur une telle science sans apercevoir aussitôt combien nous en sommes loin! A peine réussissons-nous, avec toute notre philosophie, à nous faire une idée exacte des puissances intellectuelles qui agissent en nous, et notre pensée même nous est un mystère; par quelle méthode nous élèverions-nous donc à la détermination des lois psychologiques de ces êtres, en comparaison desquels notre entendement s'efface sans doute, comme s'effacent devant l'éclat du jour ces lumières qui ne nous paraissent brillantes que dans la nuit? Et quand nous ne sommes pas en état de nous représenter leur organisation physique, comment nous flatterions-nous de nous représenter jamais leur organisation spirituelle ?

Néanmoins, malgré notre faiblesse, peut-être même en raison de l'ambition que cette faiblesse nous inspire naturellement de prendre position au-dessus de nous-mêmes, un invincible charme nous attire vers les régions invisibles. Nous pressentons d'instinct qu'en essayant de pénétrer jusqu'à ces grandes existences, nous nous occupons implicitement de nous-mêmes, et que s'il nous était donné de soupçonner un peu ce qu'elles sont, nous saurions bien plus clairement ce que nous serons un jour, et même, grâce à un certain reflet de leurs personnes sur les nôtres, ce que nous sommes maintenant. Je me rappelle de belles paroles de Sénèque sur ce sujet, au début de ses Questions naturelles. « Autant il y a de différence entre la philosophie et les autres sciences, dit-il, autant y en a-t-il, selon moi, dans la philosophie elle-même, entre la partie qui traite des hommes et celle qui traite des dieux. Cette dernière est plus haute et plus vivante. Elle s'est donné beaucoup : ne se contentant point de ce qui se voit, elle a soupçonné quelque chose de plus grand et de plus beau, placé par la nature au delà de nos regards. L'autre enseigne ce que l'on doit faire sur la terre, celle-ci ce qui se fait dans le ciel ; l'autre étudie nos erreurs et nous met dans les mains le flambeau qui doit éclairer notre vie, celle-ci s'élève bien au-dessus de cette obscurité dans laquelle nous flottons, et, nous arrachant à nos ténèbres, nous conduit à l'endroit d'où vient la lumière... Combien je rends grâce à la nature, quand je la contemple, non de ce point de vue qui est public, mais après avoir pénétré dans son intimité ! Errant alors parmi les astres, je me ris des fastueux pavages des riches, et de la terre, avec son or...
Tum juvat inter sidera ipsa vagantem, divitum pavimenta ridere et totam cum auro suo terram...

Quelle noblesse de langage ! Que j'aime à me réciter ces paroles, et que j'ai souvent regretté que leur auteur se soit contenté d'un vol si court dans ces sublimes régions ! Mais j'en veux surtout à Leibniz, dont le génie eût été si capable d'éclairer de telles questions, et qui s'est à peu près borné à nous laisser entrevoir combien il en appréciait l'importance ; comme dans les Nouveaux Essais, lorsqu'il déplore si laconiquement « la facilité que l'on a eue de quitter l'ancienne doctrine des corps subtils joints aux âmes, et l'introduction des prétendues intelligences séparées. » Outre l'intérêt qui s'attache à la connaissance des natures supérieures, il me semble même que rien ne serait plus propre à jeter de la lumière sur les problèmes si difficiles de notre entendement que de considérer cet entendement, non point tel que nous le voyons dans ses conditions actuelles, mais tel qu'il serait si ces mêmes conditions venaient à revêtir, comme on le peut supposer dans un ordre d'existence plus élevé, des caractères plus parfaits. Sans doute, il n'est pas aisé à notre imagination de concevoir, du premier bond, la possibilité de nager dans la lumière avec ces mêmes organes au moyen desquels nous rampons à peine aujourd'hui ; mais de même que nous nous familiarisons avec la pensée d'un mode plus excellent d'organisation physique, en nous mettant devant les yeux les degrés qui se succèdent depuis le plus humble des animaux jusqu'à nous, de même la considération des progrès qui s'observent en nous depuis le bas âge jusqu'à l'âge si justement nommé l'âge de raison, peut-elle nous être d'un grand secours pour la conception d'un type supérieur d'entendement. Si bien que l'étude de nos progrès actuels nous conduirait à la détermination de notre idéal, et que cet idéal, une fois déterminé, réagirait à son tour sur notre présent, qu'il nous ferait mieux comprendre.

Vous indiquer ainsi ce que je soupçonne des principes de la psychologie angélique, c'est assez vous avertir de la hauteur à laquelle je les sens planer au-dessus de moi. Ne craignez donc pas que je vous entraîne trop loin : il faut bien que mon ambition se résigne, et je me tiendrai satisfait si je vous fais seulement entrevoir comment il y a peut-être moyen de rejeter, au nom de ces principes, votre théorie des esprits angéliques, si injurieuse pour les vraies grandeurs de l'esprit humain. Au premier abord, j'en conviens, cette théorie paraît toute unie : son fondement consiste, comme vous l'avez fort bien dit, à supposer que toutes les idées qui se trouvent dans l'entendement des anges, même celles des objets matériels, y ont été imprimées par Dieu à l'instant même où il les a créés, à peu près, pour me servir d'une expression de l'École, comme l'empreinte qui se fait avec un anneau dans de la cire. Ce sont bien là les idées innées sous la forme la plus exagérée qu'elles aient jamais reçue! Au lieu de ressembler à cette table rase dont on a tant parlé pour le nôtre, l'entendement de ces êtres supérieurs serait plutôt comme un dictionnaire universel, déposé en eux tout écrit, et où ils n'auraient plus qu'à feuilleter pour tout connaître. Or, qui ne voit que rien ne pouvant attirer leur attention, à un moment donné, sur un sujet plutôt que sur un autre, il faudrait, de deux choses l'une : ou qu'ils eussent simultanément conscience de toutes les espèces intelligibles situées en eux, ce qui serait la confusion ; ou que les pages de leur dictionnaire venant à se tourner d'elles-mêmes, ou, pour mieux dire, par la main de Dieu, leur fissent lire à chaque instant en eux-mêmes l'idée correspondante aux circonstances? Mais il est manifeste que des êtres soumis à de telles conditions, loin d'occuper le premier rang dans l'ordre de la vie et de l'immortalité, ne seraient que de purs réflecteurs, répercutant passivement, suivant un mode plus ou moins fragmentaire, les rayons divins, à peu près comme ces miroirs à facettes dans lesquels la lumière se brise. Infidèles au sens profond de ce mot Esprit, si éminemment représentatif des idées d'activité et de mouvement, alors que vous vous targuez de nous produire l'excès de la spiritualité, vous ne nous produisez donc que l'excès de la passiveté, et votre prétendue théorie des esprits, frappée au cœur, s'affaisse sur son principe même et retombe.

Cette conséquence est d'autant plus vive qu'elle appelle une contrepartie tout à fait analogue. Dès que l'on sépare d'une manière absolue les lois de l'entendement angélique de celles de l'entendement humain, on se trouve en effet conduit à mettre pareillement ce dernier en dehors des conditions de la vie ; car si le privilége d'être en relation intellectuelle avec Dieu appartient en propre à l'entendement angélique, par contre, le propre de l'entendement humain doit consister à n'être en relation qu'avec les corps. Le second mode de production des idées forme l'antithèse du premier. Aussi n'est-il pas moins cher à l'École, et la fameuse formule dont on a tant abusé, *Nihil est in intellectu quod non fuerit in sensu,* est l'article fondamental de sa psychologie.

Pour elle, pas de milieu : aux intelligences séparées, les illuminations de Dieu ; aux intelligences engagées dans la matière, celles des sens. Donc, la nature humaine tombe dès lors dans une passiveté aussi complète, quant à ses phénomènes intellectuels, que la nature angélique, puisqu'elle ne possède au fond que les impressions que lui donnent les corps, comme la nature angélique ne possède non plus que les impressions données par Dieu ; et en raison même de cette opposition si tranchée entre les deux natures, la vie leur échappe à toutes deux également. Et ne voyez-vous même pas que si, d'un côté, la religion est ainsi en danger de se perdre dans les vides du mysticisme, de l'autre, elle est exposée aux vides non moins redoutables du matérialisme ? Car n'y a-t-il pas plus d'apparence que les âmes humaines soient destinées à retourner un jour à la terre, où les maîtres de la science leur montrent tant d'affinités, qu'il n'y en a à ce qu'elles soient jamais capables de s'élever à cette région des illuminations métaphysiques, qui leur est si radicalement étrangère ? Où il ne se découvre aucune échelle, quelle apparence de pouvoir jamais monter !

Aussi, je l'avoue, si l'entendement humain ne recevait d'idées que par le canal des sens, comme l'ont cru si obstinément les scolastiques, je renoncerais immédiatement à ma thèse du perfectionnement naturel ; car, n'apercevant aucune possibilité de mettre notre intelligence en mouvement vers l'infini, les autres progrès de notre être ne me paraîtraient plus qu'une chose vaine et illusoire. J'aurais beau donner un accroissement sans mesure à la somme de nos impressions corporelles ainsi qu'à l'habileté avec laquelle notre esprit les combine, tout cela ne mettrait pas dans l'homme une étincelle de plus de la lumière de Dieu. Mais c'est ici qu'au nom du spiritualisme dont nous avons également tous deux la cause à cœur, je vous somme de reconnaître, contre le sensualisme illogique du moyen âge, la réalité de ce qu'on a si bien nommé les idées innées ; innées, en effet, puisque ce sont des dispositions qui existaient déjà en nous avant même que nos yeux ne se fussent ouverts au rayonnement du jour. Ce sont là les impressions que Dieu lui-même, sans aucune intervention de la matière, fait dans nos âmes ; et aussi me semble-t-il y avoir une grande force dans cette expression de *zôpyra*, feux de la vie, par laquelle je ne sais plus quel philosophe caractérisait ces idées primitives. Elles sont de véritables jets de cet éternel foyer aux irradiations duquel l'École ne voulait ouvrir que les entendements supérieurs. Si éloignés que nous nous sentions présentement de la perfection intellectuelle, ces jets divins ne pénètrent pas moins jusqu'en nous, et nous font sentir, dans la profondeur de notre essence, comme un avant-goût de la chaleur de Dieu. Tout en nous éclairant, ils nous commandent, et ils nous révèlent suffisamment de quelle source ils émanent, en nous obligeant à reconnaître ce qu'il y a d'absolu dans leur immuabilité, leur universalité, leur souveraineté. N'est-ce point là ce que saint Paul, que j'aime à vous objecter, avait confusément en vue, lorsqu'il opposait aux possesseurs de la loi écrite, c'est-à-dire transmise par les sens, les Gentils, gratifiés simplement de ces lois générales que Dieu lui-même a tracées dans tous les hommes « qui montrent l'ouvrage de la loi écrit dans les cœurs, la conscience leur fournissant le témoignage? » Et en effet, quand on admet tant d'impressions de Dieu dans nos âmes en ce qui concerne la charité, comment pourrait-on, sans inconséquence, refuser d'en accepter aucune en ce qui concerne la vérité?

C'est par cette disposition que se comble l'abîme imaginaire qui, aux yeux du moyen âge, séparait l'entendement humain de l'entendement angélique, et que s'achève notre apothéose, puisqu'il nous est dès lors permis d'élever en imagination notre intelligence jusque dans le Ciel. Si les anges sont divinement illuminés, nous le sommes aussi. Le jour qui règne en nous sur les vérités nécessaires nous donne un aperçu lointain du jour qui les inonde. Augmentez la splendeur des clartés méthaphysiques dont nous jouissons; étendez-les jusqu'aux régions qui, en dépit de nos efforts, nous demeurent encore obscures; faites luire en nous, avec une vivacité croissante, les principes convenables pour que tout ce qui nous est ignorance nous devienne connaissance, et sans avoir rien changé à nos facultés essentielles, sinon le degré de leur puissance, vous nous aurez mis sur la voie qui conduit à la perfection du savoir. Souffrez qu'à votre exemple, j'invoque à mon tour, pour en faire notre symbole, ce brillant phénomène de l'aurore.

A peine commence-t-elle pour nous : la plus grande partie du ciel est encore dans la nuit, et les lueurs montent à peine au-dessus de l'horizon ; mais cette pénurie de lumière n'est qu'un état passager : de moment en moment, l'éclat grandit et se propage dans les zones qui, tout à l'heure, étaient encore dans la pénombre ; et chassant majestueusement les ténèbres, l'illumination envahit peu à peu jusqu'au zénith. Attendons, et si Dieu nous en juge dignes, le soleil de l'intelligence se lèvera bientôt pour nous, comme il s'est déjà levé pour ceux qui sont plus avancés que nous vers la région du matin.

Tant s'en faut, toutefois, qu'en concevant de la sorte le développement graduel des rayons du savoir chez les existences supérieures, il faille se laisser aller à penser que la lumière divine doive jamais envelopper pour elles la totalité des idées. Ce serait retomber dans la faute des scolastiques, revenir à la passiveté de l'entendement, et par cette passiveté, à l'incorporéité. Si c'est à Dieu que remontent les vérités universelles, c'est des objets matériels que dérivent, par l'intermédiaire de la sensation, les vérités particulières. Comme les idées qui nous les représentent sont purement occasionnelles et transitoires, il n'y aurait aucune convenance ni à ce qu'elles fussent engendrées par la source éternelle, ni à ce qu'elles fussent empreintes dans nos âmes en caractères permanents. Quand il est nécessaire qu'elles paraissent, c'est par suite de quelque engagement de nos personnes avec les corps qui nous entourent, et ces corps, après leur avoir eux-mêmes donné le signal de naître, les laissent ensuite se voiler. Voyez votre ange Raphaël sur la route de Ragès avec son jeune ami, un obstacle, une pierre se présente devant ses pas : en est-il averti, comme le veulent vos mystiques, par l'empreinte immuable que Dieu aurait faite, dès le principe, dans sa substance, de l'idée de cette pierre jointe à l'idée de cet instant? Non ; mais, comme Tobie lui-même, il en est averti par les ondulations lumineuses qui, émanées de l'objet, se propagent jusque dans le domaine de sa personne, et excitent en même temps dans son esprit les idées divines au moyen desquelles il connaît l'espace et s'y gouverne ; et loin de se trouver humilié dans sa haute nature par cette manière commune de s'éclairer, il s'y complaît au contraire, car c'est grâce à elle que son intelligence est mise en demeure d'agir, et qu'il goûte en lui-même la spontanéité de sa raison.

Voici, en effet, le plus beau de l'institution des corps et ce qui en fait, peut-être, ressortir le plus éloquemment l'universalité ; c'est que cette institution n'est pas seulement le principe des illuminations sensibles, mais le mobile fondamental de l'existence de la raison. Comme c'est la raison qui noue la chaîne entre les idées occasionnelles et les idées absolues, c'est par elle que s'opère la combinaison entre ce que notre entendement reçoit des sens et ce qu'il reçoit de Dieu. Si donc, la sensation est utile à l'intelligence, c'est à condition que l'intelligence soit douée de la puissance de la raison ; et par conséquent, l'existence de la sensation chez un être intelligent équivaut à l'existence de la raison. Mais, au contraire, ôtez-nous les sens, supposez que nous soyons uniquement éclairés par en haut, comme il n'y a plus aucune nécessité d'enchaînement, toutes les idées se juxtaposant dans la même lumière, la raison cessera d'être un instrument nécessaire, et vous reconnaîtrez qu'à force de nous avoir rendus intelligents, vous nous avez dispensés de demeurer raisonnables. Aussi, est-ce une conséquence devant laquelle la scolastique n'a nullement reculé. Comme elle avait fait les anges sans corps, elle a profité de l'ouverture et les a faits aussi sans raison. « Comme dans les choses qu'ils connaissent d'abord naturellement, dit votre docteur, les anges aperçoivent toutes les choses quelconques qui peuvent être connues dans celles-ci, ils sont nommés intellectuels. Au lieu que les âmes humaines, qui acquièrent la connaissance de la vérité moyennant un certain mouvement discursif, sont nommées raisonnables, ce qui vient de la débilité de leur lumière intellectuelle (I, q. 58). » Ainsi, le corps que vous affectez si habituellement de mettre en opposition avec l'esprit, loin de nuire à l'esprit, est au contraire la cause occasionnelle de l'un de ses plus admirables attributs : où il y a le corps, si l'on veut l'intelligence, il faut aussi la raison. Donc, en liant les êtres supérieurs à des organes sensibles, nous ennoblissons implicitement leur entendement, puisqu'au lieu de la passiveté, nous leur donnons dès lors l'activité volontaire, et, avec l'activité volontaire, la ferme conscience de la personnalité.

Voyez à l'œuvre un de ces êtres sublimes, à l'existence desquels nous ne pouvons nous empêcher de croire, et mettez en comparaison de la magnificence avec laquelle il produit en lui la lumière, l'inertie et l'impersonnalité de vos prétendus illuminés. Au lieu d'une collection de connaissances toutes faites, Dieu a seulement déposé dans son sein les vertus par lesquelles s'engendrent toutes connaissances, et, à l'exemple de son divin auteur, il se plaît à s'éclairer lui-même et à remplir les vastes capacités de son être d'une intarissable projection de gerbes lumineuses. A des notions primitives plus éclatantes et plus profondes, s'ajoutent, chez lui, une souveraine activité de logique et tous les trésors de détails que peut fournir une clairvoyance sans bornes. Il abstrait, il généralise, il conclut, il associe les idées, il les revêt de toutes les perfections de la beauté; il s'élève dans l'art, il descend dans la géométrie et la métaphysique, il rayonne à son gré sur toute la nature. Non-seulement il connaît : il invente, il imagine, il crée, et rien de tout cela ne lui coûte; il a les ailes du génie, et, en les ouvrant, il s'emporte où il veut dans la lumière. Comptez aussi qu'il n'est pas seul : il faut le concevoir dans une société digne de lui, jouissant d'être enseigné et s'exaltant à enseigner à son tour, épanchant les flots de son âme en toutes sortes de langages et d'expressions, interrogeant non-seulement le monde matériel dans ses secrets les plus instructifs, mais interrogeant avec la même subtilité et la même aisance tous les êtres. A toutes les ressources du raisonnement, alliez dans son entendement toutes celles de l'expérience, toutes celles de la tradition, bien plus, toutes celles de la mémoire; et quelles prodigieuses possibilités de savoir n'apercevons-nous pas de ce côté, dès que nous nous représentons une faculté de souvenir s'étendant jusqu'à la possession complète du passé! Que d'observations réunies durant tant d'existences, à travers tant de stations, à tant de degrés divers de la hiérarchie infinie! Quel apprentissage de la géographie de l'univers! Quelle pratique du code des migrations et des destinées! Quelle expérimentation des développements séculaires de l'âme, depuis cet âge d'enfance dans lequel nous sommes, jusqu'à ces âges de maturité qui nous attendent, et que, tout en les pressentant, j'essaie en vain de définir !

Voilà ce qui, dans l'étude des populations supérieures, me touche bien autrement que les classifications artificielles auxquelles se plaisent vos docteurs. Du reste, je ne rejette pas absolument leur principe; seulement, à mes yeux, la mesure des intelligences n'est pas simplement donnée par la puissance de généralité avec laquelle sont conçues les idées, mais aussi par la multitude de ces idées. C'est par là que je condamne votre hypothèse de trisection. Depuis la collection des principes spéciaux qui régissent chacun des innombrables détails de l'univers jusqu'au principe divin qui les résume tous dans sa suprême unité, il y a en effet une gradation infinie; mais ces deux termes extrêmes, sur lesquels vous prétendez échafauder votre première et votre troisième classe, ne sont que des limites idéales; et la série naturelle des créatures, aussi peu disposée à l'infinie fragmentation des idées qu'à leur infinie concentration, est comprise tout entière dans l'intermédiaire.

Mais, à moins d'être ébloui par l'esprit de système, peut-on se flatter d'imiter la vérité des choses en se représentant ce prodigieux ensemble de créatures sous la forme d'une série linéaire tout uniment découpée en neuf tronçons? Ne doit-on pas considérer plutôt que les êtres supérieurs se lient les uns aux autres par des transitions insensibles et suivant une multitude de modes divers, en se donnant, pour ainsi dire, tous la main, sans faire scission nulle part? Non-seulement les cadres de la hiérarchie ne sont pas aussi tranchés que vous les faites, mais ils ne sont pas, non plus, d'une ordonnance aussi uniforme que vous le supposez : ici prédomine la généralité des idées; ici, leur étendue; ici, l'invention; ici, l'art; ici, la science; ici, le langage; et en dehors même des variations dans l'entendement, chez les uns, la charité et les vertus morales prenant le dessus, chez les autres, le caractère et la puissance d'action; chacun a ses qualités, chacun a sa manière spéciale d'agir et de s'élever. Permettez-moi donc de rejeter dans les nuages cette échelle systématique à étages ternaires, que rien ne justifie, et de vous ramener en toute humilité au sentiment contenu dans cette déclaration de votre auteur préféré, à laquelle je me rallie. « Si nous connaissions parfaitement les fonctions et les distinctions des anges, nous saurions parfaitement que chaque ange a son office propre, ainsi que son rang propre, dans l'ensemble des choses, et à bien plus juste titre qu'aucune étoile, bien que cela nous soit caché. *Etsi nos lateat.* » Je vous dis de même : Puisque nous ne sommes pas en état de classer philosophiquement les étoiles, bien que nous les ayons devant les yeux, n'essayons pas de classer les anges, que nous voyons encore moins ; et comme nous ne doutons pas que les astres ne soient exactement classés devant Dieu, bien que cela nous soit caché, ne doutons pas non plus que les anges ne le soient aussi. Contentons-nous, en attendant les illuminations futures, de posséder dès à présent les principes généraux des différences qui doivent exister entre ces natures supérieures ; et au lieu de cet étroit système de trois chœurs à trois parties entourant le trône de l'Éternel, entrevoyons plutôt, dans les profondeurs sans bornes de la vie, une infinité d'ordres divers, se mariant ensemble d'une infinité de manières, et réfléchissant, chacun à son point de vue et par ses propres vertus, la magnificence de l'univers et la majesté mystérieuse de son auteur.

LE THÉOLOGIEN.

Bien que je ne tienne pas à notre statistique des anges comme à un chapitre de foi, je suis pourtant contrarié de vous voir prendre position si loin de nous. Dans la grande querelle que nous ont suscitée, comme vous le savez, sur l'entendement angélique, les théologiens des jésuites, vous affectez de n'être ni tout à fait pour les uns ni tout à fait pour les autres ; et l'on ne sait, pour ainsi dire, si l'ancienne École doit vous prendre pour adversaire ou pour allié. Trois points fondamentaux sont en discussion ; et sur chacun de ces points, vous venez jeter dans le débat des opinions à part, et que, pour achever de bien préciser le caractère de notre dissidence, je veux relever sommairement.

Premièrement, comment faut-il entendre ce principe général, sur lequel vous êtes d'accord avec nous, que plus les intelligences célestes sont élevées, plus leur science est universelle? Nous prétendons, avec l'École, que tout ange devant nécessairement connaître tout ce qui a été créé, le savoir des anges ne peut différer d'universalité que relativement au milieu dans lequel sont compris les objets particuliers, et non relativement à ces objets eux-mêmes; autrement dit, que les anges comprennent par des espèces intelligibles de plus en plus générales, qui leur représentent formellement et distinctement plus ou moins de choses. Nos adversaires objectent, au contraire, comme vous l'avez fait, que les anges supérieurs ne sauraient posséder des espèces de plus en plus générales, attendu qu'il résulterait d'une telle gradation que l'ange placé au sommet de la hiérarchie connaîtrait toutes choses dans l'unité, comme Dieu lui-même, tandis que l'ange inférieur connaîtrait toutes choses dans une infinité de raisons particulières, conséquence également inacceptable selon eux; d'où ils concluent que si la science des anges d'en haut est plus universelle que celle des anges d'en bas, ce ne peut être qu'en ce sens qu'elle embrasse plus de choses particulières; ce que, de notre côté, nous refusons absolument, puisque les anges, étant divinement éclairés, ne peuvent manquer de tout savoir. Mais vous, appuyé sur votre doctrine des idées innées, vous partagez à la fois, ce me semble, et notre affirmation et la leur : vos anges, à mesure qu'ils s'élèvent, apprennent une quantité de choses particulières de plus en plus considérable, et les coordonnent à l'aide de principes de plus en plus généraux; à peu près comme dans l'histoire naturelle, où nous voyons clairement un double progrès, l'un qui consiste à étendre de plus en plus le cercle des faits, l'autre à résorber de plus en plus l'une dans l'autre les lois qui les gouvernent. Et à l'aide de ce double progrès, vous évitez à la fois l'écueil de la confusion en Dieu et celui de l'infinité des principes particuliers; car d'une part, vos intelligences inférieures ne s'étendent que sur une quantité d'objets limitée, et d'autre part, si le nombre des principes tend à diminuer chez vos intelligences supérieures en raison de la généralité de plus en plus grande qu'ils acquièrent, il tend aussi à augmenter en raison de l'affluence de plus en plus grande des connaissances particulières : de sorte qu'en imaginant même qu'il y ait, en définitive, tendance vers l'unité, cette tendance, par suite de la compensation, pourrait être assujettie à ne jamais dépasser une certaine limite.

Secondement, l'entendement des anges est-il capable de comprendre à la fois plusieurs idées distinctes? C'est ce que professent nos adversaires, qui cherchent ainsi à remplacer par une faculté de multiplicité ce qu'ils ôtent à nos anges en faculté de généralisation. Contre quoi, nous soutenons qu'il est aussi impossible à un même sujet de posséder simultanément plusieurs espèces différentes, qu'à un même corps de présenter simultanément plusieurs figures ; et toutefois, nous sommes obligés de distinguer, car si nous nions que l'entendement angélique puisse comprendre à la fois *multa ut multa,* nous ne laissons pourtant pas de reconnaître avec saint Thomas, encore que nous y apercevions bien de la difficulté, que cet entendement, vu sa transcendance, est susceptible de comprendre *multa ut unum,* c'est-à-dire plusieurs choses, non point indépendantes l'une de l'autre, comme le prétend Molina, mais ordonnées logiquement relativement à l'une d'entre elles, autrement dit les conséquences dans les principes. Quant à vous, en même temps que vous rejetez l'entendement à formes multiples et indépendantes des Pères jésuites, encore plus résolument que nous ne le faisons nous-mêmes, vous rejetez aussi notre entendement à formes multiples et connexes : ou du moins, il ne se présente à vos yeux qu'avec le caractère d'une limite, car vos êtres supérieurs s'élevant à une puissance de raison de plus en plus vive, s'approchent graduellement de l'état où ils sauraient contempler instantanément dans un principe toutes ses conséquences, ce qui est, selon nous, l'état normal des anges.

Troisièmement, la connaissance s'opère-t-elle chez les anges successivement, c'est-à-dire par un système d'actes enchaînés l'un à l'autre? Aussi attaché à la cause de la raison que vous faites profession de l'être, il est clair que vous vous montrez ici, comme vous l'avez assez dit, aussi opposé que possible à notre thèse. Vos anges, étant des êtres essentiellement raisonnables, ne peuvent manquer de faire, en toute occasion, usage de leur raison, et quelque énergie que vous donniez à leur logique, leur connaissance ne s'effectue pas moins par un mouvement composé ; tandis que les nôtres, en vertu de leur illumination surnaturelle, saisissent dans un acte indivisible le principe, la conclusion et toute la chaîne, et c'est même là, pour nous, un des traits caractéristiques de leur nature. Du reste, vous savez assez combien cette malheureuse question suscite de divisions, même chez nos adversaires : Molina, tout en soutenant comme vous que les anges sont capables de raisonnement, est d'avis qu'ils ne raisonnent toutefois que par accident ; Suarez les fait raisonner sur tout ce qu'ils n'aperçoivent pas intuitivement, c'est-à-dire, selon sa doctrine, sur les futurs contingents, sur les pensées secrètes et sur les objets surnaturels ; d'autres, enfin, déclarent que bien que, dans le fait, les anges ne raisonnent jamais, ils sont cependant libres de raisonner s'ils le veulent, et sur toute chose. Je ne vois pourtant que Scott, qui soit allé, sur ce chapitre, aussi loin que vous ; car, selon lui, les anges raisonnent, même sur les sujets qui leur sont naturels, attendu, dit-il, que si leur entendement n'engendrait point de conséquences, on pourrait bien les dire dans l'habitude des principes, mais non pas dans la jouissance d'une science véritable ; ce qui est aussi votre thèse.

La diversité d'opinion qui règne ainsi dans l'Église depuis longtemps, et sur laquelle je ne veux pas insister davantage, vous marque suffisamment que je ne saurais m'alarmer beaucoup de vous voir introduire, sur ces points controversés, des sentiments nouveaux, si la portée de vos principes ne s'étendait bien au delà du litige. Mais, comme si ce n'était pas assez de changer, comme vous venez de le faire successivement, le système de la spiritualité des anges, celui de leur entendement, celui de leur hiérarchie, voici que vous venez encore bouleverser leur immuabilité. En effet, dès que vous appelez la raison, vous appelez implicitement le mouvement et le changement. Tout être qui fait un juste usage de sa raison est nécessairement en progrès ; le cercle de ses connaissances s'étend, la fécondité de sa métaphysique augmente, et l'on peut dire que la force de son intelligence se développe par le seul fait de l'exercice qu'il lui donne. A ne considérer même qu'un simple raisonnement, la conclusion constitue, par rapport aux prémisses, un progrès manifeste. Cette dernière conséquence est si ferme, que l'École en fait un de ses meilleurs motifs pour dénier aux anges toute raison ; car, s'ils sont raisonnables, on ne peut plus dire qu'ils soient immuables, et dès lors il n'y a plus, à proprement parler, de nature céleste, puisque c'est l'immuabilité qui forme le caractère le plus général de cette nature. Après avoir détruit, avec votre astronomie, l'immuabilité de l'ordre sidéral, vous arrivez donc maintenant à détruire, avec votre logique, l'immuabilité de l'ordre spirituel, et il ne se voit plus dans l'univers un seul point fixe. Sans compter qu'à moins qu'il ne vous plaise de faire naître journellement des anges comme des saints, les rangs inférieurs disparaîtraient les uns après les autres par suite de cet essor universel, et il se produirait ainsi d'irréparables vides dans la sublime hiérarchie voulue et instituée par Dieu dès le premier instant.

LE PHILOSOPHE.

Laissez, croyez-moi, dormir dans la poussière qui les enveloppe déjà toutes ces minuties théologiques : seraient-elles aussi bien d'accord qu'elles le sont peu, votre théorie n'en recevrait pas grand appui. Le temps est venu, en effet, de renoncer sur ce point, comme sur tous les autres, à la chimère de l'immuabilité. Le mouvement des cieux, je vous l'ai déjà fait observer, vous entraîne. C'était pour se mettre en harmonie avec leur apparente fixité que vos maîtres s'étaient si opiniâtrement attachés à la prétendue fixité des intelligences célestes ; mais, dès que la région d'en haut est en mouvement et en changement comme la nôtre, il n'y a plus de raison pour que les créatures supérieures ne soient aussi en mouvement et en changement comme nous : Dieu seul est immuable.

J'accepte donc tout à fait la conclusion que vous avez fort bien déduite du principe que les créatures supérieures ne sont pas destituées de raison : sans contredit, la perfectibilité est une conséquence logique de ce principe. Toute intelligence qui agit est par là même susceptible de se perfectionner; et pourvu qu'elle agisse en vue du bien, elle s'améliore effectivement de deux manières, et par les bonnes habitudes qu'elle acquiert et par la grâce de Dieu qui accompagne toujours tout acte méritoire. C'est un résultat qui se produit non-seulement dans l'ordre de l'intelligence, mais plus manifestement encore dans celui de la charité ; et de même que l'on ne peut retenir les créatures supérieures en dehors de la condition de perfectibilité dès là qu'on leur accorde le raisonnement, on ne le peut non plus dès là qu'on leur accorde l'actualité de la vertu : en aimant et en assistant, elles méritent, et en méritant, elles s'élèvent. Osez dire que, chez les anges, l'amour de Dieu est purement passif et ne détermine aucun acte, et vous serez en droit de professer que, chez eux, règne votre loi fatale de l'invariabilité.

Mais ce sont là des prémisses, vous le savez assez, contre lesquelles proteste éloquemment le consentement universel. Le sentiment qui, d'inspiration, a fait éclore sur la terre l'idée de ces sublimes habitants du Ciel, les a, dès l'origine, revêtus de toutes les propriétés essentielles de la vie. Sans parler de toutes les légendes dont ils sont le sujet, le nom même que vous leur attribuez atteste assez qu'on se les est toujours communément figurés comme des serviteurs de Dieu. Or, servir Dieu n'est-ce pas entrer dans la conscience de ses desseins pour le salut de tous les êtres, et prendre part à leur accomplissement? Et peut-on découvrir aucune autre manière de le servir? Donc, si les anges sont, comme le veut l'opinion générale, des serviteurs célestes, ils coopèrent à ce merveilleux gouvernement de l'univers, auquel, malgré notre faiblesse et notre indignité, nous sommes nous-mêmes associés; et aussi, voyez-vous que, pour symboliser le zèle et la promptitude de leurs offices, tous vos prophètes s'accordent à leur donner des ailes. Je me rappelle à ce sujet une belle image d'Origène : il nous peint les anges, assistant avec émotion à toutes les péripéties de la généreuse mission de Jésus-Christ, enflammés de la sainte ambition de l'imiter dans son dévouement et ses mérites, et n'attendant que le signal de son dernier sacrifice pour se précipiter, à son exemple, sur la terre et en adoucir, par leur intervention, les fautes et les douleurs. Et non-seulement les imaginations n'ont pu s'empêcher de se figurer les anges se consacrant au service de l'humanité souffrante, elles se sont emportées jusqu'à les voir s'aidant noblement les uns les autres à s'élever de plus en plus dans la lumière. « Les anges de la seconde hiérarchie, dit l'Aréopagite, sont purifiés, illuminés, perfectionnés par ceux de la première. » Malgré l'effort des scolastiques pour tourner cette formule à leur système, par l'assimilation de l'action des anges sur les anges à celle qu'exercent les uns sur les autres des corps inégalement échauffés et se communiquant passivement la chaleur dont ils jouissent, son esprit est manifeste : elle représente la charité cherchant et trouvant son règne, même dans les sociétés bienheureuses. Ce règne, comme celui de la matière et celui de l'intelligence, est donc universel, et maintient dans tous les mondes une activité infinie.

Le sentiment populaire est même allé plus loin encore sur ce terrain : il y a barré la route d'une manière si catégorique à vos théologiens qu'il s'entend à peine qu'ils aient pu passer outre. Quoi de plus retentissant dans l'histoire des anges que le récit de leur chute, et quoi de plus contradictoire en même temps au prétendu principe de l'immuabilité de leur nature! D'après la tradition à laquelle vous faites profession d'adhérer, et qui est pour vous le fondement même de la théorie du mal, il a existé un temps durant lequel les êtres supérieurs ont vécu dans une condition morale tout à fait analogue à la nôtre, durant lequel, soumis comme nous à la tentation, les uns ont succombé et démérité, tandis que les autres ont mérité par leur persévérance de parvenir à une condition plus élevée qui se distingue précisément de la première par l'assurance de ne plus déchoir. Ainsi, dans cette histoire, telle qu'elle s'est finalement formulée, deux périodes distinctes : dans la première, l'idée de Dieu est encore assez confuse dans les entendements pour que le goût du péché puisse en balancer les effets; dans la seconde, cette idée, par suite de la défaite des mauvaises tendances, se revêt d'une splendeur souveraine, la grâce augmente, et la créature n'a plus d'inclination que pour le bien. Telle est la leçon éclatante qui ressort de l'épopée de Satan ; et cette leçon revient évidemment à dire que l'histoire des anges est au fond la même que l'histoire de l'homme.

Aussi, après s'être tant divisés et évertués au sujet de l'immuabilité de l'entendement angélique, combien vos théologiens se sont-ils encore donné de tracas sur ce point-ci ! Il leur était bien impossible de nier que la perfectibilité ne fût dans l'essence des anges, puisque c'était en vertu même de cette perfectibilité que les anges, au dire de la tradition, étaient heureux et méritaient de l'être : que pouvaient-ils donc tenter pour empêcher l'identité de la nature humaine et de la nature angélique de se faire jour par cette nouvelle ouverture? Rien, sinon de modifier autant que possible les apparences du drame par la diminution indéfinie de sa durée. C'est ce dont ils se sont, en effet, donné à cœur joie, et vous me dispenserez de vous étaler ici les longues explications des écoles sur cette période instantanée, sur ce clin d'œil, *morula*, durant lequel il fallait que les anges eussent trouvé le temps de passer du néant à la réalité, de s'illuminer, de mériter ou de démériter, d'être jugés, finalement d'être précipités ou béatifiés. Les unes, vous le savez, ne voulaient admettre pour tout cela qu'un seul instant, indivisible ; d'autres admettaient deux instants, l'un pour la création, l'autre pour le mérite ou le démérite ; d'autres se permettaient de réclamer la bisection du deuxième instant, moitié pour le péché, et moitié pour la condamnation ; d'autres encore, plus hardis, demandaient pour le premier instant une faveur semblable, moitié pour l'introduction dans l'ordre de nature, et moitié pour l'introduction dans l'ordre de grâce. Controverses étranges, dans lesquelles se sont dépensés tant d'efforts sagaces et qui ne sont pas un des moins curieux exemples des aveuglements de l'esprit de système ! Comment éliminer, en effet, sans déraison, d'une histoire si composée l'idée de la durée? Si l'instant est indivisible, nous voilà dans le manichéisme ; puisque la création et le mal sont simultanés ; et s'il est divisible, que nous le voulions ou ne le voulions pas, nous sommes dans le temps ; et que la mesure de ce temps soit le millième d'une seconde, ou un millier de siècles, pour l'histoire, il y a de la différence, mais pour la métaphysique, c'est tout un.

Je n'ai pas besoin, d'ailleurs, de vous remontrer combien sont arbitraires toutes ces spéculations de Sorbonne par lesquelles vous avez la bonté de vous laisser encore guider. Votre docteur angélique lui-même en convient ; si déterminé sur la doctrine de l'immuabilité, il avoue sans difficulté que celle de l'instantanéité n'est que probable. « Rien n'empêche, dit-il, qu'il n'y ait eu quelque intervalle, *aliqua mora,* entre la création et la chute. » (I, q., 63). L'Église, en effet, ne s'est jamais prononcée à cet égard ; et s'il y a des textes de l'Écriture que l'on puisse invoquer dans un sens, il y en a d'autres qui peuvent être invoqués tout aussi bien dans le sens contraire ; ce qu'Origène résume quelque part sous une forme saisissante, en disant que l'antique serpent n'a pas toujours marché sur le ventre. La carrière est donc parfaitement libre, et je vous avoue que je me suis quelquefois étonné que les jésuites, qui, dans leur lutte contre le protestantisme, se sont écartés de l'ancienne école sur tant de points considérables, n'aient pas jugé à propos de s'en séparer aussi sur celui-ci. Il semble que leur opposition à la doctrine du salut sans les œuvres devait naturellement les conduire à réagir contre la trop grande facilité du moyen âge touchant les conditions du salut des anges. Si l'on érige en principe que les anges, par l'efficacité d'un seul acte de foi, ont pu mériter la béatitude éternelle, ne donne-t-on point par là bien de l'avantage à ceux qui prétendent qu'il en doit être de même à l'égard des hommes, et que la foi sans les œuvres leur suffit ? Pour moi, les deux doctrines vont de pair ; et si vous ne voulez pas de celle des luthériens, profitez donc de votre liberté pour ne pas vouloir non plus de celle des séraphiques. Vous avez toute latitude à cet égard ; nulle autorité ne vous empêche de concevoir, pour les populations célestes, des périodes d'épreuve aussi étendues qu'il vous plaira, et même d'essayer de les remplir, si votre imagination en est capable, avec toutes sortes de poëmes à la Milton.

D'où je conclus, en résumé, que votre thèse de l'immuabilité des êtres supérieurs est une thèse en l'air, car elle n'a pour elle ni tradition, ni raison. Si l'on considère la question en elle-même, il appert que la perfection des créatures consistant à connaître, aimer et servir Dieu de plus en plus, plus les créatures sont élevées, plus aussi elles agissent, plus elles se développent et méritent par leurs œuvres, et plus elles en sont récompensées par le juste accroissement de leur excellence et de leur béatitude. Si l'on considère la question telle qu'elle a été résolue d'inspiration dans les monuments auxquels l'Église se réfère, on voit que la nature des anges a été unanimement estimée perfectible, puisque après avoir commencé par être faillible comme la nôtre, elle serait devenue digne de parvenir, comme nous l'espérons aussi pour la nôtre, à l'infaillibilité ; et il y aurait manifestement contradiction à ce que cette nature, ayant eu la capacité de monter, dans sa période d'enfance, en fût dépouillée dans sa période de gloire, car mériter de ne plus mériter serait bien une peine et non pas une récompense. Donc, sur ce point, vous ne devez faire aucune difficulté de vous réunir à nous, et de professer comme nous, que, dans la hiérarchie de l'univers, tous les rangs, les supérieurs comme les inférieurs, participent, chacun à sa manière, à la loi sublime du progrès.

LE THÉOLOGIEN.

Êtes-vous résolu à faire disparaître la classe des anges ? Je ne vois plus d'autre différence entre eux et nous que leur supériorité : c'est le seul de leurs caractères que vous ayez jugé convenable de respecter, car il n'y a plus pour vous ni spiritualité, ni illumination spontanée, ni fixité. Reste la pureté originelle. L'admettez-vous ? Reconnaissez-vous avec nous qu'il existe des créatures que le péché n'a jamais déformées ? Je vous ai bien entendu invoquer tout à l'heure l'histoire de la chute des mauvais anges, mais vous ne m'avez paru vous y référer que comme à une simple tradition. Expliquez-vous donc sur ce point. C'est ce qui décidera s'il existe réellement pour vous d'autres habitants du ciel que les saints ; car, tout ce que vous avez, jusqu'ici, attribué aux anges est identique avec ce que vous avez précédemment attribué aux âmes humaines dans leur état d'immortalité bienheureuse. Par conséquent, à moins que vous ne confessiez qu'il y a des êtres qui, à la différence des hommes, ont persévéré dans le bien depuis leur origine, je vous refuse le droit de caractériser vos anges par un nom propre, et de par l'autorité même du consentement universel, je vous condamne.

LE PHILOSOPHE.

J'ai déjà répondu implicitement à la question que vous m'adressez en ce moment; j'ai dit, en effet, que le premier homme, bien que sollicité par ses instincts, avait été parfaitement libre de ne point céder à cette tentation. S'il n'avait point cédé, son développement se serait donc opéré par une voie différente de celle qu'il a suivie, et dans laquelle il ne nous a attirés que pour avoir primitivement succombé nous-mêmes comme lui; il aurait poursuivi ses progrès dans le bien, au lieu de les poursuivre dans la condition de failli et de pénitent, et son histoire serait exactement la même que celle dont votre tradition fait le privilége des anges. Donc, en ce sens, si les hommes sont libres, il faut dire que les anges sont possibles.

A Dieu ne plaise, en effet, que j'imite ces philosophes qui, généralisant sans fondement ce qu'ils observent sur la terre, font du mal la condition nécessaire du bien! Ne voulant ni du péché originel, ni de la préexistence, et se bouchant les yeux sur l'abîme béant du manichéisme, ne sont-ils pas allés jusqu'à dire « que s'il n'y avait pas de mal, il n'y aurait pas de dévouement moral, et que ce monde serait mal adapté à la destination de l'homme! » Comme si la source du mal se confondait avec la source du bien; comme si Dieu avait engendré la souffrance avant que l'homme n'eût engendré le péché; comme si, dans son infinie bonté, il n'aspirait pas à voir toutes ses créatures s'élever à lui dans l'innocence et la béatitude; et comme si, dans son infinie puissance, tout en leur donnant la liberté, il ne leur avait pas assuré la possibilité de se perfectionner sans sortir du bien, lui qui la leur assure alors même qu'elles ont eu le malheur de choir sur les pentes du mal. Si donc la souffrance nous est actuellement nécessaire, c'est nous-mêmes qui en sommes cause et non pas Dieu. L'amour de Dieu et du prochain, pour produire les bonnes œuvres, et par les bonnes œuvres l'épanouissement de l'âme, n'a nul besoin qu'aucun tourment le stimule. Le dévouement aux desseins de la Providence, l'assistance envers ceux qui sont au-dessous de nous, l'émulation à l'égard de ceux qui nous dominent, la conspiration avec tous ceux qui travaillent, suffisent parfaitement à l'entretien de toutes nos vertus; et le mal ne leur est pas plus nécessaire sur la terre que dans le ciel. Donc, le mal ne fait point partie de l'institution primitive, et n'intervient dans l'univers qu'en seconde ligne, avec un caractère de contingence, en qualité de correctif. Donc aussi, sur ce terrain, loin de vous faire résistance, je vais plus loin que vous, puisque je conclus que, dans la prédestination de Dieu, toutes les créatures sont des anges.

Mais, me direz-vous, ce n'est pas assez que les anges soient possibles, y a-t-il des anges? Je l'espère et veux le croire. Il me paraît impossible que parmi ces infinités d'âmes qui sont créées dans l'innocence et la simplicité, il n'y en ait point qui réussissent à profiter de leur liberté pour demeurer, sans faillir, dans le droit chemin; et n'y eût-il qu'un seul exemple de persévérance pour des milliers d'égarements, voilà des infinités d'anges qui prennent place dans la hiérarchie de l'univers. La probabilité est donc immense; et bien qu'en logique rigoureuse, il faille reconnaître que la question ayant dépendu partout, comme sur la terre, de l'usage du libre arbitre, la raison n'est pas en droit de rien déterminer, on doit cependant avouer que le doute est difficile : le principe de la bonté divine nous entraîne, pour ainsi dire instinctivement, à l'affirmative, car il n'est pas vraisemblable que l'épreuve à laquelle il soumet ses créatures soit tellement chanceuse, que beaucoup, mieux inspirées que nous, n'aient le bonheur de la traverser heureusement. Du reste, quelles sont, dans l'innombrable variété des mondes, les conditions de cette épreuve primordiale? Avec quel degré de promptitude ou de lenteur s'accomplit-elle? A quel point du développement la lumière de Dieu éclate-t-elle dans l'entendement avec une splendeur assez triomphante pour que toute tentation s'amortisse, et que l'impeccabilité soit acquise? Quelles différences essentielles y a-t-il entre les lois du perfectionnement des âmes dans l'état d'angélité et celles de leur perfectionnement dans l'état d'humanité? Ces deux états ne doivent-ils pas se lier l'un à l'autre par toutes sortes de transitions, puisqu'il n'y a pas d'apparence que la justice divine mette un abîme entre une fidélité imperceptiblement troublée un seul instant et une fidélité sans défaut? Finalement, ne doit-on pas considérer les saints comme identiques avec les anges, puisque, semblables par origine et par nature, ils ne s'en distinguent que par les accidents de leur histoire? A ces questions et à tant d'autres qui s'élèvent à l'envi touchant les épreuves de ces êtres sublimes, que répondre, quand nous ne connaissons pas même tous les secrets de l'épreuve dans laquelle nous sommes, sinon ces judicieuses paroles de la Sagesse : « Nous regardons comme difficile de juger des choses de la terre, et nous trouvons avec peine les choses qui sont devant nos yeux : mais qui pourra pénétrer celles qui sont dans le ciel! »

LE THÉOLOGIEN.

A merveille! Vous vous regardez comme délivré de cette chimère des esprits, dont vous ne voulez pas, et cependant vous avez maintenu, conformément au sentiment universel, la croyance aux natures angéliques. Mais ne chantez pas encore victoire, je vous prie : le sentiment universel ne témoigne pas seulement en faveur de l'existence des anges, il témoigne avec la même force en faveur de leurs apparitions sur la terre, et vous conviendrez que s'il a de la valeur pour le premier de ces deux faits, il en a autant pour le second. Ainsi, les anges ne sont pas fixés, comme il vous plaît de le supposer, dans des résidences spéciales. Ils sont les messagers du Seigneur; le Seigneur les envoie où il l'entend, même parmi nous; et cette facilité d'aller du ciel à la terre, et de la terre au ciel, en se revêtant de toutes les apparences qui leur conviennent, oppose à votre naturalisme une preuve assez frappante pour que je n'en veuille pas d'autres. Ou taxez d'imposture tous ceux qui affirment avoir vu ou entendu des anges, et alors vous avez le même droit contre tous ceux qui ont observé des phénomènes rares et que vous ne connaissez pas; ou reconnaissez qu'il faut se faire de la nature des anges une idée beaucoup plus déliée que celle dont vous vous contentez, quand vous nous les représentez poursuivant en paix le développement de leur vie dans la lumière des sphères supérieures. Et d'ailleurs, j'ose presque le dire, quel intérêt auraient pour nous les anges, si Dieu n'avait voulu qu'il y eût un commerce continuel entre eux et nous? Lors même qu'à l'aide de ces organes transcendants dont il vous convient de les gratifier, il ne serait pas physiquement impossible qu'ils nous aperçussent de loin, que nous importerait de leur servir ainsi de spectacle, si, en définitive, les propriétés de leur essence ne leur donnaient le moyen d'agir sur nous, de converser avec nous, de nous encourager, de nous aider? Voilà pourquoi les anges n'ont point de corps : c'est afin que devant leur vol sublime, il n'y ait point de distance, et que, toujours présents où Dieu le veut, ils puissent être à notre égard comme la pensée de Dieu.

LE PHILOSOPHE.

N'imaginez pas que je m'inscrive en faux contre tant d'autorités qui témoignent en faveur de l'apparition des anges: il n'en manque pas dont la sincérité est incontestable, et auxquelles je crois aussi volontiers que je croirais à ma propre expérience. Mais la question n'est pas de savoir si l'on a vu des anges, mais de savoir de quelle manière on les a vus. On peut voir suivant deux modes bien différents, l'un qui affecte l'imagination, l'autre qui affecte les sens ; l'un, purement subjectif, se rapportant à une idée qui agit en nous; l'autre, à un objet situé en dehors de nous ; l'un qui se nomme vision, l'autre qui se nomme réalité. Auquel de ces deux modes les angélophanies appartiennent-elles? Voilà ce qu'il faudrait décider, avant de tirer, du fait des apparitions, aucune conclusion dogmatique ; et, pour moi, la solution n'entraîne pas même l'ombre d'un doute.

D'ailleurs, vous le savez, ce n'est ni une opinion nouvelle en théologie, ni même une opinion condamnable aux yeux de l'Église, que les anges n'aient jamais été vus par personne autrement qu'ils ne l'ont été par les prophètes, c'est-à-dire dans le rêve extatique ou la vision. Il y a même à s'étonner que ceux qui croient, comme vous, que les anges ne sont que de purs esprits ne se soient pas unanimement rangés à cette idée qui se marierait si bien, à ce qu'il semble, à leur croyance. Mais c'eût été, je l'avoue, un parti trop peu merveilleux pour les goûts du moyen âge, et il s'entend assez, en regardant de ce côté, comment l'opinion que vous m'objectez a prévalu. On s'est donc, en effet, accordé, de par la scolastique, à donner aux anges des corps matériels, formés, ainsi que des nuages, par la condensation de l'air ; et moyennant ces corps, il leur est devenu possible de se faire voir, sauf à tromper par là même, puisque les anges étant supposés immatériels, ces prétendus corps ne sont, en définitive, pour eux que de vrais masques. Ainsi, dès là qu'on veut assurer aux angélophanies un caractère objectif, on se réduit logiquement à faire des anges des imposteurs, puisque l'on consent à ce qu'ils ne se révèlent à nous que sous des dehors qui ne leur appartiennent pas, et qui sont justement le contrepied de leur nature. Et même, au lieu de mettre réellement les hommes en rapport avec les anges, ne les met-on encore en rapport qu'avec certains tourbillons tout à fait indépendants de la personne des anges, et qui ne produiraient pas moins le même effet sur leurs spectateurs, lors même qu'il n'y aurait absolument rien par derrière, comme l'expliquait jadis, conformément à son matérialisme, la secte saducéenne.

Mais admettons qu'une âme, avec une conscience distincte ou indistincte de ses mouvements intimes, ait été profondément remuée par la préoccupation du surnaturel de Dieu et de ses ministres, et que sa fièvre vienne à gagner un instant le domaine de l'imagination, voilà les fantômes qui s'éveillent, comme dans le rêve, et qui fournissent à l'esprit les images correspondantes à toutes les idées qui l'obsèdent. C'est ainsi que, dans des circonstances convenables, l'idée représentative de l'ange peut s'objectiver tout à coup dans l'entendement, prendre une forme précise et produire en nous un témoignage capable de nous séduire et d'entraîner absolument notre foi, à moins qu'une critique sévère de nous-mêmes ne s'y oppose. Et maintenant, que Dieu, dans l'ordre mystérieux de ses desseins, puisse faire appel à ce genre de phénomènes, comme il lui arrive de faire continuellement appel à tous les phénomènes naturels qui sont susceptibles de s'adapter à ses fins, c'est à quoi je prêterai les mains volontiers, convenant même sans difficulté de l'importance du rôle qu'ont souvent joué dans l'histoire du monde les angélophanies. Si c'est par une explosion de ce genre que saint Paul a entendu la voix du Seigneur au milieu de l'orage; si c'est par des apparitions analogues que l'idée des existences supérieures s'est accréditée et a pris corps dans la croyance du genre humain; si ces spontanéités spirituelles forment, en définitive, un mode spécial d'inspiration religieuse, je m'inclinerai même avec respect devant elles, mais sans oublier ce qu'elles sont.

Et après tout, je vous le demande, ne serait-il pas en dehors de toute sagesse, comme de toute mesure, que Dieu dérangeât des êtres aussi haut placés dans les magistratures de l'univers, pour des effets qu'il lui est si facile d'obtenir par une simple détente des ressorts naturels de l'imagination? C'est ce qui doit surtout vous frapper quand vous vous mettez devant les yeux le peu de valeur des actions sur lesquelles roulent d'ordinaire les angélophanies. Certes, je porte une estime profonde au livre de Tobie, et quand je veux prendre une impression vive de la distance qui sépare l'antiquité hébraïque de l'antiquité grecque et romaine, je ne trouve nulle part dans la Bible une plus pure leçon de piété, d'humanité, de chasteté, d'honnêteté; mais de se persuader que l'archange Raphaël, l'un des sept qui se tiennent devant le trône de Dieu, selon l'expression du narrateur, se soit démis des sublimes fonctions auxquelles il est sans doute appliqué, afin de venir sur la terre faire le métier de guide sur les grands chemins en faveur d'un jeune homme, et l'aider dans ses affaires matrimoniales et ses commissions de commerce, c'est à quoi je ne puis admettre qu'un esprit sensé condescende jamais. Et me direz-vous qu'il n'est pas défendu de penser que le livre de Tobie est une moralité poétique dans laquelle le personnage de l'ange n'est qu'une allégorie?

Mais, c'est justement où je vous attends ; car je vous répondrai que dans la plupart des histoires d'apparitions, le rôle des anges n'est pas plus sérieux, et que si vous le jugez fictif dans Tobie, vous devez juger qu'il n'a pas plus de réalité dans toutes les relations analogues, encore qu'il puisse y reposer, non plus sur des légendes, mais sur des témoignages aussi authentiques et aussi convaincus qu'on le voudra.

S'il nous est parfois utile d'élever nos âmes par la contemplation des intelligences supérieures, tâchons du moins de ne donner à ces êtres célestes que des missions dignes d'eux ; habituons-nous, en les suivant en esprit, à faire monter, jusque dans les hauteurs du Ciel, nos sentiments et nos pensées ; et n'employons, pour nous les peindre, que ce qu'il y a de plus divin dans nos imaginations et dans nos cœurs. Ce n'est qu'à cette condition que cette partie si délicate de la religion nous deviendra profitable. Permettez-moi seulement de vous rappeler à ce sujet deux mots du docteur angélique, où je trouve bien plus de profondeur que dans tous les récits d'apparitions qui nous sont faits dans la Bible et dans les Vies des saints : c'est à propos de l'étymologie des noms de Séraphin et de Chérubin : « Par là, dit-il, en parlant du premier, qu'il rapporte à l'idée du feu, est signifiée l'action que les anges de cet ordre exercent avec puissance sur ceux qui sont au-dessous d'eux, en les excitant à une ardeur sublime et en les purifiant par l'incendie. » Et pour les chérubins, qu'il rapporte à l'idée de la science : « Contemplant en Dieu même, dit-il, la beauté de l'ordre des choses qui dérive de lui, et remplis par cette divine connaissance, ils en font sur les autres une effusion abondante. » Voilà, en effet, des sources inépuisables de services continuels et proportionnés à la dignité des anges! Ces hautes existences concourent au mouvement de l'univers, non point, comme se le figuraient les anciens, en manœuvrant les astres, mais en propageant au-dessous d'elles leurs éclatantes lumières, en enflammant les cœurs de tendresse et de piété, en activant partout le perfectionnement des âmes et des mondes. Si vous voulez un type réel de mission angélique, prenez, non point ces éphémères apparitions de fantômes, mais cette belle et sérieuse mission du

Crucifié, telle que nous la définit saint Paul : « Il s'est effacé lui-même, acceptant la forme de l'esclave. » Je me plais, en effet, à me représenter les êtres supérieurs, sollicités par les voix de la charité, implorant comme une faveur la faculté de descendre dans les basses sociétés, s'y incarnant, s'y confondant, s'y dévouant jusqu'à en partager les misères, et jouissant en eux-mêmes et de se sentir les ministres de Dieu dans cette servitude et de mériter devant lui par cette immolation préméditée de leurs personnes ; et bien qu'en général, il faille regarder la masse des habitants de la terre comme condamnée par son imperfection et ses démérites à cette résidence, je ne sais si quelques âmes élevées au-dessus de la condition commune, tout au moins dans la hiérarchie de la sainteté, ne l'ont point ainsi quelquefois traversée. Du moins, ne me répugne-t-il point de voir, sous cette apparence sublime, tant d'illustres génies qui ont laissé parmi nous, en sillons de lumière ineffaçables, les traces de leur passage, et d'y comprendre même tant de saintes et modestes natures, qui, dans le sexe féminin surtout, n'ont marché sur la terre qu'en consolatrices et bienfaitrices : *Pertransivit benefaciendo.*

LE THÉOLOGIEN.

Sans accéder à ce dernier point de vue qui n'est qu'un complément de vos idées sur la préexistence, j'y trouve du moins de l'intérêt et de la nouveauté. Au lieu de nous obliger, ainsi que le faisait Origène, à considérer indistinctement tous ceux qui souffrent avec nous dans cette vallée de larmes comme des criminels qui ont mérité leur supplice, il nous permet de soupçonner, dans la société du genre humain, des âmes d'élite qui ne portent leur chaîne que volontairement et par commisération, à l'image de celles qui, sous nos yeux, se sont quelquefois dévouées à vivre dans la compagnie des plus vils condamnés, en vue de parvenir à les édifier; et j'espère aussi que votre philosophie voudra bien se donner ainsi ouverture, non-seulement sur la mission de Jésus-Christ, mais sur la mission de sa céleste mère, conçue sans péché, pure dès son entrée dans la vie, sœur des anges. Ne dussiez-vous y voir qu'un symbole, du moins me paraît-il conséquent à vos principes de maintenir, contre tant d'esprits ténébreux et offusqués, sa convenance et sa sublimité.

Mais, en laissant même de côté le fait des apparitions, qui, vous le reconnaîtrez, n'a jamais eu dans notre histoire qu'une valeur accidentelle et secondaire, pourquoi les anges, sans se révéler à nous par aucun effet sensible, n'exerceraient-ils pas sur nos âmes, et, par suite, sur nos destinées, de secrètes et incessantes influences? C'est ici, surtout, que le principe de la spiritualité de leur essence nous est utile ; et ce n'est pas sans raison que nous en avons fait le fondement de la théorie, puisqu'il est le fondement même de la pratique. Le livre de Tobie me paraît de nature à être entendu dans un sens bien autrement profond que celui d'une simple moralité : considérez-le comme la mise à découvert des rapports occultes qui existent chez tous les hommes entre l'âme et l'ange que la Providence a spécialement commis à sa garde. C'est l'ange qui inspire à toute âme, comme au jeune Tobie, toutes ses bonnes pensées, même dans les détails les plus familiers de la vie, qui combat en sa faveur les machinations du démon, à mesure qu'elles la menacent, enfin, qui lui sert d'intermédiaire à l'égard de Dieu, et porte jusqu'aux pieds de la Majesté infinie les prières et les actions de grâces qui naissent dans ces bas-fonds où nous sommes. « Quand tu priais avec larmes, dit Raphaël au vieux Tobie, j'ai offert tes prières au Seigneur. »

Souffrez que, pour donner plus de force à la pensée que je vous indique, je me couvre ici des éloquentes paroles de Bossuet dans son sermon sur les anges gardiens. « Quand vous offrez à Dieu vos prières, nous dit ce théologien si justement nommé le dernier père de l'Église, quelle peine d'élever à lui vos esprits! Au milieu de quelles tempêtes formez-vous vos vœux? Combien de vaines imaginations, combien de pensées vagues et désordonnées, combien de soins temporels qui se jettent continuellement à la traverse pour en interrompre le cours! Étant donc ainsi empêchées, croyez-vous qu'elles puissent s'élever au Ciel et que cette prière faible et languissante qui, parmi tant d'embarras qui l'arrêtent, à peine a pu sortir de vos cœurs, ait la force de percer les nues et de pénétrer jusqu'au haut des cieux ? Chrétiens, qui pourroit le croire ? Sans doute, elles retomberoient de leur propre poids, si la bonté de Dieu n'y avoit pourvu. Je sais bien que Jésus-Christ, au nom duquel nous les présentons, les fait accepter. Mais il a envoyé son ange, que Tertullien appelle l'ange d'oraison.... Cet ange vient recueillir nos prières, et « elles montent, dit saint Jean, de la main de l'ange jusqu'à la face de Dieu ! » Voyez comme elles montent de la main de l'ange : admirez combien il leur sert d'être présentées d'une main si pure. Elles montent de la main de l'ange, parce que cet ange, se joignant à nous, et aidant, par son secours, nos foibles prières, leur prête ses ailes pour les élever, sa force pour les soutenir, sa ferveur pour les animer. »

LE PHILOSOPHE.

Voilà, sans contredit, d'éclatantes paroles : elles m'ont frappé comme un écho lointain du langage biblique ; mais je n'y ai reconnu, je dois le dire, le souvenir de l'Évangile que dans une parenthèse timide. Néanmoins, toute modeste qu'elle soit, cette simple réserve fait crouler à elle seule toute votre théorie. « Je sais bien, dit votre théologien, que Jésus-Christ, au nom duquel nous présentons notre prière, la fait accepter. » Si vous savez que le médiateur suffit, à quoi sert l'ange ? Ne voyez-vous pas que la croyance à ces intercesseurs mystiques n'avait pris cours chez les Juifs, à qui vous l'avez inconsidérément empruntée, que parce que le type de Jésus-Christ ne s'était point encore mis en lumière, et qu'écrasées par le sentiment de l'absolu divin, les âmes étaient dès lors invinciblement portées à se réfugier sous l'abri de quelque protecteur idéal. De même qu'après la captivité d'Égypte, Israël, n'osant soutenir le terrible rayonnement de Jéhovah, s'était retranché derrière Moïse et les grands prêtres, de même, après celle de Babylone, se rangea-t-il, avec un égal empressement, sous le patronage des anges. Il faut lire les rabbins pour avoir idée de ce déluge : non-seulement chaque individu, mais chaque vertu, chaque maison, chaque ville, chaque nation, chaque phénomène, reçut son ange ; et plus encore que son ange, son démon. Comme aux yeux du polythéisme, la nature entière avait fini par se peupler de faux dieux, aux yeux du judaïsme égaré, la réalité commença de même à vaciller parmi ces milliers de fantômes du ciel et de la terre, fiévreux enfants d'une piété affamée et insuffisamment alimentée. Mais un christianisme plus ferme en métaphysique et moins crédule que celui du moyen âge ne prendra-t-il pas la force de faire définitivement justice de ces superstitions inutiles? C'est ce dont vous me permettrez de demeurer parfaitement convaincu; et d'autant mieux, que la croyance des anges gardiens, si je dois ici vous le rappeler, est une croyance de fantaisie et que l'Église n'impose point. Oui, disent vos catéchistes, mais il serait au moins téméraire de s'en détacher : hélas! mon Dieu, comment pourrions-nous espérer de nous délivrer jamais des langes du moyen âge, s'il ne nous venait parfois l'heureuse témérité de penser autrement que nos pères!

J'imagine d'ailleurs que vous devez d'autant moins tenir à cette doctrine qu'elle n'est pas plus au cœur de votre tradition qu'elle n'est au cœur de votre dogme. Ce n'est pas en terre sainte qu'il faut aller pour en trouver les origines, c'est en Médie et au delà; et aussi me paraît-il bien à propos que ce soit justement dans ces pays-là que la légende conduise le jeune Tobie. Ces pays n'étaient pas étrangers à son guide, car les anges gardiens ne sont au fond que les férouers de l'antique mazdéisme. Ouvrez les Naskas et vous y verrez, dans leur splendeur primitive, tous ces fantômes célestes. Comme l'ange Raphaël, ils présentent à Dieu les prières de l'homme ; comme lui, ils veillent sur le juste et lui donnent la paix, la pureté, l'intelligence et la santé; comme lui, ils combattent résolument les démons et mettent à néant leurs hostilités et leurs embûches. «J'invoque et je célèbre, dit le Vendidad, les purs férouers, forts et bien armés, les férouers des héros de la première loi, les férouers de mes proches, le férouer de ma propre âme. » Le nom de ces anges revient continuellement dans la liturgie; ils sont comparés à l'oiseau qui plane dans le ciel, et qui, toujours en éveil, se précipite au secours de l'âme fidèle, dès que celle-ci l'invoque. « Que les férouers, dit l'officiant, écoutent favorablement dans ce lieu celui qui veut leur plaire! Qu'ils prononcent des bénédictions sur le pur et sur le saint! Qu'ils produisent pour lui le bien! Qu'ils partent d'ici satisfaits et qu'ils portent avec magnificence nos prières au grand Ormuzd et aux Amschaspands! » Je n'ai pas besoin de multiplier davantage les citations; vous avez suffisamment reconnu vos intercesseurs célestes, et vous les avez vus dans leur vraie patrie et sous leurs traits natifs.

Seulement, avant de dire adieu à l'Orient, permettez-moi de vous soumettre encore une parole que je trouve dans le Déçatir, et dont l'éclat me plaît. « Tout ce qui est sur la terre est une ombre de quelque chose qui est dans les sphères supérieures; cet objet lumineux est l'ombre d'une chose qui est encore plus lumineuse que lui, et ainsi de suite jusqu'à moi, qui suis la lumière des lumières. » Il me semble que cette parole me met sur la voie de ce que j'ai à cœur d'ajouter pour en finir avec la question que vous avez soulevée : c'est qu'il n'y a qu'une manière de donner un tour sérieux à la croyance des anges gardiens, laquelle consiste à les considérer, non point comme des êtres vivants, mais comme les types divins de tous les êtres. Mais aussi, est-ce quitter la région des réalités, dont il s'est agi jusqu'ici dans notre entretien, pour entrer dans la pure région des idées. En ce sens, j'en conviens, l'ange gardien n'est plus une illusion; je consens volontiers à le définir en disant qu'il est la pensée que Dieu a eue en vue quand il a créé chacun de nous; et non-seulement cette définition me satisfait par sa lumière, mais elle me satisfait aussi par son accord avec l'antique doctrine de nos druides sur l'Awen, ce principe sacré de la personnalité et de l'avenir céleste de tout homme. Interprétons de la sorte la sentence de l'Évangile au sujet de la dignité virtuelle des petits enfants : « Leurs anges voient la face de Dieu, » et cette sentence devient aussi vraie qu'elle est sublime. Comme nous sommes tous appelés à la perfection, nous avons tous, en Dieu, un idéal parfait, et c'est d'après cet idéal que nous devons tendre à nous gouverner dans les épreuves de la vie. Grâce à lui, nous pouvons les traverser avec toute l'élévation désirable. Au lieu de dépenser nos efforts à lutter terre à terre, employons-les à planer un instant, à l'image de ce patron céleste, au-dessus de notre position effective, et nous triompherons sans peine de tout ce que notre condition nous oppose d'éphémère et de bas. Pour moi, j'en déduis une des règles de conduite les plus héroïques que je connaisse, et que je formule ainsi : Quelque abattu que tu sois par les difficultés de la vie, ose t'asseoir en imagination sur les marches du trône de l'Éternel, et contemple de là les mouvements du monde et de toi-même.

LE THÉOLOGIEN.

Laissez là, je vous prie, toute cette philosophie, et venons au fait. Le fait, dans son expression la plus ferme, c'est de savoir si, en définitive, les anges nous sont bons à quelque chose. Or, si les anges ne sont pas libres d'aller et venir entre la terre et le ciel, de pénétrer nos pensées et de nous communiquer en retour leurs influences, il est clair qu'ils ne nous servent à rien, et que leur idée, inutile à notre salut, forme tout au plus un objet de curiosité pour les esprits désœuvrés. Voilà pourtant la conclusion finale de votre prétendu principe de la corporéité angélique. S'il ne détruit pas absolument les anges, du moins les détruit-il relativement à nous, ce qui, pour la pratique, est tout à fait la même chose. Plus de fêtes des anges! Vous donnez la main aux protestants, qui ont la sécheresse de proscrire de leur liturgie cette sainte commémoration ; vous faites plus, vous qui tenez tant à la tradition universelle, vous rompez net avec elle, puisque, de votre aveu, les peuples les plus religieux ont constamment manifesté le besoin d'élever leurs esprits au-dessus de la terre par la contemplation plus ou moins assurée de ces natures supérieures. Ainsi, au point de vue du culte, qui est, après tout, le plus essentiel, puisqu'il règle non pas seulement les connaissances, mais les sentiments et les mœurs, tout revient à ce principe de la corporéité des natures célestes, que vous prétendez introduire malgré nous, et qui, en dernière analyse, vous abat.

LE PHILOSOPHE.

A Dieu ne plaise que je sois réduit à accepter votre arrêt dans sa pleine rigueur ! La commémoration des anges m'a toujours semblé une des plus belles ouvertures que nous ayons vers le ciel. S'il nous est utile de conserver l'histoire des grands hommes qui ont laissé sur la terre le souvenir de leurs vertus et de leurs bienfaits, ne nous le serait-il pas bien davantage de posséder l'histoire de ces êtres plus excellents encore qui poursuivent leur vie dans tout l'éclat de la lumière et de la grâce, et dont nos plus admirables modèles d'ici-bas ne sont que d'imparfaites copies ? A défaut d'une connaissance plus précise, nourrissons-nous donc, autant que nous en sommes capables, du sentiment général de leur existence. Honorons nos grands hommes dans leur vie terrestre ; honorons-les plus encore dans les perspectives poétiques de leur gloire céleste ; mais, à côté d'eux, n'omettons pas de célébrer aussi les êtres qui, sans avoir jamais mis le pied dans nos tristes vallées, donnent maintenant la main à nos frères et s'élèvent, de concert avec eux, dans la voie de la béatitude en nous invitant à les suivre. D'ailleurs, s'il n'est pas impossible que ces êtres sublimes nous aperçoivent de loin, il n'est pas impossible non plus qu'ils sachent que nous marchons intentionnellement avec eux. En les invoquant, nous nous unissons donc à eux, non-seulement en imagination, mais par une correspondance véritable, et nous entrons ainsi dans cette magnifique communion de l'univers, qui n'existe réellement que pour ceux dont la conscience s'attache à l'élite du ciel.

Et maintenant, puisqu'il vous plaît de résumer toute cette discussion dans une question pratique, non, vous dirai-je, je ne condamne pas absolument vos fêtes des anges. Loin de me plaindre que vous ayez fait une trop large part dans votre liturgie à la mémoire des êtres supérieurs, je vous accuserais plutôt de trop de parcimonie à leur égard. Il y a plus d'animation sur ce sujet dans les sentiments populaires. Voyez avec quel empressement les habitants de nos campagnes ont partout relevé cette fête de la Saint-Michel, si peu considérable aux yeux de la dogmatique, mais qui, par la singularité même du personnage qu'elle célèbre, a pris, dans les habitudes rurales, une importance presque égale à celle de Pâque ou de Noël. Cértes, je ne dis pas que l'image de l'archange, telle que vous la dessinez, fasse voir bien clair dans le ciel à vos disciples ; mais elle n'est pas cependant inutile pour leur donner une impression, qui, autrement, leur ferait défaut. Ils comprennent vaguement, en agitant cette bannière, qu'il y a au-dessus de leurs têtes, parmi les feux des étoiles, des êtres qui n'ont jamais appartenu à notre monde et tout différents des hommes, doués d'une organisation plus puissante symbolisée par des ailes, beaux, radieux, actifs, cuirassés contre les atteintes du mal, armés pour la lutte, ne se bornant pas, comme les prêtres, à réciter des prières, mais sachant au besoin tirer l'épée pour la cause de la justice et de la vérité. *Michael et angeli ejus prœliabantur cum dracone, et draco pugnabat et angeli ejus :* les héros reparaissent, et le Gaulois se reconnaît. Je me garde donc de condamner ; mais à condition de ne tenir toute cette mythologie que pour un enseignement provisoire, dont l'avenir, mieux inspiré par la métaphysique et par le génie national, fera sans doute justice, et dont, tout en demeurant au fond dans les mêmes principes, nous devons dès à présent préparer la réforme.

Remarquez, en effet, puisque nous sommes descendus peu à peu du tribunal de la philosophie à celui des paysans, que ce jury national vous condamne également. Essayez d'ôter à vos anges leurs harpes, leurs ailes et leurs épées, et de prêcher à nos campagnes votre système des esprits purs, le bon sens public vous répondra : on ne croit aux anges qu'en leur supposant une figure, et on se les imaginerait presque aussi volontiers sans âme que sans corps. Ainsi, au résumé, le principe que j'oppose à la folle spiritualité du moyen âge, est aussi bien soutenu par le sentiment universel que par la raison ; et comment, en effet, le sentiment universel et la raison ne s'accorderaient-ils pas en faveur de celui de ces deux principes qui simplifie le mieux le plan de l'univers

VI

L'ENFER.

LE PHILOSOPHE.

L'affreuse soirée! le vent hurle, les arbres gémissent, la pluie fouette avec furie; les nuages, chassés par la tempête, semblent raser le sol et s'entassent sans intervalle l'un sur l'autre; pas une ouverture, pas une étoile, pas un rayon d'en haut; on dirait que nous sommes emprisonnés entre la terre et une calotte épaisse qui nous sépare des cieux : bruit et agitation dans les ténèbres, voilà pour nous, en ce moment, toute la nature! Qui pourrait voir les fleurs de nos champs, les trouverait sans doute bien à plaindre : battues par les rafales, froissées, souillées, tourmentées, elles paraîtraient au supplice. Mais la crise qui les agite n'est qu'une intempérie passagère; demain le calme renaîtra, l'atmosphère resplendira de nouveau, et les plantes, qui périssaient aujourd'hui de chaleur et de sécheresse, rafraîchies grâce à ces violences éphémères, relèveront au soleil leurs tiges plus verdoyantes et plus fermes et leurs corolles épanouies. Telle est l'image des vengeances de Dieu : ses colères mêmes sont des bienfaits.

LE THÉOLOGIEN.

Je vous devine : votre logique vous amène actuellement à vous tourner contre l'enfer. Mais, je vous l'ai déjà dit, vous manquez ici de caractère. Faiblir dans l'accomplissement des vengeances légitimes n'est pas une vertu, c'est un défaut. La vertu consiste, au contraire, à goûter si vivement le sentiment de l'ordre, que le spectacle de la juste réparation imposée au criminel devienne pour l'âme une jouissance véritable. C'est une vertu que les moralistes anciens ont bien connue, et que le moyen âge a eu parfaitement raison d'exalter, à leur exemple, sous le nom de Némésis. Elle n'est au fond qu'un reflet du ciel. A côté de la divinité rémunératrice, il y a la divinité vengeresse, et celle-ci n'est pas moins sévère que l'autre n'est généreuse. Voyez les prophètes : ils ne sont pleins que des menaces et des représailles de Jéhovah. *Iratus est furore Dominus in populum suum,* dit le Psalmiste, nous marquant ainsi que la justice de Dieu est tellement inexorable que ses effets sont en quelque sorte semblables à ceux qu'engendrent parmi nous l'emportement et la colère. Non, certes, Dieu n'a pas d'indulgence à l'égard des coupables! C'est une de ses joies de les punir, car c'est une de ses joies que de faire rayonner autour de lui l'admirable justice dont sa substance est pénétrée. Soit qu'il décerne la récompense, soit qu'il décerne le supplice, il est toujours également dans la béatitude, car il est toujours également dans les ineffables effluves de sa vitalité. « Comme le Seigneur s'est réjoui en vous faisant du bien, dit le Deutéronome, ainsi se réjouira-t-il en vous ravageant et en vous renversant de fond en comble. » Nous pouvons modifier, selon nos actes, le caractère de cette joie divine ; mais que ce soit la joie de vengeance ou la joie de grâce, la grandeur de cette joie ne change pas, et le juge regagne, par la satisfaction de l'arrêt qu'il prononce, tout ce que l'ingratitude de la créature aurait pu causer d'affliction au créateur.

Ce n'est pas avec une sensibilité féminine qu'il faut se représenter ces choses-là, c'est avec virilité. Puisque vous écoutez si volontiers la logique, consultez-la sur ce point : elle vous fera trembler devant les explosions que doit naturellement provoquer l'insulte chez une majesté infinie. A peine s'il est possible de trouver des expressions capables de nous donner une idée des rugissements de ce prodigieux lion dans les mystères de sa divine fureur. Tout ce qui peut ajouter à l'éclat de sa vengeance, il l'emploie, car il faut que sa mesure soit comble. Non-seulement il frappe et renverse ses ennemis, mais il les insulte, et du même coup dont il les livre aux flammes et aux démons, il les livre au bafouement et au mépris. Les témoignages de l'Écriture ne sont que trop formels à cet égard. « Nous lisons aussi dans les saints Prophètes, dit Bossuet dans son sermon sur le jugement dernier, que Dieu et ses serviteurs se riront d'eux (des damnés), qu'ils leur insulteront par des reproches mêlés de dérisions et de railleries, et que non content de les découvrir et de les convaincre, il les immolera à la risée de tout l'univers. » Et ne pensez pas nous faire reculer en appelant cela de la cruauté : tout ce qui augmente la punition n'est que justice; voyez d'ailleurs ce que vous répond là-dessus le même théologien dans ses Élévations. « C'est, direz-vous, pousser la vengeance jusqu'à la cruauté ! Je l'avoue ; mais Dieu aussi deviendra cruel et impitoyable. Après que sa bonté a été méprisée, il poussera la rigueur jusqu'à tremper et laver ses mains dans le sang des pécheurs. Tous les justes entreront dans cette dérision de Dieu, et ils riront sur l'impie et ils s'écrieront : Voilà l'homme qui n'a pas mis son secours en Dieu. » Assurément, rien n'indique mieux que cette figure terrible quelle absence d'intérêt il y a en Dieu relativement aux réprouvés. Imitons-le, et ne nous laissons pas aller à larmoyer sur cette engeance. Les misérables se sont jetés dans le mal; qu'ils y restent et qu'ils n'espèrent pas! Et comment Dieu s'abaisserait-il désormais jusqu'à eux? Dieu est-il ou non l'opposé du mal? Donc, s'il en est l'opposé, il le déteste; et s'il le déteste, il le châtie aussi absolument qu'il le déteste.

LE PHILOSOPHE.

Étendez un peu votre conclusion, et nous serons d'accord. Si Dieu déteste le mal, non-seulement il le châtie aussi absolument qu'il le déteste, mais il tend à le détruire à mesure qu'il se produit. Donc, l'idée de Dieu et l'idée de l'enfer, tel que se l'est imaginé le moyen âge, sont deux idées contradictoires. Il répugne à Dieu que le mal s'éternise. Ni sa puissance, ni sa sagesse, ni sa bonté, ne se prêtent à ce que le mal soit admis à constituer dans l'univers, à l'opposé de l'empire du ciel, un empire fixe et absolu. Le mal peut naître, puisqu'en appelant les créatures à concourir elles-mêmes, dès leurs premiers pas, à l'œuvre de leur développement, la Providence les expose naturellement à la chance de s'égarer ; mais rien de ce qui peut servir à les ramener, sans porter atteinte aux lois fondamentales du progrès et de la liberté, n'est omis. Il y a, dans la constitution même de l'univers, toutes les forces réparatrices nécessaires ; et sans quoi, il aurait donc pu arriver que toutes les créatures, mésusant de leur indépendance pour se précipiter dans le mal, la création tout entière, échappant à sa prédestination, se fût irrémédiablement perdue sous les yeux de son auteur! Tel est le but des peines, si bien caractérisées sous le nom de correction, et qui partout s'attachent au mal. Ces peines, en se prolongeant et s'accroissant autant qu'il le faut, finissent, en effet, par dégoûter le coupable en lui montrant, par les plus frappantes leçons, que la jouissance cherchée en dehors du bien n'est qu'un leurre, puisque ses suites inévitables sont la souffrance; et grâce à leur action salutaire, l'équilibre tend à se rétablir à mesure qu'il se détruit. Ainsi, la miséricorde de Dieu, qui est éternellement inséparable de sa justice, doit être bénie dans le châtiment tout aussi bien que dans la récompense, car, quelle que soit la rigueur avec laquelle Dieu sévit, tout châtiment de sa part est un bienfait.

Renoncez donc à vous peindre la majesté de Dieu sous ces traits effrayants qui peuvent bien appartenir à la religion de la Bible, mais qui ne sont point de celle de l'Évangile. Dieu est si grand que toute offense lui est petite, et sa magnanimité, loin de s'irriter des injures, n'en a que pitié. S'il punit le méchant, ce n'est pas dans l'intention de se venger, c'est en vue d'amener le méchant à se repentir, à lui demander grâce et pardon et à bénir avec larmes les lois de sa justice et de sa miséricorde : Dieu est père, en effet, plus encore qu'il n'est roi, et il n'oublie pas que ses sujets sont ses enfants. D'ailleurs, que vous le vouliez ou non, il nous est aussi parfaitement impossible de nous fixer dans les sentiments du moyen âge en religion qu'en politique; le mouvement des mœurs nous entraîne, et nous ne sommes pas plus maîtres de nous satisfaire en attribuant à Dieu le caractère et les passions d'un juge des temps barbares, qu'en attribuant à sa législation la brutalité du système pénal des âges qui nous précèdent. Loin d'accepter vos reproches, je les rétorque donc sans hésitation contre vous. C'est vous qui compromettez l'idée de Dieu par l'exagération de sa sévérité; c'est vous qui l'outragez implicitement, en permettant à l'homme de sentir plus de clémence et de mansuétude dans sa propre nature que vous ne lui en découvrez dans celle de l'être infini; c'est vous, enfin, qui détruisez la croyance de l'enfer, en la rendant aussi antipathique à nos croyances que l'est désormais à nos cœurs l'affreuse parade des bourreaux et des tortures. Quand l'ère des représailles aveugles est abolie sur la terre, comment se flatter de la maintenir dans l'idéal? et comment la divinité ferait-elle régner dans l'univers ce que nous sommes conduits à repousser de chez nous? Ou décidez-vous à laisser périr entre vos mains tous vos dogmes plutôt que de les laisser varier, ou consentez à les revivifier en les ouvrant aux bienfaisantes effluves que tend actuellement à y verser l'humanité.

C'est donc précisément parce que j'apprécie dans toute sa profondeur la vérité des châtiments de l'autre vie, que je ne veux pas de la fable sous laquelle vous la dissimulez; je m'inquiète de voir cette arme formidable devenir simplement, sous votre garde, une sorte d'épouvantail, qui, pareil à ces peintures de tigres et de dragons dont se couvrent les Chinois, n'effraie plus que les enfants; je sens que, faute d'une sanction sérieuse, l'ordre moral est menacé, et rien ne me semblerait plus urgent qu'une solide coalition de tous les théologiens, non pour maintenir une mythologie vieillie et désormais sans crédit, mais pour redresser fièrement, sous une forme appropriée à nos idées, à nos sentiments et à nos mœurs, la pénalité de Dieu. Si l'on ne veut pas que le progrès moral s'embarrasse, ce progrès sans lequel toutes les autres améliorations ne sont rien, il est temps que le péché apprenne de nouveau à trembler jusque dans le secret de ses attentats internes. La vie de la terre, qui appelle à grands cris la vie du ciel, n'appelle pas moins impérieusement celle de l'enfer. Qu'on lui rende donc, dans toute sa raideur, cette forme terrible de l'immortalité, car non-seulement cette forme est nécessaire pour refréner ici-bas les mauvaises passions, mais elle existe ailleurs pour les punir. Toute la question est de la faire resplendir, et c'est en spéculant, non sur des traditions plus ou moins indécises, mais sur la nature même de l'homme et de l'univers, que l'on peut espérer d'y réussir.

En effet, si la vie dans l'étendue est inamissible, si les âmes circulent sans cesse d'un monde à l'autre, si la création jouit d'unité comme son auteur, l'univers, pris dans sa totalité, n'est en définitive qu'une grande société; et de la conception de cette société, comme de celle de toute société mélangée de bien et de mal, dérive logiquement la conception d'un système pénal correspondant. Ordonné par Dieu, dans la pleine lumière des causes et des effets, il est évident que ce système ne peut manquer d'être excellemment approprié à son but, et qu'en lui assignant toute perfection imaginable, nos pensées ne sauraient se méprendre : plus ses principes viennent de haut, plus aussi ses définitions doivent être précises, ses déductions régulières, ses dispositions adéquates à leur objet; et l'on peut dire que, grâce à son élévation, il doit être propre à nous éclairer là même où, malgré l'effort de nos jurisconsultes, nos lois criminelles, faute de planer au-dessus des ombres de la terre, demeurent dans l'indétermination et dans le trouble. Jetons donc ensemble, si vous le permettez, un regard rapide sur les fondements rationnels de ce complément capital de la théorie de l'univers : voici, en résumé, le sommaire d'après lequel je me gouverne.

Qu'est-ce que le coupable? C'est celui dont l'âme, par un faux mouvement, a contracté une mauvaise forme. Le faux mouvement peut cesser, mais la déformation subsiste, et la réhabilitation morale n'est atteinte que lorsque cette déformation est corrigée. De même qu'en se comportant à l'égard de Dieu, d'autrui et de soi-même dans le sens voulu par les lois du perfectionnement de l'univers, l'âme augmente sa ressemblance avec son divin modèle, de même, en se comportant à l'inverse, elle l'altère, et cette altération n'étant au fond que l'effet d'un écart de volonté, ce n'est aussi que par le redressement et l'application de la volonté qu'elle peut trouver sa fin.

Qu'est-ce que la peine? La conséquence nécessaire de tout faux mouvement. Si le système de l'univers a été combiné par son auteur de telle sorte que les êtres marchant dans la voie qui leur a été préparée y trouvent satisfaction et bien-être, il faut bien que ceux qui cherchent à se faire jour autrement soient froissés par l'organisation même qu'ils contrarient et qui est plus forte qu'eux. Il y aurait évidemment contradiction à ce que le mobile atteignît le but quand il n'en suit pas la direction ; et de même que l'esquif qui ne demeure pas dans le fil de l'eau vient s'échouer ou se fracasser sur les rives, de même, toute créature qui dévie se blesse elle-même.

Et puisque, dans l'ordre de la Providence, rien ne saurait être nécessaire qui ne soit bon, quelle est l'utilité morale de la peine? D'exciter le coupable, à force d'aiguillons et d'amertumes, à revenir sur ses pas vers la voie du salut, et de tendre ainsi au rétablissement continuel de l'ordre dans l'univers. Considérée au point de vue de ses effets, la peine peut donc aussi se définir : le degré de souffrance convenable pour aider l'âme à réfléchir sur elle-même et à se dégoûter de ses difformités par l'expérimentation de leurs suites. C'est ainsi que, dans les plans magnanimes de la théodicée, le mal appelle le mal, non par une aveugle loi de talion, mais par une loi de grâce, et à peu près comme, dans le monde des corps, la maladie appelle la médecine.

Et au delà de cet effet, notre esprit ne doit-il pas en concevoir d'autres? Oui ; mais à condition de ne pas oublier que ce premier effet étant l'effet capital, tout le reste se subordonne à ses convenances. Que la peine soit strictement appropriée à ce que demande l'amendement des coupables, et sa perspective sera tout à fait suffisante pour intimider par l'exemple ceux qui seraient disposés à faillir, pour faire éclater aux yeux de tous la vérité de la justice de Dieu, pour donner à tout commandement de la loi sa sanction précise et sa mesure. Ne sacrifions donc point les convenances légitimes de l'action répressive aux convenances trompeuses de l'action comminatoire, car ce serait aller à la fois et contre la logique et contre Dieu.

Quelle est la mesure de la peine? La proportion de la faute, répond sans hésiter le sentiment inné de l'équité. Ainsi, le degré de la peine est en raison de l'amplitude de la déformation, du déploiement de volonté qui l'a causée, de sa tendance à se reproduire, autrement dit, en raison de la gravité du délit, de l'élévation du délinquant, de l'intensité de l'habitude. Donc aussi, nulle punition ne peut être infinie, non-seulement parce qu'elle manquerait son but, qui est la réintégration du coupable, mais parce qu'aucun des trois termes dont elle dépend ne possède un caractère infini.

Mais, en raison de la répétition des fautes, la succession des peines ne peut-elle pas devenir infinie? Comme l'âme est toujours libre, il est évident que l'âme est toujours maîtresse de mal vouloir, et, par suite, d'augmenter indéfiniment sa déformation et de s'enfoncer ainsi, de plus en plus, dans le mal du châtiment en même temps que dans le mal du crime. Donc, en résumé, l'éternité des peines n'est qu'une stricte conséquence de la liberté des créatures. Toutefois, il est à espérer que les âmes, parvenues à un certain degré de corruption, éprouvent par là même, ainsi que par l'effet croissant de leurs souffrances, un tel dégoût de leur mode d'existence, qu'elles s'écrient, comme dans le livre de la Sagesse: « Nous sommes lassées dans la voie de l'iniquité, » et qu'elles demandent à Dieu ou d'être anéanties ou de changer.

Et quelle est la nature de la peine? Le genre de souffrance le mieux approprié à la nature du coupable. Soit par la constitution défectueuse des organismes que l'âme se crée, soit par le défaut d'harmonie entre ces organismes et les circonstances au milieu desquelles ils prennent place, la Providence est assurément en mesure d'imposer aux âmes de cuisantes douleurs, bien capables de les soumettre et de leur faire sentir le regret de leurs égarements; mais, pour des créatures tombées de haut, il est des épreuves plus efficaces encore. Puisque la mort n'est pas une discontinuation de la vie, pourquoi tous les maux spirituels qui nous affligent dans ce monde, et bien souvent nous aident à nous y corriger, ne traverseraient-ils pas avec nous les portes du tombeau pour nous suivre au delà et nous faire peut-être alors crier merci sous les effets de l'orgueil humilié, de l'ambition déçue, des attachements brisés ou trompés, des instincts déchaînés et hurlant dans le vide, des remords sans trêve, de l'évanouissement fatal de toute foi, de toute espérance, de tout amour?

Et, finalement, quel est le lieu des peines? Toutes les régions de l'univers d'une condition analogue à la terre et pires encore. De même qu'en développant les principes de lumière, de vertu et de béatitude qui existent dans ce monde, notre imagination s'élève à l'idéal du ciel, de même par le développement des principes d'aveuglement, de méchanceté et de souffrance qui se découvrent autour de nous, peut-elle arriver à des profondeurs assez affreuses pour mériter le nom d'Enfer. Assemblage de monstres de toute espèce, nature hostile, corps infirmes et hideux, crimes, blasphèmes, tortures, désespoirs, toute misère est admissible, pourvu que la mort n'y manque pas, car c'est elle qui sauve tout, en ouvrant, au temps voulu, la porte qui, des quartiers les plus désolés du labyrinthe pénitentiaire, conduit à des quartiers meilleurs.

Tels sont, à mon sens, les traits les plus essentiels du système régulateur de la grande société de l'univers. Conçue dans ces termes, la loi est juste, répressive, terrible; et, contrairement à la croyance du moyen âge, elle a le mérite de n'offenser ni le principe sacré de la miséricorde infinie, ni celui de la prépondérance nécessaire du bien, fils du Créateur, sur le mal, fils de la créature, ni celui de l'immortalité naturelle de toutes les facultés de l'âme. J'ose donc vous inviter, si vous avez réellement à cœur la cause de la justice, à tourner vos idées vers la voie que je viens d'essayer de vous marquer.

LE THÉOLOGIEN.

Et pensez-vous que nous soyons libres? Ne savez-vous pas quelle étroite connexion il y a pour nous entre l'idée de l'Enfer et celle de son éternité? Fussions-nous disposés à nous relâcher sur ce point de la rigueur de notre théologie, le pourrions-nous sans ruiner de fond en comble notre tradition et nous ensevelir nous-mêmes sous ses ruines? Voilà pourquoi nous sommes obligés de nous faire de Dieu ces images que vous nous reprochez. Il faut bien que la rigueur du châtiment soit empreinte à nos yeux sur la figure du juge. Laissons-y prédominer ces sentiments de clémence et de bénignité que vous vous plaisez à exalter, et l'arrêt, par le contraste de sa dureté, ne paraîtra bientôt plus qu'une vaine menace. Nous n'avons donc d'autre alternative que de renoncer aux flammes éternelles, et, par suite, à l'autorité de nos origines, ou de conserver à Dieu son attitude terrible.

Mais cet Enfer, dont une invincible tradition nous impose la forme, n'a-t-il pas, en définitive, bien des avantages sur la législation adoucie que vous proposez de lui substituer? Admirez la netteté de ses tableaux devenus si facilement populaires : au lieu de la sublimité du ciel, l'effrayante profondeur de la terre; au lieu de la paisible et perpétuelle lumière de l'empyrée, des feux qui ne s'éteignent jamais; au lieu de la compagnie ravissante des anges, l'affreuse domination des démons. Voilà qui est fait pour entrer carrément dans les imaginations et y causer de fermes impressions. Il n'y a que des esprits cultivés qui soient susceptibles de s'affecter convenablement des perspectives moins colorées et moins précises que vous leur présentez. A moins d'une finesse d'éducation que je ne prévois pas, les masses n'en recevront jamais l'empreinte. Otez-leur ces souterrains et ces flammes si bien adaptés à leur entendement, et elles ne sauront plus où est l'Enfer, ni ce qu'il est; si bien qu'en cherchant à rendre l'idée plus acceptable, vous n'aurez réussi qu'à la faire évanouir.

Et en supposant même que les progrès généraux par l'espérance desquels vous vous laissez bercer, dussent rendre un jour plus communes la délicatesse de l'imagination et la sensibilité touchant les éventualités de l'avenir, ne voyez-vous pas encore tout le danger des adoucissements téméraires que vous sollicitez? Si, même en menaçant le péché des peines excessives que notre code édicte contre lui, nous ne parvenons pas à le retenir, que sera-ce lorsqu'il n'apercevra devant lui que ces peines purement proportionnelles que votre philosophie lui oppose! S'il n'est pas formellement stipulé que toute faculté de repentir cesse avec la vie, qui empêchera le criminel d'ajourner sa conversion à l'autre monde, et, en attendant, de se plonger ici-bas dans toutes les horreurs du vice? Craignez donc de compromettre inconsidérément les intérêts de la puissance préventive, si préférable à tous égards à la puissance répressive puisqu'elle arrête le mal, au lieu d'être simplement réduite, comme celle-ci, au rôle de le punir. D'ailleurs, le but principal de la religion n'est pas d'instruire plus ou moins exactement les hommes sur les particularités de l'autre vie, mais de les maintenir solidement, durant celle-ci, dans la ligne du bien. Nous sommes sûrs que tous ces défauts de savoir se corrigeront un jour, mais à condition que nous aurons su nous rendre dignes d'être admis au royaume de lumière. Occupons-nous donc du service de la morale avant de nous occuper de celui de la science ; et s'il est nécessaire d'effrayer les âmes pour les empêcher de dévier, ne nous faisons pas scrupule de propager autour de nous cet effroi salutaire.

Enfin, à proprement parler, j'ose dire que ce n'est pas Dieu qui punit le pécheur : c'est le pécheur qui se punit lui-même. Il se précipite volontairement dans l'abîme ; et là, ayant rompu avec Dieu, comment voulez-vous que la grâce puisse l'atteindre et le relever? Il peut se plaindre, mais comme l'insensé qui se serait aveuglé lui-même et qui reprocherait ensuite au soleil de ne plus luire pour lui. L'astre est toujours le même, mais les organes par lesquels pénétraient ses rayons sont détruits, et il n'éclaire plus parce que l'on s'est rendu incapable d'être éclairé. Malheur donc à ces criminels qui sont descendus dans la tombe avec une infirmité incurable! Livrés à eux-mêmes, ils le sont à l'éternel supplice : Dieu ne les connaît plus.

LE PHILOSOPHE.

Vous ne me défendrez pas de penser que si vous ne vous regardiez comme engagé, vous renonceriez bien vite à tous les prétendus avantages de votre enfer? Votre tradition seule vous le recommande, et hors de cette tradition toute autorité lui manque. Repoussé d'instinct par tous les cœurs, il ne trouve pas plus d'accueil du côté de la raison. La théologie du moyen âge a eu beau mettre en jeu toutes les subtilités pour lui donner une apparence plausible, elle n'y a jamais réussi ; et il se découvre, en effet, dès le principe, par une considération bien simple, qu'aucun argument logique ne saurait exister en sa faveur. Si les lois actuelles de la vie sont instituées de telle sorte que le criminel, à quelque excès d'égarement qu'il soit parvenu, demeure toujours libre, puisse toujours rentrer en lui-même, prier, se repentir, expier, mériter grâce, sur quels motifs conclure que la mort donne tout à coup naissance à une législation contraire? Il est évidemment arbitraire de supposer que l'immortalité conserve la vie sans conserver en même temps la faculté du repentir, comme toutes les autres. Les arguties à l'aide desquelles on peut essayer de justifier l'hypothèse de l'abandon des damnés se retournent immédiatement contre elles-mêmes, car elles conduisent avec la même force à l'idée que Dieu doit abandonner, dès à présent, sans rémission, toute âme coupable. L'âme coupable n'est pas aveuglée plus irrémédiablement après avoir passé par la mort qu'elle ne l'était auparavant, car la mort n'est qu'un accident aussi incapable de changer la nature de l'âme que de changer les dispositions de Dieu. Ce qu'était l'âme la veille du trépas, elle l'est le lendemain : il lui avait plu de fermer les yeux à la lumière ; mais comme, de ce côté du tombeau, elle était maîtresse de les rouvrir, elle l'est encore de l'autre ; et d'autant mieux, que le divin soleil dont elle se prive dans sa folie n'est pas un soleil passif, mais un soleil qui veut être contemplé, et qui en sait prendre les moyens en sévissant aussi rudement et aussi longtemps qu'il le faut contre les aveuglés volontaires.

Et ne dites pas que si Dieu refuse la faculté du repentir aux trépassés, c'est que sa miséricorde s'est lassée : ce qui est infini ne se lasse pas, et les raisons qui militaient en faveur des coupables durant cette vie sont identiquement les mêmes durant toute la suite de l'immortalité. D'ailleurs, n'y a-t-il pas assez de criminels que la mort surprend sans leur laisser le temps de se reconnaître? Donc, la balance de Dieu étant égale pour tous, ces malheureux doivent trouver dans la vie d'outre-tombe les mêmes conditions de salut qui ont été données à leurs pareils dans celle-ci : si Dieu ne rompt pas brusquement avec les uns, et leur assure les moyens de se réhabiliter et de rentrer en grâce, il serait inconséquent qu'il n'eût pas, à l'égard des autres, la même longanimité et la même patience.

Mais il y a plus : tandis qu'il vous est impossible d'établir sur aucune preuve de raison que Dieu délaisse dans l'impénitence les âmes qui sont sorties de ce monde dans le péché, il y a une preuve incontestable qu'il ne les délaisse pas : cette preuve, c'est qu'il les conserve. Ces âmes égarées ne continuent à vivre que parce que sa providence les nourrit, et s'il se détachait d'elles un seul instant elles retomberaient immédiatement dans le néant au-dessus duquel il les soutient après les en avoir tirées sans que la prévision de leurs méfaits l'ait arrêté. Mais, dites-vous, il ne les conserve qu'afin de les punir ; et cette punition est-elle absolument infinie ? Non; dites-vous encore, car il s'ensuivrait que le mal constitue un absolu opposé à l'absolu de Dieu ; et aussi, la punition, limitée quant à l'intensité, n'est-elle infinie que selon le mode de la durée. C'est là précisément que ma preuve vous frappe ; car Dieu, qui a autant horreur de conserver le mal pour le mal lui-même que de lui donner origine, satisferait naturellement sa justice par l'intensité de la peine plutôt que de la satisfaire par la durée. Ainsi, professez donc, ou que la Providence, revenant ainsi sur l'œuvre du Créateur pour la briser, anéantit les coupables après l'expiation la plus prompte possible de leurs crimes, ou reconnaissez que si Dieu entretient indéfiniment leur immortalité, c'est qu'il ne les réprouve jamais. Il ne peut leur faire la grâce de demeurer lié avec eux que parce qu'il sait que leur impénitence n'a pas de racines infinies et que le traitement qu'il leur applique doit suffire pour les ramener, tôt ou tard, au but primitif de leur destinée.

Que parlez-vous maintenant d'avantages pratiques ? Élevez-vous, sans autre préoccupation, à la recherche de la vérité, et l'utile, sans que vous ayez besoin d'y songer, vous arrivera de lui-même ; mais n'espérez pas que ce qui n'est pas assuré d'être vrai, le soit jamais d'engendrer ce qui est bon. Une législation pénale qui, au lieu de procéder directement du principe du juste, se donne pour but de terrifier, perd aisément la mesure, et devient coupable, même à son point de vue, soit par l'impuissance, soit par l'excès. En effet, le devoir de l'action préventive n'est pas seulement de s'opposer, autant que possible, au développement du mal, c'est aussi de se garder de toute influence nuisible au développement de la liberté morale : les âmes courbées sous l'habitude d'une terreur trop vive s'amortissent bientôt; absorbées par la crainte de mal faire, et réduites aux vertus négatives, elles tremblent, se resserrent et perdent peu à peu tout mérite en perdant tout ressort et toute activité. Voilà l'écueil que connaissent bien aujourd'hui tous les criminalistes; et l'expérience leur a montré aussi avec quelle facilité les lois glissent, sur ce terrain dangereux, de l'extrémité où elles intimident trop à l'extrémité opposée où elles n'intimident plus. Trop violentes, elles finissent, en effet, par ne plus sembler à tout le monde que des paroles en l'air, car chacun sent d'instinct que le juge ne saurait avoir l'inhumanité de donner accomplissement à des peines si disproportionnées. Aussi, de même que par égard pour ces conditions essentielles de l'action préventive, si bien liées avec le progrès naturel des sentiments de clémence et d'équité, les nations civilisées se sont accordées à laisser tomber en désuétude le code des temps barbares, de même, le caractère comminatoire des châtiments édictés aux mêmes époques pour l'autre vie est-il nécessairement condamné à se réformer par les mêmes raisons et de la même manière : les âmes timorées trembleront moins, et ce sera un premier avantage; mais toutes trembleront comme il convient, et c'en sera un autre.

Loin donc d'admirer avec vous vos effroyables fournaises, je crois que leur perspective sera considérée un jour comme le témoignage le plus sensible de la grossièreté du moyen âge. On s'étonnera que l'esprit de système ait pu séduire les cœurs au point de les laisser consentir à attribuer à la justice de Dieu une pénalité si monstrueuse. Le code qui formulait, si impitoyablement, la peine de mort, comme utile à l'exemple, contre les moindres délits de fraude et de braconnage, pâlira, si je puis ainsi dire, devant le code ecclésiastique soumettant les âmes aux flammes éternelles pour une pensée, pour un oubli, pour un seul faux pas. Modèle affreux des geôles, des chambres de torture, des roues et des bûchers de ce siècle de fer, pêle-mêle sauvage de victimes diverses, règne idéal des bourreaux, vous impressionnez assurément, aujourd'hui encore, les imaginations bien conduites, mais pour y exciter l'horreur et non pas l'épouvante, et soulever les âmes comme de détestables mensonges!

Ce n'est rien encore, en effet, que de voir dans ces hideuses cavernes, sous la verge des démons, des foules de malheureux, suppliciés à perpétuité pour des fautes que la justice humaine la plus rigoureuse ne couvrirait que de son indulgence, il faut y voir jusqu'à ceux qui n'ont péché que dans le domaine de l'intelligence et qui, tout en cherchant, du fond du cœur, les voies de Dieu, ont fait fausse route, selon l'orthodoxie, par défaut de méthode ou de logique; bien plus, il faut y voir en compagnie des penseurs, ceux mêmes dont l'ignorance a fait le crime. Fanatisme inouï, dont aucune religion de l'antiquité n'avait donné l'exemple, et auquel il a fallu pour berceau la dure et arrogante théologie de ces Pharisiens que combattit Jésus! Périsse, disent vos haineux docteurs, quiconque ne fait point corps avec notre doctrine! Que Dieu rejette l'étranger dans l'abîme et qu'il n'étende sa main que sur Israël! Non, il ne me sera jamais facile de comprendre que des esprits élevés aient pu accéder à de telles idées : elles ne sont dignes que de ceux qui ont excommunié et condamné aux abominables souffrances de la croix le doux prédicateur de l'Évangile.

Quand je me représente tant de millions d'âmes qui ont traversé la terre sur les points où il avait plu à Dieu de les faire naître, soit dans les Gaules, soit dans l'Égypte, soit dans l'Inde, soit sous l'empire de Bouddha, soit sous celui de Zoroastre, de Confucius ou de Mahomet, sans autre préoccupation que de se concilier, par l'exactitude de leur conduite et de leurs sacrifices, la faveur céleste, et que je conçois si clairement que ces âmes n'ont pu manquer de recevoir la récompense de leur sainteté par le développement de leur éducation intellectuelle et morale au delà de cette vie, il devient prodigieux à mon entendement que, pour vous, ces myriades de créatures soient à jamais dans les flammes, confondues, en une commune détresse, avec les plus exécrables scélérats dont la présence ait déshonoré notre monde! Je ne puis croire que cette conclusion fatale de votre système ne vous soit pas une secrète torture ; et je me persuade que si vous vous trouviez dégagé de l'obligation logique de professer que Socrate, Épictète, Platon, et tant d'autres génies non moins bienfaisants et non moins purs sont pour toujours en enfer, entre les mains de Satan et de ses satellites, vous vous sentiriez débarrassé d'un grand poids. Ce poids qui vous pèse, cette apparence d'inhumanité qui vous compromet, cette scission qui s'aggrave de plus en plus entre votre enseignement et nos mœurs, c'est votre tradition, et votre tradition seule, qui en contient le principe. Cette tradition, je le dis la main sur le cœur, vous est mortelle : ou elle vous perdra, en vous faisant mettre, en fin de cause, au ban du genre humain; ou vous arriverez à déclarer qu'elle ne vous engage pas, et vous rouvrirez ainsi avec nous les portes de l'avenir au Christ et à la liberté.

Oui, c'est une grande hardiesse que je vous demande : enveloppé, comme vous l'êtes, non-seulement dans les idées, mais dans l'organisation du moyen âge, l'aurez-vous ? Permettez-moi de le souhaiter, et à l'appui de mon souhait de vous mettre devant les yeux, ce que n'ont jamais fait ni ceux qui vous harcèlent, ni ceux qui vous défendent, l'ouverture par laquelle il vous serait peut-être possible de vous dégager sans rompre absolument avec vos origines. J'ose prétendre que, même en s'astreignant aux règles de l'Église, l'éternité des peines de l'enfer peut être tenue pour une question d'école ; car ni l'autorité des conciles, ni les définitions de l'Écriture, ni le consentement des Pères ne la décident. Donc, il ne serait pas canoniquement impossible que la question fût soumise aujourd'hui à un concile et résolue par ce concile dans un sens contraire aux vieux préjugés de la scolastique.

Vous savez en effet que, malgré l'importance capitale de ce dogme, jamais aucun concile n'en a fait le sujet d'une déclaration positive. Peut-être l'opinion générale a-t-elle toujours semblé assez déterminée à cet égard pour n'éprouver aucun besoin de confirmation, et nulle controverse n'étant venue provoquer l'autorité, aucun motif n'a dû, non plus, la faire sortir de sa réserve. Néanmoins, lorsque l'on voit tant d'occasions dans lesquelles il eût été si naturel que l'Église exprimât sa croyance à cet égard, et qui n'ont pu lui faire lâcher la moindre parole capable de l'engager, il est bien difficile de ne pas s'arrêter à l'idée que cette réserve a été l'effet d'une conduite calculée. Quel que fût l'aplomb des écoles, il n'est pas dit que leur assurance ait toujours été partagée par les intelligences élevées, et que, par conséquent, la majorité des conciles n'ait pas ressenti une certaine hésitation à se prononcer, surtout en l'absence de toute nécessité. C'est ainsi que l'Église aurait pu laisser courir, pendant tout le moyen âge, l'enseignement populaire sur les feux interminables de l'enfer, sans juger à propos de le réprimer, puisqu'il ne paraissait ni opposé aux mœurs, ni sans utilité pour la foi, ni même sans vraisemblance, mais toutefois sans l'appuyer par aucune sanction; et si telle est la vérité, il y a là une modération qu'il faut savoir honorer, car elle est pleine à la fois de conscience et de raison. Mais, voulût-on même que les conciles, entraînés par l'opinion, n'aient jamais eu de doute sur la question et que leur silence ne soit qu'un hasard, ce silence n'en serait que plus admirable, car il est si sage que s'il n'a pas été prémédité, il faut donc qu'il ait été inspiré.

Trois conciles seulement ont été amenés, par les circonstances, à s'occuper des peines de l'autre vie : le concile de Trente, le concile de Florence, et le deuxième concile de Constantinople. Le concile de Trente, le seul, à ce que je crois, qui ait jamais articulé les mots de peine éternelle, ne l'a fait que d'une manière incidente, dans l'énoncé d'une opinion condamnée qui impliquait cette croyance, et sans rien définir lui-même sur ce point. Il n'a statué positivement que sur le purgatoire; et appréhendant le mouvement que la théologie n'est que trop disposée à prendre sur ce sujet si plein de conséquences, il s'est borné à recommander aux évêques d'en retenir le développement. « Ordonne aux évêques de veiller diligemment à ce que la saine doctrine du purgatoire, transmise par les saints Pères et par les sacrés conciles, soit crue par les fidèles, tenue, enseignée et prêchée partout. Mais que les questions trop difficiles et trop délicates pour le peuple grossier, qui ne servent pas à l'édification, et de la plupart desquelles il ne résulte aucune augmentation de piété, soient écartées des réunions populaires ; de plus, qu'ils ne permettent pas que les choses incertaines et qui pèchent par une apparence d'erreur soient divulguées et discutées. »

Le concile de Florence, sollicité par la discussion qui s'était élevée à Ferrare sur la question de savoir si les âmes sont tourmentées dans le purgatoire par le feu ou par des afflictions d'un autre genre, et si les damnés éprouvent la plénitude des peines de l'enfer avant que la résurrection leur ait rendu leurs corps, non-seulement s'est décidé à ne point statuer sur ces litiges, mais s'est même abstenu scrupuleusement de toute expression relative au dogme de l'éternité. Parmi les âmes des trépassés, les unes, selon le concile, montent immédiatement dans le ciel et y jouissent d'une vision de Dieu plus ou moins parfaite ; les autres, décédées dans l'amour de Dieu, mais sans avoir suffisamment expié leurs péchés, descendent dans le purgatoire, où elles sont soulagées par les prières des vivants ; enfin, celles qui sont en état de péché mortel, actuel ou originel, descendent en enfer, où elles sont inégalement punies ; et sur ce point le laconisme du style est assurément digne de remarque : *mox in infernum descendere, pœnis tamen disparibus puniendas.* Les orateurs ne s'étaient pas fait faute de répéter, dans le cours des débats, que les peines de l'enfer sont des peines éternelles et diffèrent par cette éternité de celles du purgatoire : le concile n'empêche pas de le dire, mais il ne le dit pas.

Le concile de Constantinople, réuni en vue des origénistes, dont le système s'était si largement étendu sur toute l'histoire de l'enfer, ne pouvait éviter de prendre pied à leur suite sur ce terrain délicat. Ces sectaires enseignaient formellement qu'il n'y a pas de peines éternelles, qu'un jour les feux de l'enfer s'éteindraient, que tous les damnés seraient alors sauvés, et rien n'était plus éclatant dans leur doctrine que ce point-là. C'était donc bien le cas de déclarer contradictoirement que les peines sont éternelles, que les feux de l'enfer ne s'éteindront jamais, que les damnés sont pour toujours exclus du ciel : le concile s'en est gardé. Au lieu de faire justice une fois pour toutes de cette opinion si radicalement opposée à celle des Pharisiens, en la condamnant d'une manière générale, le concile s'est contenté de l'anathématiser sous la forme particulière que lui donnait l'hérésie. Il n'a pas dit que les damnés et les démons ne seraient pas un jour convertis et sauvés; il a dit seulement que les damnés et les démons, pas plus que les élus et les anges, ne seraient jamais unis au Verbe selon le même mode que l'âme du Christ, vérité dont je suis bien éloigné de vous engager à vous départir, puisqu'elle est aussi le fond de ma pensée. « Si quelqu'un dit que les vertus célestes, tous les hommes, le diable, les puissances du mal seront unis pareillement au Dieu Verbe, et de la même manière que l'esprit qu'ils nomment Christ...., qu'il soit anathème. » Ne conviendrez-vous pas que si le concile s'était senti aussi révolté que le sont communément vos docteurs par l'idée de la réhabilitation finale de tous les pécheurs, son sentiment aurait fait tout autrement explosion sur ce chapitre? Pour moi, rien ne me semble plus frappant qu'une telle réserve dans des circonstances si entraînantes, et je n'hésite guère à en conclure que les Pères de Constantinople ont dû être inspirés par le désir de ne point engager témérairement l'avenir sur cette question douteuse.

Eh! qu'importe, direz-vous, que les déclarations des conciles fassent défaut, quand les témoignages de l'Écriture suffisent! Mais la preuve la plus claire que ces témoignages ne suffisent pas, ne viens-je pas justement de vous la donner? L'histoire des origénistes ne vous montre-t-elle pas que de grands esprits, profondément versés dans la connaissance de tous vos textes, aussi parfaitement convaincus qu'on a jamais pu l'être au moyen âge, de leur divinité, ont pu croire que ces textes ne s'expliquaient pas d'une manière décisive sur le point qui nous occupe? Malgré les passages que vous alléguez et d'après lesquels vous arrêtez votre opinion, ils ont franchement et pieusement passé outre, déclarant qu'aux yeux de l'Église, nulle peine ne devait être censée éternelle. Et qu'ils aient eu ou non raison de croire que l'Écriture leur permettait une telle liberté, ce n'est pas là, veuillez bien le remarquer, la question : le tout est qu'ils l'aient cru, et c'est là un point de fait. Donc, les témoignages que vous regardez comme décisifs ne le sont point, et le champ de la discussion demeure aussi bien ouvert pour vous qu'il a pu l'être pour Origène et ses illustres disciples.

Je n'ai pas besoin, vous le voyez, pour poser cette conclusion d'entrer dans l'analyse d'aucun texte : quels que soient les textes, elle est irréfutable. Ce n'est pas à moi d'ailleurs à vous indiquer la manière de vous délivrer des chaînes dont vous pensez être chargé : ce serait quitter mon rôle pour entreprendre sur le vôtre. Mais je veux pourtant vous rappeler en passant combien il s'en faut que cette qualification d'éternels, appliquée par l'Écriture aux châtiments de l'enfer, vous fasse une loi de professer que l'autorité de vos livres s'oppose à ce que ces châtiments aient une fin. Le mot d'*aion*, chez les Grecs, de même que celui d'*æternus* chez les Latins, et leur équivalent chez les Hébreux, n'ont jamais eu le sens précis qu'a fini par attribuer au mot d'éternel notre langage théologique, et ne représentent, dans l'esprit des écrivains qui les ont employés, que l'idée d'une durée indéfinie, ou plus exactement encore d'une durée si grande que la pensée s'y perd. Au fond, c'est tout simplement la valeur que conserve, aujourd'hui encore, le mot d'éternel dans le langage poétique et le langage populaire; et s'il en était autrement, ne seriez-vous pas, vous-mêmes, bien embarrassés quand le Psalmiste vous parle « des montagnes éternelles, » quand l'Ecclésiaste vous déclare « que la terre est fondée pour l'éternité, » et que Daniel vous annonce que ceux qui enseignent la justice « seront, comme les étoiles, dans des éternités perpétuelles? » Et aussi, me semble-t-il que la Bible vous donne justement l'ouverture nécessaire à l'interprétation dont il s'agit, lorsqu'elle fait dire à Moïse dans l'Exode : « Le Seigneur régnera dans l'éternité et au delà, » *regnabit in æternum et ultrà* : voilà l'espèce d'éternité durant laquelle les pécheurs demeureront dans la peine; et quand viendra la période lointaine que l'hébreu désigne sous le nom d'au delà, et sur les événements de laquelle aucun de vos prophètes ne s'explique, alors la délivrance commencera.

Je sais bien que l'Évangile ne se borne pas à prononcer que les méchants iront au supplice éternel, et qu'il donne quelque part confirmation à la parole d'Isaïe sur « le ver qui ne meurt pas et le feu qui ne s'éteint pas. » On pourrait, sans doute, répondre qu'il ne manque pas de textes plus explicites encore que celui-là, et qui ne peuvent cadrer avec les dogmes fondamentaux de la théologie que moyennant des commentaires bien plus développés que ceux auxquels il faudrait ici recourir; comme on le voit notamment, quand il s'agit d'adapter à la doctrine du Verbe la parole attribuée à Jésus par les évangélistes, « que nul n'est bon, si ce n'est le Père, » ou encore « que nul ne sait l'heure du jugement, si ce n'est le Père. » On pourrait même ajouter qu'il y a bien d'autres opinions qui sont littéralement enseignées dans l'Écriture, et qui, ayant universellement régné au moyen âge en vertu de cette autorité, ont été ou ne tarderont pas à être définitivement abandonnées sous l'irrésistible pression des temps modernes; ne seraient-ce, pour me borner à ces exemples, que les anciennes idées sur le système du monde, sur les sept jours de la Genèse, sur le déluge, sur Babel, sur Josué; et qu'ainsi vous ne manquez pas de précédents qui vous encouragent à user de liberté. Mais je crois plus simple encore de regarder tous ces textes comme se rapportant non point aux peines individuelles, mais à l'institution même de l'enfer. Sur ce terrain, en effet, toute difficulté s'aplanit; et loin de vous contrarier, la philosophie vous vient en aide, en vous apportant la raison logique de cette éternité : si Dieu ne cesse pas de créer, Dieu ne cesse pas non plus de corriger et de redresser; donc, l'éternité de l'enfer est une conséquence logique du principe supérieur de la continuité de création.

Laissez donc toutes ces minuties de la lettre, et mettez-vous sans crainte en plein courant : l'esprit de l'Évangile vous portera. C'est là que se trouve l'autorité véritable : les dires accidentels ne sont rien quand le sens général conduit à l'opposé. Qu'importe que la dure croyance des Pharisiens sur le rejet des pécheurs se soit fait jour çà et là dans les discours attribués à Jésus, si une miséricorde inépuisable fait le fond de son enseignement! C'est du sentiment de cette miséricorde infinie qu'il faut vous inspirer, si vous voulez juger, conformément à l'Évangile, de la conduite de Dieu à l'égard de ses enfants coupables. Puisez donc à pleines mains dans les recueils de la nouvelle loi les textes qui vous y révèlent le dieu d'amour et de bonté ; faites-en votre règle, et vous verrez votre dogme de l'enfer se transformer, non pas en dépit, mais en vertu même de votre véritable tradition.

Prenez, pour nous cacher l'antique figure de Jéhovah courroucé et vengeur, l'image du bon pasteur, dont la patience ne se lasse pas qu'il n'ait ressaisi la brebis égarée, et qui la rapporte avec joie sur ses épaules en criant à ses amis : « Félicitez-moi, car j'ai retrouvé celle qui était perdue ; » et dites résolument : Si le bon pasteur ne se lasse point, Dieu se lasse moins encore ; si, à la fin, la brebis égarée se retrouve, à la fin, toute âme égarée se retrouve pareillement ; si l'on se réjouit dans le Ciel quand un pécheur fait pénitence, on s'y affligerait donc si l'on pouvait croire que les pécheurs sont à jamais perdus. Rappelez-vous l'anathème jeté au mercenaire qui voit le loup se précipiter sur ses brebis et qui les abandonne, et dites : Si le bon pasteur donne sa vie pour son troupeau, Dieu donne aussi la sienne, et sa vie, c'est sa providence avec les ressources infinies dont elle dispose ; et semblable au pasteur fidèle, il ne néglige rien de ce qui est nécessaire pour que le mal ne réussisse pas à emporter et engloutir une seule des âmes du précieux troupeau de l'univers. Rappelez-vous encore la parabole du jeune homme qui, séduit par les mauvaises passions, abandonne son père pour aller vivre loin de lui dans l'abîme des sociétés corrompues, et qui, atteint bientôt, dans cette voie de perdition, par des flagellations salutaires, rentre en lui-même et tourne enfin les yeux vers la maison paternelle ; et dites : Si le père de famille rouvre ses bras à l'enfant coupable, le père des mondes rouvre également les siens au pécheur qui, éclairé par l'expérience des suites inévitables du vice, revient à lui dans les larmes et le repentir ; et la parole du bon père est une parole que, sous cet emblème, Dieu lui-même adresse dans le Ciel à tous les siens : « Il faut faire fête et se réjouir, parce que votre frère était mort, et voici qu'il revit ; il était égaré, et voici qu'il est retrouvé. »

Enfin, sans insister davantage sur ce sujet si riche, relevez, pour l'appliquer à la doctrine de l'enfer, la grande parole de saint Mathieu : « Vous savez qu'il a été dit : Tu aimeras ton prochain, et tu haïras ton ennemi; mais, moi, je vous dis : Aimez vos ennemis, faites du bien à ceux qui vous haïssent, priez pour ceux qui vous persécutent et vous calomnient, afin d'être les fils de votre Père qui est dans les cieux et qui fait lever le soleil sur les bons et sur les méchants, et pleuvoir chez les justes et les injustes; » et dites : Si pour se montrer fils de Dieu, il faut aimer ses ennemis et leur faire du bien, Dieu n'exècre donc pas les siens, et il ne se satisferait pas, s'il se bornait à leur faire du mal; donc, même en les punissant aussi sévèrement que le veut sa justice, il leur est aussi bienfaisant que le demande sa charité.

Tels sont les enseignements les plus caractéristiques de l'Évangile, véritables révélations sur la nature de Dieu que nous ne saurions entendre sans y vouer absolument notre foi : si depuis dix-huit siècles nos cœurs en sont nourris, n'est-il pas temps que notre raison prenne enfin la liberté d'en produire les conséquences? Veuillez donc, de votre côté, oubliant tout parti pris, conclure directement, d'après ces prémisses, les lois de l'univers, et vous conclurez avec nous en faveur de l'immortalité de la faculté de repentir et contre l'éternité de la damnation.

LE THÉOLOGIEN.

Je ne me dissimule pas ce qu'a de séduisant l'apparente sentimentalité de votre méthode. C'est à nos cœurs que vous vous avisez maintenant de demander votre point de départ. Vous vous tournez vers leur côté le plus tendre et par là même le plus vulnérable, et vous les interrogez sur la question des flammes éternelles de l'enfer. Leur réponse, nous le savons tous, n'est pas douteuse. Abandonnés à nous-mêmes, notre instinct naturel de l'équité semble se soulever à l'idée d'une telle disproportion entre le châtiment et le délit; il nous paraît indubitable que le tribunal qui siége au fond de notre conscience suit des lois différentes de celles que l'Église imagine dans le ciel, et nous nous sentons entraînés par une puissance invincible à ne déclarer juste qu'une pénalité moins sévère. Il ne vous en faut pas davantage. Sans vouloir écouter les argumentations à l'aide desquelles nous faisons taire cette voix téméraire des cœurs, vous en tirez votre principe fondamental, et vous dites : Ce que notre conscience, interrogée dans ses profondeurs les plus pures, juge indigne et inique, notre raison ne peut sérieusement entreprendre de le justifier, et notre foi ne peut, sans injure, l'attribuer à Dieu ; donc, les peines de l'autre vie ont une fin.

Au point de vue psychologique et logique, voilà, je ne le nie point, un raisonnement plausible, et vous le complétez en essayant de nous montrer que nous ne sommes pas aussi fortement enchaînés à l'opinion contraire que nous le supposons. Mais, ce premier point concédé, peut-on méconnaître que la place vous est livrée tout entière? Vous poursuivez en effet votre marche, et vous dites : On ne peut renoncer au principe de l'éternité de la peine sans changer en même temps l'idée de la nature de la peine ; car il serait monstrueux de donner au criminel le droit de calculer ainsi : « Je passerai ma vie dans l'impiété, et, après avoir couronné la scélératesse de mes pensées par les actes les plus abominables, je descendrai en enfer ; et là, comme dans un bagne, sans contrition, sans effort, sans avoir eu besoin de corriger les goûts et les tendances de ma première vie, par le seul fait d'avoir subi passivement ma peine, je serai réhabilité et viendrai, quitte de ma dette, m'asseoir au paradis parmi les élus et les anges. » Donc, il faut nécessairement qu'à l'idée de peine se joigne l'idée de réforme : la souffrance toute nue ne suffit plus.

Mais si les âmes, dans l'autre monde, ont non-seulement à souffrir, mais à se réformer, elles y conservent donc toutes les facultés de la vie, car l'éducation morale n'est possible que moyennant ces facultés. Ainsi, au lieu de l'ordre tranquille de notre purgatoire, où les âmes, renfermées toutes ensemble dans la fosse de douleur, n'ont qu'à se prêter à un certain traitement qui les lave et les purifie, nous retombons dans tous les tourbillons du siècle. La réhabilitation s'opérant au delà du tombeau suivant les mêmes lois qu'aujourd'hui, le purgatoire n'est qu'une continuation de la terre. Il n'y a de changé que les lieux et les circonstances. Les passions ne sont point mortes, et les vertus, toujours présentes, luttent toujours; on vacille, on s'égare encore, on se redresse, on s'éclaire, on se confirme, on se délivre; on se défend, on s'entr'aide, on se réunit en sociétés de tous genres; bien plus, l'expiation ne pouvant se réaliser que moyennant le repentir et les bonnes œuvres, il y faut donc la grâce de Dieu, et par conséquent l'on prie, l'on croit, l'on aime, l'on espère; en un mot, la religion, la morale, le culte, descendent, par l'ouverture que vous leur avez faite, dans ces terribles régions, et l'on y vit comme nous vivons ici-bas. Par conséquent, après nous avoir enlevé l'enfer, vous nous enlevez maintenant le purgatoire, puisque le purgatoire devient tout uniment pour vous un de ces mondes plus ou moins semblables à celui que nous occupons actuellement, et avec la perspective desquels vous vous plaisez à animer l'étendue.

Il ne m'échappe donc pas que vous vous mettez en mesure de regagner par cette nouvelle voie tous les principes sur lesquels se fonde la théorie de l'univers pour laquelle vous montrez tant de prédilection. L'existence du purgatoire ne pouvant être mise en doute, et le purgatoire étant analogue à la terre, il y a donc plus d'une terre; et dès lors, il n'y a plus de raison de s'opposer à votre principe de la multiplicité indéfinie des mondes. A ce premier principe s'ajoutent, comme de simples corollaires, ceux de la permanence de l'activité vitale et de l'incarnation continuelle des âmes. De plus, si le purgatoire est analogue à la terre, la réciproque s'ensuit; et par conséquent, les âmes ne venant s'incarner dans le purgatoire qu'après avoir vécu ailleurs, il faut croire qu'il en est de même dans ce monde-ci, et que le dogme de la préexistence donne effectivement la clef des inégalités et des souffrances qui y règnent; ce qui nous ramène à ce que vous avez avancé touchant le caractère du péché originel et le motif des ronces et des épines qui embarrassent la terre. Enfin, il n'y a pas jusqu'à votre principe du progrès universel qui ne reparaisse; car, si les purgatoires ne sont pas de simples hôpitaux où chacun vienne isolément se guérir, mais des sociétés héréditaires dans lesquelles la santé morale gagnée par une génération se transfuse nécessairement dans la génération qui succède, il faut bien que leur condition aille en s'améliorant avec le temps de la même manière que celle des âmes qui les traversent.

Est-ce là tout? Ah! ce n'est pour ainsi dire rien encore! Votre idée que Dieu tend à détruire le mal moral à mesure que le libre arbitre le suscite, et que les souffrances du corps et de l'âme sont les moyens qu'il emploie à cet effet, me semble avoir des suites énormes. Dès que la souffrance n'est plus la fin de la réparation, on ne peut plus entendre que la justice de Dieu soit satisfaite dès là qu'en regard d'un crime donné, une somme proportionnée de souffrance lui a été payée; par elle-même la souffrance ne lui est qu'un néant, car il ne la compte qu'en la voyant aboutir. Mais, si le crime n'est pas équilibré par le seul fait de la peine qui lui est appliquée, comment le crime du genre humain s'est-il donc effacé, devant le tribunal de Dieu, par le seul fait de l'application des souffrances de Jésus-Christ? Comment a-t-il été indispensable, pour que le genre humain rentrât dans la grâce de son auteur, qu'un Dieu vînt sur la croix solder surabondamment, par son supplice, ce que nous devions tous? Ce seraient donc les leçons de son Évangile et non pas le sang de ses plaies qui constitueraient le legs réel de Jésus-Christ; sa mort n'aurait qu'un caractère d'héroïsme et de sublimité, et ne formerait plus le signal d'un revirement général dans les sentiments de Dieu et les dispositions de l'univers; le rachat du genre humain n'aurait pas été susceptible de s'accomplir suivant une telle méthode, et par conséquent, aucune nécessité ne portant à l'incarnation du Verbe dans sa forme miraculeuse, cette incarnation ne pourrait plus se prendre que dans un sens spirituel, fort différent de celui sur lequel notre autorité se fonde; finalement, en admettant que la liturgie fût conservée, du moins ne le serait-elle qu'à la condition d'entrer dans un esprit tout nouveau. Vous le voyez donc, l'éternité de l'enfer est si bien dans les fondements mêmes de notre Église, que l'on ne peut y toucher que, de proche en proche, l'édifice entier ne s'ébranle. Que vous aviez bien raison de dire qu'à tout système social correspond un système pénal déterminé; car on ne saurait évidemment changer ce dernier, que l'on ne soit logiquement conduit à soumettre à un changement correspondant le système social lui-même!

J'entends bien que ces conséquences imminentes du principe de la limitation des peines de l'enfer ne sont pas d'un caractère à vous causer grand effroi; elles ne font que rejoindre ce qu'à l'instigation de votre principe de la préexistence, vous nous aviez déjà laissé entrevoir de vos opinions sur la nature du péché originel et des réparations qu'il demande. Pourvu que la divinité de votre médiateur idéal vous soit laissée, il vous importe peu que la figure de son incarnation terrestre se trouble et rentre dans les nuages. Le temple est élevé, dites-vous, et les échafaudages qui ont servi à le construire ne sont plus utiles aujourd'hui et peuvent se débâtir sans dommage. Ce que nous regardons comme réalité historique n'est plus, à vos yeux, que mythologie; et nulle part, peut-être, cette dissidence ne se marque-t-elle plus vivement que dans le sujet même qui nous occupe en ce moment, puisque la descente de Jésus-Christ dans les enfers, qui est pour nous un point de fait si précis et si authentique, ne saurait plus être, d'après vos idées, qu'une forme symbolique. Il n'y a plus, pour vous, dans les entrailles de la terre, un lieu où les âmes des justes aient été détenues jusqu'à la venue de leur Rédempteur, de même qu'il n'y a plus au-dessus des étoiles, un lieu opposé où ce même Rédempteur se soit élevé corps et âme, à travers l'atmosphère, en revenant de sa mission souterraine. Votre astronomie, votre géologie, votre histoire, donnent les mains sur ce chapitre à votre théologie. Mais, quelle que soit l'apparente fermeté de cette coalition, ne vous attendez pas que nous abandonnions la partie aussi facilement que vous vous en flattez. Le génie de Rome, de qui nous tenons notre institution, possède mieux qu'aucun autre le secret des méthodes qui sont propres à captiver et gouverner les multitudes; le don de domination lui appartient de droit divin, et il ne cédera pas plus aujourd'hui qu'il ne l'a fait aux temps de la conquête, devant ces téméraires insurrections de l'esprit gaulois. Comme l'a dit, avec un pressentiment presque prophétique, le grand poëte de Rome :

« Tu regere imperio populos, Romane, memento. »

LE PHILOSOPHE.

Nulle domination n'est stable. Que d'empires sont tombés après avoir épuisé jusqu'à la lie l'idée qui les sustentait! Que d'autres, après s'être, en quelque sorte à leur insu, lentement et obscurément préparés, ont tout à coup surgi et pris le premier rang! Dieu, même en religion, transfère la primauté, selon les temps, d'un peuple à l'autre. Il est dès à présent évident, pour quiconque observe et réfléchit, que le dogme de l'éternité des peines touche à sa fin. Vous faiblissez sur ce point, et ce point une fois enlevé, tout le reste, vous le voyez vous-même, vous échappe. Invoquez le moyen âge pour vous défendre, toutes les législations modernes, expression de la vie nouvelle des nations, se lèvent, les unes après les autres, contre vous, et vous forcent dans cette impuissante défensive. Il faut donc, ou que vous arrêtiez ce formidable mouvement en contraignant les nations à rentrer dans les sentiments et les mœurs des temps barbares et à restaurer dans leurs codes les pénalités abolies, ou que vous consentiez à composer avec lui. Persévérez dans la raideur de votre résistance, et vous périrez justement par où a toujours failli ce superbe génie de Rome que vous exaltez, par la dureté du cœur. En s'élevant, par un généreux élan d'humanité, à la conception de ce que la pénalité doit être sur la terre, les sociétés sont entrées, sans vous, dans des préliminaires qui les conduisent, à l'opposé de votre discipline, à la droite intelligence de la pénalité de Dieu : la justice est absolue, en effet, et ce qui paraît juste sur la terre tend, par un mouvement invincible, à paraître juste partout.

Ainsi, dans leur propension à améliorer le coupable par sa punition même, nos lois criminelles sont dans le vrai, comme elles sont dans le juste; car, si elles n'aboutissent pas dans cette vie, nous sentons du moins qu'elles s'y accordent avec une action supérieure qui aboutit dans l'autre ; et, après nous avoir fourni les principes de notre justice, notre conscience complète leurs effets en les ralliant avec confiance à ceux de la justice de Dieu. Voilà un terrain sur lequel nous sommes inébranlables. Nous y tenons la victoire, et cette victoire, en s'étendant, ne peut manquer de soumettre, de proche en proche, à notre droit toutes les autres parties du système de l'univers. Ce ne sont ni les ironies de Voltaire, ni les doutes des sceptiques, ni les négations des athées qui ont emporté votre doctrine capitale de l'enfer : c'est la haute raison de nos jurisconsultes, quand elle a formulé ces déclarations si dignes de la sagesse éternelle : Toute peine est immorale qui n'est pas proportionnée à la gravité du délit qu'elle concerne ; Toute peine est immorale qui respire la vengeance sans respirer la charité ; Toute peine est immorale qui ne tend pas à l'amendement du coupable.

Oui, l'esprit de la Gaule s'est réveillé, et son premier cri en faveur des droits de la pensée a fait trembler le moyen âge jusque dans ses fondements ; il s'est réveillé, mais plus puissant qu'il ne l'avait jamais été, car, à ses vertus natives, s'ajoutent désormais celles de l'Évangile qu'il s'est à la longue assimilées ; il s'est réveillé, mais cette fois pour triompher, car, grâce à vos leçons, grâce à celles de l'antiquité, grâce à celles de la philosophie moderne, il a maintenant plus de savoir que vous. Ne voyez-vous pas assez clairement que vous reculez déjà devant lui ? Votre impitoyable enfer s'obscurcit, et le ciel s'ouvre, comme chez nos druides, au-dessus de tous les vivants de l'univers. Pour arriver à ce résultat décisif, le principe de la miséricorde infinie, soutenu par la liberté de la raison, nous a parfaitement suffi ; mais, sans contredit, c'est pour nous une confirmation éclatante et dont nous ne pouvons trop nous réjouir que de nous trouver ramenés de la sorte, pour ainsi dire involontairement, dans le plein courant de nos antiques traditions. Le génie de nos pères nous encourage, et, en les contemplant, nous comprenons mieux qui nous sommes et ce que nous devons faire. Sans nous lier à leur religion par une solidarité inconséquente, il nous est permis de nous satisfaire en y relevant, comme un legs à féconder, les leçons de leur sagesse sur la pénalité de l'autre vie. Que faute de jouir, comme nous, du droit sentiment de la bonté divine, ils aient erré dans la forme, ces leçons ne sont pas moins d'accord, quant au fond, avec ce que nos propres lumières nous enseignent touchant la limitation des peines de l'autre vie et le renouvellement des épreuves de l'âme jusqu'à ce que son éducation soit accomplie. Reste à les développer. C'est à quoi nous sommes maîtres de travailler présentement avec indépendance et fermeté, éclairés, comme nous le sommes, par l'idée radieuse que c'est une Providence bienveillante et non l'aveugle destin qui a institué la loi des châtiments et qui nous l'applique lorsqu'il le faut. Espérons, en conséquence, que l'âme, afin de n'être jamais mise dans la souffrance sans être mise en même temps en demeure d'en profiter, ne perd jamais conscience et possession d'elle-même ; que pour les individus, comme pour les mondes, l'âge du mal est toujours un âge d'enfance ; que si l'enfer, considéré comme système pénal, est éternel, la loi divine du perfectionnement moral n'est cependant étrangère à aucun de ses foyers. Comme le dit, dans les *Triades*, le génie druidique : « Trois choses se renforcent de jour en jour, la tendance vers elles devenant toujours plus grande : l'amour, la science et la justice. Trois choses s'affaiblissent de jour en jour, l'opposition contre elles devenant toujours plus grande : la haine, l'injustice et l'ignorance. »

FIN.

ÉCLAIRCISSEMENTS

SCIENTIFIQUES

ÉCLAIRCISSEMENTS SCIENTIFIQUES.

SUR LES ANOMALIES DE LA FIGURE DE LA TERRE.

On ne saurait douter que la géographie ne soit soumise, jusque dans ses derniers détails, à la géométrie. La disposition qu'affectent, les unes à l'égard des autres, les diverses molécules qui composent la masse de la terre, est le résultat de l'action de forces physiques, parfaitement déterminées en elles-mêmes ; et il suffirait de connaître exactement ces forces ainsi que le tourbillon sur lequel elles opèrent, pour pouvoir en conclure mathématiquement la forme que doit posséder le tourbillon à tout instant de sa durée. En principe, le problème de la géographie est donc tout à fait semblable à celui de l'astronomie. De même que par une observation attentive des mouvements actuels des planètes, on a réussi à calculer si bien leur histoire qu'il n'y a, pour ainsi dire, aucune difficulté à assigner les positions relatives qu'elles occuperont dans un temps quelconque de l'avenir, ou celles qu'elles ont occupées dans un temps quelconque du passé au delà des annales de l'homme ; de même, serait-il possible par l'étude du mouvement des molécules qui constituent le système du globe, ou, ce qui revient au même, par l'analyse de leur situation présente et de ses causes, de construire la formule algébrique qui contient la loi des figures successives de la terre. Mais il faut avouer que la géologie est encore bien loin de nous donner une description assez complète et assez méthodique des éléments de la terre, de leur nature physique et chimique, de leur conductibilité, de leur dilatabilité, de leur compressibilité, de leur force de résistance, de leurs groupements, pour que l'on puisse entreprendre d'y appliquer directement le calcul, même de la manière la plus approximative.

Le seul moyen de jeter quelque lumière sur cette géographie trop complexe pour ne pas déjouer toute tentative directe, me paraît donc être de comparer le sphéroïde naturel à un sphéroïde théorique plus simple, soumis à des conditions analogues de refroidissement, et par conséquent de contraction et de déformation. Les traits les plus essentiels de ce dernier doivent naturellement s'observer aussi sur le premier, sauf à s'y trouver voilés sous des anomalies plus ou moins étendues; et par conséquent la comparaison des deux types doit avoir pour effet de découvrir ce qu'il y a de normal et ce qu'il y a d'anormal dans la configuration du globe terrestre, et d'entr'ouvrir ainsi la voie à la théorie en lui divisant son objet.

Cette idée, indiquée déjà dans l'article Terre de l'*Encyclopédie nouvelle*, n'ayant pu être exposée qu'en termes généraux dans le courant de la première des Études réunies dans le présent volume, il ne me paraît pas hors de propos d'y revenir ici avec un peu plus d'insistance, afin de lui donner, si je le puis, plus de clarté. Dans ce but, considérons d'abord un sphéroïde homogène dans lequel il y aurait toute facilité de déformation dans le sens des méridiens, tel que serait, par exemple, un sphéroïde formé de méridiens en fil de fer soudés simplement les uns avec les autres aux deux pôles; il est clair qu'en supposant que tous ces méridiens soient amenés à s'infléchir ou se bosseler, d'une manière uniforme, aux mêmes distances de l'équateur, le sphéroïde primitif se transformerait en un solide régulier, creusé d'autant de gorges parallèles à l'équateur que les méridiens auraient subi d'inflexions. En précipitant à la surface de ce solide, supposé imperméable, une certaine quantité de liquide, ce liquide, en vertu des lois de la pesanteur, y gagnerait naturellement les régions les plus déprimées, et l'on obtiendrait ainsi deux ou plusieurs continents annulaires, divisés par des mers symétriquement situées de chaque côté de l'équateur,

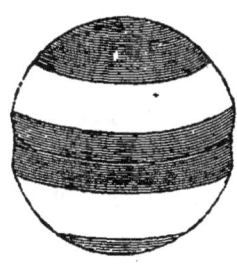

Fig. 1.

ainsi que le représente la figure 1. Peut-être n'est-il pas absolument improbable que le spectacle qui nous est offert par les bandes de Jupiter soit lié de quelque manière à un mode de contraction tel que celui-là.

Imaginons au contraire que la facilité de déformation ait lieu dans le sens des parallèles, comme dans un sphéroïde qui serait composé de cercles flexibles simplement superposés; il est sensible qu'en déprimant semblablement tous ces cercles dans la direction d'un ou plusieurs méridiens, on transformerait le sphéroïde en un solide sillonné de canaux et de protu-

Fig. 2.

bérances dirigés dans le sens du méridien; que moyennant l'addition d'une certaine quantité de liquide, il s'y produirait autant de continents allongés vers les pôles, en forme de côtes de melon, et séparés par autant de mers perpendiculaires à l'équateur, qu'il y aurait eu de lignes de dépression ; et c'est ce qui est indiqué pour le cas le plus simple sur la figure 2.

Ce sont là les hypothèses extrêmes : dans la condition la plus naturelle, les deux systèmes de tendance à la déformation doivent exister en même temps. Il se détermine donc alors un effet plus complexe que les précédents, mais dont on prend aussi une idée élémentaire en se représentant le mouvement d'un méridien infléchi, assujetti à tourner, en variant proportionnellement son inflexion, autour d'un équateur infléchi également. Si les deux hémisphères sont parfaitement semblables et dans des conditions extérieures identiques, la contraction, en la supposant bornée à deux enfoncements sur chacun des deux cercles directeurs, donne évidemment naissance à quatre continents semblables et symétriquement placés l'un à l'égard de l'autre dans les deux hémisphères.

Si, au contraire, il y a quelque différence entre les deux hémisphères, il doit s'ensuivre, de l'un à l'autre, une différence correspondante dans le mode de la contraction; de telle sorte, par exemple, que, dans un cas donné, ce soient les inflexions dans le sens du méridien qui aient le plus de tendance ou de facilité à se produire d'un côté de l'équateur, et les inflexions

Fig. 3.

dans le sens des parallèles, de l'autre. Dans ce cas, les continents, toujours opposés deux à deux, de manière à constituer deux couples symétriques partagés en deux par l'équateur, ne présenteraient une figure pareille que dans le même hémisphère, affectant dans l'un la forme de terres triangulaires, en forme de côtes de melon, tournant leur sommet vers le pôle, et dans l'autre, de terres plus ou

moins annulaires, allongées parallèlement à l'équateur. C'est ce qui est indiqué sur la figure 3.

Tel est le type élémentaire des conditions qui paraissent réalisées par le sphéroïde terrestre, et dont il semble que l'on aperçoive aussi quelque trace dans le sphéroïde de Mars. L'ellipse ondulée étant une des courbes les plus ordinaires de l'astronomie, puisqu'elle constitue à des degrés plus ou moins transcendants toutes les orbites planétaires, il n'y a rien que de naturel à ce que cette courbe se reproduise également dans l'histoire de la configuration de la terre, cette histoire n'étant au fond qu'un chapitre de l'histoire générale des mouvements de la matière céleste.

Il faut remarquer seulement que les lois de la symétrie, aussi bien que celles de l'équilibre, demandent que l'ellipse soit déformée d'une manière à peu près régulière ; en sorte que de l'observation d'une seule dépression, on se trouverait en droit de conjecturer qu'il en existe au moins une seconde. D'où il suit que Christophe Colomb, avec une géométrie plus savante que celle dont il s'était inspiré, au lieu de tomber dans l'erreur par laquelle il s'était persuadé qu'il retrouverait, au delà du canal de l'Atlantique, l'autre extrémité de l'ancien continent, aurait pu affirmer l'existence d'un nouveau monde composé de deux grandes parties comme l'ancien, et marcher hardiment et en pleine lumière à sa rencontre.

Après avoir ainsi découvert quels sont les traits fondamentaux de la géographie terrestre, et entrevu la nature des causes auxquelles ils se rapportent, on aperçoit par là même quels sont les traits qui appartiennent au chapitre des anomalies, car ces derniers se composent nécessairement de tout ce qui s'écarte de la régularité idéale.

Or, si l'on trace sur le globe un petit cercle, tangent au 10me parallèle, vers le point où ce parallèle coupe l'isthme de Panama, et incliné d'environ 15° sur le plan de l'équateur, on n'a pas de peine à reconnaître que ce petit cercle, représenté sur la figure 5 dans sa projection en perspective sur le plan de l'équateur, constitue une ligne directrice remarquable. En effet, après avoir traversé la mer des Antilles, il vient à la côte d'Afrique au débouché du grand désert, la longe parallèlement à l'Atlas, aborde la Méditerranée dans le golfe de Tripoli, la suit jusqu'en Palestine, où il rencontre la dépression de la mer Morte, passe dans le désert de Syrie et dans le désert de Perse, remonte par la Boukharie dans l'immense désert de Cobi, dont il prend la direction, et vient enfin aboutir dans le Pacifique, au golfe de Corée ; de sorte que, dans son parcours, se trouvent compris les principales méditerranées et les principaux déserts du système terrestre. C'est à ce cercle et non point à l'équateur proprement dit qu'il faut rapporter les dépressions méridiennes du sphéroïde, et l'on peut le caractériser en le nommant l'équateur de contraction.

Du reste, il n'est pas difficile de comprendre qu'une déviation de ce genre ait pu être déterminée par les causes les plus accidentelles. L'ellipticité du sphéroïde étant peu prononcée, les pôles, quand on ne les considère que relativement à la figure du globe, abstraction faite de son mouvement, sont très faiblement accusés, de sorte que ces pôles, non plus que l'équateur qui leur correspond, ne doivent guère régir la contraction qu'en raison de la déperdition de chaleur qui est plus grande dans leurs environs que partout ailleurs ; ce qui produit une loi assez lâche pour être troublée facilement.

L'effet le plus direct de la déviation de l'équateur de contraction consiste en ce que le couple de continents de l'Ancien monde s'élève au dessus de l'équateur beaucoup plus que celui du Nouveau, et rompt ainsi, par une sorte d'obliquité de tout le système, la symétrie fondamentale de la géographie par rapport à la figure du sphéroïde : la méditerranée européenne se trouve rejetée plus au nord que la méditerranée américaine, et le cap de Bonne-Espérance plus au midi que le cap Horn. Mais il résulte aussi de cette déviation un autre effet de bien plus de conséquence, qui touche à la dissemblance que l'on observe entre les deux protubérances de l'hémisphère boréal.

Indépendamment de l'amplitude dans la direction parallèle à l'équateur, amplitude qui se trouve deux fois plus considérable dans la protubérance boréale de l'ancien monde que dans celle du nouveau, si l'on compare ces deux protubérances par les bords qui se font face sur l'océan Pacifique, on voit que la seconde va rejoindre suivant une courbe assez uniforme la protubérance australe qui lui est accouplée, tandis que la première court du détroit de Behring au continent africain par la ligne de côtes la plus complexe et la plus hérissée de dentelures qu'il y ait sur le globe. Il s'en faut donc que l'ordre géographique soit aussi simple qu'on peut l'imaginer lorsqu'on néglige les anomalies pour ne tenir compte que des traits essentiels. Néanmoins, pour que la tendance à la symétrie reparaisse, même à travers cette inégalité capitale, il suffit de donner figure au cercle important que nous avons déterminé tout à l'heure ; il nous montre, en effet, immédiatement que le continent asiatique se partage en deux moitiés, dont l'une continue l'Europe et appartient exactement, comme l'Europe, au système des protubérances parallèles à l'équateur, tandis que l'autre, placée justement au-dessous, appartient, comme l'Afrique et l'Amérique du Sud, au système des protubérances allongées vers le pôle ; ce qui donne raison des dentelures qu'elle présente.

On est donc conduit de cette manière à reconnaître qu'au fond, le sphéroïde terrestre est affecté par un mode de contraction qui tend à élever sur l'équateur non pas simplement deux couples, mais bien trois couples de continents, et que l'anomalie la plus considérable de la configuration actuelle provient de ce que le troisième couple, n'étant pas aussi bien déterminé que les deux autres, demeure à certains égards confondu avec le premier, comme s'il n'en était qu'une dépendance.

Il suffit de forcer un peu les traits de la réalité pour donner à cet ordre à demi latent tout son relief. En effet, que la ligne des déserts de l'Asie vienne à se déprimer assez pour que les eaux s'y étendent, voici une méditerranée nouvelle qui, de la Boukharie au golfe de Corée, divise nettement le système asiatique en deux parts, produisant une Asie du Nord et une Asie du Sud, comme il y a deux Amériques.

D'autre part, que le golfe de l'Obi s'approfondisse aux dépens de la basse vallée qui y débouche, que le golfe Persique se creuse pareillement, que les eaux de la mer Caspienne et de la mer d'Aral se rejoignent, ou même que la dépression si bien constatée de ce bassin central se poursuive, voici l'Asie du Nord qui ne tient plus à l'Europe que par des isthmes et qui prend ainsi une indépendance analogue à celle de l'Amérique du Nord.

Enfin, que les déformations saillantes, continuant leur mouvement dans cette région si tourmentée de la Malaisie, où déjà les terres se touchent presque, les dentelures méridionales du continent asiatique arrivent, de proche en proche, à faire corps avec l'Australie, et l'on verra un continent triangulaire, allongé vers le pôle austral, tout à fait comparable à l'Afrique et à l'Amérique du Sud, prendre place sur le globe.

C'est surtout quand on contemple la terre par son pôle austral (fig. 4) que cette triplicité paraît visiblement préparée. En effet, tandis qu'aux yeux de l'observateur qui ne tient compte que des deux grands continents, il se manifeste une énorme anomalie consistant en ce qu'au lieu d'être symétriquement disposées, les extrémités des terres sont environ deux fois et demie plus près l'une de l'autre du côté de l'Atlantique que du côté du Pacifique, l'anomalie disparaît presque entièrement dès que l'on fait entrer en ligne l'Australie. Les distances respectives du cap de Horn au cap de Bonne-Espérance, de celui-ci à la terre de Van-Diémen, et de la terre de Van-Diémen au cap de Horn, étant à peu près dans le même rapport que les nombres 7, 8, 9, les trois terres deviennent dès lors sensiblement équidistantes, comme il devrait arriver dans le cas où le sphéroïde aurait subi trois ondulations sur la périphérie de l'équateur et donné ainsi naissance à trois continents en côtes de melon. La position anormale des deux premières protubérances, l'une à l'égard de l'autre, représente donc une sorte d'appel géométrique à la troisième protubérance, non-seulement en vertu des lois de la symétrie, mais aussi en vertu des lois de l'équilibre. D'où il suit que, tandis que Christophe Colomb aurait pu conclure de l'existence de l'Europe l'existence de l'Amérique, Magellan, après avoir reconnu la disproportion entre le grand Océan et l'Atlantique, aurait pu conjecturer l'existence de l'Australie ainsi que du vaste archipel qui unit ce relief avancé aux péninsules asiatiques.

Vu du pôle boréal (fig. 5), où règne en traits si apparents, à l'opposé du pôle austral, le système des terres annulaires, le globe ne laisse guère soupçonner sa tendance à la triplicité que par la différence qui existe entre les deux continents, dont l'un se développe sur une étendue presque double de celle de l'autre; mais, éclairée par ce qui s'observe à l'autre pôle, cette disposition s'explique aussitôt et montre en même temps combien est générale la tendance dont il s'agit.

Fig. 4.

Fig. 5.

Toutefois, même en donnant à l'Australie la figure d'un troisième continent, la symétrie des trois protubérances australes, à l'égard du pôle, ne se détermine pas encore complétement. En effet, les extrémités des trois continents, au lieu de se trouver à la même distance du pôle, comme le voudrait la régularité, en sont toutes trois à des distances différentes : le cap de Horn à 35°, le cap de Bonne-Espérance à 56°, et la terre de Van-Diémen à 46°. Mais cette anomalie même est une confirmation frappante du rôle qui appartient au cercle que nous avons désigné sous le nom d'équateur de contraction. Par une concordance à laquelle la géométrie seule pouvait donner le droit de s'attendre, les extrémités des trois continents sont situées sur un petit cercle compris entre le 30º et le 60ᵉ parallèle, représenté par la figure 4 dans sa projection sur le plan de l'équateur, c'est-à-dire incliné sur le plan de l'équateur de la même quantité que l'équateur de contraction, et dont le pôle ne diffère que d'un petit nombre de degrés en latitude de celui qui correspond à ce dernier équateur. A l'égard de ce pôle, le seul que les déformations aient à reconnaître, les trois grandes terres n'offrent donc, pour ainsi dire, aucune anomalie ni à leur base, placée sur l'équateur de contraction, ni à leur sommet, situé à la même distance du pôle ; et pour la parfaite rectitude de leur système, il faudrait seulement que la contraction qui a donné naissance à l'Australie, se poursuivant sous les latitudes où elle a dès à présent le plus d'apparence, élevât au-dessus du niveau de la mer les canaux qui fragmentent aujourd'hui la Malaisie.

C'est peut-être s'exposer à compromettre cette recherche, déjà suffisamment aventureuse, des lois de la géographie que d'y marier des conjectures sur les variations à venir de la figure de la terre. Toutefois, étant certain que la masse du globe diminue de volume de siècle en siècle par la continuation du refroidissement, et que, par conséquent, il arrivera un temps où l'enveloppe pliera de nouveau et augmentera l'étendue des continents, il doit être permis d'émettre, avec la réserve convenable, comme une probabilité naturelle, l'idée que le prochain mouvement du sphéroïde aura sans doute tendance à s'opérer dans la direction où il semble déjà préparé et où il aura pour effet de perfectionner la symétrie de notre monde.

SUR LA VARIATION ÉQUINOXIALE DES CLIMATS.

La variation des climats est une des variations de régime de la terre qui mérite le plus d'attention, tant par son intérêt scientifique que par les effets considérables qui peuvent en résulter sur l'agriculture, et par suite sur l'état des nations. Élevés, comme nous le sommes, dans l'idée de l'immuabilité de l'ordre géographique, il nous semble que les conditions de la nature doivent être toujours les mêmes dans chaque contrée, tandis qu'en réalité elles y changent, tout aussi bien que celles dont l'origine est dans la main des hommes. Mais il s'en faut que la vérité soit d'accord avec notre préjugé. Le principe général, dont il faut, au contraire, partir, c'est que, nulle part, ne règnent aujourd'hui les mêmes lois de température que dans l'antiquité; et, en conséquence du même principe, nos descendants, en prenant possession des lieux que nous habitons à présent, n'y trouveront plus les mêmes saisons que nous.

C'est une révolution dont les populations qui vivent aux champs, et qui, par suite de leur genre de vie, ont moins d'esprit de système, mais en revanche plus d'expérience que nous relativement aux choses de la nature, s'aperçoivent bien. Les étés s'en vont, disent tous les vieux cultivateurs; s'ils étaient justes, ils ajouteraient : les hivers aussi! En effet, de mémoire d'homme, hivers et étés semblent s'acheminer vers une sorte de moyenne : il n'y a plus de grandes chaleurs, il n'y a plus de grands froids. La molle domination du printemps s'étend sur une partie de l'année de plus en plus considérable, luttant d'un côté contre l'hiver, qui ne cède pas sans représailles à l'envahissement, et de l'autre contre l'été, qui, après une courte apparition, s'évanouit dans un automne prolongé. Voilà le fait de notoriété publique dont on se plaint communément dans nos campagnes, et surtout à partir des latitudes moyennes, attendu que les effets de la variation sont d'autant plus sensibles sur les cultures qu'on s'élève davantage vers le nord. Jusqu'ici la science n'a pas, à ce qu'il semble, suffisamment prêté l'oreille à cette grande voix populaire, oubliant sans doute qu'elle en a déjà reçu d'utiles leçons sur bien d'autres phénomènes, qu'elle a fini, après les avoir dédaignés, par avouer et expliquer. C'est à la science cependant qu'il appartient non-seulement de satisfaire sur ce point la curiosité générale, mais d'avertir ou de rassurer le monde, en lui faisant connaître quel est le terme auquel s'arrêtera cette menaçante déperdition des étés. C'était pour appeler sur ce grave problème les lumières de la discussion que j'avais publié en 1841, dans l'*Encyclopédie nouvelle*, les considérations suivantes que je crois utile de livrer ici de nouveau aux juges compétents.

M. Herschel, dans le cinquième chapitre de son Traité d'astronomie, après avoir expliqué comment, par la compensation qui se fait entre les accroissements instantanés de la radiation du soleil et ceux de sa longitude, les quantités de chaleur envoyées par le soleil à la terre sont égales pendant le parcours des mêmes quantités angulaires dans une partie quelconque de l'orbite, et par conséquent indépendantes de tout rapport entre les équinoxes et le périhélie, passe de là au sujet des saisons. Il conclut avec raison que la quantité totale de chaleur reçue, pendant la saison chaude, dans l'hémisphère boréal, est la même que celle qui est reçue, pendant cette même saison, dans l'hémisphère austral, bien que cette partie de l'année corresponde aujourd'hui, dans l'hémisphère boréal, au plus grand éloignement du soleil, et dans l'hémisphère austral, à sa plus grande proximité. Mais, supposant que la compensation s'étend au caractère thermologique des saisons, après avoir rapporté la différence notable qui existe entre les distances du soleil à l'aphélie et au périhélie, il ajoute en propres termes : « So that, were it not for the compensation we have just described, the effect would be to exaggerate the difference of summer and winter in the southern hemisphere, and to moderate in the northern; thus producing a more violent alternation of climate in the one hemisphere, and an approach the perpetual spring in the other. As it is, however, no such inequality subsists, but and equal an impartial distribution of heat and light is accorded to both. (*Treatise on astronomy*, p. 199.) »

Il est aisé de voir que cette conclusion n'est pas juste. Ce qui détermine le caractère d'une saison n'est pas simplement la quantité totale de chaleur reçue pendant la durée de cette saison, mais la quantité de chaleur reçue chaque jour. Si donc deux saisons, auxquelles correspondent des quantités égales de chaleur, renferment des nombres de jours inégaux, il est évident que la quantité de chaleur reçue chaque jour sera plus grande dans la saison qui a le moins de jours que dans l'autre. Ainsi, la température diurne sera moyennement plus élevée dans cette saison que dans l'autre, la compensation générale entre les sommes de chaleur des deux saisons étant même justement fondée sur ce que, dans celle où les jours sont le moins nombreux, ils sont aussi le plus chauds, et réciproquement. Par conséquent, en considérant en particulier ce qui a lieu aujourd'hui sur la terre, puisque la saison chaude dans l'hémisphère boréal est plus longue d'environ huit jours que la saison chaude dans l'hémisphère austral, et que les quantités totales de chaleur sont cependant les mêmes de part et d'autre, il faut en conclure que l'hémisphère boréal, lorsqu'il est en été, reçoit chaque jour moins de chaleur que n'en reçoit l'hémisphère austral lorsqu'il y est à son tour, et précisément dans la proportion de ces huit jours de différence. Quand il s'est écoulé, dans l'hémisphère boréal, autant de jours de la saison chaude que cette saison en renferme en tout dans l'hémisphère austral, le premier hémisphère n'a pas encore reçu autant de chaleur qu'en avait reçu l'autre dans le même temps : donc, évidemment, la saison ne peut pas y avoir été aussi chaude. Pour la saison froide, c'est l'inverse. Ainsi, malgré la compensation astronomique, l'effet de la position actuelle des équinoxes est bien d'exagérer la différence de l'été et de l'hiver dans l'hémisphère sud, et de la modérer dans l'hémisphère nord.

Cette proposition prend encore plus d'évidence si, au lieu de la rapporter à l'orbite présente dont l'excentricité n'a qu'une petite valeur, on la rapporte à une orbite très allongée, et, pour aller de suite à l'extrême, à celle d'une comète. Que l'on suppose, dans cette hypothèse, que le périhélie tombe au milieu de l'été pour l'un des hémisphères ; l'autre, par inversion, au milieu de son été, se trouvera à l'aphélie. Dans le premier, l'été ne durera que quelques jours ; mais le soleil, à cause de sa proximité, remplissant tout le ciel, la chaleur y sera d'une excessive violence. Dans l'autre, l'été sera d'une longueur incomparablement plus grande ; mais le soleil, à cause de son éloignement, ne paraissant plus qu'une étoile, la chaleur sera tellement faible, que cet été se transformera en un véritable hiver. Cependant la quantité de chaleur reçue chaque jour, multipliée par le nombre des jours de chaque saison, donnera des deux côtés la même somme, et la compensation voulue par le théorème de Lambert sera parfaite.

Il me semble d'autant plus étonnant que cette faute d'inadvertance ait échappé à M. Herschel, que, dans un mémoire inséré dans les Transactions géologiques de Londres pour 1832, cet astronome, considérant les effets thermologiques de l'accroissement de l'excentricité de l'orbite terrestre, a fort bien vu qu'à la limite, cette excentricité ne peut manquer d'avoir de l'influence sur le caractère des saisons. En effet, partant de l'hypothèse que cette excentricité soit destinée à devenir égale à celle de l'orbite de Pallas ou de Junon, il se trouve conduit par le calcul à reconnaître que, dans ce cas, les puissances de radiation du soleil au périhélie et à l'aphélie seraient entre elles dans le rapport de 25 à 9; c'est-à-dire que l'hémisphère dont l'été tomberait au périhélie aurait, dans cette saison, un soleil d'une étendue apparente environ trois fois plus grande que celui qui régnerait en été dans l'hémisphère où cette même saison tomberait à l'aphélie. Devant un phénomène aussi frappant, il n'hésite point à conclure que l'été sera plus chaud dans un des hémisphères que dans l'autre. Mais tout en appuyant sur cette conclusion, il semble cependant qu'il entende assujettir l'inégalité climatérique des deux hémisphères à la condition d'une variation ultérieure de l'excentricité. « Here, if I mistake not, ajoute-t-il en terminant, it will appear that an amount of variation which we need not hesitate to admit (at beast provisionally) as a possible one, may be productive of considerable diversity of climate, and may operate during greats periods of time either to mitigate or to exaggerate the difference of winter and summer temperatures, so as to produce alternately in the same latitude of either hemisphere a perpetual spring, or the extreme vicissitudes of a burning summer and a rigorous winter. (*Geol. trans.*, t. III, p. 298.) » Mais il est incontestable que si l'excentricité peut produire un pareil effet sur les climats, quand sa variation séculaire lui fait prendre une valeur considérable, elle le produit également, dans une mesure proportionnée, pourvu qu'elle ait une valeur quelconque. Cet effet ne commence point à se développer quand la valeur en question a dépassé une certaine limite; il se développe immédiatement dès que la valeur est supérieure à zéro. Il se témoigne donc, sans aucun doute, dans le temps présent, où cette valeur étant 0,016 du demi-grand axe, il y a entre les puissances de radiation du soleil, au périhélie et à l'aphélie, une différence de près d'un quinzième.

M. Arago ayant eu à traiter cette question dans une de ses notices de l'*Annuaire du bureau des longitudes pour 1834*, à propos de la variation des climats, a donné dans le sentiment de M. Herschel. Après avoir rapporté qu'un jour le périhélie arrivera en juillet et l'aphélie en janvier, il ajoute : « Ici se présente donc cette question intéressante : un été, tel que celui de notre époque, qui correspond au maximum de la distance solaire, doit-il différer sensiblement d'un été avec lequel le minimum de cette distance coïnciderait? Au premier coup d'œil, tout le monde, je crois, répondrait affirmativement, car entre le maximum et le minimum de distance du soleil à la terre, il y a une différence notable, une différence en nombre rond d'un trentième du total. Introduisons cependant dans le problème la considération des vitesses qui ne pourrait être légitimement négligée, et la solution sera l'opposé de ce que nous pensions d'abord. » (P. 198.) Puis, la différence des vitesses expliquée : « En résumé, dit-il, l'hypothèse que nous venons d'adopter donnerait, à raison d'un moindre éloignement, un printemps et un été plus chauds qu'ils ne le sont aujourd'hui; à raison d'une plus grande vitesse, deux saisons en somme plus courtes d'environ sept jours. Eh bien, tout compte fait, la compensation est mathématiquement exacte. » Et brusquant, comme M. Herschel, le cours du raisonnement : « Nous venons de reconnaître, dit-il, que les changements qui s'opèrent dans la position de l'orbite solaire n'ont pas pu modifier les climats terrestres. » (P. 199.)

Ce problème est assez important pour mériter d'être traité avec précision. On nous permettra donc d'y revenir avec une méthode douée d'un caractère plus rigoureux.

M. Poisson, dans son mémoire *Sur la stabilité du système planétaire*, a fait voir que le théorème de Lambert cesse d'être vrai lorsqu'on tient compte de la non-sphéricité de la terre. La quantité de chaleur reçue par cet astre pendant une partie quelconque de l'année n'est point exactement proportionnelle à l'angle décrit, dans cet intervalle de temps, par le rayon vecteur du soleil. Elle varie suivant l'expression suivante :

$$u = \frac{k}{\sqrt{a(1-e^2)}} \left\{ [1 + h(\tfrac{1}{3} - \tfrac{1}{2}\sin^2\omega)] v + \tfrac{1}{4} h \sin^2\omega \sin 2v \right\}$$

dans laquelle k représente une constante relative à la chaleur propre du soleil et au volume de la terre ; h, l'aplatissement ; ω, l'obliquité de l'écliptique ; v la longitude du soleil dans le plan de l'écliptique mobile à partir de l'équinoxe de printemps ; a, le demi-grand axe de l'orbite ; e, l'excentricité.

En combinant cette formule avec celle du mouvement elliptique de la terre, on pourrait en déduire sans difficulté l'expression générale de la quantité instantanée de la chaleur reçue par la terre à chaque époque de l'année. Mais cette expression délicate n'est pas nécessaire pour le but particulier que nous poursuivons. Il suffit que nous soyons en état de comparer entre elles les moyennes instantanées de chaleur correspondant à l'intervalle de l'équinoxe de printemps à l'équinoxe d'automne, et à celui de l'équinoxe d'automne à l'équinoxe de printemps. Or, pour cela, il est évident qu'il n'y a qu'à diviser la somme totale de chaleur reçue dans chacun de ces intervalles par la durée de chacun : ce qui simplifie beaucoup la question.

En effet, comme *sin 2 v* devient nul toutes les fois que *v* est multiple de $\frac{1}{2}\pi$, le second terme s'évanouit de l'expression ci-dessus, et par suite, nonobstant la non-sphéricité, les quantités totales de chaleur reçues dans les deux intervalles susdits sont les mêmes. Les quantités instantanées moyennes correspondant à chaque intervalle sont donc simplement en raison inverse des durées. Or, d'après le principe des aires, ces durées sont proportionnelles aux surfaces parcourues par le rayon vecteur du soleil dans chacune des deux portions de l'orbite. Le problème est donc ramené à la recherche du rapport entre les deux segments d'ellipse donnés par une droite qui passe par un des foyers de la courbe. Or, si l'on désigne par δ l'angle formé par cette droite avec le grand axe de l'ellipse, il n'est pas difficile de découvrir que l'un des segments elliptiques a pour expression :

$$a^2\sqrt{1-e^2}\left[\operatorname{arc}\left(\sin=\sqrt{\frac{1-e^2}{1-e^2\cos^2\delta}}\right)-\frac{e\sin\delta\sqrt{1-e^2}}{1-e^2\cos^2\delta}\right]$$

et l'autre :

$$a^2\sqrt{1-e^2}\left[\pi-\operatorname{arc}\left(\sin=\sqrt{\frac{1-e^2}{1-e^2\cos^2\delta}}\right)+\frac{e\sin\delta\sqrt{1-e^2}}{1-e^2\cos^2\delta}\right]$$

Voilà les quantités dont le rapport représente celui des températures moyennes des saisons de même nom, dans les hémisphères opposés, ou, dans le même hémisphère, à deux époques séparées par un intervalle égal à la demi-révolution de la ligne des apsides. On voit déjà que ce rapport diffère nécessairement de l'unité tant que δ a une valeur, c'est-à-dire tant que la ligne des apsides ne coïncide pas avec le grand axe. En simplifiant les expressions par le développement des fonctions de δ et par l'omission des hautes puissances de *e*, comme il est permis de le faire dans le cas particulier de l'orbite terrestre dont l'excentricité a toujours une petite valeur, les seconds facteurs se réduisent à

$$\frac{\pi}{2}-2e\sin\delta+\tfrac{1}{3}e^3\sin\delta\,(1-4\cos^2\delta),$$

$$\frac{\pi}{2}+2e\sin\delta-\tfrac{1}{3}e^3\sin\delta\,(1-4\cos^2\delta),$$

expressions plus faciles à comprendre. L'une représente, du moins par un rapport proportionnel, la température moyenne de la saison qui correspond à l'aphélie ; l'autre, celle de la saison de même nom qui correspond au périhélie. Plus δ augmente, plus la seconde expression l'emporte sur la première, plus il y a de différence entre les mêmes saisons dans les deux hémisphères. Quand δ est égal à $\frac{1}{2}\pi$, c'est-à-dire quand la ligne des apsides est perpendiculaire au grand axe, la différence est au maximum. Enfin, continuant à croître, le sinus diminue et les mêmes différences se reproduisent entre les deux hémisphères, en diminuant progressivement, jusqu'à ce que δ étant égal à π, elles deviennent nulles. Au delà, il est clair que tout se répète de la même manière, mais que les valeurs du sinus changeant de signe, les deux hémisphères changent de rôles.

On voit aussi, par ces expressions, avec quelle simplicité, du moins quand on consent à négliger le cube de e, la différence des climats dans les deux hémisphères se développe ou s'amoindrit en raison de l'excentricité de l'orbite. Il en résulte que cette variation suit sensiblement la même marche que celle qui dépend du sinus de l'inclinaison de la ligne des apsides sur le grand axe : ce qui est assez remarquable.

Quant à la chaleur instantanée moyenne de chaque saison, on l'obtiendrait en divisant dans le rapport de l'aire moyenne soumise à la radiation solaire, dans l'un des hémisphères, pendant la saison froide, dans l'autre, pendant la saison chaude, l'expression suivante :

$$\frac{k\left[1+h\left(\tfrac{1}{3}-\tfrac{1}{2}sin^2\omega\right)\right]}{t\sqrt{a(1-e^2)}\left(\tfrac{1}{2}\pi-2e\sin\delta\right)}$$

qui est la chaleur instantanée moyenne reçue par toute la terre dans l'intervalle d'un équinoxe à l'autre, et dans laquelle j'ai représenté par t la durée de la période annuelle.

On tire de là l'équation qu'il faut résoudre pour déterminer les valeurs de e par lesquelles la température moyenne de l'hiver, dans l'un des hémisphères, devient égale ou même supérieure à la température de l'été dans l'hémisphère opposé. Ce sont des cas qui paraissent devoir se présenter communément dans les années des comètes.

En résumé, il faut donc donner à la climatologie cette règle générale : que les étés les plus courts sont les plus chauds, les hivers les plus longs les plus froids, et réciproquement. A quoi il faut joindre : que l'hémisphère qui a les étés courts a les hivers longs, et réciproquement.

Toutefois, la solution complète du problème exigerait que l'on tînt compte de la manière dont se comportent, à l'égard de la chaleur solaire, les deux hémisphères, en raison de leur composition différente en terre et en eau, et plus généralement encore de toutes leurs inégalités géographiques. Aussi est-il plus facile de comparer théoriquement les saisons du régime excessif et du régime modéré dans le même hémisphère que dans les hémisphères opposés. Cependant, cette question même renferme un principe de complication dont nous n'avons point tenu compte : c'est que la température d'une saison n'est pas seulement déterminée par la chaleur instantanément envoyée à la terre par le soleil, mais aussi par l'état thermométrique de la terre elle-même. De sorte que, dans un été très long, bien que modéré, l'enveloppe de la planète s'élevant continuellement au-dessus de la température moyenne, à cause de la chaleur qu'elle accumule, tend à augmenter la température naturelle de la saison; tandis que dans un hiver très long, s'abaissant graduellement au-dessous de la température moyenne, elle tend au contraire à diminuer la température naturelle. Ainsi, il est nécessaire, pour ne rien omettre, d'introduire dans la loi de la variation des saisons une correction d'une forme très délicate, qui tend à balancer l'efficacité de cette variation relativement aux étés, et à la renforcer au contraire relativement aux hivers. Cette correction dépend du rapport composé qui lie chacun des états instantanés de la terre avec ses états antérieurs [1].

Enfin, pour tirer parti de ces formules, il serait nécessaire de connaître au moins une valeur de la moyenne instantanée de chaleur envoyée par le soleil à la terre durant ce que j'ai nommé la saison chaude et la saison froide, c'est-à-dire d'un équinoxe à l'équinoxe suivant. Malheureusement, c'est ce que les physiciens ignorent encore. On n'est en état, jusqu'à présent, de rapporter les températures qu'à des zéros de convention, et l'on ne connaît ni le zéro absolu, correspondant à l'évanouissement de toute chaleur, ni même, parmi les zéros relatifs, celui qui correspond à l'évanouissement de toute chaleur solaire et terrestre, c'est-à-dire à la température propre de cet endroit-ci de l'univers. M. Fourier avait à la vérité proposé de regarder ce dernier zéro comme égal à 60° au-dessous du zéro de la glace fondante. Mais cette évaluation a été généralement considérée, et, à ce qu'il semble, avec raison, comme trop faible. M. Herschel, en par-

---

(1) Il est sensible que la planète est soumise à l'influence de ce même principe, non-seulement dans le cours de chaque saison, mais encore dans une partie de la saison suivante. Dans un été très court, mais très chaud, il se met pour ainsi dire en réserve dans l'enveloppe de la planète une certaine quantité de chaleur solaire qui rayonne ensuite durant l'hiver; de telle sorte que cet hiver aurait beau être très froid du côté de la chaleur solaire, il pourrait se trouver au contraire très chaud, surtout dans ses commencements, par l'effet de l'excès de température conservé par la planète; et de même pour la réaction frigorifique causée sur l'été par un hiver très froid. L'enveloppe de la planète peut être regardée, en thèse générale, comme un régulateur thermal qui prolonge d'une part le printemps aux dépens de l'été, et de l'autre l'été aux dépens de l'automne.

ticulier, en cherchant à déterminer par des considérations photométriques la valeur de la température sidérale, n'a pas craint d'exprimer la possibilité que cette température fût de — 1000°, même de — 3000. Cela dit assez que la question est tout à fait incertaine. Les formules ci-dessus, bien que ne pouvant y jeter qu'un demi-jour, sont donc, à cet égard, en attendant mieux, de quelque intérêt. La moyenne température diurne de Paris, de l'équinoxe de printemps à l'équinoxe d'automne, est de +16°. Or, si l'on suppose que la température sidérale soit de —1000°, on verra, en introduisant cette valeur dans les formules, δ y étant de 99°, valeur actuelle de cette inclinaison, que la température moyenne de la saison chaude à Paris, quand le périhélie coïncidait avec le solstice d'été, aurait été de 120° au-dessus de la glace fondante. Rien n'est plus clair que la fausseté de ce résultat, puisque s'il était vrai l'Europe n'aurait même pas été habitable au temps de l'empire romain.

La valeur de la température sidérale doit donc être cherchée, comme l'a fait M. Fourier, beaucoup plus haut. En l'évaluant à — 200°, on trouve que les températures moyennes de la saison chaude et de la saison froide de Paris, à cette même époque, auraient été, l'une, supérieure de 9°, et l'autre, inférieure de 10° à la valeur qu'elles possèdent aujourd'hui. Enfin, en la mettant à — 100°, ce qui semble la plus forte valeur que l'on soit en droit de proposer, les formules démontrent que la température moyenne, dans les mêmes circonstances, était, pour la saison chaude, de 20°,75, et pour la saison froide, de 0°,87 : ce qui représente d'un côté un excès de près de 5°, et de l'autre une diminution de près de 4°, sur l'état actuel.

Ainsi, l'on ne peut douter qu'il n'y ait une différence considérable entre le climat qui règne aujourd'hui en Europe et celui qui y régnait il y a sept mille ans. En effet, si une différence notable se montre dans les moyennes, la supériorité serait bien plus sensible encore dans les maxima et dans les minima. L'excès de la température des jours d'été aux environs du solstice, à cette époque, sur celle des jours analogues du temps présent, pouvait aller jusqu'à 8°, et à l'inverse pour les jours d'hiver. C'est un changement complet de climat. Comme il ne s'est effectué que peu à peu, l'état physique actuel de l'Europe doit nécessairement différer, par des traits appréciables, de son état physique dans les siècles antérieurs. Il y a donc là une raison suffisante pour expliquer comment, au temps d'Hérodote, la chaleur était trop forte en Égypte pour la culture de la vigne; comment, au temps de Virgile, les rivières gelaient durant l'hiver en Calabre; comment, au moyen âge, on récoltait du vin dans les provinces septentrionales de la France et même en Angleterre; enfin, comment une multitude de témoignages attestent que, de siècle en siècle, dans notre hémisphère, les hivers deviennent moins froids et les étés moins chauds.

Les témoignages dans l'hémisphère austral, s'il était mieux et plus anciennement connu, seraient contraires.

Il n'est pas douteux que des causes locales, telles que le défrichement, n'aient pu, en certains lieux, avoir quelque influence sur le caractère des saisons ; mais ces causes accidentelles se taisent devant les grandes causes astronomiques dont nous parlons, et dont l'efficacité est évidente. J'ajoute que les mêmes raisonnements établissent que le climat de l'Europe, dans la période actuelle, possède une sorte de fixité sur ce point, et que, d'ici à trois mille ans, les étés, en partant de la valeur de — 100° pour la température sidérale, n'auront baissé que d'environ 0°,10, tandis que les hivers ne se seront élevés que de 0°,06.

Il est fâcheux que la science n'ait point, dans ses annales, d'observations thermométriques séparées de l'époque présente par un intervalle d'un certain nombre de siècles. En introduisant dans les formules la correction relative à la température variable de l'enveloppe de la terre, on parviendrait à déterminer, au moyen de ces observations, la valeur exacte de la température de l'espace, aussi bien que celle du caractère particulier des saisons, à chaque époque des temps passés et futurs. Il est, en effet, facile de reconnaître que la température sidérale est donnée par la formule très simple :

$$\frac{\frac{\pi}{2}(\theta'-\theta)+2e(\theta'\sin\delta-\theta\sin\delta')}{2e(\sin\delta\sin\delta')}$$

dans laquelle θ et θ' représentent les températures moyennes rapportées au zéro ordinaire, qui correspondent aux valeurs δ et δ' de l'inclinaison de la ligne des apsides sur le grand axe. Dans cette regrettable pénurie d'observations, il y aurait peut-être de l'intérêt à essayer le calcul sur les observations de l'Académie *del Cimento* publiées par M. Libri. Comme ces observations auront bientôt deux siècles d'ancienneté, il est probable que l'on en déduirait au moins une valeur approximative des divers éléments dont il vient d'être question.

Bien que les conclusions de la note qui précède soient décisives puisqu'elles sont une conséquence mathématique de phénomènes célestes incontestables, il ne me semble pas inutile de les corroborer par quelques observations sur les preuves subsidiaires auxquelles a eu recours M. Arago dans sa notice de l'*Annuaire du bureau des longitudes*, notice si accréditée qu'elle fait toujours loi sur la matière dont il s'agit. Après avoir tenté de faire voir qu'aucune variation dans le caractère des climats ne pouvait être attribuée aux changements de position de la ligne des équinoxes, le célèbre astronome a voulu démontrer indirectement, par l'étude des phénomènes de la végétation, qu'en fait aucune influence astronomique n'avait agi sur les climats de la terre depuis l'antiquité. C'est l'histoire physique de la Palestine qui lui a fourni son argument principal, consistant en ce que le maximum de chaleur dont s'accommode la fructification de la vigne étant sensiblement égal au minimum de chaleur dont s'accommode celle du dattier, et ces deux espèces fructifiant aujourd'hui en Palestine comme dans les temps anciens, il faut conclure que le climat de cette contrée ne s'est ni élevé, puisque la vigne s'y cultive toujours, ni modéré, puisque le dattier s'y cultive également.

Si cette thèse était aussi rigoureuse et aussi exacte qu'elle le semble à première vue, il serait évident que l'action du soleil sur la terre n'est soumise à aucune variation, du moins dans un laps de temps considérable. Mais il suffit de l'étudier avec un peu d'attention pour être amené à reconnaître qu'elle est loin de posséder toute la solidité que lui avait supposée son auteur.

Quant au dattier, bien qu'il n'ait pas cessé de croître en Palestine, l'état actuel de sa culture est déjà bien éloigné de ce qu'on voyait encore dans cette contrée au commencement de l'ère chrétienne. Les témoignages des auteurs anciens s'accordent à nous représenter cet arbre comme une des principales richesses et, en quelque sorte, comme la gloire agricole de la Judée : *Palmarum nobilitas in Judœa*, dit Pline (13, 9) ; *Palmetis proceritas et decor*, dit Tacite (Hist. V, 6). Les bois de palmiers de la plaine de Jéricho étaient surtout célèbres. Strabon, Pline, Galien, parlent avec éloge des dattes que l'on y récoltait. Ces fruits formaient un objet d'exportation. Non-seulement il y avait des plantations de palmiers autour de Jéricho, mais on en trouvait dans plusieurs autres vallées qu'il est inutile de mentionner, et jusque dans la partie supérieure du Jourdain, sur les bords du lac de Génézareth (Jos. bell. Jud., 3, 10). Aussi Joël, prophétisant la dévastation d'Israël, associe-t-il le palmier à la vigne et aux céréales. « Les cultivateurs se sont lamentés sur l'orge et sur le froment parce que la moisson des champs a péri : la vigne est détruite, le figuier languit, le grenadier et le palmier sont desséchés, etc. » (I, 12.) En un mot, le palmier donnait lieu à une culture si répandue qu'il formait le symbole de la Judée, et il figure en cette qualité sur les monnaies juives du temps des Machabées et du temps des Romains. Voir le palmier, c'était se rappeler la contrée que ce beau végétal décorait de ses panaches et nourrissait de ses fruits.

Pour se faire idée du changement qui s'est opéré à cet égard, il suffit de comparer l'impression que produisent les témoignages des anciens, dont je n'ai cité qu'une partie, à l'impression qui résulte des relations des voyageurs modernes. Shaw, Schubert, Robinson sont parfaitement d'accord sur la rareté du palmier en Palestine. Près de Jéricho, si fière autrefois de son nom de cité de Palmiers, il n'y a plus qu'un seul arbre de cette espèce; dans la vallée d'Engaddi, jadis ombragée aussi par les palmiers, il n'y en a plus un seul (Robins., II, p. 441, 537). Bref le palmier est aujourd'hui, en Judée, à peu près, comme dans le midi de la Provence, un objet de curiosité.

Dira-t-on que l'indolence des Arabes qui ont envahi et dévoré ce malheureux pays est la cause du délaissement de cette culture? Mais tout le monde sait au contraire qu'aucune culture n'est mieux appropriée aux mœurs des Arabes de Syrie que celle-ci; et si leurs tribus ne s'y adonnent point en Palestine, c'est que la Palestine ne s'y prête pas. Les contrées limitrophes, à l'est et au midi, sont aux mains du même peuple, et ce peuple y tire soigneusement parti de ce précieux végétal. Donc, s'il y renonce dans la vallée du Jourdain, le défaut de chaleur en est cause.

En résumé, l'histoire du palmier tendrait donc à nous montrer que de la période antique à la période actuelle, il s'est fait en Palestine, quant à la température des étés, un changement analogue à celui qui s'observe quand on quitte la plaine d'Alger, où croissent aussi des palmiers mûrissant imparfaitement leurs fruits, pour se transporter dans les oasis du Sahara, où les dattes forment un objet de culture et de commerce, comme elles le faisaient jadis dans la plaine de Jéricho.

Quant à l'hiver, une révolution inverse semble s'être produite dans les mêmes lieux. Les témoignages des voyageurs sont unanimes sur la douceur de la température qui y règne habituellement durant cette partie de l'année. Si, en janvier et en février, il survient quelquefois un peu de neige, c'est d'une manière tout à fait accidentelle, et cette neige ne tient pas (Robins., II, 306). A Alep, bien plus au nord que Jérusalem, Russell, sur treize hivers, n'a vu la neige demeurer sur le sol plus d'un jour que trois fois. En un mot, la pluie est le météore de l'hiver, et il s'en faut de beaucoup que la neige puisse être considérée comme un phénomène essentiel de la mauvaise saison.

Lorsque l'on consulte la Bible pour avoir des renseignements sur l'hiver de la Palestine, il faut convenir que l'on reçoit un sentiment fort différent de celui qui provient des relations de nos voyageurs. L'hiver y est dépeint comme une saison rigoureuse et la neige comme un météore tout à fait habituel. « Elle ne craint pas pour sa maison les froids de la neige, dit le livre des Proverbes dans le portrait de la femme forte, car tous les siens sont habillés de doubles vêtements. » (31, 21.) « Le feu, la grêle, la neige, la glace, le vent de l'orage, dit le Psalmiste, exécutent sa parole. » (Ps. 148.) Et ailleurs : « Loue, Jérusalem, le Seigneur qui envoie la neige comme des flocons de laine, qui répand sa nuée comme de la cendre ; il envoie ses cristaux comme autant de bouchées : qui se tiendra devant son froid? Mais il émet sa parole et il liquéfie ; son esprit souffle et les eaux coulent. » (Ps. 147.) Ce vif tableau conviendrait-il encore à l'hiver de ces contrées? Cette saison est communément définie dans la Bible comme le temps de la neige. Ainsi, par exemple, dans le livre des Rois, au catalogue des contemporains illustres de David : « Benaias, fils de Joiada,... il frappa deux lions de Moab, et il descendit, et il frappa le lion dans le milieu de la citerne, aux jours de la neige. » Dans la guerre de Simon Machabée, on voit le mouvement des armées empêché par la neige. « Et Tryphon apprêta sa cavalerie pour se mettre en marche dans la nuit, mais il y avait une forte neige, en abondance, et il ne vint pas dans la Galaadite. » (I, 13.) Josèphe, dans la guerre de Judée, rapporte aussi des incidents semblables. On ne saurait, assurément, tirer de ces divers témoignages aucune conclusion scientifique rigoureuse ; mais ils concordent si bien avec ce que nous enseigne, touchant le caractère des étés, l'histoire du palmier qu'il doit être permis à la science de les relever. D'ailleurs on n'ignore pas, d'après ce qui s'observe en Algérie, et même à Nice et à Hyères, que le palmier, tout en demandant une température élevée pour fructifier, supporte sans trop de dommage la neige et le froid de glace.

L'histoire de la vigne offre plus de difficulté que celle du palmier. Il est incontestable que la Judée a été renommée dans l'antiquité par la magnificence de ses vignobles, non moins que par celle de ses plantations de dattiers. Le fameux raisin de la terre promise n'est qu'une forme poétique de la réalité. Aujourd'hui encore les raisins de la Palestine sont, au dire des voyageurs, d'une beauté remarquable. Mais la chaleur des étés ainsi que le froid des hivers ont pu diminuer, sans que ces variations se soient marquées d'aucune façon dans des descriptions conçues dans un langage aussi général. Il ne suffit pas de savoir que la vigne prospère dans un pays, pour se faire une idée du climat de ce pays, si l'on ne connaît en même temps les circonstances particulières de la culture. Ainsi, à l'époque où les palmiers fructifiaient en Judée, de quelle manière y cultivait-on la vigne? dans le fond des vallées, ou seulement à une certaine hauteur? à l'exposition du midi, ou à celle du nord? en plein soleil, ou à l'ombre? A Abusheer, en Perse, au témoignage de Niebuhr, la vigne ne réussit qu'à condition d'être plantée dans des fossés et à l'abri du soleil : ne se pourrait-il pas qu'il eût fallu jadis en Judée des précautions analogues? On sait pertinemment qu'il y a quelques siècles la vigne se cultivait sur quelques points de notre territoire à des hauteurs qui ne lui conviennent plus aujourd'hui : ne se peut-il pas que dans les montagnes de la Palestine, par l'effet de l'adoucissement des étés, ce végétal ait été, non pas contraint, comme dans le Vivarais, mais rendu libre de descendre vers la plaine? C'est ce qu'aucun des documents qui nous sont parvenus ne saurait nous apprendre.

Pour déduire de l'observation de la vigne quelques lumières sur les variations du climat, il faut considérer ce végétal, non point dans une station susceptible, en raison de la diversité de ses altitudes, de lui offrir des conditions de culture dissemblables, mais sur un territoire assez développé pour que le mouvement de progression ou de rétrogradation des limites de la culture puisse servir en quelque sorte de thermomètre.

Or, si l'on jette d'abord les yeux vers le Midi, on voit qu'au temps d'Hérodote la vigne ne se cultivait pas dans la vallée du Nil, et l'on sait aussi par un passage de la tragédie des Suppliantes que la bière formait la boisson nationale des Égyptiens : « Vous trouverez ici, leur dit le roi des Grecs, des hommes qui ne boivent pas du vin d'orge. » Plus tard, dans les premiers siècles de l'ère chrétienne, le vin se trouve, au contraire, ainsi que l'atteste Athénée, parmi les productions nationales du même pays. Donc, la culture de la vigne aurait gagné du terrain dans le Midi, et par conséquent la chaleur des étés y aurait diminué.

Ce serait peu de chose, peut-être, que la comparaison de ces témoignages, si les observations faites dans le Nord ne s'y accordaient. Dans le Nord, en effet, non-seulement les observations parlent dans le même sens que dans le Midi, mais elles sont beaucoup plus décisives. Le décret de l'empereur Probus sur la replantation de la vigne, comprenant la Grande-Bretagne au nombre des provinces admises à profiter du bénéfice de cette concession, forme un des documents les plus frappants, d'autant que l'on sait, par divers passages d'anciennes chroniques, qu'au moyen âge la vigne était cultivée dans une partie de l'Angleterre et que l'on y produisait communément du vin. Aujourd'hui la vigne est devenue pour ce pays une sorte de plante exotique. Un phénomène analogue a eu lieu dans nos provinces septentrionales, qui, depuis quelques siècles, se sont vues graduellement déshéritées de leurs vignobles. Ces faits sont si nombreux et si connus qu'il serait superflu d'y insister; reste donc seulement à en conclure que tandis que les limites méridionales des vignobles descendent vers l'équateur, leurs limites septentrionales marchent aussi dans le même sens; mouvement général qui est une preuve palpable de l'abaissement général de la température des étés.

Serait-on même privé des informations délicates que fournit la mémoire des hommes sur les variations dont il s'agit, que l'on en trouverait d'écrites sur le sol, et qui attestent le même fait avec une incontestable authenticité et d'une manière plus frappante encore : je veux parler des traces laissées à la surface du globe par les glaciers. Ces singuliers appareils, en se resserrant ou en s'allongeant suivant le caractère des années, forment de véritables thermomètres séculaires, dont les indications ont, relativement à celles que donnent les végétaux, l'avantage de se graver elles-mêmes en traits indélébiles. Les stries qu'ils produisent sur les roches contre lesquelles ils frottent et les moraines qu'ils déposent à leur extrémité inférieure forment en effet des témoignages permanents des positions qu'ils ont autrefois occupées; et au moyen de ces témoignages, il devient facile aux géologues de ressusciter en quelque sorte ce chapitre de la géographie ancienne. Or, tout le monde sait que les observations faites dans les vallées des Alpes et de plusieurs autres chaînes, ainsi que les observations, plus remarquables encore, faites aux environs du cercle polaire, particulièrement dans la péninsule Scandinave, ne laissent aucun doute sur l'étendue extraordinaire dont les glaciers ont joui à des époques reculées. Les glaciers d'aujourd'hui ne sont qu'une miniature de ceux de l'antiquité; au point que si ces résidus de l'hiver venaient jamais à reprendre le développement qu'ils ont eu jadis, la condition des peuples, surtout dans les régions tempérées, les plus importantes aujourd'hui, en serait certainement affectée à un degré notable.

Or, à quel changement dans le caractère des climats ce fait si général, et désormais si bien constaté, répond-il? Sans les considérations précédentes, l'assertion qu'il répond à l'accroissement de la chaleur des étés paraîtrait sans doute un pur paradoxe. Cette assertion est cependant d'une exactitude rigoureuse. Plus s'élève, en raison de la variation astronomique dont nous avons ci-dessus défini le principe, la température des étés, plus s'étend, aux dépens de la partie habitable du globe, la partie sur laquelle se conserve la glace. Telle est la règle générale de la géographie des glaciers.

En effet, quelle que soit la position de la ligne des équinoxes, la quantité totale de chaleur envoyée à la terre par le soleil durant la période des jours supérieurs aux nuits demeurant la même, il s'ensuit que la quantité de glace mise en fusion par le soleil, durant cette période, demeure sensiblement la même dans tous les temps : dans un été court, moins d'heures de fusion que dans un été long, mais aussi plus d'activité dans la fusion, et, partant, compensation. En un mot, en supposant du moins que l'ellipticité de l'orbite terrestre ne change point, la diminution dans le volume des glaciers causée par un été quelconque est constante. Il n'en est pas de même de l'augmentation causée par l'hiver : à un été court et ardent, se lie, conformément à la loi de la révolution des équinoxes, un hiver long et froid; et par conséquent, la quantité de neige qui se dépose dans les latitudes et les altitudes dont la température reste au-dessous de zéro, augmente proportionnellement. Ainsi, à mesure que le contraste entre les deux saisons se développe, la masse de glace qui se réunit pendant l'hiver devient plus grande; et comme il ne s'en liquéfie toujours pendant l'été que la même somme, tout compte fait, le domaine des glaciers prend de l'extension. Que l'on imagine, par exemple, un été de trois mois venant à succéder à un hiver de neuf, ce qui pourrait arriver si la variation de l'excentricité de l'orbite s'y prêtait, ne voit-on pas que l'Europe tout entière, par suite des amas de glaces rebelles à l'été dont elle se recouvrirait sur divers points, tomberait sous un régime de végétation analogue à celui des régions polaires? et d'autant plus, que le principe de la constance de fusion, dont je me suis servi pour mettre plus de simplicité dans le raisonnement, n'est même pas tout à fait strict, puisqu'une même quantité de chaleur ne met en fusion une même quantité de glace que dans des conditions semblables à tous autres égards, et particulièrement à condition que la glace soit toujours à la même température ; de sorte que les glaciers, à la fin des hivers les plus rigoureux, se présentent au soleil avec une température générale sensiblement plus basse qu'à la fin des hivers les plus modérés, la fusion, dans le premier cas, doit être nécessairement moindre que dans le second.

Quoi qu'il en soit des solutions précises qu'attendent ces problèmes dont l'intérêt pour l'avenir est si manifeste, nous n'en sommes pas moins autorisés à conclure que les traces du séjour ancien des glaciers à des distances considérables de leurs limites actuelles s'ajoutent à toutes les autres preuves d'expérience, pour confirmer la vérité déduite de l'observation des phénomènes célestes, savoir : que dans les siècles passés, les hivers ont été plus froids qu'ils ne le sont de nos jours.

Pour en finir avec ce sujet, qui serait de nature à mener si loin, je ferai seulement remarquer que les deux hémisphères étant, à l'égard du changement en question, dans des conditions inverses, il est à croire que si les glaces du pôle austral s'étendent si loin, comparativement à celles du pôle boréal, cette différence ne vient pas tant de la différence du système de protubérances propre à chacun des deux hémisphères, que de la différence de leur régime climatérique. De siècle en siècle, nos étés et nos hivers devenant plus tempérés, nos glaciers reculent vers le pôle et remontent dans les hauteurs, tandis qu'à nos antipodes, les étés devenant au contraire plus chauds et les hivers plus froids, le phénomène contraire se produit. Donc s'il est permis de conjecturer, d'un côté, qu'à une certaine époque le Groenland et le Spitzberg offriront plus de facilités à la population et les passages du nord-ouest de l'Amérique moins d'inconvénients qu'ils ne le font présentement; de l'autre, il est pareillement à prévoir que le climat de l'extrémité de l'Amérique méridionale, ainsi que des îles situées au sud de l'Australie, est destiné à acquérir un caractère de plus en plus repoussant, jusqu'à ce que la tendance actuelle étant arrivée à son terme, la tendance opposée reprenne son cours.

SUR LA CHRONOLOGIE PHYSIQUE.

Je suppose un observateur muni d'un chronomètre portant seulement l'aiguille des minutes : cet observateur aperçoit un phénomène et regarde simultanément à quel degré du cadran répond l'aiguille ; puis il compte le nombre des révolutions qui s'accomplissent à la suite, et à un instant donné, il se trouve en mesure, en interrogeant sa mémoire, d'énoncer exactement la valeur du temps qui s'est écoulé depuis le moment du phénomène. Telle est la méthode employée pour déterminer les dates de l'histoire : le chronomètre, c'est le ciel ; l'aiguille, c'est le soleil ; le nombre des révolutions, c'est celui des années. On peut donc nommer à juste titre cette chronologie la *chronologie mnémonique;* car elle est entièrement fondée sur l'action de la mémoire, qui nous conserve d'abord le souvenir des faits eux-mêmes, et secondement, le souvenir du nombre des années qui se sont passées depuis leur accomplissement.

Théoriquement, cette chronologie est donc fort simple ; mais, pratiquement, en raison de l'imperfection de la mémoire des hommes, surtout quand au lieu d'une seule mémoire il s'agit d'un enchaînement de mémoires, autrement dit de la tradition, elle ne laisse pas de soulever des difficultés considérables. Aussi, la science de l'histoire, quelque besoin qu'elle en ait, voit-elle continuellement faiblir cette science auxiliaire, soit dans la conservation des faits mémorables, qui, lorsqu'ils ne sont pas fixés par des monuments contemporains, finissent, en se transmettant de bouche en bouche, par se falsifier d'une manière plus ou moins grave, soit dans la conservation des nombres d'années, lesquels, en dehors des enregistrements authentiques, ne pouvant être évalués que d'après des ères ou des périodes souvent mal définies, demeurent plus ou moins incertains.

Telle n'est pas la méthode de la science qu'il conviendrait, ce me semble, de distinguer sous le nom de *chronologie physique;* en effet, sa méthode, fondée sur l'observation exclusive du présent, est absolument indépendante de la mémoire, et par conséquent ses applications sont susceptibles de s'étendre indifféremment jusqu'aux époques antérieures, soit à l'établissement des traditions, soit même à l'établissement de l'homme sur la terre. En principe, tant par sa méthode que par sa généralité, elle est donc bien supérieure à la chronologie mnémonique; mais, malheureusement, les difficultés qu'elle fait naître l'emportent aussi de beaucoup sur celles qui entravent cette dernière.

Considérons un de ces chronomètres à secondes, qui sont construits de manière à ce que l'aiguille dépose une marque sur le cadran, à l'instant même où la main de l'observateur touche à une détente disposée à cet effet; il suffit de jeter les yeux sur le cadran, à un instant donné, pour être en droit d'affirmer, sans faire appel à aucun souvenir, que la marque qui s'y voit s'est produite depuis tel nombre de secondes. Considérons un sablier renfermant un grain de sable d'une grosseur ou d'une couleur à part; de la situation occupée par ce grain de sable dans le monticule amassé au-dessous de l'orifice, on sera maître de conclure directement la valeur de l'intervalle qui s'est écoulé depuis qu'il est tombé, car la marche de l'instrument étant supposée connue, la profondeur de l'ensevelissement forme évidemment une expression géométrique de la durée. Considérons enfin un de ces thermomètres qui jouissent de la propriété de laisser un indicateur dans leur colonne au plus haut point où le liquide s'y soit élevé, et supposons que l'on sache exactement quelle est la vitesse avec laquelle l'instrument se refroidit; la simple inspection de la distance entre l'indicateur et le sommet actuel du liquide permet de prononcer que le dépôt de l'indicateur s'est effectué depuis tel laps de temps, et de plus, en raison de la nature particulière de ce genre de chronomètre, qu'à ce moment la température était à tel degré. Voilà une idée des procédés que la chronologie physique met en jeu.

Au chronomètre à secondes substituons le ciel, et concevons qu'un phénomène résultant d'une certaine disposition des astres ait jadis causé une certaine empreinte sur la terre; si la géologie réussit à discerner cette empreinte et à en assigner la cause, rien ne sera plus facile que de fixer directement la date de l'événement, puisque les mouvements du ciel étant connus par l'astronomie, on a le moyen de calculer quelle est la valeur du temps qui sépare la disposition actuelle des astres de la disposition qui a occasionné le phénomène constaté. C'est ainsi, par exemple, qu'en admettant, comme je l'ai indiqué dans le Mémoire précédent, qu'un certain état des glaciers dont nous avons aujourd'hui témoignage par les effets que ces glaciers ont exercés, de leur temps, sur le sol, corresponde, soit à une certaine position des équinoxes, soit à une certaine grandeur de l'excentricité de l'orbite, on aurait, avec une certitude astronomique, la date de cette ancienne géographie des glaciers, en la calculant d'après la loi mathématique des équinoxes ou de l'excentricité. Ici, comme on le voit, la difficulté principale ne consiste plus tant dans la mesure du temps que dans la détermination de la nature des marques observées sur la terre et dans celle de la disposition particulière des astres à laquelle ces marques correspondent.

Ou bien encore, par un autre procédé qui, du fait actuellement occasionné sur la terre, déduit l'époque du fait connexe qui s'est autrefois passé dans le ciel, tournons directement un télescope vers les étoiles, et, de l'action produite sur nous par leurs rayons, concluons l'intervalle qui nous sépare de l'époque où ces étoiles se trouvaient en position d'opérer les phénomènes qui se transmettent à nous en ce moment. En effet, d'une part la vitesse avec laquelle voyage la lumière nous est connue ; d'autre part, la distance des étoiles peut être censée connue d'après la grandeur de leur éclat apparent ; donc, nous sommes autorisés à déclarer, en raison de l'intensité des rayons qui nous arrivent, que ces rayons ayant parcouru un trajet de telle longueur, sont nécessairement partis de leur foyer il y a tant de temps. Ainsi, supposé que nous découvrions aujourd'hui dans une étoile quelque révolution, telle qu'un obscurcissement ou un changement de couleur, nous nous trouvons fondés, de cette manière, à assigner la date de l'événement avec le même degré d'approximation qui est à notre portée relativement à la distance de l'astre.

Pris dans un sens de minimum, ce procédé conduit même à des conséquences assez remarquables pour mériter d'être signalées aussi. On sait, en effet, qu'en calculant la loi de l'éloignement des étoiles d'après celle de la diminution de leur éclat apparent, on est amené à reconnaître que les nébuleuses qui ne sont perceptibles qu'au moyen des plus forts grossissements, sont situées à une distance de la terre représentée par un trajet des rayons lumineux d'une valeur d'un certain nombre de siècles. Donc, il faut conclure de l'observation, que les astres dont se composent les nébuleuses en question existent depuis un laps de temps correspondant au moins à ce trajet ; ce dont il y aurait, à ce qu'il semble, occasion de déduire, pour l'âge du tourbillon sidéral, un minimum assurément bien réduit, mais qui ne serait pourtant pas sans importance.

Quant au sablier, son équivalent se rencontre assez fidèlement aussi dans le domaine de la nature. Le système des dépôts accumulés par les fleuves dans la partie inférieure de leur cours constitue, en effet, un véritable instrument de ce genre. Chaque année, sauf les anomalies, une même quantité de sable ou de limon se répand, durant les inondations, à la surface des vallées, de sorte que, pour obtenir le nombre d'années, il suffit de compter le nombre de lits qui se sont successivement formés. En observant quels sont les débris enfouis dans un lit quelconque et combien il y a de lits au-dessus de celui-là, on peut donc déterminer l'époque à laquelle remontent ces débris, qui sont fréquemment capables de fournir de précieuses notions, soit sur les caractères des êtres organisés, soit sur la civilisation de la période à laquelle ils appartiennent.

On voit aussi qu'en comptant, soit le nombre total des lits, soit la hauteur totale qu'ils occupent, ce qui est la même chose quand on connaît la valeur séculaire de l'exhaussement, on peut arriver ainsi à la connaissance du temps depuis lequel le fleuve est en mouvement, autrement dit du temps depuis lequel le bassin du fleuve a pris sa forme actuelle ; et même, sans avoir besoin de percer jusqu'au fond du bassin que remplissent les alluvions, on peut, en y creusant plus ou moins, se procurer un minimum plus ou moins approximatif de la durée en question. C'est à quoi se rapportent les observations faites par la commission d'Égypte sur la vallée du Nil. On sait, en effet, que l'exhaussement séculaire, déduit du degré d'enfouissement du nilomètre d'Éléphantine, s'est trouvé de $0^m,13$, d'où il résulterait que le dépôt ayant été reconnu par les fouilles sur une profondeur d'environ 13 mètres, le Nil jouirait de son cours actuel depuis une époque antérieure à notre ère de plus de huit mille ans ; et, en réduisant l'exhaussement, comme il paraît convenable de le faire, à une valeur moitié moindre, il en résulterait un minimum de dix-huit mille ans, bien inférieur encore à la réalité, puisqu'il s'en faut de beaucoup que les fouilles aient traversé le dépôt dans sa totalité.

Au lieu de mesurer les alluvions par leur épaisseur, on peut se contenter d'estimer les dates d'après la distance plus ou moins grande qui existe entre la limite superficielle de chaque dépôt et le littoral actuel de la mer. C'est un mode moins délicat, puisqu'il revient à peu près à mesurer en bloc les augmentations de volume, mais dont il n'est cependant pas impossible de tirer, dans certains cas, d'utiles services. Ainsi, supposé que l'on découvrit dans les ruines d'Adria des indices manifestes de son ancienne condition de port de mer, et que l'on connût d'ailleurs la vitesse avec laquelle les alluvions du Pô gagnent sur la mer, on conclurait immédiatement, de la distance observée entre les ruines et le littoral de l'Adriatique, le siècle durant lequel florissait le commerce maritime de cette ville. L'application du même procédé à la détermination de l'histoire des fleuves, soit en remontant jusqu'à l'époque de leur origine, soit en se bornant à s'en rapprocher à volonté, est d'ailleurs tout à fait analogue à celle du procédé précédent; et l'on peut même dire qu'il n'y a, théoriquement, d'autre différence que celle de prendre les mesures, d'une part, dans le sens horizontal, et, de l'autre, dans le vertical.

Il n'est pas besoin d'insister sur les irrégularités de la marche de ces chronomètres et sur les difficultés de diverses sortes inhérentes à leur emploi : on ne comprend que trop que ce ne sont point des instruments de précision. Toutefois on ne peut disconvenir que, lorsque ces instruments auront été étudiés plus attentivement, la science pourra en profiter pour acquérir des données avantageuses qui lui manquent aujourd'hui entièrement, tant sur les faits dont ces dépôts conservent la trace, que sur les temps auxquels ces faits remontent. La connaissance de l'histoire des fleuves conduit effectivement, par les connexions les plus étroites, à la connaissance de l'histoire des régions que les courants parcourent; et ainsi, pour m'arrêter à un exemple, il est clair que c'est dans le secret de leurs alluvions que se trouve écrite, dans sa forme authentique, la majeure partie de la chronologie des déluges, aujourd'hui encore si obscure.

Outre les deltas, divers autres phénomènes sont également de nature à se rapporter au type du sablier. Ainsi, les dépôts formés par les volcans peuvent, à la rigueur, être utilisés, par la chronologie, de la même façon que ceux qui sont formés par les fleuves. Mais, comme l'injection des laves est incomparablement moins régulière et moins bien connue que l'écoulement des eaux pluviales, les calculs qui s'y appuient ont aussi bien moins de sûreté. Néanmoins, lorsqu'on aura pénétré plus avant dans les lois de la nature souterraine, tant par l'étude des anciennes formations que par celle de la marche actuelle de ces bouches qui, par la nature des matériaux qu'elles vomissent, tiennent à la fois du clepsydre et du sablier, on pourra vraisemblablement s'élever, relativement à l'histoire des éruptions, à des spéculations beaucoup plus exactes que nous ne saurions l'imaginer aujourd'hui. Il y a, comme on l'a depuis longtemps remarqué, une singulière analogie entre le mode d'accroissement des montagnes volcaniques et celui des arbres : le tronc de ces montagnes se compose, de même que celui de ces végétaux, d'un massif conique, ramifié par une série de cônes plus petits, et divisé à l'intérieur en couches concentriques disposées tour à tour l'une sur l'autre. Un mode de supputation semblable à celui qui est en usage pour calculer l'âge des arbres, pourrait donc être appliqué au calcul de l'âge des volcans. Mais, en attendant des évaluations plus précises, la seule contemplation de la masse de certains volcans doit suffire pour nous donner au moins un sentiment général de la quantité de siècles qu'il a fallu pour que, d'éruption en éruption, les déjections de laves et de scories en soient venues à former d'aussi énormes entassements. Celui de l'Etna, consistant en une suite de feuillets superposés, comme on le voit dans ses tranchées naturelles, présente environ 4 myriamètres de diamètre à sa base, sur 3 kilomètres de hauteur : s'il a fallu cinq mille ans aux baobabs étudiés au Sénégal par Adanson, et plus de temps encore, selon M. De Candolle, au cyprès de Chapultepec, pour parvenir à leur taille actuelle, il n'est peut-être pas trop hardi de juger à vue d'œil qu'il a fallu au moins dix fois plus de temps au tronc de l'Etna pour prendre un tel diamètre et une telle hauteur.

On doit également rapporter à la même classe, puisque la chronologie physique en tire le même parti, les éboulements qui se font le long des parois de certaines montagnes, en produisant à leur base, comme on le remarque dans les Alpes, des monticules continuellement croissants; les décompositions qui affectent, au contact de l'eau et de l'air, certaines roches dures, et qui gagnent de plus en plus dans leur profondeur, ainsi qu'on l'observe dans les granites du Limousin; le mouvement de recul des falaises devant la mer qui ne cesse de balayer leurs débris; la progression des déserts, sous l'influence des vents qui en poussent le sable; l'évaporation des eaux et l'accroissement de la salure de certaines mers fermées, telles que la Caspienne et le lac d'Aral; l'adoucissement des eaux de certaines autres, telles que la mer Noire, dans lesquelles l'eau fluviale prend de plus en plus prépondérance; le soulèvement graduel de certains bassins et l'abaissement correspondant du niveau relatif de leurs eaux, comme dans la Baltique; enfin, à l'opposé des comblements que j'ai tout à l'heure mentionnés, le creusement de certaines vallées qui, s'entaillant d'année en année, fournissent à l'observation un effet inverse de celui des deltas, mais également instructif. Il me suffit de dire que les données extraites, par ces divers procédés, des archives de la nature s'accordent, d'une manière à peu près générale, sur les grandeurs qu'elles nous découvrent, et que ces grandeurs sont d'une telle valeur, que la chronologie mnémonique serait absolument impuissante à leur égard; ce qui donne la marque et de l'exactitude de ces procédés, et de leur supériorité. C'est ainsi, par exemple, que l'entaille formée par le fleuve Saint-Laurent dans le plateau du haut duquel il se précipite, s'étendant aujourd'hui sur une profondeur d'environ 13,000 mètres, nous indique, à raison d'un creusement moyen de 30 à 40 mètres par siècle, une durée de plus de trente mille ans pour la mesure de la période depuis laquelle les eaux du nord de l'Amérique ont commencé à s'écouler par cette voie.

Mais tous ces appareils, si intéressantes que soient les conclusions qu'il est permis d'en tirer, ne sont, pour ainsi dire, que des appareils de détail en comparaison d'un mode de dépôt beaucoup plus universel, qui règne, depuis les époques les plus reculées, à la surface de la plus grande partie de la terre et qui constitue le fondement principal de la géologie : je veux parler des couches minérales qui se forment journellement dans le sein de la mer. Concevons un astre entouré de telles circonstances qu'il se produisît, d'année en année, à sa périphérie une enveloppe nouvelle, s'étendant régulièrement d'un pôle à l'autre et contenant l'empreinte, au lieu même où ils se seraient passés, de tous les faits contemporains, il est évident que le système des faits dont cet astre aurait été successivement le théâtre se trouverait naturellement écrit dans l'ensemble de toutes ces enveloppes, et que pour connaître, outre les faits eux-mêmes, la date de chacun d'eux, il suffirait de chercher le numéro de l'enveloppe dans laquelle on le verrait consigné. L'écorce d'un tel astre serait donc un véritable livre, renfermant par ordre chronologique, dans la série de ses feuillets, tous les monuments de l'histoire ancienne ; et pour y lire aussi sûrement que dans nos écritures, il ne resterait qu'à trouver le moyen de déterminer le numéro d'ordre de chaque page et la signification de chaque caractère.

Cette supposition n'est pas absolument chimérique ; le régime de la terre nous la montre réalisée en partie ; et bien qu'il y ait de grandes différences entre les phénomènes que nous avons sous les yeux et ceux dont il vient d'être question, la chronologie peut cependant emprunter à ces phénomènes les données les plus précieuses. C'est affaire à elle de triompher des difficultés que lui suscite l'imperfection du mode auquel notre planète se trouve soumise à cet égard, et qui ne sont que trop visibles. Elles résultent en effet des différences qui se rencontrent entre les phénomènes réels et les phénomènes idéaux indiqués ci-dessus, et c'est par conséquent de la considération de ces différences que l'on peut faire sortir leur définition la plus claire.

La première différence consiste dans la discontinuité des enveloppes. Au lieu de s'étendre uniformément sur toute la surface de la planète, elles ne se produisent que dans certaines localités, et les inconvénients causés par ce manque de généralité deviennent très graves : en premier lieu, les faits qui se passent hors des limites des dépôts ne s'y enregistrent pas nécessairement ; en second lieu, comme les dépôts formés dans le même temps demeurent séparés les uns des autres, on ne peut plus, comme dans l'ordre idéal, conclure le synchronisme du simple fait de la continuité matérielle.

Le correctif du premier de ces inconvénients consiste en ce qu'il ne saurait se passer sur le globe un événement considérable, même en dehors des limites des dépôts qui s'y effectuent dans le même temps, que les conséquences de cet événement ne s'étendent d'une manière plus ou moins marquée jusque dans ces dépôts ; et c'est un des artifices les plus ordinaires de la géologie que de déduire la connaissance des choses de celle des effets que ces choses ont occasionnés, directement ou indirectement, au de'à même des lieux où elles se sont produites. Ainsi, qu'il s'agisse d'un soulèvement de montagnes dans l'intérieur d'un continent, le sol du continent s'exhausse, l'Océan recule, la configuration des couches qui étaient en train de s'y déposer se modifie, et peut-être même ces couches sont-elles redressées en partie. Quant à l'inconvénient causé par la discontinuité des dépôts, il s'entend que rien ne serait plus aisé que d'y remédier, si, à défaut de continuité, les formations étaient partout de même nature, ou si quelque caractère spécial, commun à toutes leurs parties, les différenciait des formations d'un autre âge. Malheureusement, cette condition ne se réalise non plus sur la terre que très imparfaitement, mais il suffit qu'elle s'y laisse sentir, comme elle fait dans la distribution des fossiles, qui sont à peu près les mêmes dans les dépôts de même date, pour que la chronologie se trouve en mesure de déterminer par ce moyen les synchronismes très approximativement, surtout en ce qui concerne les périodes anciennes, dont la faune se montre beaucoup plus uniforme que celle des périodes modernes.

La seconde différence, suite de la première, consiste en ce que les enveloppes étant discontinues, la superposition immédiate de deux enveloppes n'est pas une preuve que les époques auxquelles correspondent ces enveloppes se soient succédé immédiatement. Le premier dépôt terminé, rien n'empêche en effet qu'il ne se soit écoulé un espace de temps considérable avant qu'un autre dépôt ne soit venu se faire au même lieu. Ainsi, que l'on prenne un livre d'histoire et que l'on y déchire çà et là les pages par tiers ou par moitié, deux pages qui se trouveront en contact sur quelques points ne seront plus deux pages réellement voisines, et l'on s'exposerait aux plus graves erreurs si l'on imaginait que les événements retracés sur la première page et les événements retracés sur la seconde ne sont séparés les uns des autres par aucun intervalle. Mais si, avant de prononcer, on prenait le soin de rechercher les lambeaux intermédiaires qui, en dehors des points de contact observés, existent entre les deux pages en question, et si l'on parvenait à s'assurer que l'on a bien restitué le nombre total de ces intermédiaires, en voyant les matières se faire raisonnablement suite de l'un à l'autre, il est évident que l'on serait en mesure de spéculer avec exactitude puisque l'on aurait corrigé, autant qu'il en était besoin, les fausses indications de la superposition. C'est à quoi s'applique la géologie. Et aussi, voit-on combien il est essentiel, avant de s'aviser d'écrire l'histoire des révolutions du globe, d'avoir pleinement achevé l'exploration de tous les feuillets du livre, restauré et remis en ordre tous ses lambeaux, si minimes qu'ils soient, déterminé en un mot toutes les interpolations qui doivent se faire ; sans quoi, de la superposition de deux couches disparates et caractérisées par des types organiques tout à fait dissemblables, on irait conclure à une brusque révolution survenue entre les deux périodes, tandis qu'une étude plus approfondie aurait montré que cette scission si frappante n'est au fond qu'une lacune, et que les périodes, divisées en apparence, sont réellement liées l'une à l'autre par des transitions insensibles dont les monuments se retrouvent ailleurs.

La troisième différence, et cette différence est assurément la plus grave au point de vue chronologique, provient de ce que les diverses enveloppes ne mettent pas autant de temps l'une que l'autre à se former, et que l'on n'a encore aucun moyen d'évaluer exactement la durée correspondante à la formation de chacune d'elles. Lors même que l'on aurait réussi à classer tous les feuillets dans l'ordre naturel de leur succession, on ne connaîtrait donc ni les rapports de grandeur qui existent entre les périodes qu'ils représentent, ni le rapport de ces périodes avec les mesures du temps auquel nous sommes habitués. Mais, en attendant que des observations dirigées vers cet objet important aient mis la science en position de nous donner des idées plus précises qu'elles ne le sont aujourd'hui sur la vitesse avec laquelle les anciens dépôts ont dû s'effectuer, on peut du moins, par la contemplation de la masse de ces dépôts, s'élever aussi à un certain sentiment des véritables proportions de l'histoire générale de la terre. Lorsqu'on réfléchit que la matière des sédiments calcaires n'est soluble dans l'eau qu'à un médiocre degré, qu'elle s'est lentement élevée du sein du globe par les éruptions ou par les sources, et lentement déposée dans le bassin des mers, soit par la précipitation chimique, soit par la sécrétion des zoophytes et des mollusques, soit par la désagrégation des roches préexistantes, et que l'on voit cette matière stratifiée paisiblement sur de si grandes hauteurs, il est impossible de ne pas reconnaître dans un tel phénomène la révélation de suites chronologiques immenses. Des observations, dont les conclusions tendent chaque jour à se développer davantage, montrent que l'on peut porter à 7 ou 8,000 mètres, au minimum, l'épaisseur totale des dépôts de tout genre qui se sont opérés à la surface du globe depuis les premières époques de l'Océan jusqu'à nos jours ; donc, à raison d'une vitesse moyenne d'accroissement de 10 mètres par siècle, on arriverait à une somme de 80,000 ans pour la valeur des temps qui se sont écoulés depuis lors : valeur sans doute bien inférieure à la réalité, et que l'on peut cependant réduire de beaucoup sans cesser d'avoir devant les yeux des perspectives bien différentes de celles qu'en l'absence de toute méthode scientifique, nos pères avaient imaginées.

Enfin, le procédé fondé sur l'observation du thermomètre appartient également, dans certaines limites, à la chronologie physique, le globe terrestre étant de nature à remplir lui-même le rôle de thermomètre indicateur. Ce procédé, lorsque les lois du refroidissement de la terre auront été mieux suivies tant par la géométrie que par l'expérience, arrivera peut-être même à paraître le plus rigoureux, comme il est assurément, dès à présent, le plus élégant. Supposons, en effet, que d'une part on ait dressé une table générale des temps avec les températures superficielles du globe correspondant à chacun d'eux, et que de l'autre, au moyen de l'étude des corps organisés ensevelis dans les dépôts successifs, on ait construit une seconde table contenant les températures superficielles correspondantes à chacun de ces dépôts, il est sensible que de la confrontation des deux tables résulterait immédiatement la liste chronologique de tous les dépôts et par conséquent des faits historiques dont ces dépôts nous gardent le témoignage. Mais il s'en faut, malheureusement, que la science soit dès à présent en mesure de donner satisfaction complète à un tel programme. Ne possédant point les valeurs expérimentales au moyen desquelles il serait possible de fixer théoriquement la valeur du refroidissement séculaire, elle se voit dans l'impuissance de déterminer au juste les durées qui se sont écoulées entre les divers états thermométriques par lesquels a passé notre globe; et en outre, elle n'est pas non plus en état de déduire strictement de la seule inspection des débris fossiles, le degré de la température superficielle qui existait du vivant des êtres dont ces débris proviennent, et moins encore de distinguer exactement dans cette température ce qui a dû être l'effet de la chaleur propre de la planète d'avec ce qui a pu être l'effet, soit de celle des astres, soit même des variations géographiques de la terre elle-même.

Néanmoins, en se bornant, faute d'estimations rigoureuses, à introduire des approximations générales dans les formules analytiques de l'illustre Fourier, on en peut tirer dès aujourd'hui assez de lumière pour dissiper les incertitudes les plus capitales de la chronologie des périodes primitives. Il devient, en effet, manifeste, par la solution de ces formules, que les temps qui nous séparent de l'époque où le globe jouissait d'une température assez élevée pour que la végétation actuelle des tropiques pût prospérer sous les latitudes polaires ne sauraient être évalués à moins de dix milliers de siècles, et qu'il s'en est écoulé au moins autant dans l'âge où la masse de la planète, tenue en incandescence par la force de la chaleur, ne permettait pas encore à la vie organique de prendre pied à sa surface. Bien insuffisantes aux yeux de la géométrie, puisqu'elles ne peuvent franchir les limites d'un minimum, ces évaluations ont cependant une influence assez sensible sur les idées que l'on doit se former de la nature de l'univers, pour marquer tout l'intérêt qui s'attache aux progrès de la science dont je viens d'esquisser les méthodes. On peut dire que les découvertes de cette science qui ne date que d'hier brisent les barrières entre lesquelles on enfermait autrefois le système du monde dans le temps, de la même manière que l'astronomie a brisé celles entre lesquelles on l'enfermait aussi autrefois dans l'espace.

FIN.

TABLE DES MATIÈRES.

INTRODUCTION.

Opportunité des études théologiques, déduite : 1° des convenances de l'époque actuelle; 2° du mouvement des idées en philosophie; 3° du mouvement des idées en religion. — Plan du livre.   i

I. — LA TERRE.

CONDITION ASTRONOMIQUE : La terre vue de Saturne. — Effets du principe de la gravitation : variation séculaire de l'excentricité de l'orbite; *id.* de la direction du grand axe ; *id.* du plan de l'orbite; *id.* de l'axe de rotation. Immensité du cycle de ces variations. . . .   1

Effets des variations astronomiques sur le régime de la terre : variation de la chaleur moyenne des années; variation de l'inégalité des climats; variation de la différence des saisons. Caractère restreint de ces variations.   9

Effets du principe de la chaleur planétaire : refroidissement; précipitation de l'Océan; contraction de la masse du globe; soulèvement et symétrie des continents et des mers; croissance graduelle des reliefs.   17

Effets du principe de la chaleur solaire : formation des nuages; détermination des courants aériens; circulation atmosphérique; circulation fluviale; circulation maritime; diminution graduelle des reliefs.   34

Lutte des deux principes précédents : retour final à la forme d'équilibre.   49

Uniformité, continuité, développement de la vie organique à la surface de la planète.   50

CONDITION ÉCONOMIQUE : Principe du désaccord entre les lois astronomiques de la terre et les convenances de l'homme; principe du travail; tableau des difficultés de la vie sous l'empire de la nature.   55
Contrariétés causées par la loi de la gravitation; opposition par le développement des forces mécaniques.   60
Contrariétés causées par la grandeur de la terre; opposition par le développement du commerce, des moyens de locomotion et de correspondance.   64
Contrariétés causées par l'interposition des mers et des montagnes; compensation au point de vue de la distinction des nations; avantages des mers; avantages des montagnes.   66
Contrariétés causées par les lois de la chaleur solaire; remèdes tirés de l'industrie.   70
Contrariétés causées par la rareté des objets de nourriture; remèdes tirés de l'agriculture.   80
Universalité de la loi du travail; défaut de puissance de la part de l'homme; accroissement des effets du travail par l'application des forces de la planète. Progrès séculaire du bien-être   85
Permanence de la loi du travail; permanence de la loi de la mort. Principe de la distinction entre la terre et le ciel.   93

II. — LES AGES.

Importance des valeurs chronologiques révélées par l'étude de la nature. — Système des sept jours de la création; classification méthodique des phénomènes de la Genèse : histoire de l'univers, histoire de la terre, histoire du genre humain.   101
Histoire de l'univers : principe de la constance moyenne de l'univers.   108
Histoire de la terre : les quatre âges; âge du feu, âge de l'Océan, âge des continents, âge de l'homme. Principe général du progrès de la vie organique.   110
Histoire du genre humain : système des sept âges des historiens ecclésiastiques; système de l'antiquité sur les âges; système du moyen âge; système du dix-huitième siècle. Conclusion : les quatre âges; âge anté-historique, âge de l'antiquité, moyen âge, âge actuel. Principe général de la perfectibilité.   121
Réponse aux objections tirées : 1° de la division de la vie humaine, 2° de la division de la semaine.   153

III. — LE PREMIER HOMME.

Importance de la doctrine du péché originel. — Opinions diverses touchant l'origine de l'âme. 160

Hypothèse de la nouveauté de l'âme; difficultés qui s'opposent à l'adoption de cette hypothèse : défectuosités des âmes naissantes; souffrances du bas âge; morts prématurées; générations criminelles. . 163

Silence de l'Église relativement à l'origine de l'âme. État de la question au cinquième siècle; déclaration de saint Augustin touchant son ignorance; continuation de cette ignorance; nécessité d'en sortir. 174

Idée générale de la préexistence. Grandeur de la tradition qui la recommande. Grandeur de l'idée considérée en elle-même. Recherche de sa définition au moyen des principes du système de l'univers. Satisfaction donnée par cette définition aux difficultés qui s'opposent à l'hypothèse de la nouveauté. 181

Réponse à la difficulté tirée du dogme de la chute d'Adam. Phénomène de l'apparition du premier homme. Condition naturelle du premier homme. Condition naturelle de sa demeure. Condition morale de son âme. Nature de la première faute. 194

Effets de la première faute. Supériorité de la vie d'épreuve sur la vie primitive. Communication du péché originel; unité du genre humain; réhabilitation par la foi dans le médiateur. 205

Causes de l'inopportunité dans le passé de l'idée de la préexistence; *id.* de sa convenance actuelle. 211

IV. — LE CIEL.

Magnificence du ciel étoilé. — Infinité de l'univers dans le temps; différence de la perpétuité de l'univers et de l'éternité de Dieu; caractère d'infinité conféré à l'univers par le dogme de l'immortalité. Avantage de la croyance à l'activité indéfectible de l'univers. 216

Infinité de l'univers dans l'étendue; analogie entre ce principe et le précédent; différence de l'immensité de l'univers et de l'ubiquité de Dieu. Relation entre l'immensité de l'étendue et la diversité infinie des conditions d'existence. 227

Pluralité infinie des mondes; opinions erronées du moyen âge touchant la constitution physique de l'univers; révélation, par l'astronomie moderne, de l'ordonnance, de la multitude et des variations conti-

nuelles des mondes; influence de cette révélation sur la théologie. 232
Conciliation du principe de la pluralité infinie des mondes avec celui
de la continuité de la création. Avantage du principe de la pluralité
infinie sur celui de la pluralité simple. Idée générale du ciel. . . . 242
Principe de l'analogie entre la vie du ciel et la vie de la terre, tiré de
la ressemblance de l'homme avec Dieu. Activité de l'homme à l'imitation de celle de Dieu, et maintien de cette activité dans l'immortalité. Loi naturelle de la circulation des âmes dans l'univers;
diversité des résidences célestes; voie centrale; type idéal de
l'homme-Dieu.................................. 251
Principe de la permanence de la condition corporelle. Nécessité de
cette condition; création et gouvernement du corps par l'âme à
l'imitation de la création et du gouvernement de l'univers matériel
par Dieu; distinction du corps et du principe spirituel dont il procède; immortalité de ce principe spirituel; diversité infinie des
organismes conformément à la diversité infinie des mondes. Supériorité de la condition corporelle du ciel sur celle de la terre. . . . 275
Fausseté du principe de la résurrection pris dans le sens du moyen
âge. Principe du beau dans ses rapports avec le principe de la convenance : chimère de la conservation perpétuelle de la figure terrestre. Principe du renouvellement journalier de la substance des
organismes : chimère de la conservation perpétuelle de la substance du corps............................... 285
Du principe spirituel de la différence des sexes : loi androgynique.
Du principe de l'incarnation des âmes : loi des générations et de la
famille....................................... 292
De l'idéal des migrations; de l'idéal de la mémoire; loi de l'immortalité.. 300

V. — LES ANGES.

Des anges selon les idées du moyen âge.................. 309
Importance numérique de la population angélique; démonstration de
son existence..................................... 310
De la chimère des esprits purs. Union naturelle des êtres supérieurs
avec des corps; déclarations des conciles sur cette question; division
des théologiens. Conséquences du principe de la corporéité des êtres
supérieurs...................................... 314
De la chimère de l'illumination surnaturelle des anges; *id.* de la clas-

TABLE DES MATIÈRES.

sification fondée sur ce principe. Illumination naturelle des êtres supérieurs au moyen des sensations, des idées innées et de la raison. Complexité de la hiérarchie céleste. Silence de l'Église et division des théologiens sur ces questions. 332

De la chimère de l'immuabilité des anges. Activité et perfectibilité des êtres supérieurs; tradition relative à la période d'épreuve antérieure à la confirmation des êtres supérieurs. Silence de l'Église et division des théologiens sur cette question. 347

Du caractère distinctif des anges. Principe de la liberté des créatures et possibilité du développement en dehors des voies du mal. Identité finale des anges et des saints. 353

De la chimère des apparitions. Caractère des angélophanies; nature des missions angéliques. 356

De la croyance des anges gardiens. 362

De la commémoration des êtres supérieurs. 366

VI. — L'ENFER.

Opposition logique entre Dieu et le mal. Action naturelle de Dieu contre le mal. But providentiel de la souffrance. 370

Nécessité de la croyance aux peines de l'autre vie. Principes généraux du système pénal de la société de l'univers. 373

Fausseté des idées du moyen âge sur l'enfer; danger de ces mêmes idées. Silence de l'Église sur l'éternité des peines; division des théologiens; indécision de l'Écriture; esprit de l'Évangile. 379

Conséquences philosophiques du principe de la limitation des peines relativement au système de l'univers et au caractère du médiateur. 391

Opposition entre le génie romain et le génie druidique; avantages de ce dernier. 395

ÉCLAIRCISSEMENTS SCIENTIFIQUES.

Sur les anomalies de la figure du globe. 401
Sur la variation équinoxiale des climats. 409
Sur la chronologie physique 426

FIN DE LA TABLE.

www.ingramcontent.com/pod-product-compliance
Lightning Source LLC
Chambersburg PA
CBHW070541230426
43665CB00014B/1772